现代职业教育体系建设系列教材编委会名单

（排名不分先后）

主　任：李海东
副主任：杜怡萍　邓文辉
委　员：漆　军　卓良福　郭海龙　邱志华　余明辉
　　　　许凤萍　王　龙　丁立刚　王树勋　林良颖
　　　　郭盛晖　黄　珩　王明刚　黄及新　孟军齐
　　　　徐　馥　张　凯　张立波　林　晓　张　莉
　　　　魏　敏

现代职业教育体系建设系列教材

会计专业系列

ERP 供应链管理系统

ERP GONGYINGLIAN GUANLI XITONG

主　编◎李　典　张　凯
副主编◎张　丽　谢　芳

·广州·

内 容 简 介

本教材以用友 ERP–U8（V10.1）软件为教学和实训平台，以某工业企业一个月的业务资料为依据，组织安排了 ERP 管理信息系统认知、系统初始化、采购与应付款和销售与应收款管理系统设置与处理、库存管理与存货核算系统设置与处理四个项目，每个项目又结合能力培养的需要设计了若干个教学任务，各个任务又细分为不同的教学活动，以深化学生职业能力的培养。在内容编排上，通过案例导入、系统描述、任务引入、知识链接、任务分析及操作步骤、栏目解释、注意事项等环节编排教材内容，由浅入深，图文并茂，尽可能将知识和技能形象地展现在学习者面前，满足高职高专阶段会计类专业学生学习"ERP 供应链管理系统"课程的需要。

图书在版编目（CIP）数据

ERP 供应链管理系统/李典，张凯主编. 2 版. —广州：广东高等教育出版社，2020.9

现代职业教育体系建设系列教材. 会计专业

ISBN 978–7–5361–6833–6

Ⅰ. ①E… Ⅱ. ①李… ②张… Ⅲ. ①企业管理–供应链管理–计算机管理系统–高等职业教育–教材 Ⅳ. ①F274–39

中国版本图书馆 CIP 数据核字（2020）第 151069 号

出版发行：广东高等教育出版社
地　　址：广州市天河区林和西横路/510500
电　　话：(020) 87551597
网　　址：www.gdgjs.com.cn
印　　刷：广州市穗彩印务有限公司
开　　本：787 mm×1 092mm　1/16
印　　张：19.25
字　　数：498 千
版　　次：2016 年 9 月第 1 版　2020 年 9 月第 2 版
印　　次：2020 年 9 月第 2 次印刷
定　　价：48.00 元

如发现印装质量问题，请与承印厂联系调换。

版权所有·翻印必究

出版说明

自 2014 年全国职业教育工作会议召开以来，职业教育改革发展进入了新的发展阶段。各地围绕推进职业教育领域综合改革，大力发展现代职业教育。在新一轮的改革创新浪潮中，广东省将科学建立现代职业教育系列标准，推动现代职业教育课程教材改革作为深化职业教育改革的重要内容。《广东省人民政府关于创建现代职业教育综合改革试点省的意见》中明确要求："建立中职—专科高职—应用本科衔接互通的标准框架体系及专业课程教学标准，开发相关的示范课程及教学资源库，研制现代职业教育体系规划教材。"《广东省现代职业教育体系建设规划（2015—2020 年）》也明确提出："到 2020 年，在 50 个专业试点中高职衔接专业标准和课程标准，开发 500 门中高职衔接的示范课程及资源库，编写 1 000 本现代职业教育体系规划教材。"

为贯彻落实省政府加快发展广东现代职业教育的工作部署，2013 年以来，广东省教育厅陆续启动了 74 个专业教学标准和课程标准研制项目，取得了一批重要的研究成果，包括现代职业教育标准体系建设系列丛书，一批专业的教学标准以及 1 100 多门专业核心课程标准。广东省教育厅十分重视标准研制成果的推广和应用，连续两年下发通知（粤教职函〔2015〕77 号、粤教职函〔2016〕58 号），明确各地、各中等职业学校要特别围绕已经完成的专业教学标准和课程标准开发教材。广东省教育研究院聚焦标准成果的转化，组织参与标准研制的专家学者和一线教学经验丰富的专业教师，研发出目前呈现在读者面前的系列教材。

本系列教材以专业教学标准和课程标准为依据，呈现出三大特点。一是系统性。专业教学标准和课程标准的研制始终坚持"能力核心、系统培养"的指导思想，通过岗位分层实现职业能力分级，基于职业能力分级实现中职、高职、本科的教育分层。教材的研发与标准研制一脉相承，体现教育属性和职业属性的有机结合，既能满足专业教学及升学的需要，也能满足就业的需求。二是创新性。标准研制成果明确地将职业能力点有机地融入课程之中，建立了以职业能力为核心、中高职分级培养的课程体系。教材通过行动导向、项目引领、任务驱动等模块化教学，增强了"做中学、做中教"的教学双向互动，让职业能力培养有效地体现在教学过程当中。三是实用性。教材内容的研发基于工作过程及职业情境，对准由行业企业专家提出的真实用人要求和职业活动，让学生切实掌握就业岗位工作内容，达到职业能力及职业道德要求，实现学有所指、学有所用的目的。

系列教材的研发得到了广东省教育厅高中职处、高教处等领导的关心和指导，也得到省内有关职业院校、行业企业的大力支持和积极参与，在出版期间尤其得到了广东高等教育出版社的大力支持，在此特别致以衷心的感谢！

系列教材的出版是我们为了实施和推广专业教学标准和课程标准所做的一项探索性工作，由于水平有限，难免存在不尽如人意之处和谬漏，恳请广大专家、读者和一线教师提出宝贵意见，帮助我们把这项工作做得更好。

现代职业教育体系建设系列教材编委会
2016年7月

前 言

本教材是"现代职业教育体系建设系列教材"会计专业系列之一,也是广东省会计专业中高职衔接专业教学标准和课程标准研制项目后续成果的改进版。教材以会计专业中高职衔接专业教学标准和课程标准研究成果为基础,与中职会计软件应用课程相互衔接,为高职会计专业ERP供应链管理系统教学而编写,既可满足高职财经类专业和社会人士学习ERP供应链管理系统的需要,同时也可作为会计技能竞赛的学习训练教材。

教材具有下列特点:

1. 理论与实践相结合,以实践为主。

ERP供应链管理系统课程是一门实践性较强的课程,尤其对于高职高专层次高校来说,培养的是高素质技术技能型人才,更加重视学生在学习过程中动手能力的培养,所以本教材以就业为导向,重点培养学生在ERP供应链管理方面的处理能力。

2. 以项目教学为重点,培养学生职业能力和职业素养。

本教材根据ERP供应链管理的工作实际情况设计了4个学习项目,每个学习项目结合能力培养的要求设计了不同的学习任务,每个任务又细分为若干个实训活动,以此来深化学生职业能力和职业素养的培养。

3. 按职业岗位能力需要设计并安排实训项目,教材围绕综合实训项目展开,贯穿课程内容。

4. 教材选用目前国内应用面最广的用友ERP-U8(V10.1),系统介绍各个模块的主要功能及应用,并且配备了完整的实训项目资料和相应的动画资源,能够较好地满足实训教学的需要。

本教材由广东农工商职业技术学院李典和张凯担任主编,广东农工商职业技术学院张丽、谢芳担任副主编,由张凯和李典拟定编写大纲。教材项目一、二由张凯、李典编写,项目三由李典和谢芳编写,项目四由张丽编写,实训账套由李典编写。部分校企合作企业也参与了教材编写,全书由李典和张凯总撰定稿。

在编写过程中,我们参考了有关资料,详见本教材后的"参考文献",在此表示感谢。由于疏忽,有可能个别参考资料被漏列,如有发现,请予以提出,我们将在下一版中补上,并就此表示歉意。

限于时间和我们的经验,本教材肯定有许多不足之处,欢迎批评指正,以便在下一版中进行修改。

编　者

2020 年 4 月

附:课程内容思维导图

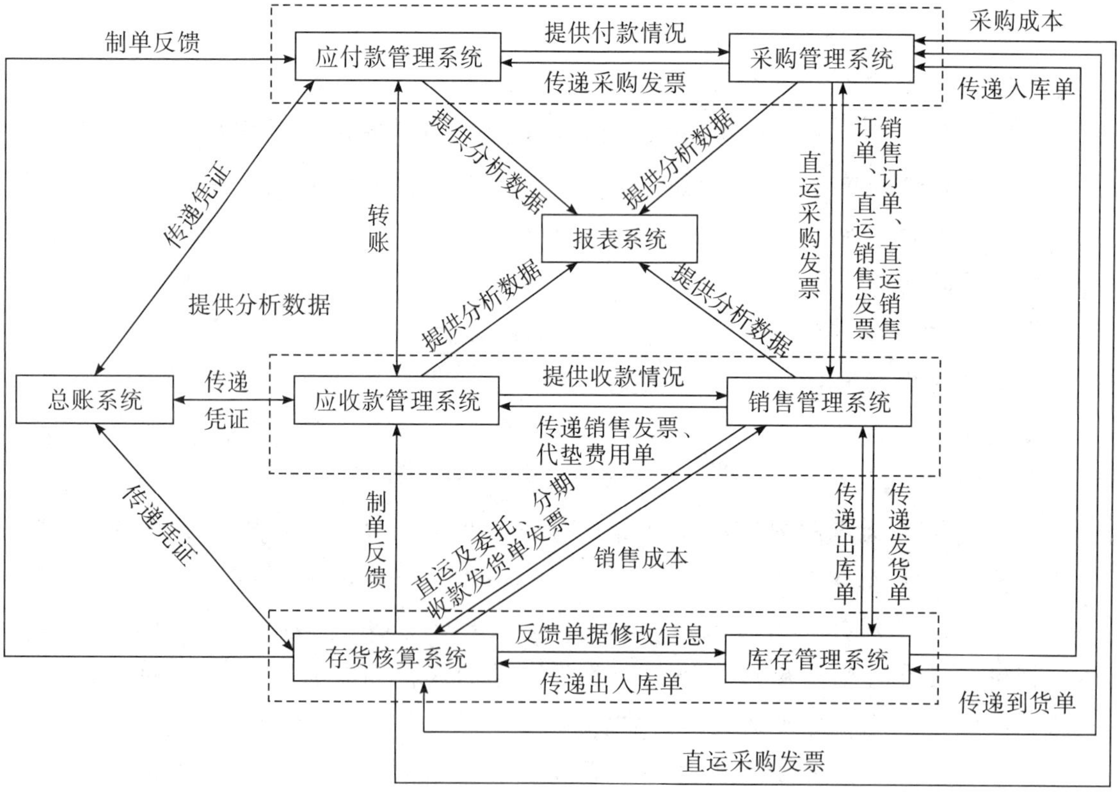

课程内容思维导图

目 录

项目一 ERP 管理信息系统 ·· 1
    任务一 ERP 管理信息系统认知 ·· 3
        活动一 制造资源计划（MRPⅡ）简介 ·· 3
        活动二 ERP 管理信息系统概述 ·· 5
    任务二 ERP 供应链管理系统认知 ·· 7
        活动一 供应链管理简介 ·· 7
        活动二 ERP 供应链管理系统概述 ·· 10
    项目小结 ·· 11
    项目思考 ·· 11

项目二 系统初始化 ·· 13
    任务一 账套建立 ··· 14
        活动一 系统管理注册 ·· 14
        活动二 用户添加 ·· 15
        活动三 账套创建 ·· 17
    任务二 操作员权限设置 ·· 21
    任务三 基础档案设置 ··· 22
        活动一 机构人员信息设置 ·· 22
        活动二 客商信息设置 ·· 25
        活动三 存货信息设置 ·· 27
        活动四 财务信息设置 ·· 35
        活动五 收付结算信息设置 ·· 37
    任务四 数据备份与恢复 ·· 39
        活动一 数据备份 ·· 39
        活动二 数据恢复 ·· 41
    项目小结 ·· 43
    项目思考 ·· 44

项目三　采购与应付款、销售与应收款管理系统设置与处理 ………………… 45

任务一　采购与应付款管理系统初始设置 …………………………………… 50
活动一　基础档案设置 ……………………………………………………… 50
活动二　采购管理系统参数设置 …………………………………………… 62
活动三　应付款管理系统参数设置 ………………………………………… 66
活动四　应付款管理系统初始设置 ………………………………………… 69
活动五　采购期初余额录入与记账 ………………………………………… 72
活动六　应付款期初余额录入 ……………………………………………… 74

任务二　销售与应收款管理系统初始设置 …………………………………… 77
活动一　基础档案设置 ……………………………………………………… 77
活动二　销售管理系统参数设置 …………………………………………… 89
活动三　应收款管理系统参数设置 ………………………………………… 93
活动四　应收款管理系统初始设置 ………………………………………… 96
活动五　销售期初余额录入 ……………………………………………… 100
活动六　应收款期初余额录入 …………………………………………… 101

任务三　采购业务日常处理 …………………………………………………… 103
活动一　普通采购业务 …………………………………………………… 103
活动二　受托代销业务处理 ……………………………………………… 126
活动三　退货业务处理 …………………………………………………… 131
活动四　暂估业务处理 …………………………………………………… 150

任务四　应付业务日常处理 …………………………………………………… 157
活动一　应付款业务处理 ………………………………………………… 157
活动二　付款与核销业务处理 …………………………………………… 160
活动三　转账处理 ………………………………………………………… 165
活动四　生成记账凭证 …………………………………………………… 168

任务五　销售业务日常处理 …………………………………………………… 171
活动一　普通销售业务处理 ……………………………………………… 171
活动二　直运销售业务处理 ……………………………………………… 183
活动三　委托代销业务处理 ……………………………………………… 189
活动四　分期收款销售业务处理 ………………………………………… 193
活动五　零售日报业务处理 ……………………………………………… 196
活动六　销售退回业务处理 ……………………………………………… 198

任务六　应收业务日常处理 …………………………………………………… 202
活动一　应收款业务处理 ………………………………………………… 202

活动二	收款与核销业务处理	205
活动三	转账处理	214
活动四	坏账处理	216
活动五	生成记账凭证	219

任务七 采购月末处理 ··· 227
    活动一 月末结账 ··· 227
    活动二 数据查询 ··· 229

任务八 销售月末处理 ··· 231
    活动一 月末结账 ··· 231
    活动二 数据查询 ··· 232

任务九 应付月末处理 ··· 235
    活动一 月末结账 ··· 235
    活动二 数据查询 ··· 236

任务十 应收月末处理 ··· 238
    活动一 月末结账 ··· 238
    活动二 数据查询 ··· 239

项目小结 ·· 241
项目思考 ·· 242

项目四 库存管理与存货核算系统设置与处理 ·················· 244

任务一 初始设置 ·· 246
    活动一 基础档案设置 ··· 246
    活动二 库存管理系统参数设置 ······························· 247
    活动三 存货核算系统参数设置 ······························· 249
    活动四 存货核算系统科目设置 ······························· 251
    活动五 存货核算系统期初余额录入 ·························· 255
    活动六 库存管理系统期初余额录入 ·························· 257

任务二 库存业务日常处理 ··· 258
    活动一 入库业务处理 ··· 258
    活动二 出库业务处理 ··· 260
    活动三 库存调拨业务处理 ···································· 261
    活动四 库存盘点业务处理 ···································· 265

任务三 存货核算日常处理 ··· 266
    活动一 调整和暂估业务处理 ································· 266

活动二　单据记账 ………………………………………………… 267
　　活动三　生成记账凭证 …………………………………………… 270
任务四　库存和存货核算月末处理 ……………………………………… 273
　　活动一　月末对账 ………………………………………………… 273
　　活动二　月末结账 ………………………………………………… 274
　　活动三　数据查询 ………………………………………………… 275
项目小结 …………………………………………………………………… 277
项目思考 …………………………………………………………………… 277

实训账套 ………………………………………………………………… 279

实训一　系统初始化 ……………………………………………………… 279
实训二　采购与应付款管理系统 ………………………………………… 282
实训三　库存管理与存货核算系统 ……………………………………… 287

附：企业会计信息化工作规范 ………………………………………… 291

参考文献 ………………………………………………………………… 296

项目一
ERP 管理信息系统

【学习目标】

知识目标
- 了解 ERP 管理信息系统作用。
- 了解 ERP 管理信息系统的功能模块。
- 了解 ERP 供应链管理系统的模块及功能。
- 了解 ERP 供应链管理系统模式。

技能目标
- 能描述 ERP 管理信息系统的概念和功能。
- 能描述 ERP 管理信息系统的发展。

情感目标
- 具有独立分析问题、解决问题的能力。

【案例导入】

宜家的中国供应链战略

宜家集团 2015 年财报显示，整个财政年度（2014 年 9 月 1 日—2015 年 8 月 31 日），宜家集团净收入相比上一财政年度增长 35 亿欧元（约合人民币 248 亿元），总销售收入比上一财政年度增长 11.2%，达到 319 亿欧元。

尽管行业大呼市场冷淡，宜家在中国市场还是以销售额 105 亿人民币的成绩刷新了纪录榜单，销售增长超过 18%。微妙的是，宜家中国逐年增长的高收益下却是单品逐年的价格下调。以某款沙发为例，10 年前的价格是人民币 2 999 元，目前却是人民币 999 元。在物价不断上涨的今天，产品价格不升反降，这是为什么呢？

【案例分析】

1. 赚钱的供应链

最大限度压缩成本，形成价格上强力的竞争优势；高度标准化的产品；全球化采

购；……这是外界对于宜家产品供应链的模糊印象。回到供应链的原点，瑞典人所谓的生意其实就是从森林里一棵松树到一张咖啡桌的变化。

一个售价仅为3元人民币的热狗，宜家能把它在全球38个国家311个商场里卖到一样的价格，却仍然保持不亏反赚的局面，其间没有信誓旦旦的战略性亏损，更没有互联网思维的营销小花招，产品销售火爆的原因就是顾客口中的价格便宜，并且味道好。宜家热狗的秘密其实本没有想象中的神秘：3元人民币售价确确实实是一个产品的成本价，也是一个竞争对手做不来的亏本价，但宜家真正赚钱的部分在于其庞大的采购业务和物流运输环节中通过走量的形式拿走供应商的中间差价，实现了零售不赚钱、中间环节赚大钱。

实行全球化的采购，必定需要吸收全球的各大供应商。身为跨国企业不将供应商的工厂归为己有的根源在于自营专属的垄断生产将消耗其大量的精力和时间成本，而独立的供应商更具有竞争性，更懂得控制成本，且能保证质量。如果需要追溯到底的话，可能只有宜家创始人英瓦尔口中的三条：①价格更便宜；②质量更好；③价格更便宜，质量更好。

2. 设计、成本控制和消费体验是王牌

虽然宜家坚持在每年8月发布下一年家具产品目录的做法"古板"得几十年如一日，但它每年的发布都能保持1万件产品的更新，其中包括3 000件新产品的发布。这得益于宜家设计团队充分利用产品四种风格、四种价位区间产生产品矩阵，而这个产品矩阵易于顾客自行搭配，设计师不必推倒重来，改良主义减轻了开发团队的难度。

主流的电商通常会强调打掉中间环节，形成线上对线下的价格优势，但在宜家面前，电商的优势则荡然无存。因为宜家全球300多家门店无一例外都是兼仓储销售体验为一体，考虑了仓储对于大批量廉价家具的成本侵蚀以及用户的消费体验。一方面单店42 000个SKU（库存量单位）的量级几乎达到了电商平台所能承载的最大限度，另一方面作为大件消费品用户的体验与参与度高于一般的商品。这两组信条支撑了宜家72年，英瓦尔也曾不止一次动用自己的一票否决权威胁那些要建立宜家电商的幕僚。

宜家线下门店的布置策略一直为零售界膜拜。可以把店铺简单地看作超热门、热门、冷门这三块区域，并对应将热销款、畅销款以及滞销款商品分布在上述三个区域，而这些区域都是根据顾客密集度来划分的，并且还会在样板展示区放置一些价格诱人的小物件，诱导消费者随手带走。对于门店来说，它的核心任务就是尽可能多地让到店客人转化为宜家的顾客，以及让顾客在逛店时购买尽可能多的商品。

3. 饮食供应链完好

2015年，宜家中国餐厅的销售额达10亿元人民币，相当于其在中国销售总额的1/10。2015年，有7 500万访客走进了宜家中国的商场，餐厅接待了超过3 100万位顾客，卖出600万份瑞典肉丸和1 200万支冰淇淋，这意味着超过四成的顾客选择在宜家餐厅消费。宜家因为宜家餐厅的存在，在很大程度上保证了顾客在店停留时间。顾客不会因为午饭、晚饭时间段的原因而匆匆离店；在宜家停留时间越长也意味着成交率越高。同样地，宜家餐厅借助宜家庞大的会员基数以及人流量保证了就餐人员的数量。

2015年，宜家做了个很有意思的事情：在中国走访了五大城市，收集了1 500个家庭的有效样本，并发布了2016《中国都市人居家生活报告》，目的是了解中国家庭的烹饪和用餐习惯。（摘自：广东省采购与供应链协会 APP）

请思考：在 ERP 供应链管理中，宜家是如何实现管理的？供应链管理对企业发展有何作用？

【系统描述】

ERP（Enterprise Resource Planning）是企业资源计划的简称，是指在信息技术的基础上，以系统化的管理思想，为企业的决策层及员工提供决策运行手段的管理平台。ERP 的核心思想是供应链管理，是由 MRP Ⅱ（制造资源计划）发展而来的新一代集成化管理信息系统。ERP 系统集先进管理思想与信息技术于一身，优化了现代企业的运行模式，从供应链的角度去优化企业资源，符合企业合理配置资源的要求。它是将物资资源管理（物流）、人力资源管理（人流）、财务资源管理（财流）、信息资源管理（信息流）集成于一体的企业管理软件。对于改善和优化企业业务流程、提高企业核心竞争力具有重要作用。

ERP 管理信息系统的系统价值主要体现在：一是建立了企业的管理信息系统，能够支持大量原始数据的查询、汇总以及对数据进行分析；二是借助计算机的运算能力及系统对在库物料、客户订单、产品结构的管理能力，实现依据客户订单，按照产品结构清单展开并计算物料需求计划，实现减少库存、优化库存的管理目标；三是在企业中形成以计算机为核心的闭环管理系统，使企业的人、财、物、供、产、销全面结合以及全面受控、实时反馈、动态协调、以销定产、以产求供、降低成本、提高效益。

任务一 ERP 管理信息系统认知

活动一 制造资源计划（MRP Ⅱ）简介

制造资源计划 MRP Ⅱ（Manufacturing Resource Planning）是将生产、财务、销售、工程技术、采购等各个子系统集成为一个一体化的系统，它是在物料需求计划上发展出的一种规划方法和辅助软件。MRP Ⅱ 以物料需求计划 MRP（Materials Requirements Planning）为核心，覆盖企业生产活动所有领域、有效利用资源的生产管理思想和方法的人—机应用系统。之所以将制造资源计划记为 MRP Ⅱ，是为了区别物流需求计划 MRP。MRP Ⅱ 经历了以下三个发展阶段。

一、基本 MRP 阶段

自 18 世纪产业革命以来，手工业作坊迅速向工厂生产的方向发展，出现了制造业。随后，几乎所有的企业所追求的基本运营目标都是要以最少的资金投入而获得最大的利润。追求这一目标的结果使制造业产生了诸多的问题，为了解决这些问题，20 世纪 60 年代人们在计算机上实现了 MRP 物料需求计划，即基本 MRP 阶段，它主要用于库存控制。

MRP 可在数周内拟定零件需求的详细报告，可用来补充订货及调整原有的订货，以满足生产变化的需求。此阶段中，企业的信息管理系统对产品构成进行管理，系统依据客户订单，按照产品结构清单计算物料需求计划，以达到减少库存、优化库存的管理目标。

基本 MRP 阶段是在产品结构的基础上，根据产品结构各层次物料的从属和数量关系，以每一个物料为计划对象，以完工日期为时间基准倒排计划，下达计划的时间按各个物料提前期长短的先后顺序下达。虽然基本 MRP 可以回答要生产什么、要用到什么、已经有了什么、还缺什么和什么时候下达计划等问题，但基本 MRP 作为一种库存订货计划，只说明了需求的优先顺序，并没有说明是否有可能实现。基本 MRP 是 MRPⅡ发展的初级阶段，也是 MRPⅡ的基本核心。

二、闭环 MRP 阶段

到了 20 世纪 70 年代，为了及时调整需求和计划，出现了具有反馈功能的闭环 MRP（Close MRP），把财务子系统和生产子系统结合为一体，采用"计划—实施—评价—反馈—计划"的管理逻辑，有效地对生产各项资源进行规划和控制。闭环 MRP 阶段是一种生产计划与控制系统，是在基本 MRP 的基础上增加了财务子系统。闭环 MRP 要求企业的财务子系统能同步从生产系统中获得资金信息，随时控制和指导生产经营活动，使之符合企业的整体战略目标。但是，闭环 MRP 还没有说清楚执行计划后给企业带来什么效益，这种效益是否实现了企业的总体目标。

三、MRPⅡ阶段

20 世纪 80 年代末，人们又将生产活动中的主要环节如销售、财务、成本、工程技术等与闭环 MRP 集成为一个系统，成为管理整个企业的一种综合性的制订计划的工具。美国的奥列弗·怀特（Oliver Wight）把这种综合的管理技术称之为制造资源计划 MRPⅡ。它可在周密的计划下有效地利用各种制造资源，控制资金占用，缩短生产周期，降低成本，实现企业整体优化，以最佳的产品和服务占领市场。采用 MRPⅡ之后，一般可在以下方面取得明显的效果：库存资金降低 15%～40%，资金周转次数提高 50%～200%，库存盘点误差率降低到 1%～2%，短缺件减少 60%～80%，劳动生产率提高 5%～15%，加班工作量减少 10%～30%，按期交货率达 90%～98%，成本下降 7%～12%，采购费用降低 5% 左右，利润增加 5%～10% 等。此外，MRPⅡ可使管理人员从复杂的事务中解脱出来，真正把精力放在提高管理水平上，去解决管理中的实质性问题。

MRPⅡ是在闭环 MRP 阶段的基础上，增加了对企业生产中心、加工工时、生产能力等方面的管理，实现了用计算机进行生产编程的功能，同时 MRPⅡ也将财务的功能囊括进来，在企业中形成以计算机为核心的闭环管理。MRPⅡ能动态监察产、供、销的全部生产过程，实现了物流和资金流的集成，形成了一个完整的生产经营信息系统。MRPⅡ主要完成企业的计划管理、采购管理、库存管理、生产管理、成本管理等功能，MRPⅡ可以在周密的计划下有效平衡企业的各种资源，控制库存资金占用，缩短生产周期，降低生产成本。

MRPⅡ是以企业资源优化配置，确保企业连续、均衡地生产，实现信息流、物流与资金流的有机集成和提高企业整体水平为目标，以计划与控制为主线，面向企业产、供、销、财的现代企业管理思想和方法。MRPⅡ的基本思想就是把企业作为一个有机整体，从整体最优的角度出发，通过运用科学方法对企业各种制造资源和产、供、销、财各个环节进行有效的计划、组织和控制，使它们得以协调发展，并充分地发挥作用。据调查，到20世纪末，世界上有2/3的制造业企业采用这种先进的管理方式。我国在20世纪80年代初开始接触MRPⅡ，之后它越来越受到我国政府部门和企业界的高度重视，其应用范围已从最初的机械电子等装配型企业扩展到流程加工型企业，如制药、食品、化工、烟草等行业。

活动二　ERP管理信息系统概述

20世纪80年代末、90年代初，随着MRPⅡ系统的普遍应用，以及市场竞争的日趋激烈，一些企业开始感觉到传统的MRPⅡ软件所包含的功能已不能满足企业对全范围资源信息管理的要求，企业资源计划即ERP理论应运而生。ERP由美国计算机技术咨询和评估集团（Gartner Group Inc）于1990年提出。企业资源计划是MRPⅡ下一代的制造业系统和资源计划软件。除了MRPⅡ已有的生产资源计划、制造、财务、销售、采购等功能外，还有质量管理，实验室管理，业务流程管理，产品数据管理，存货、分销与运输管理，人力资源管理和定期报告系统。目前，在我国ERP所代表的含义已经被扩大，用于企业的各类软件已经统统被纳入ERP的范畴。ERP跳出了传统企业边界，从供应链范围去优化企业的资源，是基于网络经济时代的新一代信息系统。它主要用于改善企业业务流程以提高企业核心竞争力。

一、ERP的概念

ERP是建立在信息技术基础上，以系统化的管理思想，为企业决策层及员工提供决策运行手段的管理平台。ERP集信息技术与先进的管理思想于一身，成为现代企业的运行模式，反映时代对企业合理调配资源，最大化地创造社会财富的需求，成为企业在信息时代生存、发展的基石。ERP是在MRPⅡ的基础上发展起来的，是一种基于"供应链"的管理思想，把客户需求和企业内部的制造活动以及供应商的制造资源整合在一起，从而体现了完全按用户需求制造的思想。

二、ERP的管理思想

ERP是由美国计算机技术咨询和评估集团提出的一种供应链的管理思想。企业资源计划是指建立在信息技术基础上，以系统化的管理思想，为企业决策层及员工提供决策运行手段的管理平台。ERP系统支持离散型、流程型等混合制造环境，应用范围从制造业扩展到了零售业、服务业、银行业、电信业、政府机关和学校等事业部门，通过融合数据库技术、图形用户界面、第四代查询语言、客户服务器结构、计算机辅助开发工具、可移植的开放系统等对企业资源进行了有效的集成。

ERP的核心管理思想就是实现对整个供应链的有效管理，它是将制造业企业的制造流程看作是一个紧密连接的供应链，其中包括供应商、制造工厂、分销网络和客户等；将企业内部划分成几个相互协同作业的支持子系统，如财务、市场营销、生产制造、质量控制、服务维护、工程技术等，以及对竞争对手监视管理子系统。

三、ERP 的主要功能

ERP 可对供应链上的所有环节有效地进行管理，如订单、采购、库存、计划、生产制造、质量控制、运输、分销、服务与维护、财务管理、人事管理、实验室管理、项目管理、配方管理等。

1. **财务管理**

在 ERP 中，财务系统作为 ERP 系统中的一部分，和系统的其他模块有相应的接口，能够相互集成，例如：它可将由生产活动、采购活动输入的信息自动计入财务模块生成总账、会计报表，取消了输入凭证的烦琐过程，几乎完全替代以往传统的手工操作。ERP 财务系统主要包括会计核算与财务管理两大部分。

会计核算部分的主要功能是记录、核算，反映和分析资金在企业经济活动中的变动过程及其结果。它由总账、应收账、应付账、出纳、固定资产、薪酬管理等部分构成。

财务管理部分的主要功能是基于会计核算的数据，再加以分析，从而进行相应的预测、管理和控制活动。财务管理部分侧重财务计划、控制、分析和预测。

2. **生产制造管理**

生产制造管理是 ERP 系统的核心功能，它将企业的整个生产过程有机地结合在一起，使企业能够有效地降低库存，提高效率。同时各个原本分散的生产流程的自动连接，也使生产流程能够前后连贯地进行，而不会出现生产脱节，耽误生产交货时间。

ERP 中，生产控制管理以计划为导向，系统首先确定一个总生产计划，再经过系统层层细分后，下达到各部门去执行，使生产部门和采购部门等按计划行动。

生产制造管理的主要功能包括：生产经营规划、主生产计划、物料需求计划、能力需求计划、车间作业计划等。

3. **供应链管理**

ERP 中，供应链管理主要包括销售管理、订单管理、采购管理和库存管理四方面内容（见图 1-1 所示）。

（1）销售管理。

销售的管理是从产品的销售计划开始，对销售产品、销售地区、销售客户等各种信息进行管理和统计，并可对销售数量、金额、利润、绩效、客户服务等做出全面的分析。销售管理模块主要包括客户信息的管理和服务功能、销售订单管理功能，以及销售的统计与分析功能。

（2）订单管理。

订单管理既涉及采购环节，也涉及销售环节，对采购和销售业务进行全程控制和跟踪管理，生成完整的采购和销售信息，有利于营造全面丰富的订单计划环境，从而有利于从整体上降低采购成本和销售成本。

（3）采购管理。

采购管理的功能是能够随时提供订购、验收的信息，跟踪和催促对外采购或委外加工的物料，保证货物及时到达。采购管理要建立供应商的档案，用最新的成本信息来调整库存的成本等。

(4) 库存管理。

库存管理是用来控制存储物料的数量，以保证稳定的物流支持正常的生产，但又最小限度地占用资本。它是一种相关的、动态的、真实的对库存进行控制的管理系统。它能够结合相关部门的需求，随时间变化动态地调整库存，精确地反映库存现状。库存管理系统的功能主要包括为所有的物料建立库存，决定订货采购时间，为采购部门采购、生产部门制订计划提供依据；对物料、产品进行质量检验；物料、产品收发等日常库存业务处理等功能。

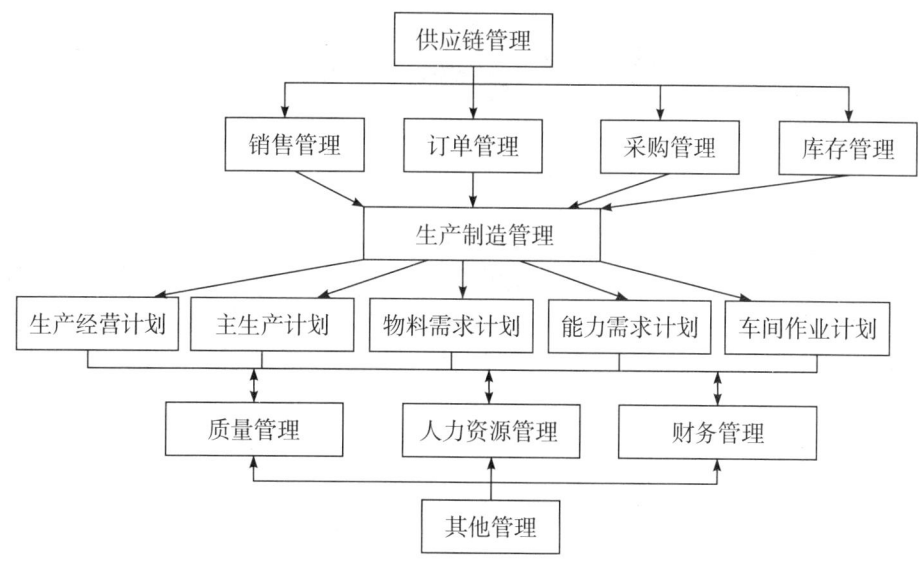

图 1-1 ERP 系统的结构

4. 人力资源管理

随着企业人力资源的发展，人力资源管理工作成为一项重要的管理工作，人力资源管理成为 ERP 系统中一个独立的模块，与财务、生产等系统一起组成了高度集成的企业资源系统。人力资源管理主要包括人力资源规划与决策、制定职务模型、招聘管理、出勤管理，以及工资、工时和差旅核算等功能。

任务二　ERP 供应链管理系统认知

活动一　供应链管理简介

供应链管理 SCM（Supply Chain Management）是美国管理学会于 20 世纪 80 年代后期，因全球制造业的发展和社会生产极大复杂化的需要，从生产实践中抽象出来并提炼而成的一种新型的生产组织管理模式。

一、供应链的概念

企业的供应链是这样一种相互依存的关系，生产企业要依赖于供应商提供原材料，如果都要自己去制造加工，那生产周期就太长了；同样生产出来的产品也要通过流通领域的销售商供应给用户，如果整个流通渠道不畅通，营销网络没打开，产品就很难进入市场。所以供应商—制造商—销售商，这三者之间的相互依存关系形成一个"供应链（Supply Chain）"。

一般而言，某一商品从生产地到达消费者手中，有图1-2所示的厂商及相关人员依次参与。

图1-2 供应链的组成

供应链，是指产品生产和流通过程中所涉及的原材料供应商、生产商、批发商、零售商以及最终消费者组成的供需网络，即由物料获取、物料加工，并将成品送到用户手中这一过程所涉及的企业和企业部门组成的一个网络。供应链是一个动态系统，它包括不同环节之间持续不断的信息流、物流和资金流，如图1-3所示。

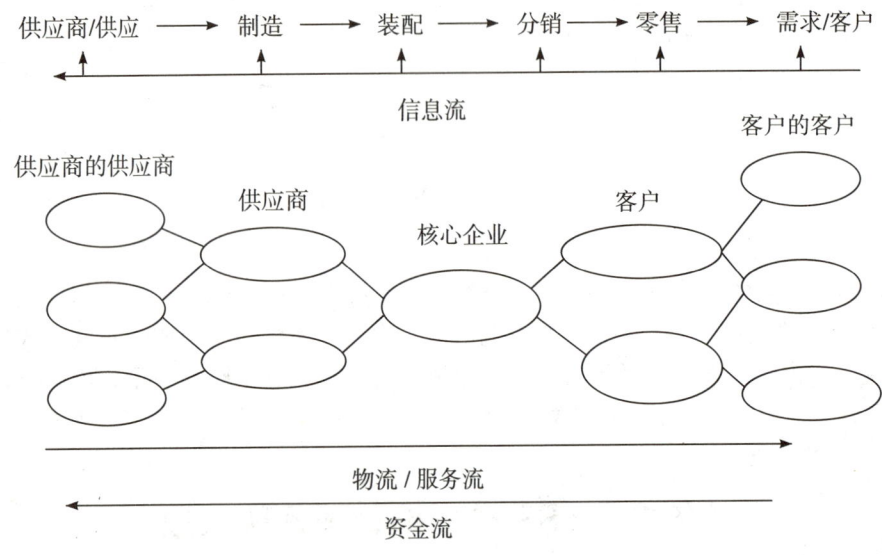

图1-3 供应链网络结构模型

二、供应链管理的概念

供应链管理SCM是一项运用现代信息技术的整体解决方案，目的在于把产品从供应商即时有效地运送给制造商与最终客户，将物流配送、库存管理、订单处理等资讯进行整合，通过网络传输，其功能在于减少库存、保持产品有效期、降低物流成本以及提高服务品质。

供应链管理的基本思想就是以市场和客户需求为导向，以核心企业为盟主，以提高竞争力、市场占有率、客户满意度和获取最大利润为目标，以协同商务、协同竞争和双赢原则为基本运作模式，通过运用现代企业管理技术、信息技术、网络技术和集成技术，达到对整个供应链上的信息流、物流、资金流、业务流和价值流的有效规划和控制，从而将客户、销售商、供应商、制造商和服务商等合作伙伴连成一个完整的网链结构，形成一个极具竞争力的战略联盟。

三、供应链管理的模式选择

供应链管理的核心是：以顾客的需求为大前提，透过供应链内各企业紧密合作，有效地为顾客创造更多附加价值；对从原材料供应商、中间生产过程到销售网络的各个环节进行协调；对企业实体、信息及资金的双向流动做出管理；强调速度及集成，并提高供应链中各个企业的即时信息可见度，以提高效率。

供应链管理的实现，把供应商、制造商、分销商、零售商等在一条链路上的所有环节都联系起来进行优化，使生产资料以最快的速度，通过生产、分销环节变成增值的产品，到达消费者手中。这不仅降低了成本，减少了社会库存，而且使社会资源得到优化配置，更重要的是通过信息网络、组织网络实现了生产及销售的有效链接和物流、信息流、资金流的合理流动。

供应链模式之一：以制造企业为主导的供应链管理，如图1-4所示。

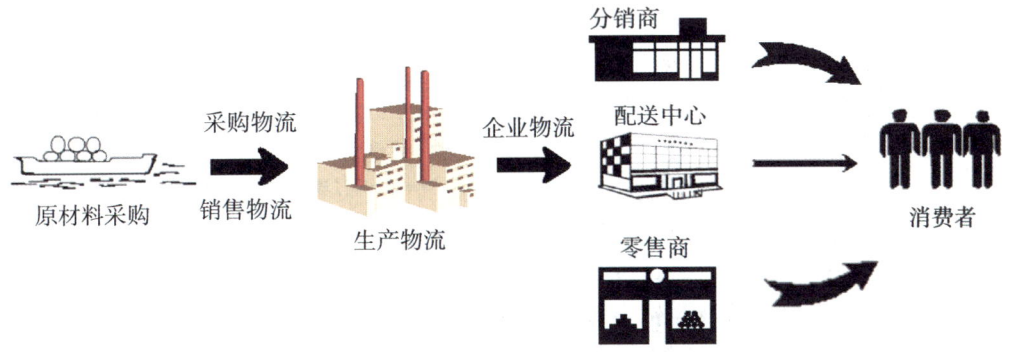

图1-4 以制造企业为主导的供应链管理

供应链模式之二：以零售企业（连锁超市）为主导的供应链管理，如图1-5所示。

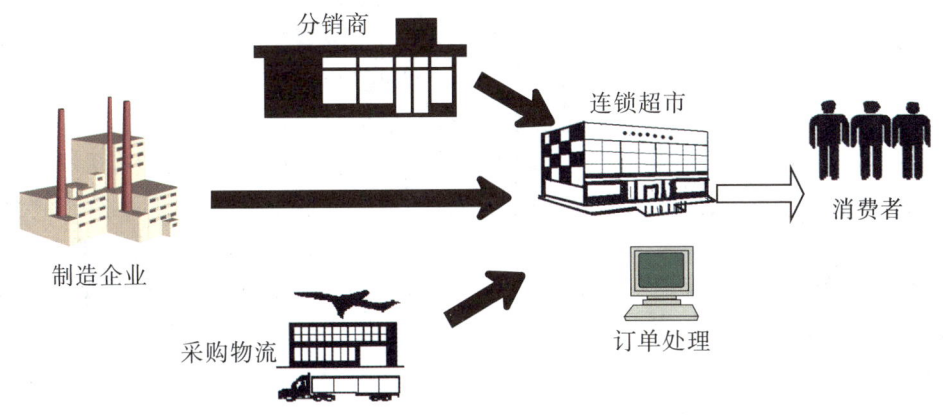

图1-5 以零售企业（连锁超市）为主导的供应链管理

活动二　ERP 供应链管理系统概述

ERP 管理信息系统具有强大的功能，可以分为多个子系统，如会计信息系统、物流管理系统、决策支持系统等。会计信息系统是与会计业务有关的一个系统，ERP 供应链管理系统是购销存业务在会计上的处理，本书主要讲述 ERP 供应链管理系统。

一、ERP 供应链管理系统的基本构成及功能描述

通用 ERP 供应链管理系统包括采购子系统、销售子系统、存货核算子系统等。

1. 采购子系统

采购子系统根据企业采购业务管理和采购成本核算的实际需要，制订采购计划，对采购订单、采购到货以及入库状况进行全程管理，为采购部门和财务部门提供准确及时的信息，辅助管理决策。

2. 销售子系统

销售子系统是以销售业务为主线，兼顾辅助业务管理，实现销售业务管理与核算一体化。销售子系统一般和存货中的产成品核算相联系，实现对销售收入、销售费用、销售税金、销售利润的核算；生成产成品收发结存汇总表等表格，生产成品销售明细账等账簿，自动编制记账凭证供总账子系统使用。

3. 存货核算子系统

存货核算子系统主要针对企业存货的收、发、存业务进行核算，掌握存货的耗用情况，及时、准确地把各类存货成本归集到各成本项目和成本对象上，为企业的成本核算提供基础数据；动态反映存货资金的增减变动，提供存货资金周转和占用的分析，为降低库存、减少资金积压、加速资金周转提供决策依据。

4. 商业进销存子系统

商业进销存子系统是以商品销售业务为主线，将商品采购业务、存货核算业务、销售业务有机地结合在一起，实现进销存核算和管理一体化的子系统。

二、ERP 供应链管理系统与会计核算系统的关系

工业企业中供应链管理系统与会计核算系统的关系如图 1-6 所示，外面闭环即企业的供应链系统，构成了企业的物流环。以客户和销售核算管理为入口，根据销售订单下达生产计划，制订采购计划；采购管理系统通过询价进行供应商的选择，原材料到货后经过检验入库管理，按需要投入到车间进行生产；产成品通过分销系统的管理发送给客户，实现实物的循环流动。在供应链管理中赊销业务产生了应收账款业务，赊购业务产生了应付账款业务，这就需要供应链系统与会计核算系统联系起来，实现业务和会计核算一体化处理，物流与资金流通过信息数据传递有机地结合，形成了企业新的现代管理模式。内环是企业的资金流，它与企业物流环有着相同的流动方向，从付款到收款，实现企业资金的循环。

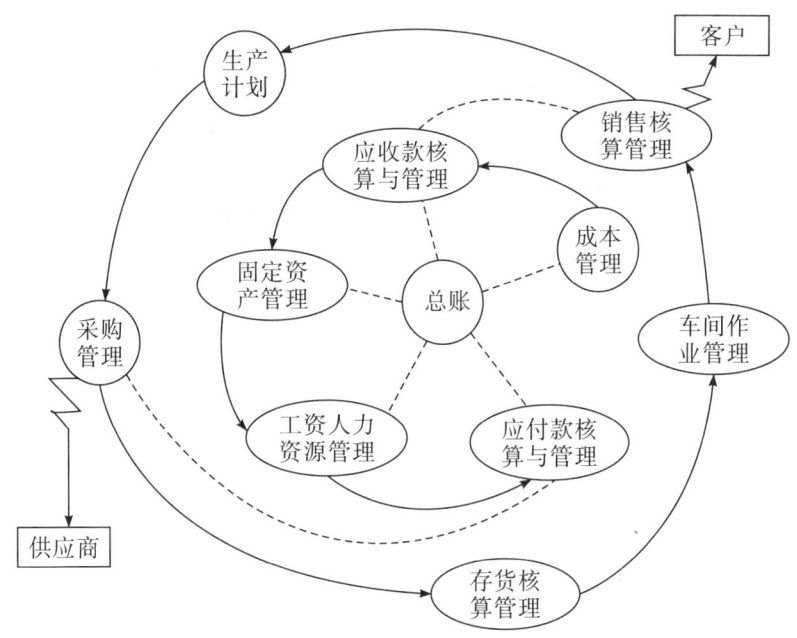

图 1-6 供应链管理系统与会计核算系统的关系

【项目小结】

本项目分析了 ERP 管理信息系统的产生和功能结构，ERP 供应链管理系统的主要模块、功能及模式。通过对本项目的学习，学生应该了解：ERP 管理信息系统的主要作用、功能结构；ERP 供应链管理系统的主要模块、功能及模式。

【项目思考】

一、选择题

1. 闭环 MRP 的工作过程是一个"计划—实施—评价—反馈—（　　）"的封闭循环过程。
   A. 计划　　　　　B. 生产　　　　　C. 调度　　　　　D. 采购

2. 以下说法哪个是正确的（　　）。
   A. ERP 与 MRPⅡ是一样的
   B. MRPⅡ系统中对制造环节的管理只是 ERP 中的一个子系统
   C. ERP 是 MRPⅡ的一个子系统
   D. MRPⅡ与 ERP 没有联系

3. SCM 的意思是（　　）。
   A. 制造资源计划　　　　　　　　　B. 供应链管理

C. 企业资源计划 D. 物料需求计划

4. MRPⅡ的意思是（ ）。

A. 物料需求计划 B. 制造资源计划

C. 企业资源计划 D. 供应链管理

5. 在从销售到采购的内部供应链中，存在着三个流，即资金流、物流和（ ）。

A. 信息流 B. 现金流

C. 人力资源流 D. 物流

E. 商业流

二、思考题

1. 企业资源计划的主要功能有哪些？
2. 什么是供应链管理？
3. 供应链管理和会计核算的关系是什么？

项目二
系统初始化

【学习目标】

知识目标
- 掌握建立账套的知识。
- 掌握角色、操作员的知识。
- 掌握账套基础档案知识。
- 掌握备份和恢复数据知识。

技能目标
- 能正确建立符合条件的账套。
- 能定义角色,设置操作员。
- 能设置操作员权限。
- 能设置基础档案。
- 能备份账套数据。
- 能恢复账套数据。

情感目标
- 具有认真、细致的工作作风。
- 具有良好的责任意识。
- 具有独立分析问题、解决问题的能力。

【系统描述】

系统初始化是指通过一系列的定义、设置以及初始信息的录入,将通用会计软件转变为适用于某一特定对象的专用软件的过程,也即是将通用会计软件变成适用于本单位的核算需要的过程。

系统初始化设置首先要由系统管理员运行系统管理功能进行账套建立。所谓账套是指在会计软件系统中为每一个独立核算的单位所建立的一套完整的账务体系,账套包括了一个企业所有会计核算资料文件,其作用相当于手工操作条件下明确会计核算的主体。建立账套的过程也称为设置账套。通过对账套的管理,可以实现在同一电算化系统中为多个会计主体完成会计核算工作的任务,这为一些小核算单位、开展代理记账等带来了方便。

账套设置过程其实是输入单位的有关背景资料过程。在设置账套过程中，用户只要按照软件系统的提示，结合本单位的实际情况选择输入各项参数或说明信息，系统就会自动按照参数要求为用户单位建立一套独立的账簿体系。账套参数决定了系统的数据输入、处理、输出的内容和形式。一般情况下，一个单位对应一个账套，但如果单位内部还有独立核算的下级单位，或下设多个独立核算的部门，则可给每个独立核算部门分别立账，各账套之间数据相互独立，但可以实现资源或数据共享。

建立账套之前，首先要根据会计软件的要求和本单位的核算特点和实际情况，整理初始化数据和流程。然后建立账套，完成初始化工作。

任务一　账套建立

活动一　系统管理注册

系统允许用户可以以系统管理员的身份，也可以以账套主管的身份注册进入系统管理。系统管理员负责整个系统的维护工作。以系统管理员身份注册进入，便可以进行账套的管理（包括账套的建立、引入和输出），以及操作员及其权限的设置。账套主管负责所选账套的维护工作，包括所选账套的修改和所含年度账的管理（包括创建、清空、引入、输出以及各子系统的年末结转等），以及操作员权限的设置。

以系统管理员的身份注册系统管理为例。

【任务引入】

以系统管理员 admin 的身份注册系统管理。

【知识链接】

为了保证会计信息系统及数据的安全与保密，系统提供操作员设置功能，以便在会计信息系统上进行操作分工及权限控制。系统管理员和账套的会计主管通过对系统操作的分工和权限的管理，一方面可避免与业务无关的人员对系统的操作，另一方面可以对系统所含的各个子系统的操作进行协调，以保证系统的安全与保密。

【任务分析及操作步骤】

（1）以系统管理员 admin 的身份，执行"用友 U8V10.1"—"系统服务"—"系统管理"命令，进入系统管理注册前窗口，如图 2-1 所示。

项目二　系统初始化

图 2-1　系统管理-1

（2）执行"系统"—"注册"命令，打开"登录"对话框，如图 2-2 所示。单击"确定"按钮，以系统管理员的身份进入系统管理。

图 2-2　系统管理-2

活动二　用户添加

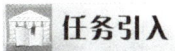

添加操作员，资料如表 2-1 所示。

表 2-1 操作员表

编 码	用 户
201	苏 远
202	方 芳
203	贺 同

当企业建立账套后,需要根据企业实际情况设置用户。

任务分析及操作步骤

在系统管理主界面,选择"权限"菜单中的"用户",点击进入用户管理功能界面。在用户管理界面,点击"增加"按钮,显示增加用户界面。界面如图 2-3 所示。此时录入编号、姓名、口令、所属部门、E-mail、手机号等内容。然后点击"增加"按钮,保存新增用户信息。

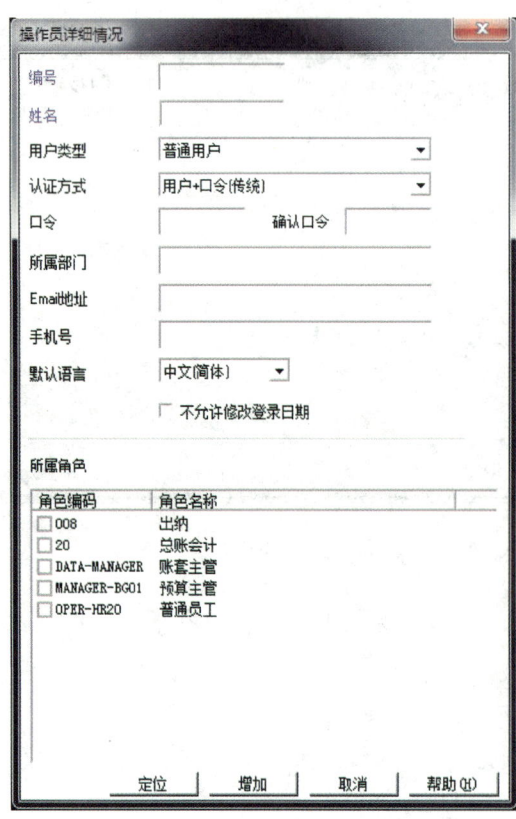

图 2-3 设置用户

注意事项

（1）用户和角色的设置可以不分先后顺序，但对于自动传递权限来说，应该先设置角色，然后分配权限，最后进行用户设置。

（2）一个角色可以拥有多个用户，一个用户可以分属于多个不同角色。

活动三　账套创建

一、新建账套

任务引入

建立企业账套，资料如下，账套号：108；账套名称和企业名称：凯琪公司；账套路径：默认；启用日期：2019 年 8 月；税号：98765432112345；企业类型：工业；行业性质：新会计制度科目；账套主管：苏远；按行业性质预置会计科目；存货分类核算；客户、供应商不分类，其他采用系统默认值。

知识链接

企业在应用采购与应付款管理系统之前，首先要创建企业账套。在创建账套时，账套基础信息的设置应当满足采购与应付款管理的需要。

任务分析及操作步骤

企业以系统管理员 admin 身份登录系统管理界面，单击"账套"菜单选择"建立"，则进入创建账套的界面，按照建账向导进行操作。界面如图 2－4、图 2－5 所示。

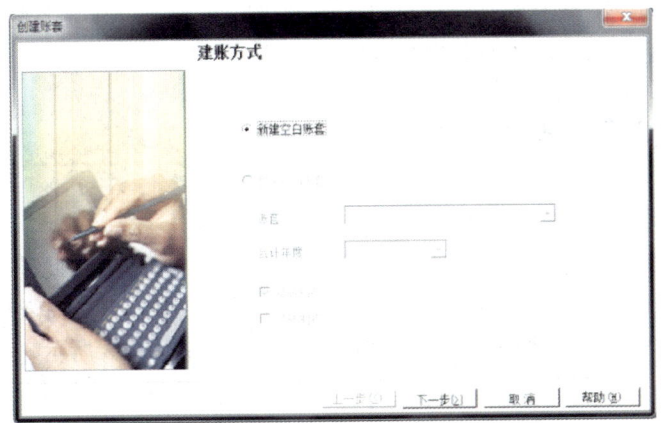

图 2－4　新建账套－1

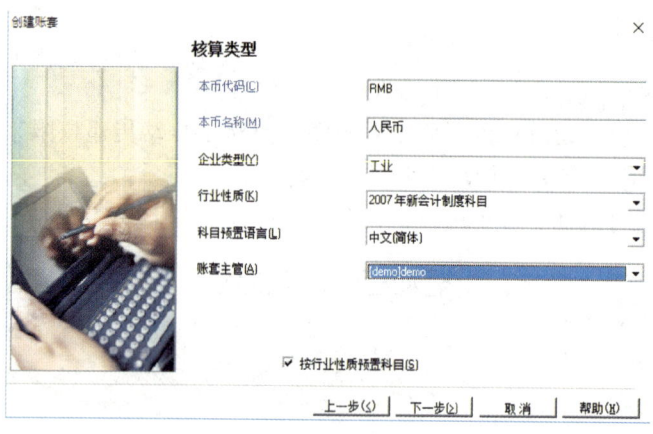

图 2-5 新建账套-2

注意事项

（1）账套号是账套的唯一标识，由三位数字构成，不可重复，账套号设置后将不允许修改。

（2）建立账套时，系统启用会计期将自动默认为系统日期，可根据需要修改。

二、会计科目编码级次

任务引入

设置会计科目编码级次：4—2—2—2—2。

知识链接

会计科目编码级次是用来对会计科目编码的级次和长度进行设置的，企业要设置满足需要的会计科目编码，需要对其进行设置。

任务分析及操作步骤

设置会计科目编码级次有两种方法：

（1）创建账套的操作后，编码方案界面会自动弹出，用户可在此进行设置。

（2）此项设置也可在进入企业应用平台后，在设置主菜单中，单击"基本信息"菜单下的"编码方案"，进入编码方案的界面进行设置，如图 2-6 所示。

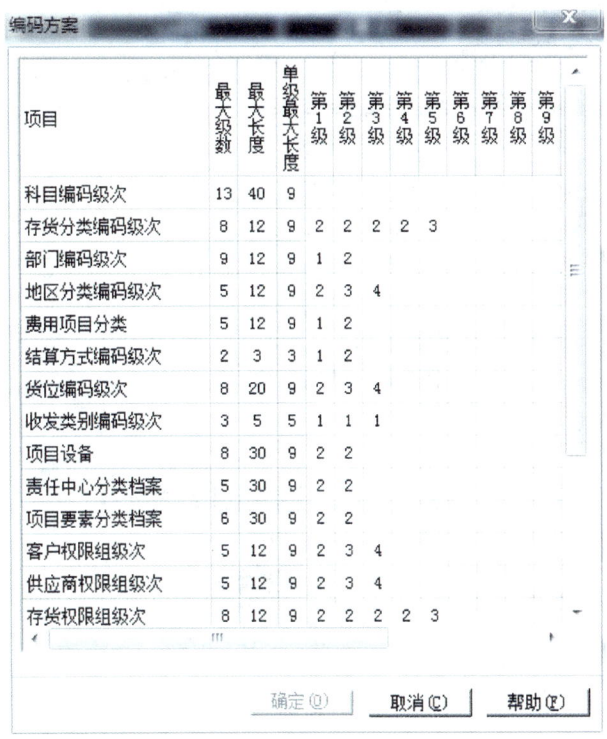

图 2-6 编码方案

三、数据精度

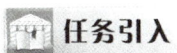

设置本账套的数据精度为默认值。

数据精度是指存货数量、存货单价、开票单价、件数、换算率、税率等数据的小数位数。

任务分析及操作步骤

设置数据精度有两种方法：
（1）创建账套的操作后，数据精度界面会自动弹出，保持默认值，点击"确定"即可。
（2）此设置也可进入企业应用平台后，在设置主菜单中，单击"基本信息"菜单下的"数据精度"，进入数据精度的界面进行设置，如图 2-7 所示。

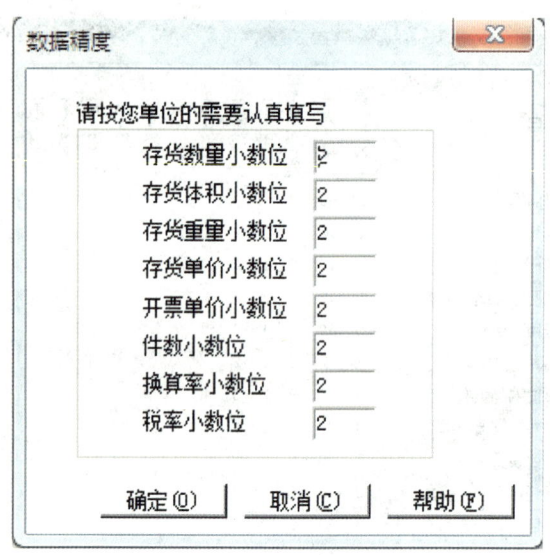

图2-7 数据精度

四、系统启用

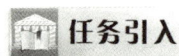

启用总账系统,启用日期为2019年8月1日。

系统启用是对财务软件已安装的系统的启用,并记录启用日期和启用人。财务软件是由多个子系统组成,包括总账系统、采购管理系统、销售管理系统、应收款管理系统、应付款管理系统等。

启用系统有两种方法:

(1)创建账套的操作后,系统启用界面会自动弹出,用户可在此启用需要启用的系统。

(2)用户也可以在进入企业应用平台后,在设置主菜单中,单击"基本信息"菜单下的"系统启用",进入系统启用的界面进行设置。界面如图2-8所示。

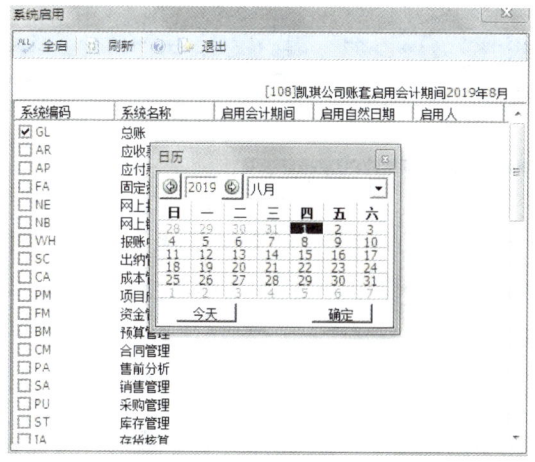

图2-8 系统启用

任务二 操作员权限设置

任务引入

设置操作员权限,资料如表2-2所示。

表2-2 操作员表

编码	用户	口令	权限
201	苏远	201	账套主管
202	方芳	202	公用目录设置、应付款管理系统、应收款管理系统、存货核算系统
203	贺同	203	公用目录设置、公用单据、采购管理系统、销售管理系统、库存管理系统

知识链接

设置用户权限是对操作员的功能权限实行统一管理,设立统一的安全机制。当企业建立账套后,需要根据企业实际情况对新增的用户进行权限设置。

任务分析及操作步骤

在系统管理主界面,选择"权限"菜单下的"权限",点击进入权限设置功能界面。选定企业账套,并从操作员列表中选择操作员,点击"修改"按钮后,进行操作员权限设置。界面如图2-9所示。

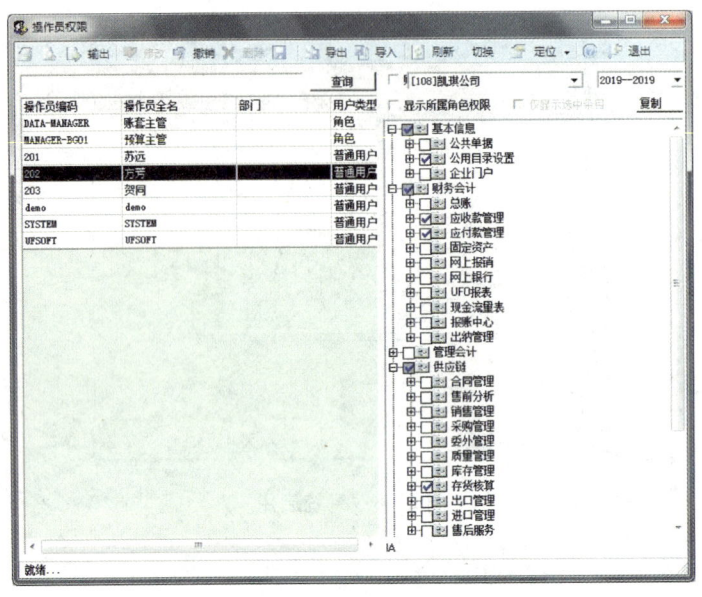

图2-9 设置操作员权限

任务三　基础档案设置

一个账套是由若干个子系统构成，这些子系统共享公用的基础信息，称之为基础档案。基础档案的设置是实现各子系统功能的前提条件。因此，在企业启用新账套后，应当根据企业实际情况，设置与所启用的子系统相关的基础档案。

活动一　机构人员信息设置

一、部门档案

任务引入

增加部门，资料如下：(1) 办公室，(2) 财务部，(3) 采购部，(4) 销售部，(5) 仓库。

知识链接

部门是指构成企业整体的企业内部的各个职能机构。部门档案用于设置部门相关信息，包括部门编码、名称、负责人、部门属性等内容。采购业务和应付款业务的各个环节由对应的各职能部门进行相应的操作和管理。因此，要对日常采购业务进行分部门处理，必须事先对部门档案进行设置。

任务分析及操作步骤

在基础设置主菜单中,双击"基础档案"菜单下的"部门档案",进入部门档案界面进行部门设置。界面如图2-10所示。

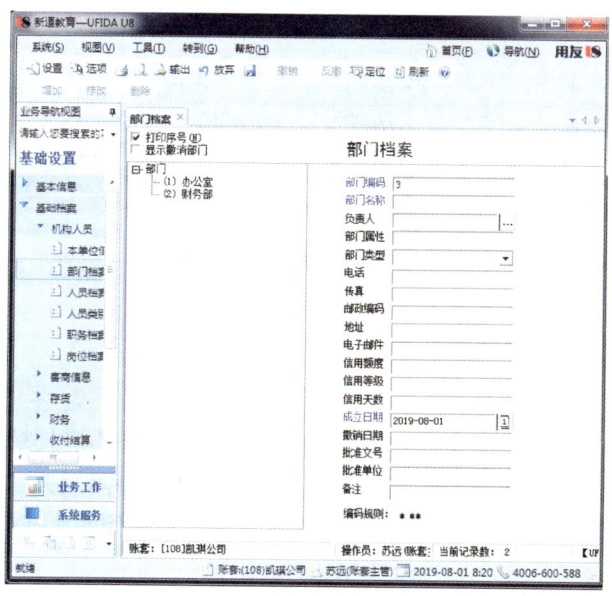

图2-10 部门档案

注意事项

(1)"部门编码""部门名称"和"成立日期"必须录入,其他信息可以为空。"成立日期"一般默认输入时的系统时间,可以修改。

(2)在设置部门档案时,如果存在多级部门,必须先建立上级部门,才能增加其下级部门。下级部门编码应包含上级部门编码。

(3)在修改部门档案时,部门编码不可修改。

二、人员档案

任务引入

增加人员档案,资料如表2-3所示。

表2-3 人员档案表

职员编码	职员姓名	行政部门	人员类别	雇佣状态	性　别
101	周　方	办公室	正式工	在职	男
201	苏　远	财务部	正式工	在职	女
202	方　芳	财务部	正式工	在职	女
203	贺　同	财务部	正式工	在职	男
301	何　明	采购部	正式工、业务员	在职	男
401	王　静	销售部	正式工、业务员	在职	女
501	张　强	仓　库	正式工	在职	男

知识链接

人员是指参与企业业务活动，企业需要对其进行财务核算和业务管理的人员。人员档案用于设置人员相关信息，包括人员编码、人员姓名、行政部门、人员类别等内容。对销售及相关业务的单据处理时，单据中必须录入负责该业务的业务员姓名。

任务分析及操作步骤

在设置主菜单中，双击"基础档案"菜单下的"机构人员"，进入人员列表界面，在左侧部门目录中选择要增加人员的末级部门，单击功能键中的"增加"按钮，进入人员档案界面。界面如图2-11所示。

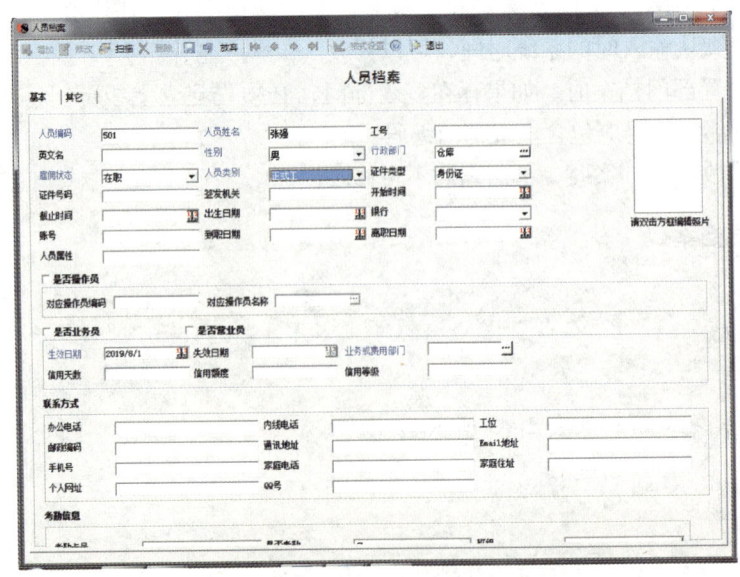

图2-11 人员档案

活动二 客商信息设置

一、供应商档案

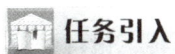 任务引入

增加供应商档案,资料如下:001 万通公司(货物),002 禅恒公司(货物),003 金锦公司(服务)。

 知识链接

供应商是指向企业提供货物或劳务的其他单位。供应商档案主要用来设置供应商信息,包括供应商编码、供应商名称、供应商简称等内容及一些辅助信息。在填制采购入库单、采购发票和进行采购结算、应付款结算以及有关供货单位统计时都会用到供应商档案。在输入相关单据时,如果单据上的供货单位不在供应商档案中,则无法对单据进行录入和保存。供应商档案设置要便于企业对供应商及数据进行管理与分析。

任务分析及操作步骤

在设置主菜单中,双击"基础档案"菜单下"客商信息"中的"供应商档案",进入供应商档案界面,单击功能键中的"增加"按钮,进入增加供应商档案的界面。界面如图 2-12 所示。

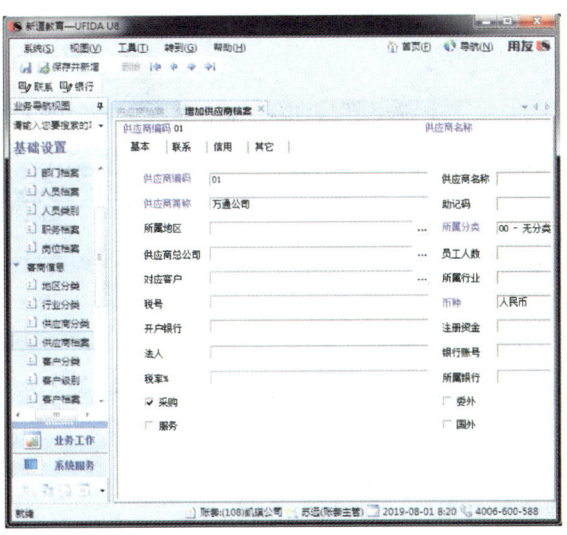

图 2-12 增加供应商档案

二、客户档案

 任务引入

001 文江公司，税号：10000012351235，开户银行：中国银行向阳分行，银行账号：2006092811111，默认值：是。

002 清一公司，税号：10000012361236，开户银行：中国银行紫金分行，银行账号：2006092822222，默认值：是。

003 零散客户。

 知识链接

客户是指对企业的产品或服务有特定需求的单位。客户是企业经营活动得以维持的根本保证。客户档案主要用来设置客户信息，包括客户编码、客户名称、客户简称等内容及一些辅助信息。在填制销售订单、销售发票和销售发货单等销售单据以及对有关客户的应收款进行账龄分析时都会用到客户档案。在输入相关单据时，如果单据上的销售对象不在客户档案中，则无法进行单据的录入和保存。客户档案的设置便于企业对客户及数据进行管理与分析。

任务分析及操作步骤

在设置主菜单中，双击"基础档案"菜单下"客商信息"中的"客户档案"，进入客户档案界面，单击功能键中的"增加"按钮，进入增加客户档案的界面。界面如图2-13所示。

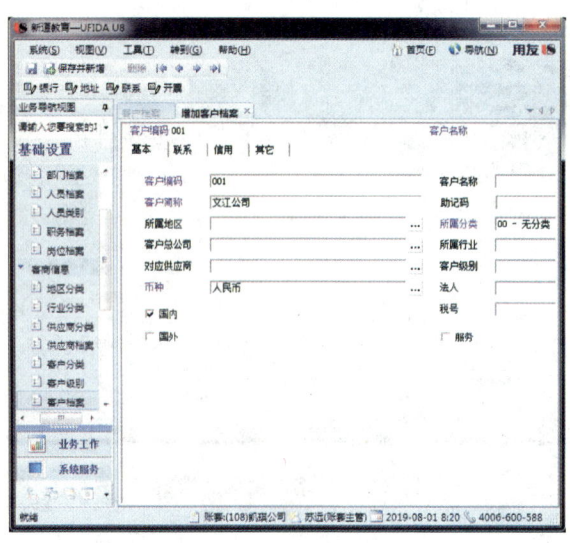

图2-13 增加客户档案

注意事项

（1）如果要开具销售专用发票，则必须输入税号、开户银行、银行账号等信息，否则，只能开具普通发票。

（2）如果需要在"联系"中填写"发货方式""发货仓库"信息，则需要先在"基础档案"中设置"仓库档案"和"发运方式"。

活动三 存货信息设置

一、存货分类

任务引入

增加存货类别，资料如下：01 原材料，02 库存商品，03 应税劳务。

知识链接

存货分类用于设置存货的分类编码、名称和对应条形码等内容。企业可以根据对存货的管理要求对存货进行分类管理，以便于对业务数据的统计和分析。存货分类最多可分 8 级，编码总长不能超过 30 位，每级级长用户可自由定义。

一般而言，工业企业的存货分类可以分为原材料、库存商品、应税劳务等。用户还可以在此基础上继续分类。如原材料继续分类，可以按材料属性分为钢材类、木材类等；库存商品继续分类可以按属性分为紧固件、传动件、箱体等。商业企业的存货分类的第一级一般可以分为商品、应税劳务等。商品继续分类可以按商品属性分为日用百货、家用电器、五金工具等，也可以按仓库分类，例如第一仓库、第二仓库等。

任务分析及操作步骤

在设置主菜单中，双击"基础档案"菜单下"存货"中的"存货分类"，进入存货分类的界面，界面如图 2－14 所示。

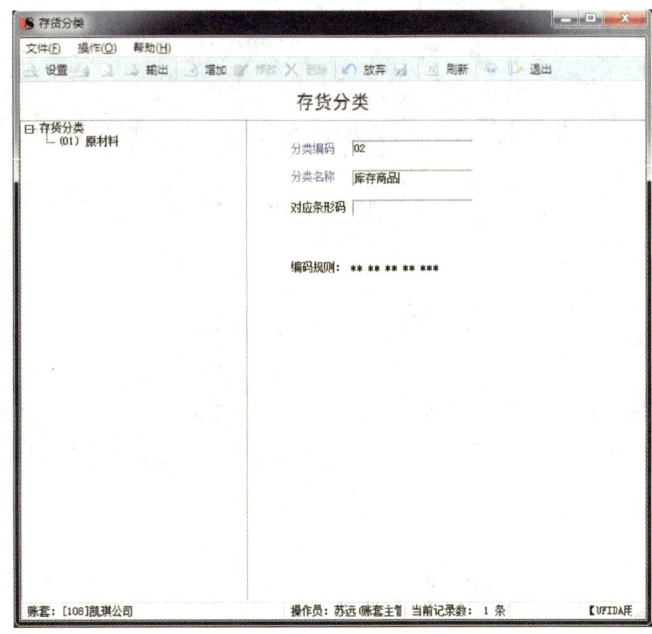

图 2-14 存货分类

（1）增加存货分类。
①在编辑区输入分类编码和名称等分类信息，点击"保存"按钮。
②如想放弃新增存货分类，可以单击"放弃"按钮。
③如果想继续增加，再次单击"增加"按钮即可。
（2）修改存货分类。
①将光标移到要修改的存货分类上，单击"修改"按钮，进入修改界面。
②修改完毕后，单击"保存"按钮，保存当前存货分类的修改。
③如果想放弃修改，单击"放弃"按钮。
④如果要继续修改，将光标定位在下一个需要修改的存货上，重复上述步骤。
（3）删除存货分类。
将光标移到要删除的存货分类上，单击"删除"按钮，可以进行删除操作。

注意事项

（1）有下级分类码的存货分类前会出现带框的＋符号，双击该分类码时，会出现或取消下级分类码。
（2）新增的存货分类的分类编码必须与"编码原则"中设定的编码级次结构相符。
（3）存货分类必须逐级增加。除了一级存货分类之外，新增的存货分类的分类编码必须有上级分类编码。
（4）已经使用的存货分类不能删除。
（5）非末级存货分类不能删除。

二、计量单位

任务引入

增加计量单位组和计量单位，资料如表2-4所示。

表2-4 计量单位表

计量单位编号	计量单位名称	计量单位组编码	计量单位组名称	计量单位组类别
0101	台	01	数量单位	无换算
0102	箱	01	数量单位	无换算
0103	吨	01	数量单位	无换算

知识链接

计量单位的设置主要为存货的管理服务。要设置计量单位，必须先增加计量单位组。计量单位组分无换算率、浮动换算率、固定换算率三种类别，每个计量单位组中有一个主计量单位、多个辅助计量单位，可以设置主辅计量单位之间的换算率，还可以设置采购、销售、库存和成本系统所默认的计量单位。

任务分析及操作步骤

在设置主菜单中，双击"基础档案"菜单下"存货"中的"计量单位"，进入计量单位——计量单位组的界面。界面如图2-15所示。

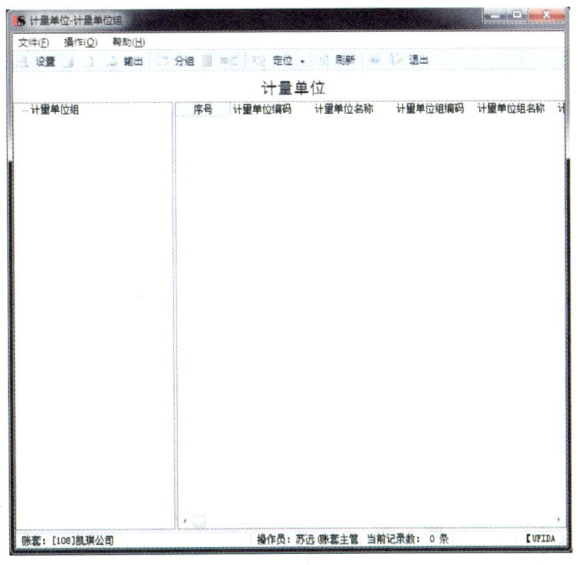

图2-15 计量单位-1

1. 计量单位组

在计量单位——计量单位组主界面，单击"分组"按钮，显示计量单位组界面。单击"增加"按钮，输入计量单位组编码、计量单位组名称等内容，蓝色名称项为必输项。界面如图2-16所示。单击"保存"按钮，保存添加的计量单位组。

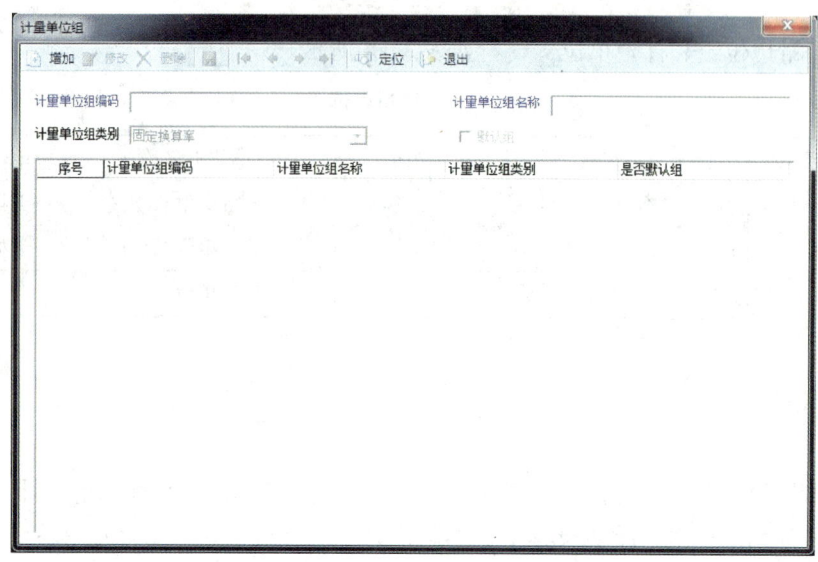

图2-16 计量单位-2

【栏目解释】

◆无换算的计量单位组：该组下的计量单位都以单独形式存在，即相互之间不需要输入换算率，而且全部缺省为主计量单位。

◆固定换算的计量单位组：包括多个计量单位，即一个主计量单位和多个辅计量单位。

◆浮动换算的计量单位组：只能包括两个计量单位，即一个主计量单位和一个辅计量单位。

2. 计量单位

在计量单位——计量单位组主界面，选定所属计量单位组，然后单击"单位""增加"按钮，显示计量单位界面，依次增加三个计量单位并保存。界面如图2-17所示。

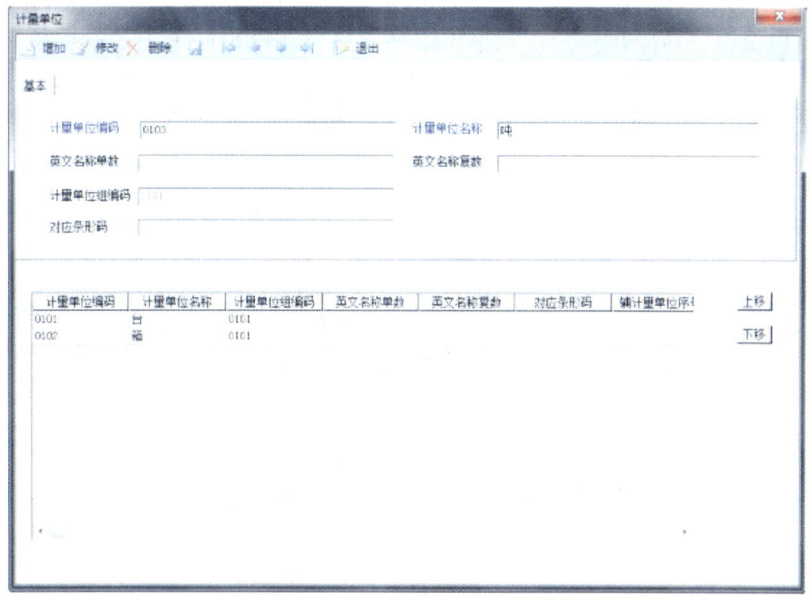

图 2-17 计量单位-3

【栏目解释】

◆计量单位编码：标识计量单位的编码，必须保证唯一性。
◆计量单位名称：计量单位称呼。
◆计量单位组：存货使用的计量单位所属的计量单位组。
◆对应条形码：计量单位对应条形码，必须等于条形码规则定义设置"数据源类型"为存货单位时定义的长度，否则不能生成相应的存货条码。
◆换算率：辅计量单位和主计量单位之间的换算比。
◆主计量单位标志：固定或浮动计量单位组主要计量单位标志确定。
◆英文单数：单数计量单位的英文名称。
◆英文复数：复数计量单位的英文名称。

注意事项

（1）存货档案中每一存货只能选择一个计量单位组。
（2）当存货中引用了该计量单位组后，不允许修改该计量单位组类型。
（3）将光标移到要修改的计量单位组，单击"修改"，可对计量单位组的名称和类别进行修改。
（4）主计量单位的换算率自动设置为 1。无换算的计量单位组中不可输入换算率；固定换算的计量单位组，辅助单位的换算率必须录入；浮动换算的计量单位组，可以录入，可以为空。

（5）无换算的计量单位组下的计量单位全部缺省为主计量单位，不可修改；固定、浮动的计量单位组，对应每一个计量单位组必须且只能设置一个主计量单位，默认值为该组下增加的第一个计量单位。

（6）将光标移到要修改的计量单位，单击"修改"，可对计量单位的名称和类别进行修改。

三、存货档案

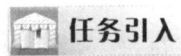

增加存货，资料如表2-5所示。

表2-5 存货表

存货编码	存货名称	主计量单位	存货分类	存货属性	进项税、销项税率
0101	甲材料	吨	原材料	外购、生产耗用	13%
0102	乙材料	箱	原材料	外购、生产耗用	13%
0103	运费	吨	原材料	应税劳务	9%
0201	A商品	台	库存商品	自制、内销、外销外购	13%
0202	B商品	台	库存商品	自制、内销、外销外购	13%

存货档案主要是企业在生产经营过程中所使用各类物资的相关信息，包括存货编码、存货名称、主计量单位、存货属性等内容。在存货分类基础上设置存货档案，是供应链所有子系统核算的依据和基础，便于企业对存货进行资料管理、实物管理和业务数据的统计、分析。

存货档案功能完成对存货目录的设立和管理，随同发货单或发票一起开具的应税劳务等也应设置在存货档案中。同时提供基础档案在输入中的方便性，完备基础档案中的数据项，提供存货档案的多计量单位设置。

任务分析及操作步骤

在设置主菜单中，双击"基础档案"菜单下"存货"中的"存货档案"，进入存货档案的界面。

1. 增加存货档案

在存货档案主界面，单击"增加"按钮，显示增加存货档案的界面。点击相关标签，输入存货的相关信息。界面如图2-18所示。

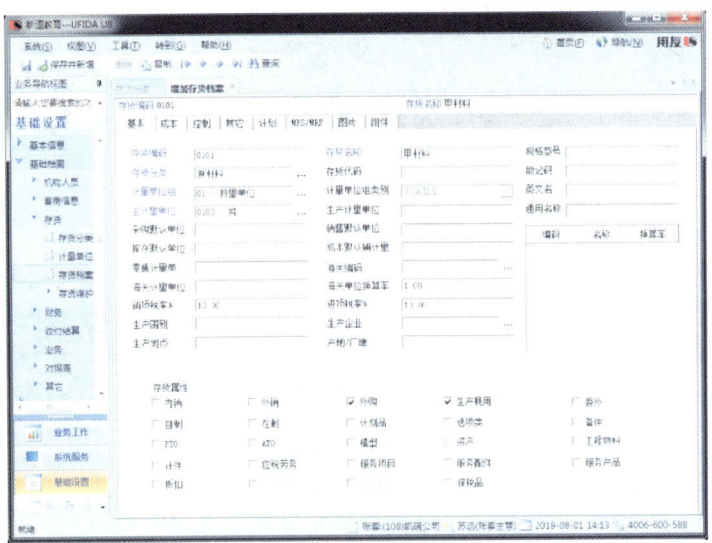

图 2-18 存货档案-1

增加完成后，单击"保存"按钮，则保存当前输入信息。在页编辑状态下，完成上一条存货档案保存后，系统自动进入继续增加新的存货状态。单击"复制"按钮，在增加下一个存货时，自动复制上一个存货内容。

2. 修改存货档案

在存货档案主界面，单击"修改"按钮，修改方法与新增方法相同，注意存货编码不可修改。界面如图 2-19 所示。

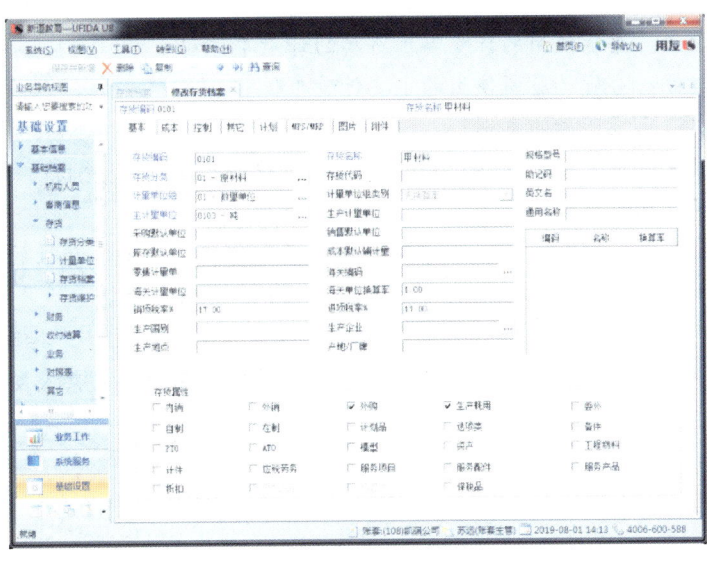

图 2-19 存货档案-2

3. 删除存货档案

在存货档案主界面，单击要选择删除的存货的"选择"栏，选择栏显示"Y"时，单击"删除"按钮，在弹出的确认信息界面点击"确定"按钮，即可删除当前存货。已经使用的存货不能删除。删除操作如图2-20所示。

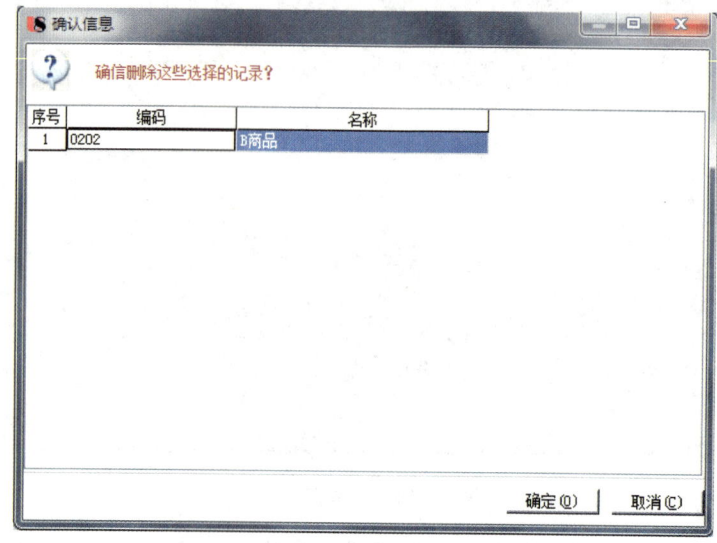

图2-20 存货档案-3

【栏目解释】

◆存货编码：标识存货的编码，编码必须唯一。
◆存货名称：企业对存货的称呼。
◆计量单位组：存货使用的计量单位所属的计量单位组。
◆主计量单位：存货计量所使用的主要计量单位。
◆存货分类：存货所属的类别。
◆税率：销售单据上该存货默认的销项税率，默认为13，即货物的增值税为13%。可以根据执行的实际税率进行修改。
◆存货属性：系统设置了多种存货属性。具有"内销、外销"属性的存货可以用于内销、外销；具有"外购"属性的存货可以进行采购；具有"生产耗用"属性的存货可以用于生产耗用；具有"自制"属性的存货，可以由企业自制生产；具有"应税劳务"属性的存货是指在采购发票上的运输、包装等采购费用或在销售发票或发货单上的应税劳务。

【注意事项】

（1）存货编码、存货名称、主计量单位、计量单位组为必填项。
（2）存货属性直接关系单据的开具，没有正确设置存货属性，会导致对应业务无法使用存货开单或开票。
（3）存货可以同时设置多个属性。

活动四 财务信息设置

一、会计科目

任务引入

修改会计科目,资料如表2-6所示。

表2-6 会计科目表

科目编码	科目名称	辅助核算	受控系统
1001	库存现金	日记账	
1002	银行存款	日记账、银行账	
1131	应收账款	客户往来	应收系统
1151	预付账款	供应商往来	应付系统
2121	应付账款	供应商往来	应付系统
2131	预收账款	客户往来	应收系统
222101	应交增值税		
22210101	进项税额		
22210102	销项税额		
22210103	进项税额转出		

知识链接

会计科目是填制会计凭证的基础。会计科目设置直接影响到企业财务信息的详细程度,也决定了相关凭证生成的来源和方式。应付款管理系统具有对应付和付款业务进行会计核算的功能,要使用该功能必须要将应付预付等科目设置为受控应付管理系统,在应付款管理系统中,使用应付预付科目生成应付和付款凭证。

任务分析及操作步骤

在设置主菜单中,双击"基础档案"菜单下"财务"中的"会计科目",进入会计科目的界面,单击"修改"按钮,进入会计科目——修改界面。界面如图2-21所示。

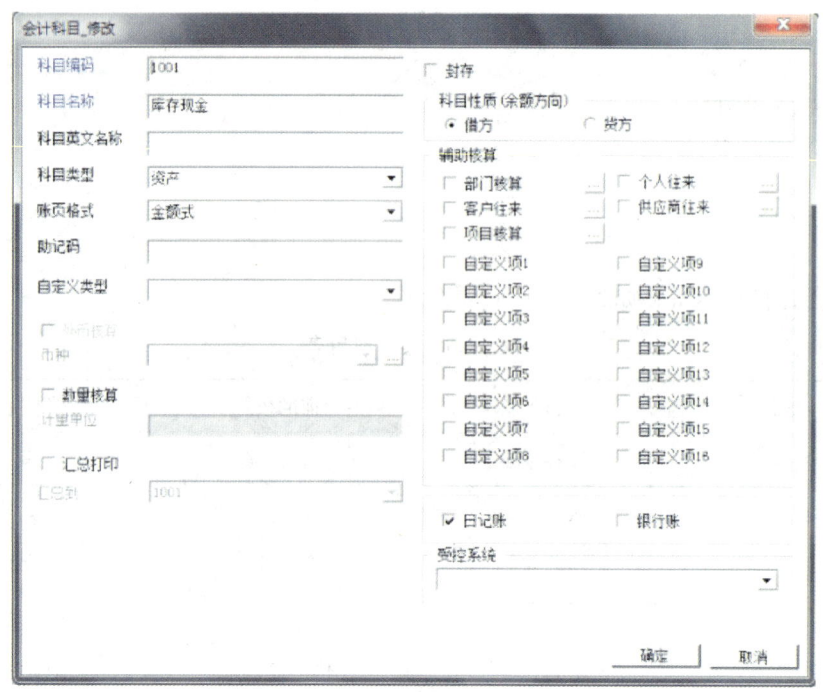

图 2-21 会计科目

二、凭证类别

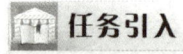

凭证类别：记账凭证。

企业根据自身管理及核算需要，对会计凭证进行分类，便于对凭证信息的管理和汇总。应付款管理系统具有对应付和付款业务进行会计核算的功能，要对凭证类别进行设置，才能使用应付款管理系统的会计核算功能生成应付和付款凭证。

在设置主菜单中，双击"基础档案"菜单下"财务"中的"凭证类别"，进入凭证类别预置界面，选择企业适用凭证类别。界面如图 2-22 所示。

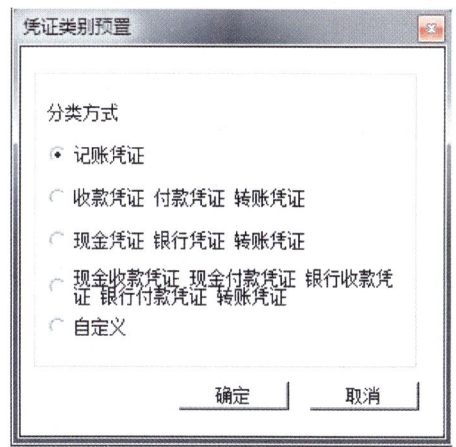

图 2-22 凭证类别

活动五 收付结算信息设置

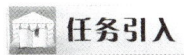

增加收付结算方式,资料如表 2-7 所示。

表 2-7 结算方式表

结算方式编码	结算方式名称	是否票据管理
1	现金结算	否
2	支票结算	是
3	汇兑	否

为了便于对货币资金的管理以及提高银行对账效率,要求企业对收付结算方式进行设置。收付结算包括结算方式编码、结算方式名称、是否票据管理等内容。要对结算方式进行设置才能对应付款管理系统的应付及付款业务中的应付单、付款单等单据进行处理。

任务分析及操作步骤

(1)在基础设置主菜单中,双击"基础档案"菜单下"收付结算"中的"结算方式",进入结算方式的界面。
(2)单击"增加"按钮,输入结算方式编码、结算方式名称,以及决定是否勾选

"是否票据管理"项。界面如图2-23所示。

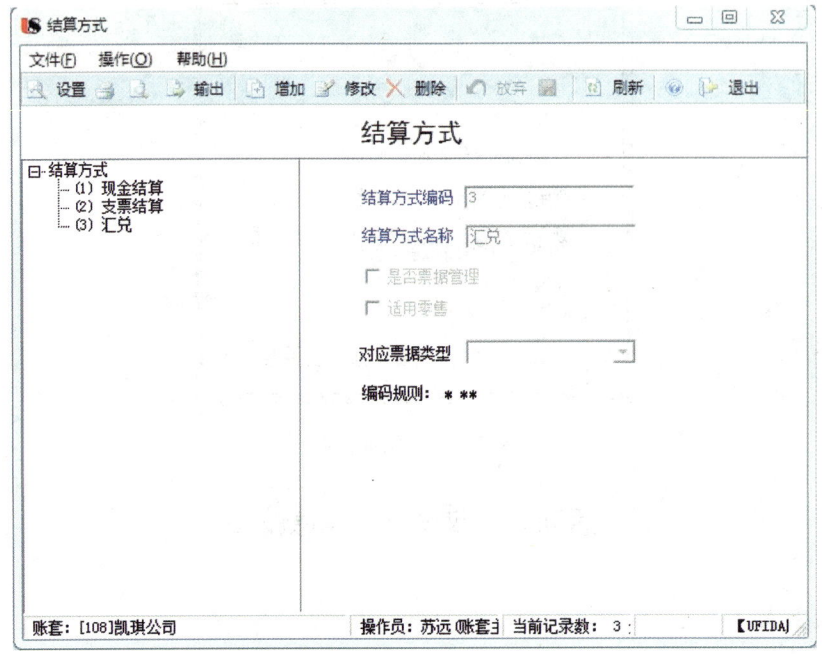

图2-23 结算方式

（3）单击"保存"按钮，便可将本次增加的内容保存，并在左边部分的树形结构中添加和显示。

【栏目解释】

◆结算方式编码：标识某结算方式的编码。
◆结算方式名称：结算方式名称。
◆票据管理标志：结算方式下的票据是否要进行支票登记簿管理。

【注意事项】

（1）用户必须按照结算方式编码级次的先后顺序来进行录入，录入值必须唯一。
（2）用户根据企业的实际情况，必须录入所用结算方式的名称，录入值必须唯一。结算方式名称最多可写6个汉字（或12个字符）。
（3）结算方式一旦被引用，便不能进行修改和删除。
（4）选择要修改的结算方式，点击"修改"进行修改。
（5）选择要删除的结算方式，点击"删除"即可。

任务四　数据备份与恢复

活动一　数据备份

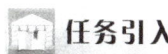 **任务引入**

备份 108 账套到 E 盘的"108 凯琪公司"文件夹中。

 **知识链接**

备份数据是指将所选的账套数据进行备份输出。对于企业系统管理员来讲，定时地将企业数据备份出来存储到不同的介质（如常见的 U 盘、光盘、网络磁盘等）上，对确保数据的安全性是非常重要的。如果企业由于不可预知的原因（如地震、火灾、计算机病毒、人为的操作等）造成数据损坏，就需要对数据进行恢复，此时备份数据就可以将企业的损失降到最小。当然，对于异地管理的公司，此种方法还可以解决审计和数据汇总的问题。

任务分析及操作步骤

（1）以系统管理员的身份注册进入系统管理。在系统管理窗口选择"账套"菜单中的"输出"命令，打开账套输出窗口，选择需要备份的 108 账套，单击账套输出位置旁表的"参照"按钮，如图 2－24 所示，系统弹出"请选择账套备份路径"窗口，选择账套所要备份的路径，单击"确定"按钮，如图 2－25 所示，回到"账套输出"界面。

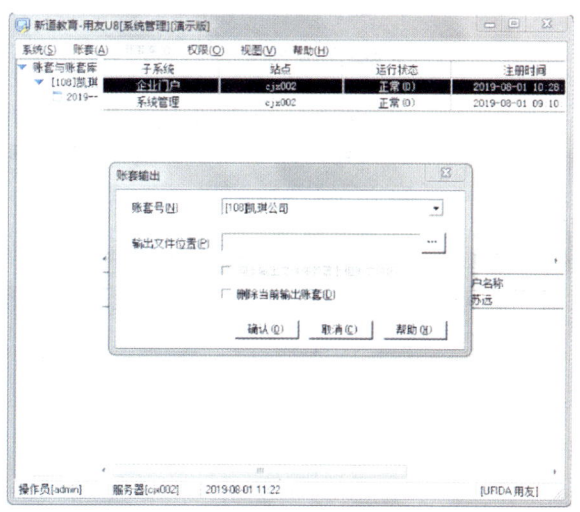

图 2－24　备份数据－1

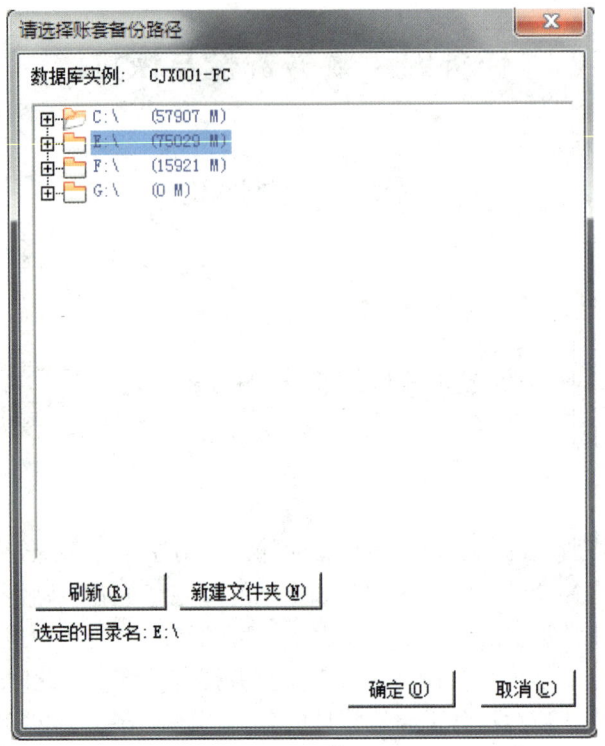

图 2-25　备份数据-2

（2）如果希望备份完成之后删除账套数据，则需勾选"删除当前输出账套"项，如图 2-26 所示，然后单击"确认"按钮。

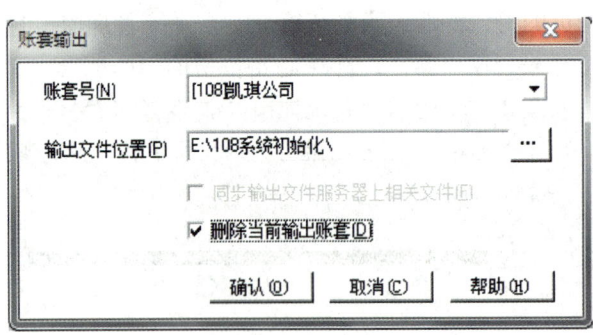

图 2-26　备份数据-3

（3））系统弹出系统管理窗口，提示"真要删除该账套吗？"如果要删除，则单击"是"，系统开始账套备份处理，如果不删除，则单击"否"，如图 2-27 所示。随后，系统弹出输出成功的界面，如图 2-28 所示，单击"确定"，完成备份。

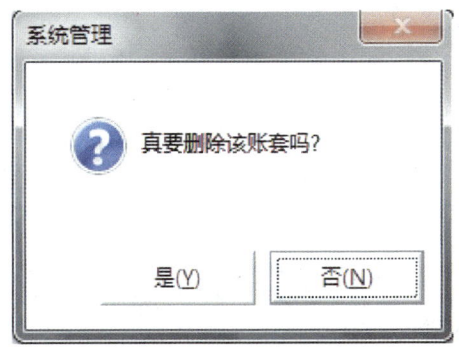

图 2 - 27　备份数据 - 4

图 2 - 28　备份数据 - 5

（4）账套完成备份之后，系统 E 盘"108 凯琪公司"文件夹中将会有两个文件，分别是 UFDATA. BAK 和 Uf ErpAct. Lst，在这两个文件中存放了 108 账套的所有备份数据。

活动二　数据恢复

 任务引入

将 E 盘的"108 凯琪公司"文件夹中备份账套引入到本系统。

知识链接

恢复数据是指将系统外某账套数据引入到本系统内。该功能有助于集团公司的操作，子公司的账套数据可以定期被引入母公司系统中，以便进行有关账套数据的分析和合并工作。有时账套数据损坏，也要将原来备份好的资料重新引入进来。

任务分析及操作步骤

（1）以系统管理员的身份注册进入系统管理。在系统管理窗口选择"账套"菜单中的"引入"命令，打开引入账套数据窗口，单击下拉菜单，选择目标"E：108 凯琪公司"文件夹，选中需引入的文件 UfErpAct.Lst，单击"确定"按钮，如图 2-29 所示。

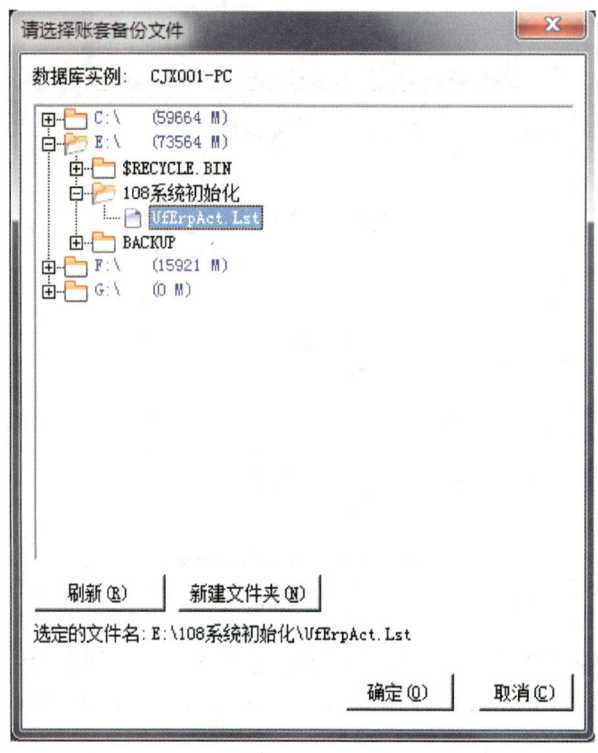

图 2-29　恢复数据-1

（2）系统会提示"请选择账套引入的目录"，如图 2-30 所示，选择"确定"，选择引入路径，再次单击"确定"，如图 2-31 所示，系统开始引入账套，引入成功后，系统弹出"账套引入成功"界面，如图 2-32 所示。单击"确定"，完成引入。

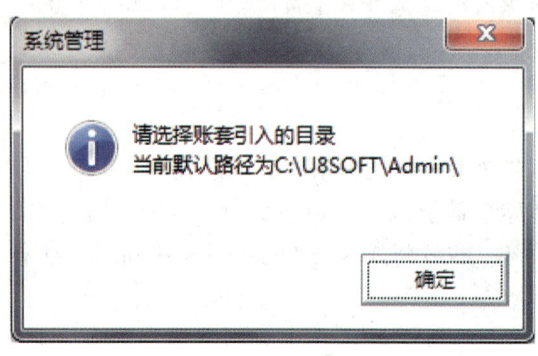

图 2-30　恢复数据-2

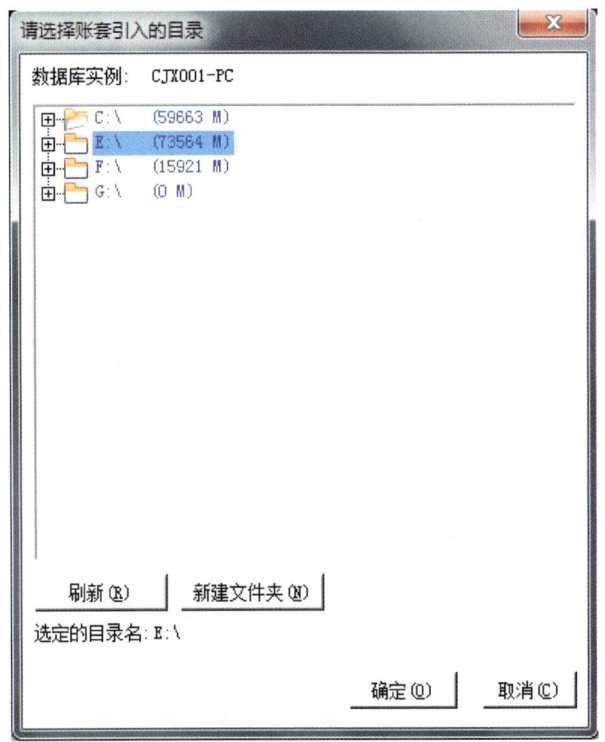

图 2-31　恢复数据-3

图 2-32　恢复数据-4

【项目小结】

本项目以用友 U8V10.1 软件为例进行了系统初始化设置。通过对本项目的学习，学生应该掌握：创建账套、设置操作员及权限、启用系统、设置机构人员档案信息、设置客商信息、设置存货信息、设置财务信息、设置收付结算信息，以及备份和恢复数据等系统初始化的相关操作。

【项目思考】

一、填空题

1. _____是指在会计软件系统中为每一个独立核算的单位所建立的一套完整的账务体系。
2. 账套启用期间如果是第_____期,那么初始化是比较特殊的。因为该期账套期初余额录入时,只需要录入期初余额。
3. 人员编码通常采用_____的形式。
4. _____可以作为区分不同账套数据的唯一标识。

二、单项选择题

1. 下面哪一项不属于凭证参数设置的内容?(　　)
   A. 系统受控科目控制　　　　　　　B. 凭证修改权限控制
   C. 科目权限控制　　　　　　　　　D. 操作员权限分配
2. 如果对基础信息设置有误,可由(　　)在修改账套功能中进行修改。
   A. 系统管理员　　　　　　　　　　B. 账套主管
   C. 账套会计　　　　　　　　　　　D. 以上都可以
3. 下面哪一项不属于初始化设置的内容?(　　)
   A. 会计期间定义　　　　　　　　　B. 记账本位币
   C. 会计科目结构　　　　　　　　　D. 凭证查询
4. 确定会计科目编码方案时,应满足的要求是(　　)。
   A. 所有科目的编码长度相同　　　　B. 编码要符合一义性和可扩展性
   C. 编码的级长不要超过两级　　　　D. 编码方案应固定为 4—2—2—2

三、判断题

1. 系统管理员可设置用户口令,且用户不能自行修改。(　　)
2. 账套的备份和恢复的身份是账套主管。(　　)
3. 一个账套可以拥有多个账套主管。(　　)

四、简答题

1. 什么是系统初始化?
2. 有哪些操作员可以注册进入"系统管理"?
3. 系统管理员对账套可以进行哪些处理?
4. 账套主管对账套可以进行哪些处理?
5. 角色与用户有怎样的区别?

项目三
采购与应付款、销售与应收款管理系统设置与处理

【学习目标】

知识目标

- 掌握采购与应付款管理系统、销售与应收款管理系统初始设置。
- 掌握普通采购、普通销售、委托代销等业务知识。
- 掌握采购管理系统、销售管理系统月末处理知识。
- 掌握应付款管理系统、应收款管理系统月末处理知识。

技能目标

- 能进行采购与应付款管理系统、销售与应收款管理系统初始设置。
- 能进行普通采购、普通销售、委托代销等业务的业务处理。
- 能进行采购业务、销售业务对应的账务处理。
- 能进行采购管理系统、销售管理系统的月末处理。
- 能进行应付款管理系统、应收款管理系统的月末处理。
- 能进行账表查询与分析。

情感目标

- 具有认真、细致的工作作风。
- 树立自信心,增强克服困难的意志。
- 具有良好的责任意识。
- 具有独立分析问题、解决问题的能力。
- 具有与人沟通能力、团队合作能力。

【系统描述】

一、采购与应付款管理系统

采购,是指企业物资供应部门按已确定的物资采购计划,取得企业生产经营活动所需的各种物资的过程。一方面,采购作为企业供应链条的首要环节,采购效率和货物质量直接关系到企业整个经营活动的正常开展;另一方面,采购成本对企业利润影响重大,

企业购进的零部件和辅助材料一般要占到最终产品销售价值的 40%~60%，在采购方面所做的点滴成本节约对利润产生的影响，要大于企业其他生产、销售领域内相同数量的节约给利润带来的影响。因此，采购管理在企业管理中占据重要的地位。

企业对采购业务开展管理的目的是采购适合耗用或销售、价格合理、质量合格的商品。具体而言，采购管理目标具体包括以下几个方面：

（1）有效管理供应商。对供应商进行分类管理，对供应商在商品交付时间、质量和价格等方面进行评价，建立长期稳定、优质的购货渠道。

（2）实现采购事前管理。对采购业务中的请购、订购活动进行管理，建立采购事前管理机制，对于采购价格进行比对和控制，以确保采购活动的及时性和合理性，降低企业采购成本。

（3）提高采购管理效率。根据不同的采购业务类型，选择不同的采购流程，对采购入库、采购退货、发票管理、采购结算等方面进行管理，加强采购业务相关各部门间的协同，提高采购效率。

（4）全面管理应付款。对于应付款形成和货款的支付进行管理，及时、准确地对应付款进行业务处理和财务核算，提高企业对应付信用期内浮游资金的利用率。

（5）实现实时分析和事后分析。制定合理的支付政策，对于采购业务执行情况和付款情况进行分析，及时发现并解决采购过程中存在的问题，保证采购业务的顺利进行。

（6）建立数据接口。实现采购管理系统与应付款管理系统之间，及其与库存管理系统、总账系统等其他系统之间的数据传递与共享。

在企业会计信息系统中，采购与应付款管理系统具有两大功能：一是采购业务管理，二是采购会计核算。采购管理系统主要是进行采购业务管理。应付款管理系统主要是对采购形成的应付、预付款等进行核算和管理。采购管理系统与应付款管理系统可以单独使用，也可以集成使用。采购管理系统与应付款管理系统集成使用，能够实现各种采购与应付单据的快速传递，实现财务与业务的整合以及数据共享，实现资金流与业务流的双轨并行，提高采购与付款的工作效率，对企业采购物流资金流开展全过程管理。本项目是在采购管理系统和应付款管理系统集成使用模式下对采购业务管理的讨论和分析。

采购管理系统和应付款管理系统的关系（如图 3-1 所示）表现在以下方面：

采购管理系统与应付款管理系统集成使用时，采购管理系统向应付款管理系统提供已经结算的采购发票，应付款管理系统对采购管理系统提供的发票进行审核，然后根据发票进行付款结算，并且根据发票和付款单生成凭证。

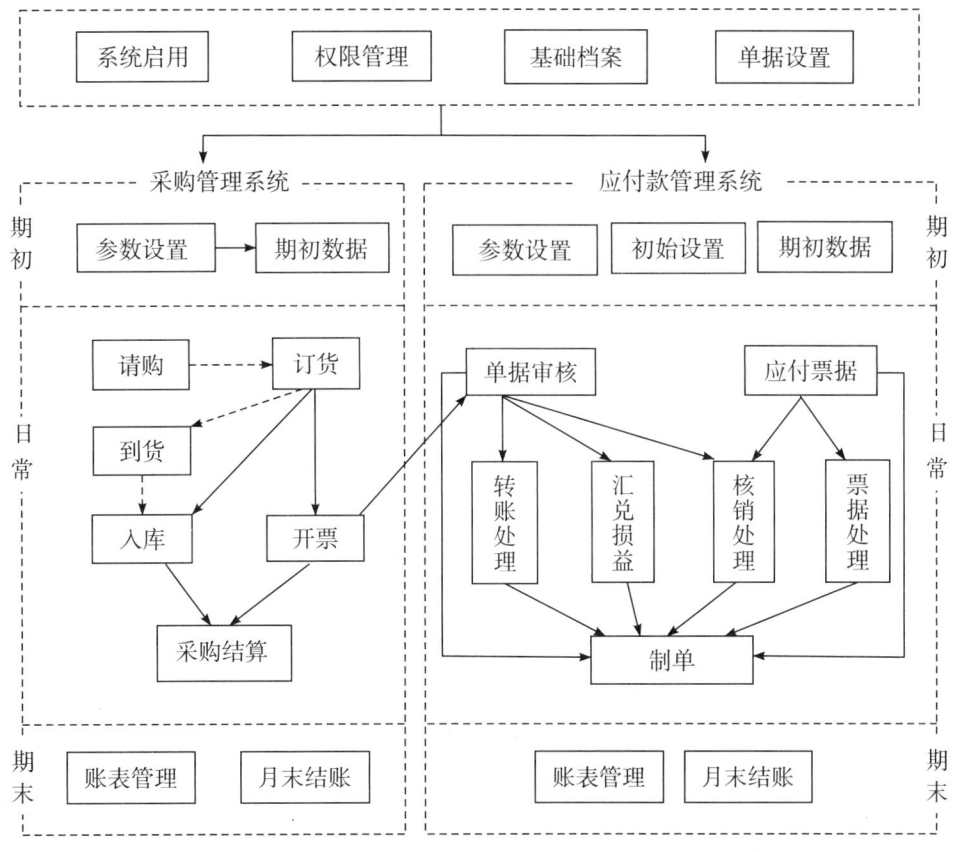

图3-1 采购管理系统与应付款管理系统的关系

采购管理系统和应付款管理系统与其他系统的关系（如图3-2所示）表现在以下几个方面：

(1) 应付款管理系统向总账系统传递凭证，并可查询所生成的凭证。

(2) 应付款管理系统与应收款管理系统间可以进行应付冲应收等转账处理，还可以对既是供应商又是客户的业务对象查询其应收、应付往来明细。

(3) 采购管理系统可以参照销售管理系统的销售订单生成采购订单。若企业存在直运业务，在直运业务必有订单模式下，直运采购订单必须参照直运销售订单生成，直运采购发票必须参照采购订单生成；在直运业务非必有订单模式下，直运采购发票和直运销售发票可以相互参照。

(4) 采购管理系统生成采购订单、采购到货单后，库存管理系统参照订单到货单生成采购入库单，并将采购入库信息反馈给采购管理系统。

(5) 采购管理系统完成采购结算后，存货核算系统根据采购结算单生成凭证，并为采购管理系统提供采购成本。

(6) 应付款管理系统、采购管理系统还可以向报表系统提供数据，以便报表系统进行加工分析。

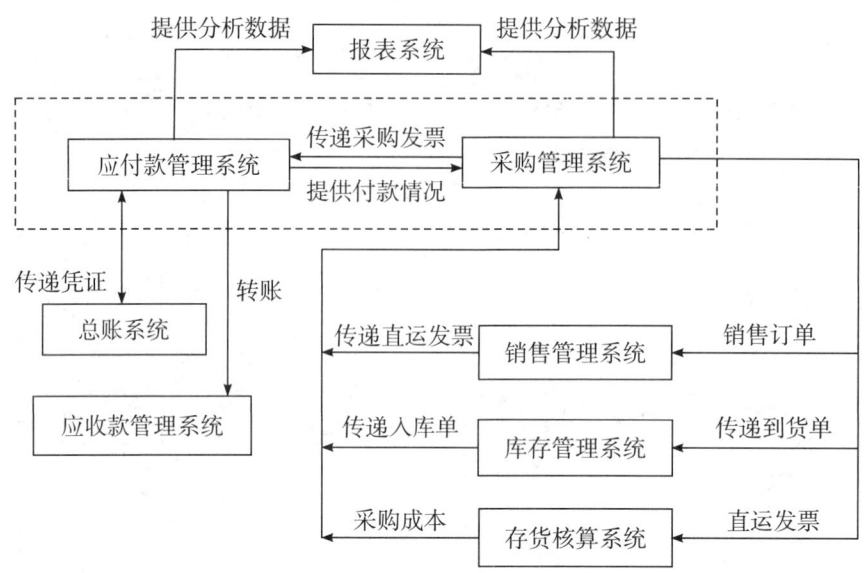

图3-2 采购管理系统和应付款管理系统与其他系统的关系

二、销售与应收款管理系统

销售,是指企业销售部门通过出售产品、商品或者提供劳务,以取得收入进而获取利润的过程。销售是企业经营成果的实现过程,企业只有通过销售才能取得必要的资金以维持并扩大再生产,因此,销售管理是企业管理的核心内容。

企业对销售业务开展管理的主要目的是实现企业资金的转化并获取合理利润,以确保企业的生存和发展。销售管理目标具体包括以下几个方面:

(1) 有效管理客户。对客户进行分类管理,维护客户档案信息,针对客户制定价格政策,以建立长期稳定的销售渠道。

(2) 实现销售事前管理。根据市场信息进行销售预测,并根据市场预测、客户订单和企业生产情况等,对一段时期内的销售品种、各品种的销售数量和销售价格做出安排,提高销售活动的针对性和合理性,实现企业销售盈利最大化。

(3) 提高销售管理效率。通过编制销售订单、订单跟踪管理,下达提货单,组织提货等活动,加强与生产和财务等各部门协同,提高销售与供货的效率。

(4) 全面管理应收款。对于应收款形成和销售款的收取进行管理,及时、准确地对应收款进行业务处理和财务核算,提高企业应收款项的收回比率,减少坏账。

(5) 实现销售适时分析和事后分析。建立合理的收款政策,对销售业务执行情况和付款情况进行分析,及时发现并解决销售过程中存在的问题,确保销售业务的顺利进行。

建立数据接口。实现销售管理子系统与应收款管理子系统、库存管理子系统、总账子系统等其他子系统之间的数据传输与共享。

在企业会计信息系统中,销售管理系统是供应链的一个子系统,应收款管理系统是财务链的一个子系统。销售管理与应收款管理系统具有两大功能:一是销售业务管理,二是销售会计核算。其中,销售管理系统主要是进行销售业务管理;应收款管理系统主要是对销售形成的应收、预收款等进行核算和管理。销售管理系统和应收款管理系统可以单独使用,也可以集成使用。销售管理系统和应收款管理系统集成使用,能够实现各种销售与应收款单据的快速传递,实现财务与业务的整合以及数据共享,实现销售资金流与业务流的双轨并行,提高销售与收款的工作效率,对企业销售物流、资金流开展全面全过程管理。本项目是在销售管理系统和应收款管理系统集成使用模式下对销售业务管理的讨论和分析。

销售管理系统和应收款管理系统的关系表现在以下方面:

销售管理系统与应收款管理系统集成应用时,销售管理系统向应收款管理系统提供销售发票和代垫费用单,应收款管理系统对销售管理系统提供的发票和代垫费用单进行审核后,根据发票进行付款结算,并且根据发票和付款单生成凭证,这两个系统存在着数据传递关系。

销售管理与应收款管理系统的关系如图3-3所示。

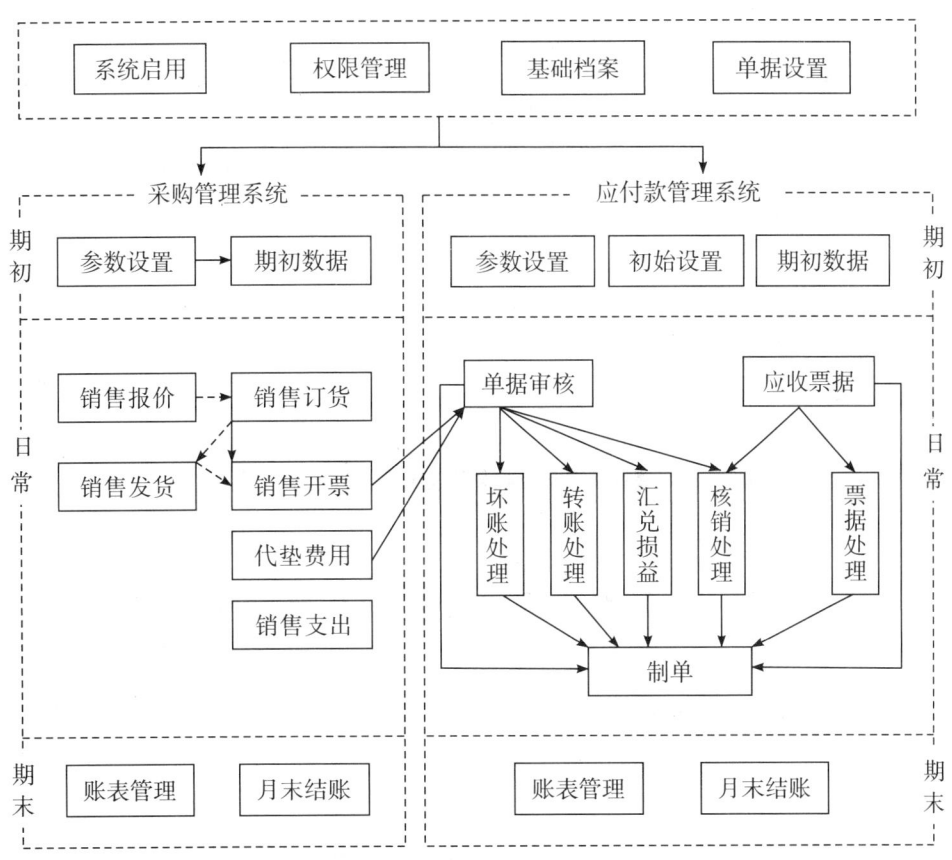

图3-3 销售管理与应收款管理系统的关系

销售管理和应收款管理系统与其他系统的关系主要表现如下:

应收款管理系统向总账系统传递凭证,并可查询所生成的凭证。

应收款管理系统与应付款管理系统间可以进行应收冲应付等转账处理,还可以对既是供应商又是客户的业务对象查询其应收往来明细。

以销售管理系统的销售订单参照在采购管理系统生成采购订单。若企业存在直运业务,在直运业务必有订单模式下,直运销售订单必须参照直运销售订单生成,直运销售发票必须参照销售订单生成；在直运业务非必有订单模式下，直运销售发票和直运采购发票可以相互参照。

销售管理系统生成销售订单、销售发货单后，库存管理系统参照订单、到货单生成销售出库单，并将销售出库信息反馈给销售管理系统。

销售管理系统生成销售发票、委托代销发货单发票后，存货核算系统根据销售发票、委托代销发货单发票生成凭证，并为销售管理系统提供销售成本。

此外，应收款管理系统、销售管理系统还可以向报表系统提供数据，以便报表系统进行加工分析。

销售和应收款管理系统与其他系统的关系如图3-4所示。

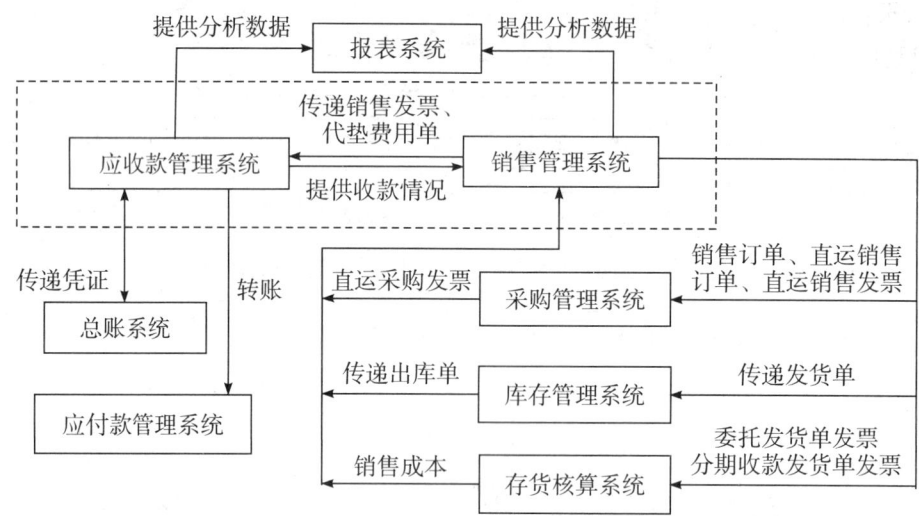

图3-4 销售管理与应收款管理系统与其他系统的关系

任务一 采购与应付款管理系统初始设置

采购与应付款管理系统和其他ERP子系统一样，要想使用该系统处理采购与应付款业务，需要先启用采购管理系统和应付款管理系统。

通过初始设置，使系统适应企业个性化管理的需要，为日常业务处理做好准备。

活动一 基础档案设置

一、系统启用

启用采购管理系统、应付款管理系统，启用日期2019年8月1日。

知识链接

企业要使用采购管理系统和应付款管理系统，必须先启用这两个系统，才能激活采购与应付款管理的各项功能。

任务分析及操作步骤

启用系统有两种方法：

（1）在完成创建账套的操作后，系统启用界面会自动弹出，用户可以一气呵成完成创建账套和系统启用。此时系统启用人是 admin。界面如图 3－5 所示。

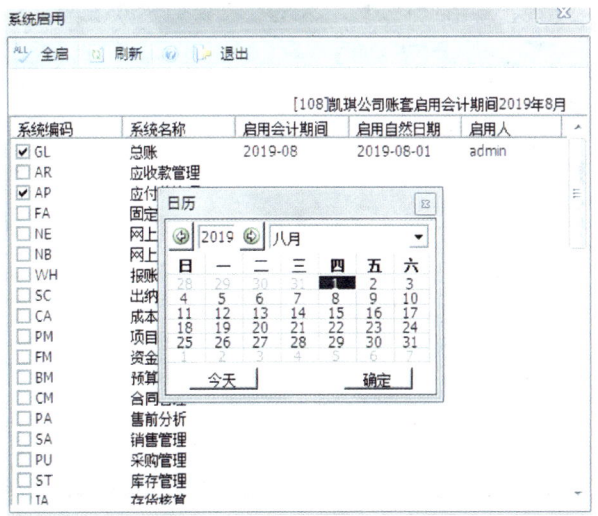

图 3－5　系统启用

（2）也可以进入企业应用平台后，在基础设置主菜单中，双击"基本信息"菜单下的"系统启用"，则进入系统启用的界面。此时系统启用人是账套主管。

二、仓库档案

任务引入

增加仓库档案，资料如表 3－1 所示。

表 3－1　仓库表

仓库编码	仓库名称	计价方式
1	原料仓	全月平均法
2	成品仓	全月平均法

仓库一般是用来堆放和保管存货的,要对存货进行核算和管理,首先要设置仓库相关信息,仓库设置是供应链系统的基础准备工作之一。第一次使用本系统时,应将要使用的仓库,预先输入到系统之中,即进行"仓库档案设置"。

以 201 苏远的身份登录企业应用平台。在基础设置主菜单中,单击"基础档案"菜单下的"仓库档案",进入仓库档案的界面。界面如图 3-6 所示。

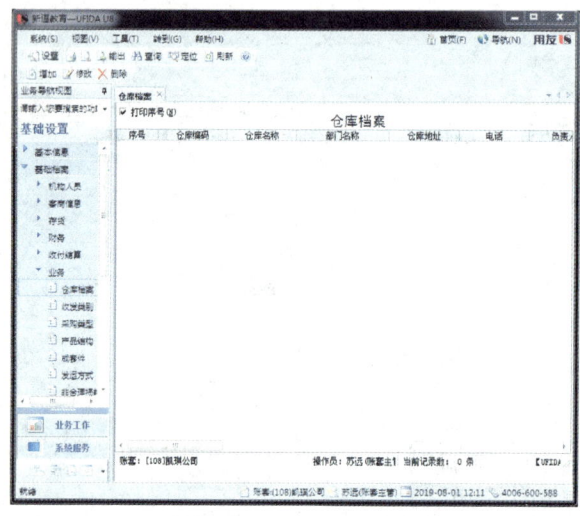

图 3-6 仓库档案-1

【栏目解释】

◆仓库编码:标识仓库的编码。

◆仓库名称:企业对仓库的命名。

◆部门名称:仓库归属的部门,必须输入。

◆计价方式:系统提供六种计价方式。工业有计划价法、全月平均法、移动平均法、先进先出法、后进先出法、个别计价法,商业有售价法、全月平均法、移动平均法、先进先出法、后进先出法、个别计价法。每个仓库必须选择一种计价方式。

◆货位管理:可选可不选,不选则默认为不进行货位管理。

◆参与 MRP 运算:仓库产品是否参加产品资源计划计算。

◆参与 ROP 计算:是否参加 ROP 采购计划方案的设置,新建仓库默认是,可修改。

◆资金定额、备注:可以为空。

◆对应条形码:仓库条形码,没有输入时,系统默认为仓库编码。

◆仓库属性:下拉框选择,有普通仓、现场仓、委外仓三种选项,默认为普通仓。

普通仓用于正常的材料、产品、商品的出入库、盘点的管理,现场仓用于生产过程的材料、半成品、成品的管理,委外仓用于管理发给委外商的材料的管理。

1. 增加仓库档案

在仓库档案主界面,单击"增加"按钮,显示增加仓库档案的界面。界面如图3-7所示。

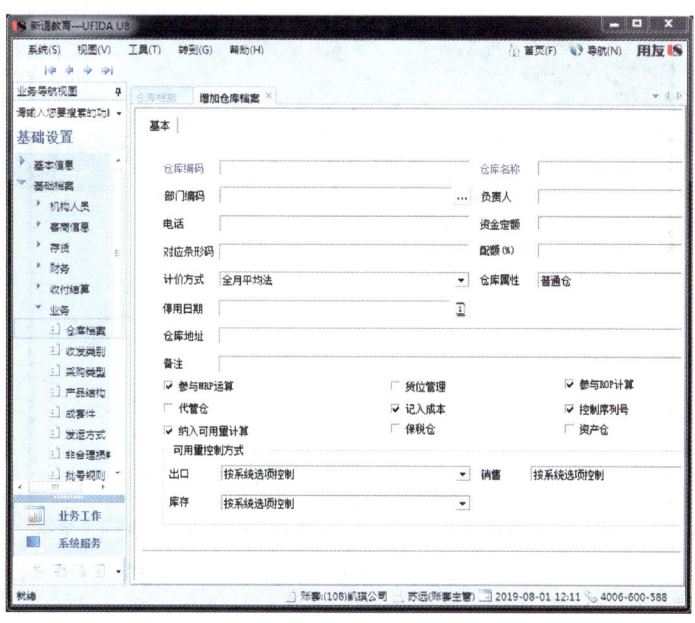

图3-7 仓库档案-2

单击"增加"按钮,按栏目说明输入相关内容后,然后单击"保存"按钮即可。如图3-8所示。

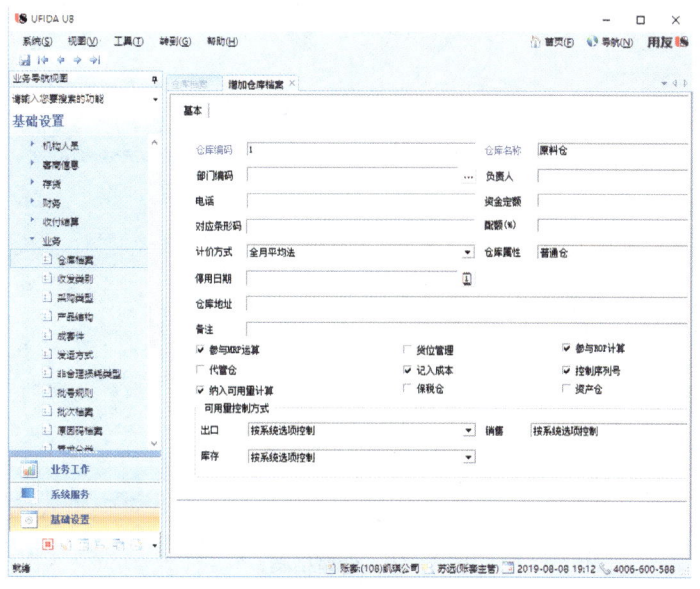

图3-8 仓库档案-3

2. 修改仓库档案

在仓库档案主界面，将光标移到要修改的仓库上，单击"修改"按钮，显示修改仓库档案的界面。修改方法与新增方法相同，若仓库已经使用，只可修改以下几项：负责人、电话、资金定额、仓库地址、备注。界面如图3-9所示。

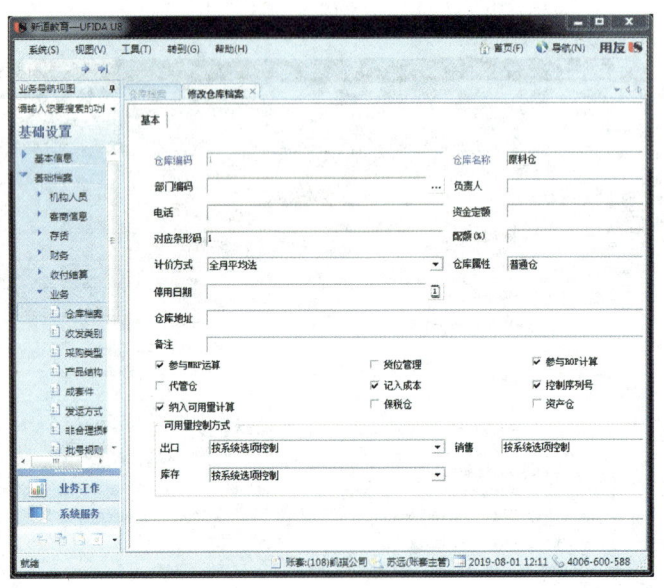

图3-9 仓库档案-4

3. 删除仓库档案

在仓库档案主界面，将光标移到要删除的仓库上，单击"删除"按钮，即可删除当前仓库信息。已经使用的仓库不能删除。删除操作如图3-10所示。

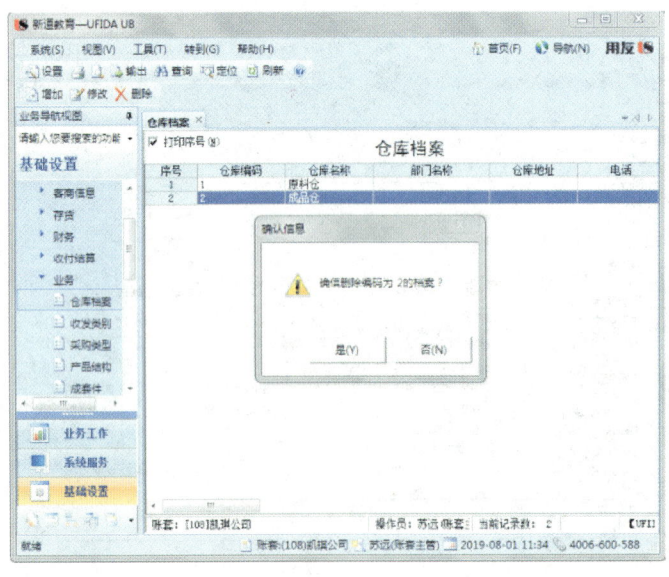

图3-10 仓库档案-5

三、收发类别

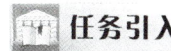 任务引入

增加存货收发类别,资料如表 3-2 所示。

表 3-2 收发类别表

类别编码	类别名称	收发标志
1	入　库	收
11	采购入库	收
12	其他入库	收
2	出　库	发
21	销售出库	发
22	其他出库	发

知识链接

收发类别是指存货的出入库类型。收发类别设置,是为了用户对材料的出入库情况进行分类汇总统计而设置的,表示材料的出入库类型,便于对存货的收发进行分析和管理。用户可根据各单位的实际需要自由灵活地进行设置。

任务分析及操作步骤

在基础设置主菜单中,双击"基础档案"菜单下"业务"中的"收发类别",进入收发类别界面。界面如图 3-11 所示。增加收发类别,如图 3-12 所示。

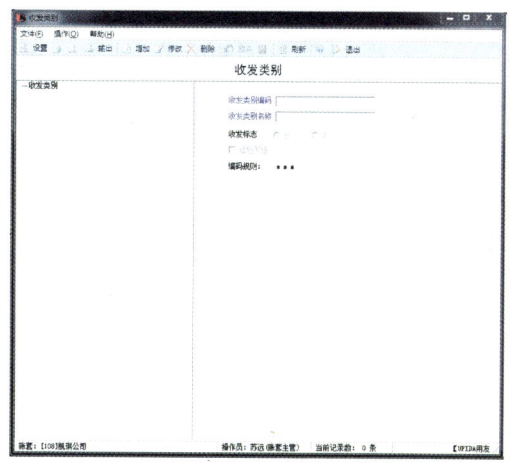

图 3-11 收发类别-1

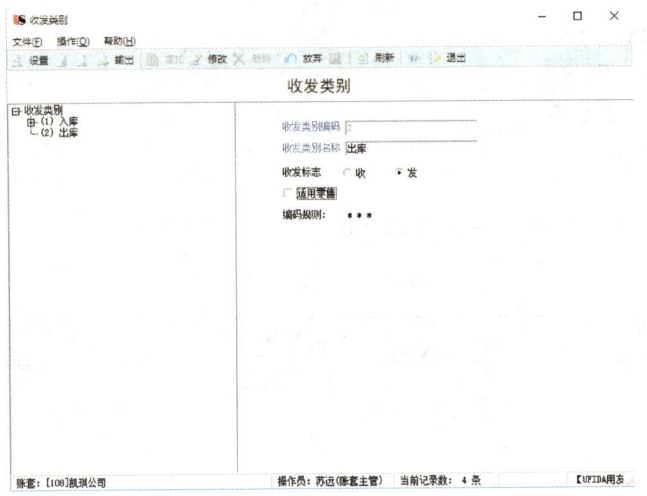

图 3-12 收发类别-2

【栏目解释】

◆收发标志：系统规定收发类型只有两种，即收和发。
◆类别编码：标识收发类别的编码。系统规定收发类别最多可分三级，最大位数5位。
◆类别名称：收发类别名称，最大位数为12位。用户必须输入。

（1）单击"增加"按钮，在相应栏目中输入适当内容。单击"保存"按钮，对输入的内容进行保存。

（2）把光标放在要修改的收发标志上，单击"修改"按钮，即可在右边输入框中对此收发类别名称进行修改，修改后单击"保存"按钮即修改完毕。

（3）把光标放在要删除的收发类别记录上，单击"删除"按钮，单击"是（Y）"即可删除此收发类别。

注意事项

（1）只能修改收发类别名称，而不能修改收发类别编码。
（2）相同级次且上级级次相同的类别名称不可以相同。
（3）如果输入各栏目后，不按"保存"按钮，即表示放弃此次修改。
（4）若收发类别已经使用，则不可删除此收发类别。

四、采购类型

任务引入

增加采购类型，资料如下：

表 3-3 采购类型表

采购类型编码	采购类型名称	入库类别	是否默认值
01	普通采购	采购入库	是
02	接受投资	其他入库	否

采购类型是用户对采购业务所做的一种分类，是采购单据上的必填项。如果企业需要根据采购类型对采购业务进行采购统计，则必须设置采购类型。

任务分析及操作步骤

在基础设置主菜单中，双击"基础档案"菜单下"业务"中的"采购类型"，进入采购类型界面。界面如图 3-13 所示。

图 3-13 采购类型-1

1. **增加采购类型**

在采购类型主界面，单击"增加"按钮，显示增加采购类型界面，输入采购类型的信息。界面如图 3-14 所示。

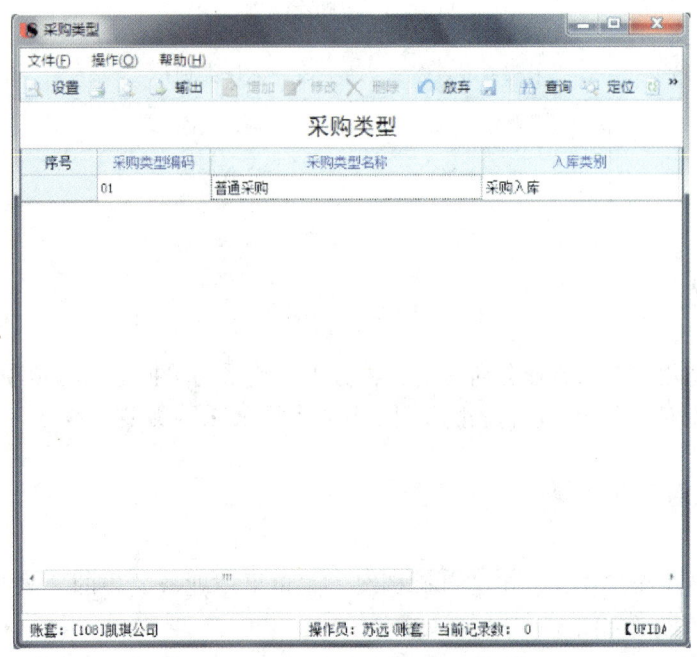

图 3-14　采购类型-2

2. 删除采购类型

在要删除的采购类型主界面，将光标移到要删除的采购类型上，用鼠标单击"删除"按钮，即可删除当前采购类型信息。已经使用的采购类型不能删除。删除操作如图 3-15 所示。

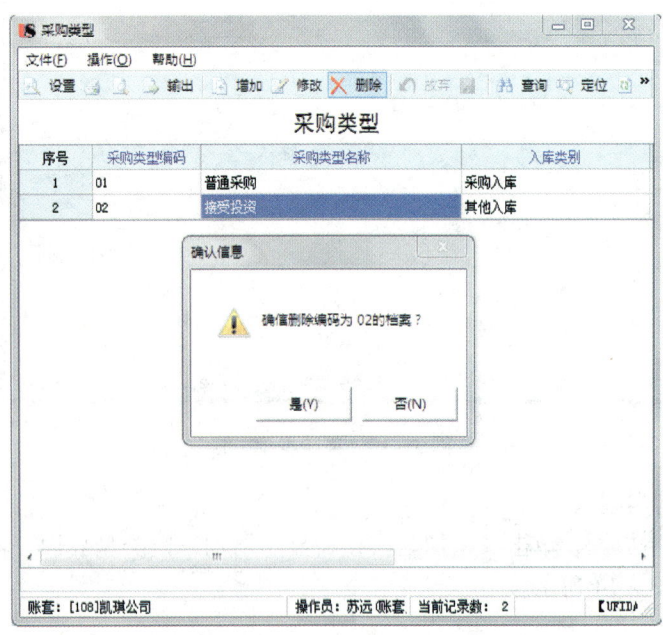

图 3-15　采购类型-3

五、本单位开户银行

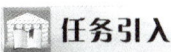

增加本单位开户银行,资料如下。

编码:1,币种:人民币,银行账号:112233556612,开户银行:中国工商银行美兰支行,所属银行:中国工商银行。

本单位开户银行用于维护及查询使用单位的开户银行信息。系统支持多个开户行及账号的情况。在使用应付款管理系统处理应付款业务前,必须对本单位开户银行及基本信息进行设定。

在基础设置主菜单中,双击"基础档案"菜单下的"本单位开户银行",进入本单位开户银行的界面。界面如图 3-16 所示。

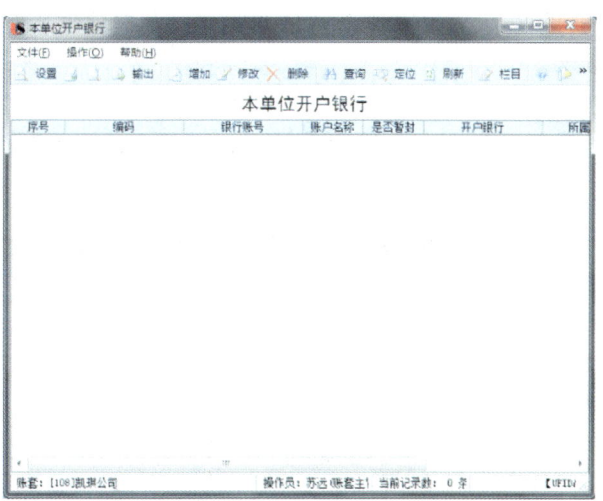

图 3-16 本单位开户银行 -1

【栏目解释】

◆编号:用来标识某开户银行及账号。用户可手工输入,也可以由系统自动给定。录入值必须唯一。编号可以数字 0~9 或字符 A~Z 表示,但编号中"&""、"以及空格禁止使用。开户银行编号最多可输入 3 个字符。

◆开户银行：用来输入使用单位的开户银行名称。用户必须输入，名称可以重复。开户银行名称最多可输入 30 个字符或 15 个汉字。

◆银行账号：用来输入使用单位在开户银行中的账号名称。用户必须输入，且必须唯一。银行账号最多可输入 20 个字符。

◆暂封标识：用来标识账号的使用状态。如果这个账号临时不用时，可以设置暂封标志为有效。

◆所属银行编码：指开户银行所属的总行编码，参照银行档案录入。

◆账户名称：指账号的用户名称，可输入任意值。

◆开户行地址：指开户的银行所在位置，可输入任意值。

◆省/自治区：指开户银行所在的地区，参照行政区划档案录入。

◆市/县：指开户银行所在的地区，可输入任意值，也可参照行政区划档案录入。

◆币种：指账户所使用的币种，目前只支持一个账户使用一种币种的情况，参照币种档案录入。

◆开户日期：指开立账户的日期。

◆对应总账科目：指做凭证时所登录的科目账，参照科目档案录入。

◆当前余额：指账户中剩余的余额。

◆客户编号：如果所属银行为"中国建设银行"，则此项必输，可输入任意值。

◆机构号：如果所属银行为"中国建设银行"，则此项必输，可输入任意值。

◆联行号：如果所属银行为"中国建设银行"，则此项必输，可输入任意值。

◆签约标志：单项选择，选项为检查收付款账号、只检查付款账号，默认为检查收付款账号，可随时修改。

1. 增加本单位开户银行

在本单位开户银行主界面，单击"增加"按钮，显示增加本单位开户银行的界面。界面如图 3-17 所示。

图 3-17　本单位开户银行 -2

按栏目说明输入相关内容后，单击"保存"按钮即可。

2. 修改本单位开户银行

在本单位开户银行主界面，单击"修改"按钮，显示修改本单位开户银行的界面。修改方法与新增方法相同。界面如图3-18所示。

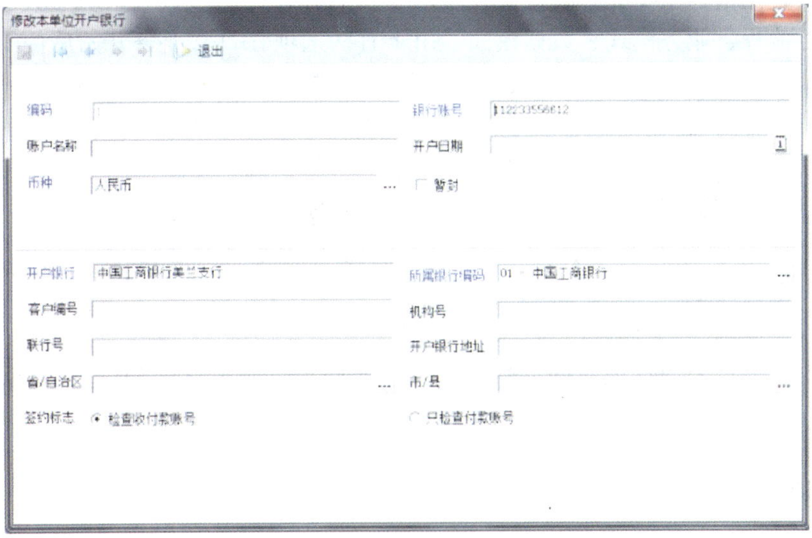

图3-18　本单位开户银行-3

3. 删除本单位开户银行

在本单位开户银行主界面，将光标移到要删除的开户银行上，单击"删除"按钮，即可删除当前开户银行信息。已经使用的开户银行不能删除。删除操作如图3-19所示。

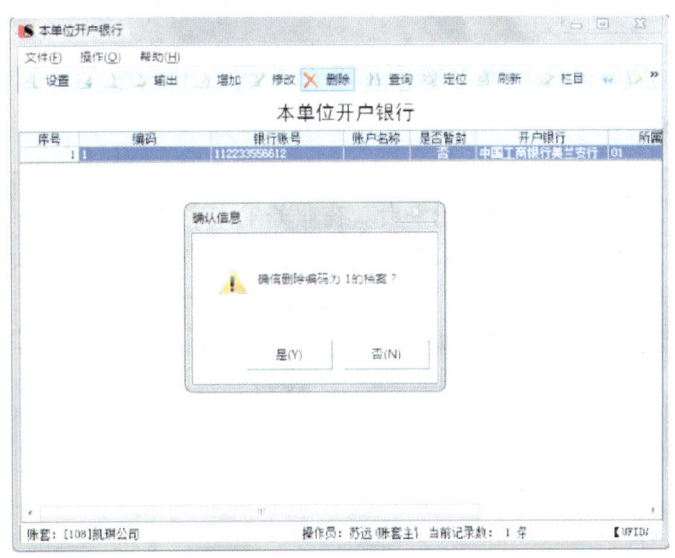

图3-19　本单位开户银行-4

活动二 采购管理系统参数设置

采购与应付款管理系统的初始设置一般包括系统参数设置、初始设置、期初余额录入等。

参数设置是指在企业业务处理过程中所使用的各种控制参数。系统参数的设置决定系统的业务流程、业务模式、数据流向。由于有些选项在日常业务开始后便不能随意更改，因此最好在业务开始前进行全盘考虑，尤其一些对其他系统有影响的选项设置更要考虑清楚。在初次使用采购管理系统和应付款管理系统时，必须根据企业采购与应付款的实际管理需要进行相应的参数设置。

初次启用采购管理系统时，要对采购管理系统的系统参数进行设置。

任务引入

设置凯琪公司采购管理系统参数。选择"允许超请购订货"，其他采购管理系统参数设置采用默认值。

知识链接

采购管理系统参数的设置，是指在处理日常采购业务之前，确定采购业务的范围、类型以及对各种采购业务的核算要求。采购管理系统的参数设置包括业务及权限控制、公共及参照控制、采购预警和报警三个选项卡。业务及权限控制选项卡主要是对业务模式、价格管理、结算方式、单据权限进行管理参数设置。公共及参照控制选项卡主要显示公共信息和参照方式的管理参数设置。采购预警和报警选项卡对于采购预警天数进行设定。

任务分析及操作步骤

以201苏远的身份登录企业应用平台。在业务工作主菜单中，双击"供应链"菜单下的"采购管理""设置"下的"采购选项"，进入采购选项设置的界面，勾选"允许超请购订货"，单据默认税率修改为"13%"，其他参数设置保持默认值，设置完毕后单击"确定"。采购管理参数设置的界面如图3-20、图3-21、图3-22、图3-23所示。

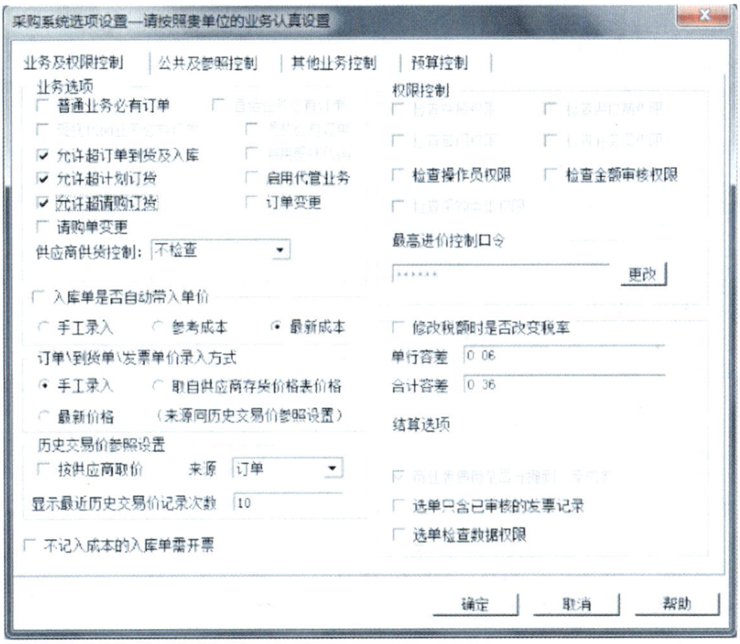

图 3-20 采购选项-1

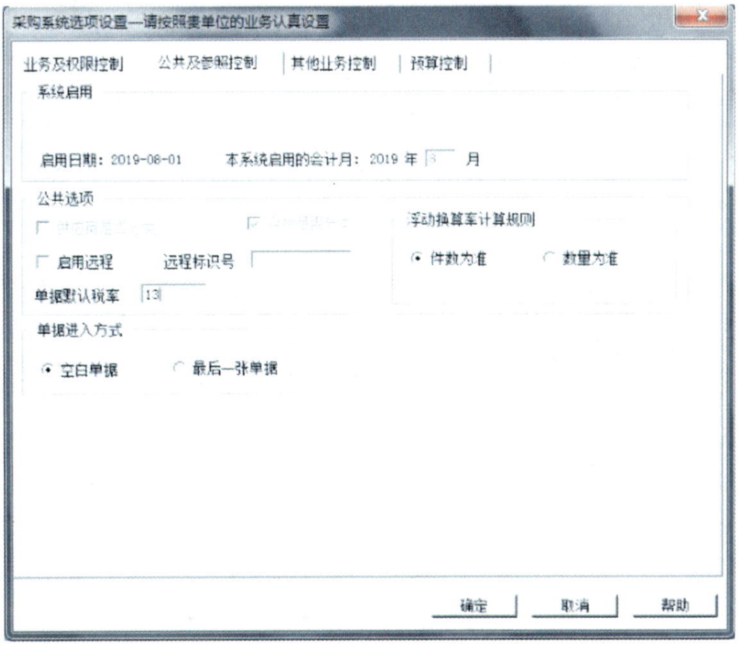

图 3-21 采购选项-2

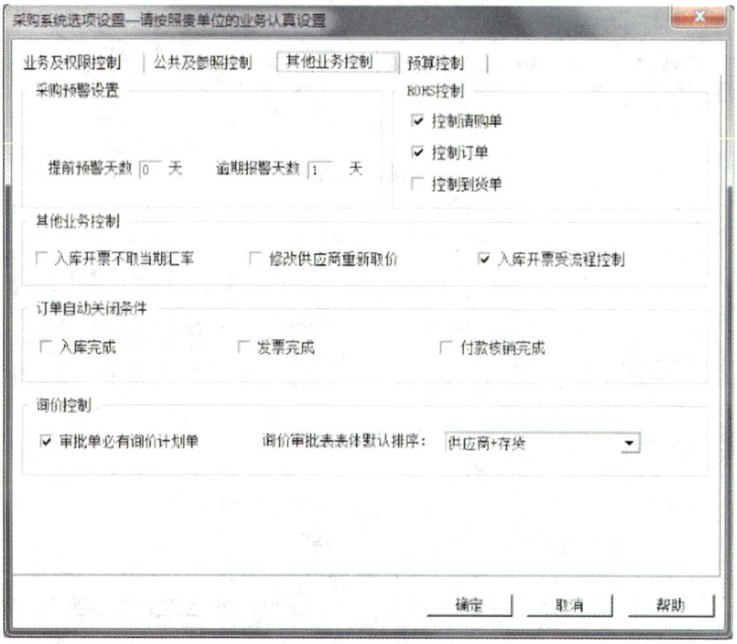

图 3-22 采购选项-3

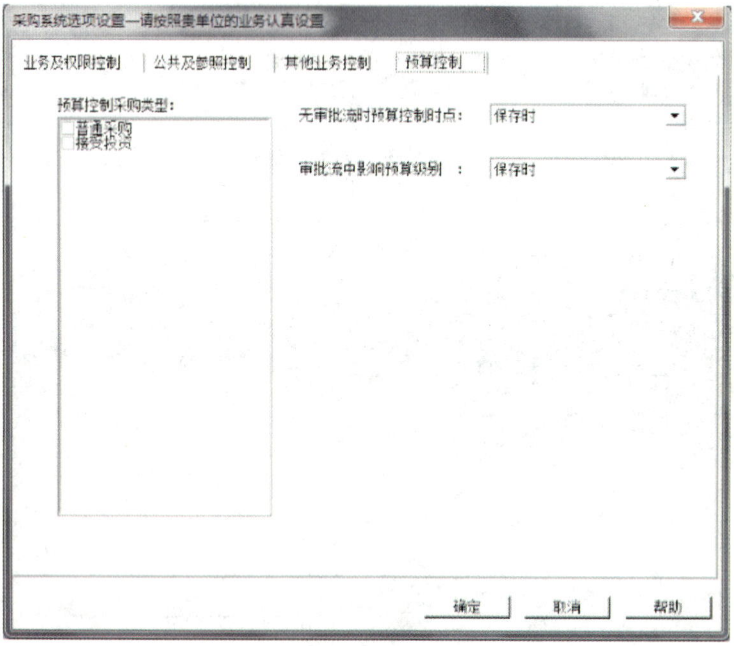

图 3-23 采购选项-4

【栏目解释】

◆普通业务必有订单：打勾后，表示普通采购业务必须输入订单。

◆启用受托代销：打上勾，表示企业有受托代销业务，采购系统菜单中会出现有关受托代销的单据、受托代销结算、受托代销统计账表。

◆允许超订单到货及入库：打勾选择，可随时修改。如不允许，则参照订单生成到货单、入库单时，不可超订单数量；如允许，可超订单数量，但不能超过订单数量入库上限，即订单数量×（1+入库超额上限），入库上限需在存货档案中设置。

◆入库单是否自动带入单价：入库单生成时，自动根据最新成本生成入库存货的单价。

◆订单/到货单/发票单价录入方式：单选，可随时修改。选择"手工录入"，则用户直接录入。选择"取自供应商存货价格表价格"，则带入供应类型为"采购"的无税单价、含税单价、税率，可修改；若无则手工录入。选择"最新价格"，则系统自动取最新的订单、到货单、发票上的价格，包括无税单价、含税单价、税率，可修改。

◆单据默认税率：默认为13，可修改。用户填制采购单据时自动带入采购单据的表头税率，可修改。普通发票的表头税率默认为0；运费发票的表头税率默认为7。

◆提前预警天数：为空时，表示不对临近记录进行预警；录入天数后，对符合"订单数量＞累计到货数量且0≤计划到货日期−当前日期≤提前预警天数"条件的采购订单，系统会进行预警提示。

◆逾期报警天数：为空时，表示不对过期记录进行报警。录入天数后，对符合"订单数量＞累计到货数量且计划到货日期−当前日期＜0且当前日期−计划到货日期≥逾期报警天数"条件的采购订单，系统会进行预警提示。

注意事项

（1）选择"普通业务必有订单"时，除请购单、采购订单外，到货单、入库单、发票只能参照生成，不能手工填制。

（2）"启用受托代销"选项只有在建立账套时选择企业类型为"商业"或"医药流通"的账套，才能选择。

（3）"入库单自动带出单价"选项只有采购管理系统不与库存管理系统集成使用，即采购入库单在采购管理系统填制时可设置。

（4）采购订单如果进行到货预警和报警，首先在预警平台中增加预警设置。然后在采购选项中设置预警天数和逾期报警天数。

（5）在进行采购选项修改前，应确定系统相关功能没有使用，否则系统提示警告信息。

活动三 应付款管理系统参数设置

初次使用应付款管理系统时，应设置其系统控制参数。

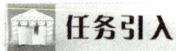

设置凯琪公司应付款管理系统参数：单据审核后不立即制单，其他参数采用默认值。

应付款系统控制参数包括常规、凭证、权限与预警、核销设置收付款控制 5 个选项卡。常规选项卡包括应付款业务处理方法和核算模型等参数。凭证选项卡包括应付款业务凭证的生成方式、生成依据和生成范围等参数。权限与预警选项卡包括应付款管理系统的操作人员权限和应付款报警依据等参数。核销设置选项卡包括核销方式和核销规则等参数。收付款控制选项卡包括启用付款清单等参数。

以 201 苏远的身份登录企业应用平台。在业务工作主菜单中，打开"财务会计"菜单下的"应付款管理"，在应付款管理系统主界面双击"设置"菜单下的"选项"，进入应付款管理系统选项设置界面，单击"编辑"并选择相应的选项卡进行参数设置，去掉"单据审核后立即制单"前复选框中的"√"，参数设置完成后用单击"确定"按钮。应付款系统参数设置界面如图 3–24、图 3–25、图 3–26、图 3–27、图 3–28 所示。

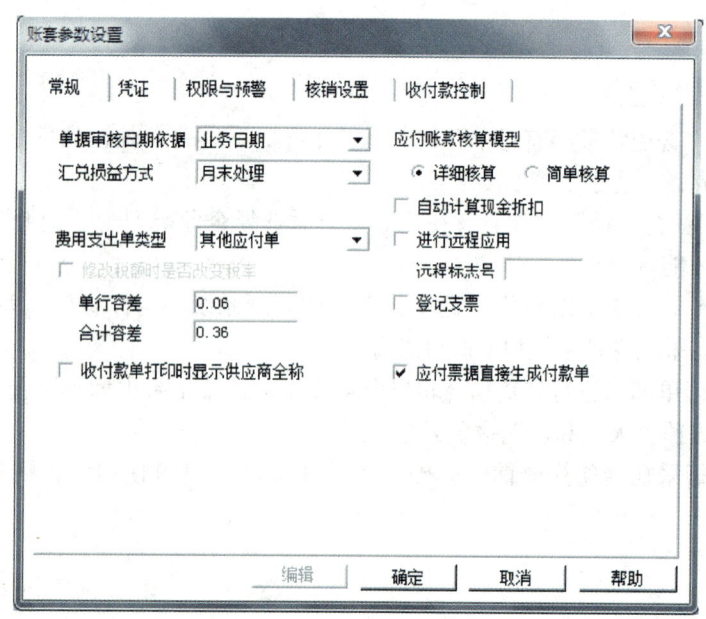

图 3–24 应付款选项–1

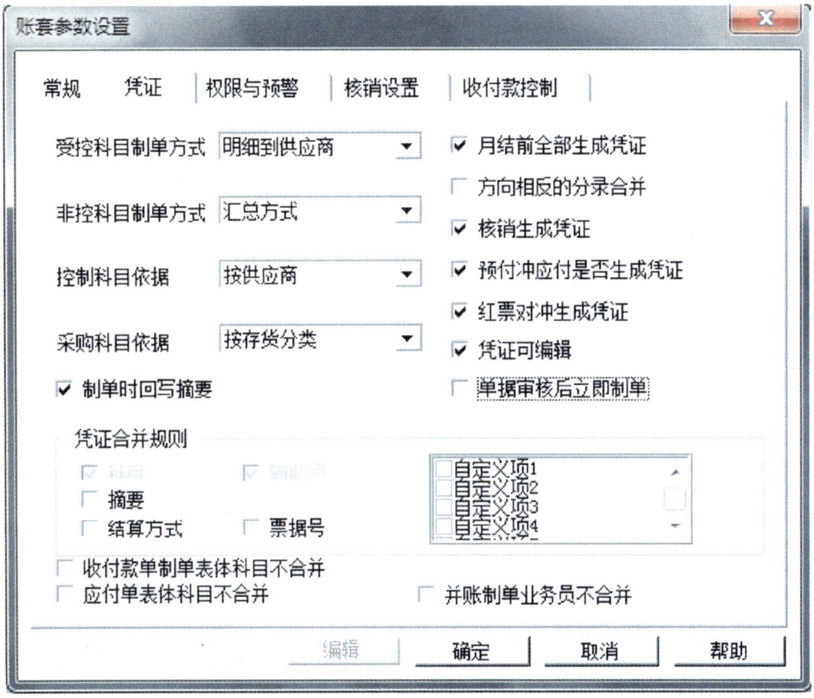

图 3-25　应付款选项-2

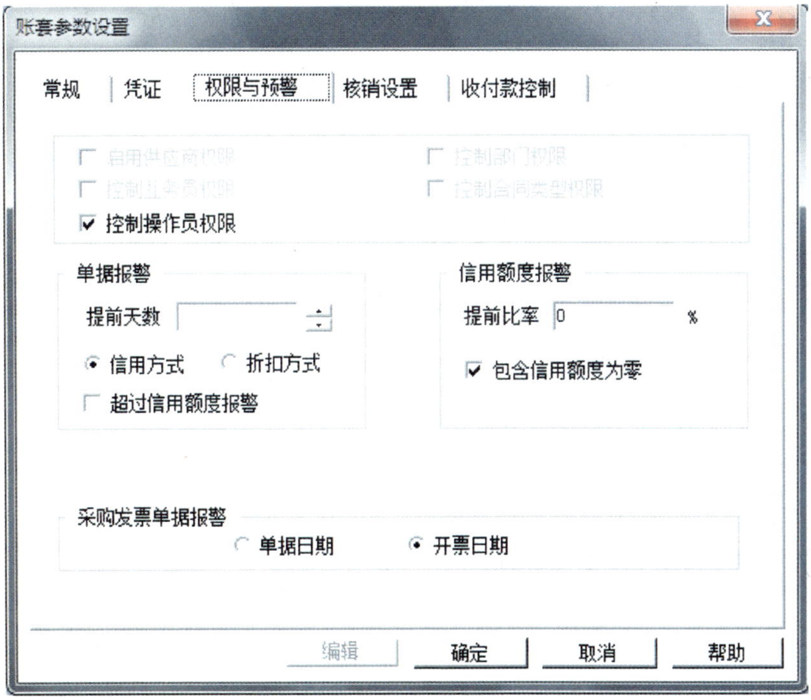

图 3-26　应付款选项-3

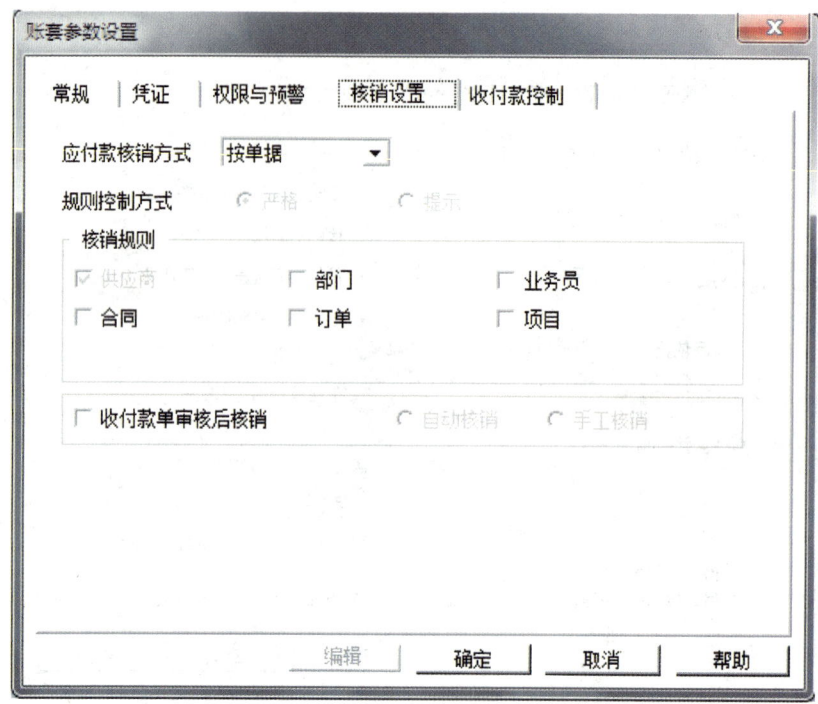

图 3-27 应付款选项-4

图 3-28 应付款选项-5

【栏目解释】

◆单据审核日期依据：单据审核时，生成审核日期的方式。系统提供"业务日期"和"单据日期"两种方式。

◆应付账款核算模型：选择"简单核算"，应付账款只是完成将采购传递过来的发票生成凭证传递给总账这样的模式；选择"详细核算"，应付账款可以对往来进行详细的核算、控制、查询、分析。

◆自动计算现金折扣：选择此项目，系统会在"核销处理"中显示"可享受折扣"和"本次折扣"，并为你计算可享受的折扣。

◆登记支票：选择此项目，则系统自动将具有票据管理的结算方式的付款单登记支票登记簿。

◆受控科目制单方式：选择"明细到供应商"，则当一个供应商的多笔业务合并生成一张凭证时，系统将自动将其合并成一条分录；选择"明细到单据"，则将一个供应商的多笔业务合并生成一张凭证时，系统会将每一笔业务形成一条分录。

◆控制科目依据：指所有带有供应商往来辅助核算并受控于应付系统的科目。系统提供六种设置控制科目的依据。

◆采购科目依据：系统提供了两种设置产品采购科目的依据，即按存货分类和按存货设置存货采购科目。

◆凭证可编辑：选择此项，表示生成的凭证可以修改；若不选，表示生成的凭证不可修改。

◆应付款核销方式：对完成付款的应付款进行核销所采用的方式。系统提供两种应付款的核销方式，即按单据、按产品两种方式。

注意事项

选择"是否登记支票"项目，需要先在总账系统选项中进行支票控制。

活动四　应付款管理系统初始设置

初次使用应付款管理系统时，应设置其系统控制参数。

任务引入

凯琪公司应付款管理系统初始设置，基本科目设置：应付科目为2202（应付账款），预付科目为1123（预付账款），采购科目为1401（材料采购），税金科目为22210101（进项税额）。结算方式科目设置：现金结算对应1001，支票结算对应1002，汇兑结算对应1002。

知识链接

应付款管理的初始设置包括凭证科目设置、账龄区间设置、报警级别设置及单据类型设置。通过初始设置建立应付款管理的基础数据，确定使用哪些单据处理应付业务，确定需要进行账龄管理的账龄区间等。此项功能使系统对应付业务的管理更符合企业的需要。

任务分析及操作步骤

以 201 苏远的身份登录企业应用平台。在应付款管理系统主界面双击"设置"菜单下的"初始设置"，即可进入应付款管理系统初始设置界面，选择相应的选项卡，输入设置内容进行参数设置。应付款管理系统初始设置界面如图 3-29、图 3-30 所示。

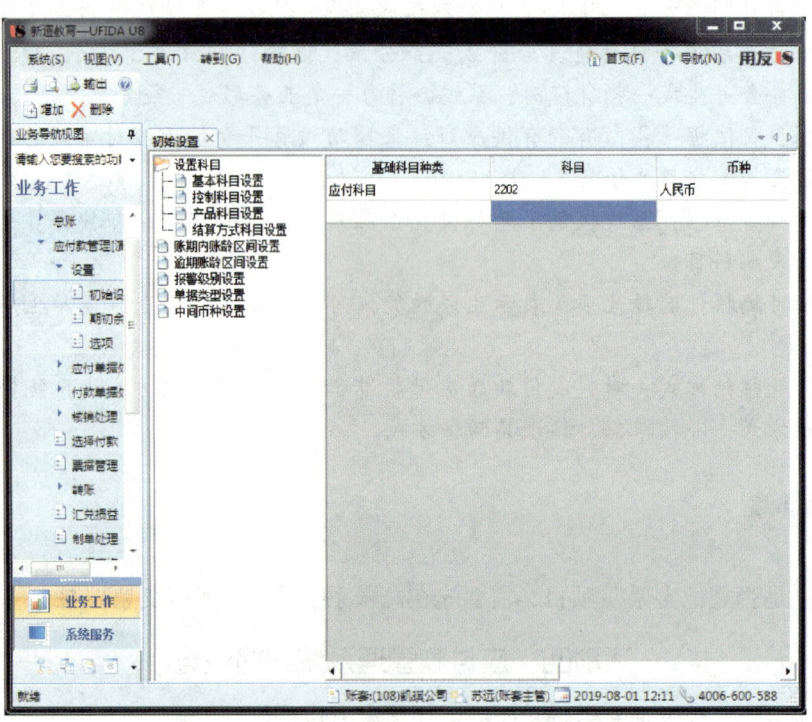

图 3-29 初始设置 -1

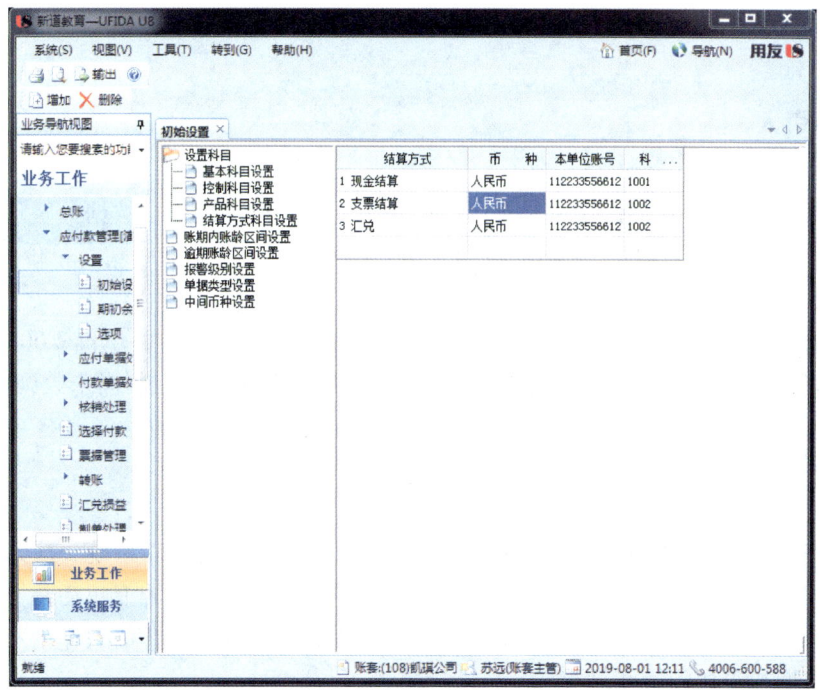

图3-30 初始设置-2

【栏目解释】

◆基本科目设置：应付系统凭证制单所需要的基本科目设置。
◆控制科目设置：按供应商进行应付科目、预付科目的设置。
◆产品科目设置：按存货进行采购科目、应交增值税科目的设置。
◆结算方式科目设置：进行结算方式、币种、科目的设置。对于现结的发票、收付款单，系统依据单据上的结算方式查找对应的结算科目，系统制单时自动带出。
◆账期内账龄区间设置：设置应付账款账期内账龄分析的区间条件。
◆逾期账龄区间设置：设置应付账款逾期账龄分析的区间条件。
◆报警级别设置：设置应付款报警等级。
◆单据类型设置：设置企业往来业务与单据类型的对应关系。

【注意事项】

（1）应付和预付科目必须是已经在科目档案中指定为应付系统的受控科目。
（2）控制科目设置依据系统参数中的控制科目依据而显示设置依据。
（3）产品科目设置依据系统参数中的采购科目依据选项而显示设置依据。

活动五 采购期初余额录入与记账

公司在 2019 年 8 月 1 日建账时有以下业务未处理完成,即期初数据:

(1) 2019 年 7 月 23 日,采购部收到万通公司发来的乙材料 200 箱,单价为 1 500 元(不含税),商品已验收入原料库,至今尚未收到发票。

(2) 2019 年 7 月 25 日,收到向禅恒公司采购的甲材料 100 吨,单价 2 000 元(不含税),增值税 26 000 元的增值税专用发票,发票号 0000000001,材料尚未收到。

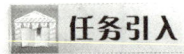

为了确保经济数据在各会计期间的连贯性,初次使用采购管理系统,应录入与采购管理业务相关的期初数据。如果系统中已经有上年的数据,在结转上年后,上年度采购数据会自动结转本年。这些期初数据包括:未取得采购发票期初暂估入库的存货、期初在途存货、期初受托代销商品等。

以 201 苏远的身份登录企业应用平台。

(1) 期初采购入库单的录入。在采购管理系统主界面双击"采购入库"菜单下的"采购入库单",即可进入期初采购入库单界面,单击"增加"按钮并录入期初采购入库信息,然后单击"保存"按钮。期初采购入库单界面如图 3-31 所示。

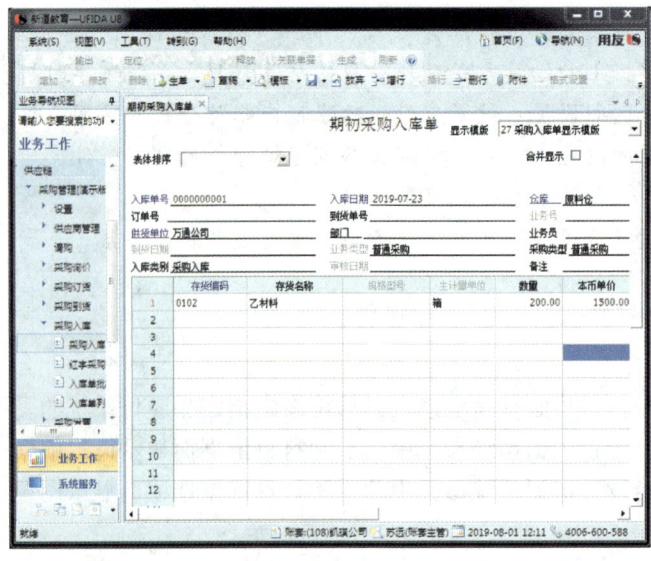

图 3-31 期初采购入库单

(2) 期初采购发票的录入。在采购管理系统主界面双击"采购发票"菜单下的"专用采购发票",即可进入期初专用发票界面,单击"增加"按钮并录入期初采购信息,然后单击"保存"按钮。期初专用发票界面如图 3-32 所示。

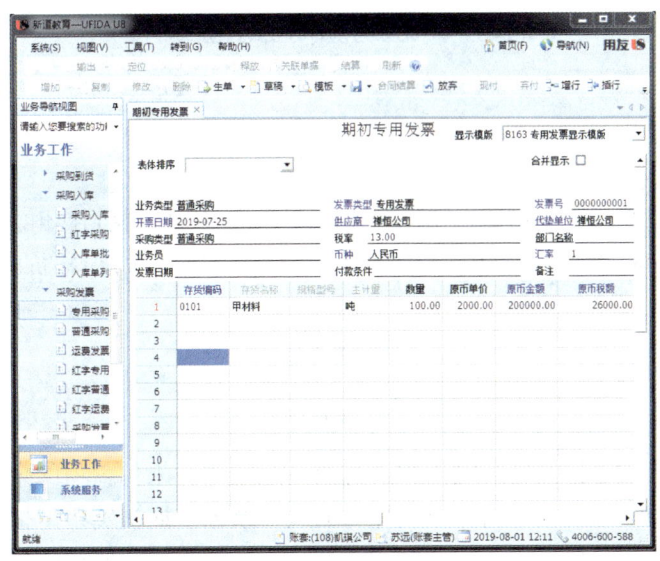

图 3-32 期初专用发票

(3) 采购管理系统期初余额记账。在采购管理系统主界面双击"设置"菜单下的"采购期初记账",进入采购期初记账界面,单击"记账"按钮。采购期初记账界面如图 3-33 所示。

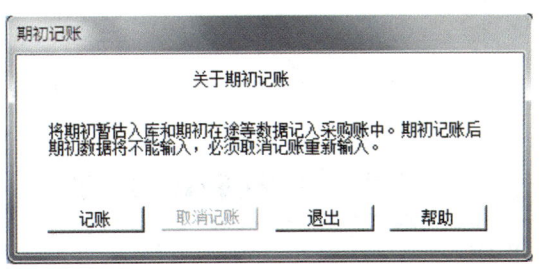

图 3-33 期初记账

注意事项

(1) 没有期初数据时,也可以期初记账,以便输入日常采购单据。

(2) 期初记账后,期初数据不能增加、修改,除非取消期初记账。

(3) 期初记账后,如取消记账,在采购期初记账界面单击"取消记账"按钮,系统将期初记账数据设置为期初未记账状态。

(4) 在采购管理系统期初记账前,录入采购入库单、采购发票和受托代销单,系统会自动显示为期初入库单、期初采购发票和期初受托代销单。期初记账后,所录入的采购入库单、采购发票和受托代销单都可以在后期执行正常的业务操作。

（5）以下情况不能取消记账：采购管理系统已进行月末结账，采购管理系统已经进行了采购结算；存货核算系统已进行期初记账。

活动六　应付款期初余额录入

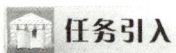

凯琪公司应付款系统期初数据如下：2019年7月25日，收到禅恒公司的采购专用发票，发票号0000000001，甲材料100吨，单价2 000元（不含税），价款200 000元，增值税26 000元，材料尚未收到。

应付款期初余额是指在启用应付款系统前发生的应付未付款项的余额，包括未结算完的发票和应付单、预付款单据、未结算完的应付票据。期初发票是指还未核销的应付账款，在系统中以应付单形式列示，已核销部分金额不显示。期初应付单是指还未结算的其他应付单，在系统中以应付单的形式列示，已核销部分金额不显示。期初预付单是指提前支付给供应商的款项，在系统中以付款单的形式列示。通过期初余额录入，将启用账套前的所有应付业务数据录入系统，以确保应付业务数据的连续性和完整性。

（1）以201苏远的身份登录企业应用平台。在应付款管理系统主界面双击"设置"菜单下的"期初余额"，进入期初余额—查询界面。如图3-34所示。

图3-34　应付款期初余额-1

(2) 选择期初单据种类,单击"确定",进入期初余额明细表界面,单击"增加"按钮,弹出单据类别选择窗口。如图3-35、图3-36所示。

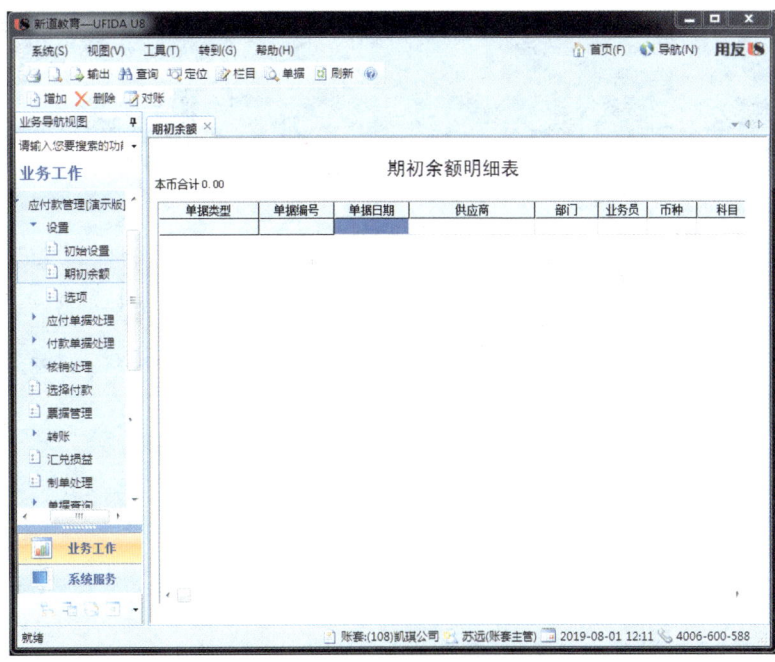

图3-35 应付款期初余额-2

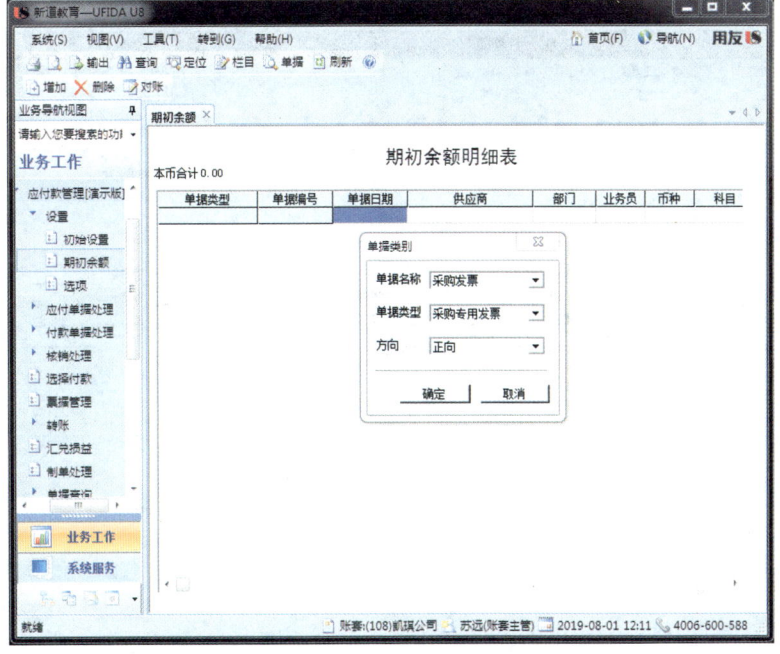

图3-36 应付款期初余额-3

（3）选择单据类型和方向，单击"确定"进入期初采购专用发票录入界面，单击"增加"按钮，录入期初应付款信息。如图3-37、图3-38所示。

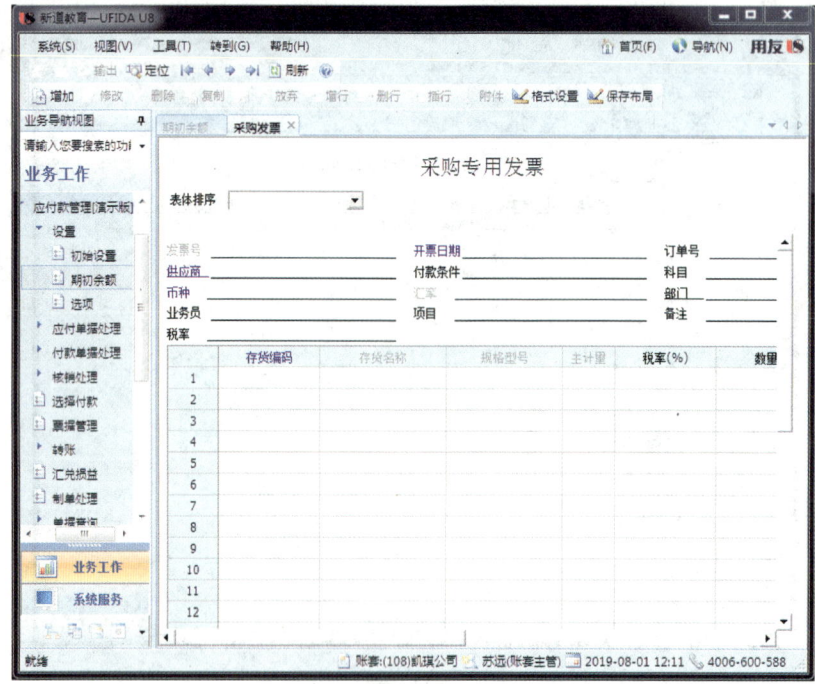

图3-37 应付款期初余额-4

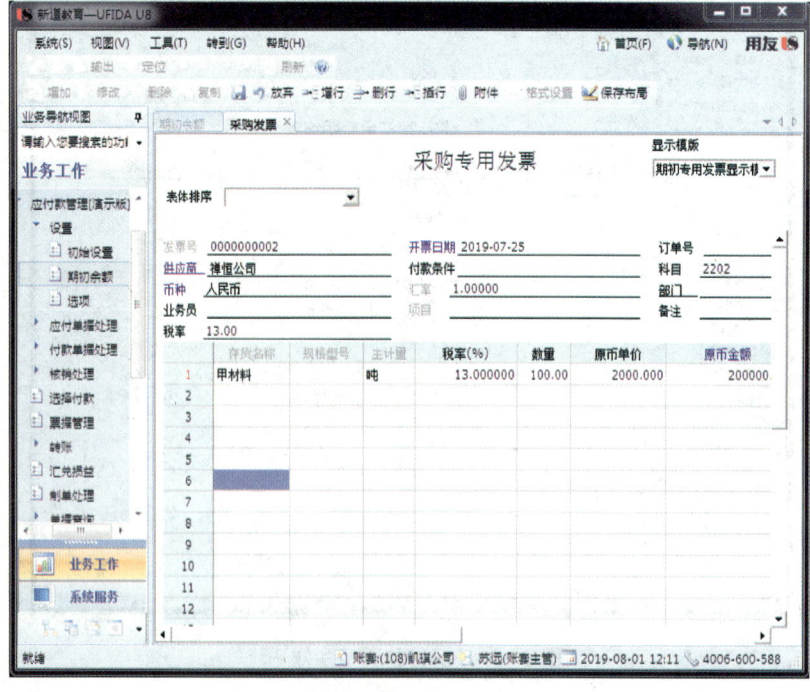

图3-38 应付款期初余额-5

（4）"保存"期初专用发票。

注意事项

（1）单据日期必须小于该账套启用日期。
（2）发票和应付单的方向包括正向和负向。
（3）增加预收款、预付款时，可以通过选择单据类型（收款单、付款单）来达到增加预收款、预付款的目的。

任务二 销售与应收款管理系统初始设置

销售与应收款管理系统通过初始设置，使系统适应每个企业个性化管理的需要，为日常业务处理做好准备。销售与应收款管理初始设置一般包括系统业务信息设置、参数设置、初始设置、期初余额录入等。

活动一 基础档案设置

一、系统启用

任务引入

在原108凯琪公司账套的基础上启用销售管理系统和应收款管理系统。启用日期为2019年8月1日。

知识链接

企业要应用销售与应收款管理系统，应当在创建企业账套后，对销售管理系统和应收款管理系统进行启用，才能激活销售与应收款管理系统的各项功能。

任务分析及操作步骤

以账套主管苏远的身份进入企业应用平台后，在基础设置主菜单中，双击"基本信息"菜单下的"系统启用"，则进入系统启用的界面。界面如图3-39所示。

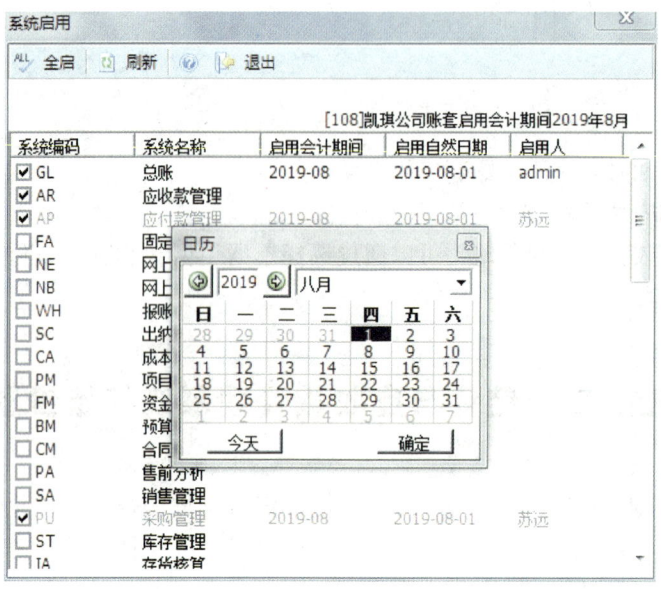

图3-39 系统启用

二、基础档案设置

要执行销售与应收款管理系统的各项功能,必须在启用销售与应收款管理系统后,由账套主管设置与这两个子系统相关的基础档案。与销售管理系统和应收款管理系统相关的基础档案主要包括:收发类别、销售类型、发运方式、付款条件、费用项目、仓库档案、存货分类、计量单位、存货档案、部门档案、人员档案、客户档案、本期企业开户银行、结算方式、会计科目等。现对销售类型、发运方式、付款条件、费用项目进行设置,对已在前项目中涉及的档案不再重复。

1. **销售类型**

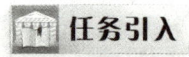

增加销售类型,资料如表3-2所示。

表3-2 销售类型表

销售类型编码	销售类型名称	出库类别	是否默认值
1	批发	销售出库	是
2	零售	销售出库	否
3	委托代销	其他出库	否

企业在处理销售业务时,可以根据自身销售管理需要自定义销售类型。在填制销售

报价单、销售订货单、销售发货单等销售单据过程中,都会涉及销售类型的选择。销售类型的设置便于按销售类型对销售业务数据进行统计和分析。常见的销售类型包括:一般销售业务、外币销售业务、现金销售业务、零售业务、企业内部销售业务、售后退回业务、包装物出租业务、包装物出借业务等。

任务分析及操作步骤

(1)在基础设置主菜单中,双击"基础档案"菜单的"业务"下的"销售类型",进入销售类型界面。界面如图3-40所示。

图3-40 销售类型

【栏目解释】

◆销售类型编码:标识采购类型的编码。
◆销售类型名称:销售类型的称谓。
◆出库类别:输入销售类型所对应的出库类别。
◆是否默认值:填制销售单据时默认的采购类型。

(2)单击"增加"按钮,屏幕上出现一空白行,用户可根据自己企业的实际情况,在相应栏目中输入适当内容。如图3-41所示。

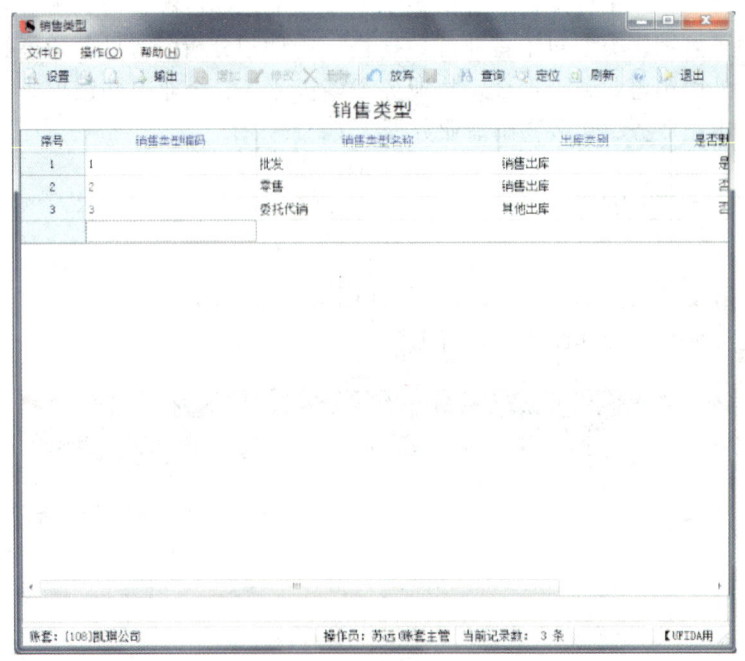

图 3-41 销售类型

（3）点击"保存"按钮，对所输入的内容进行保存。

（4）将光标移到要修改的销售类型栏目上，单出"修改"按钮，即可进行修改操作。

（5）将光标移到要删除的销售类型栏目上，单击"删除"按钮，即可删除当前销售类型。

注意事项

（1）已经被系统使用的销售类型不能修改。

（2）销售类型编码、名称、入库类别不能为空，编码和名称不能重复。

（3）出库类别是收发类别中的收发标志为发的那部分，收发标志为收的收发类别是不能作为出库类别的。

2. **发运方式**

任务引入

增加发运方式，资料如下：1 公路运输，2 铁路运输，3 海洋运输。

知识链接

企业在销售货物时，通常会涉及货物的发运，发运方式设置是对企业在销售过程中涉及的运输类型进行设置。在填写销售发货单时必须明确发运方式，常见的发运方式有：公路运输、铁路运输、航空运输、海洋运输等。

任务分析及操作步骤

（1）在基础设置主菜单中，双击"基础档案"菜单下"业务"的"发运方式"，进入发运方式档案界面。界面如图3-42所示。

图3-42　发运方式-1

【栏目解释】

◆发运方式编码：标识发运方式的编码。

◆发运方式名称：发运方式的称谓。

◆英文名称：输入发运方式的英文名称，用于出口管理，可输可不输。

（2）单击"增加"按钮，屏幕上出现一空白行，用户可根据自己企业的实际情况，在相应栏目中输入适当内容。如图3-43所示。

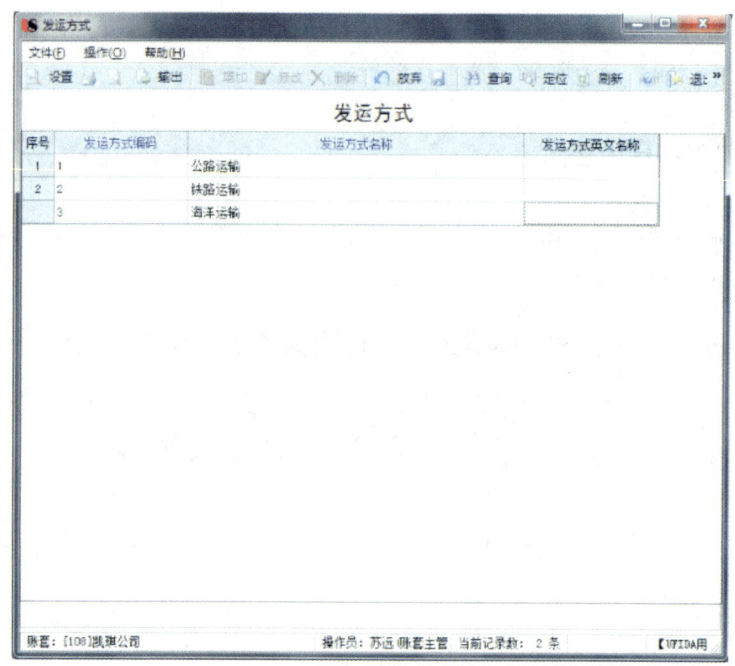

图3-43 发运方式-2

（3）点击"保存"按钮，对所输入的内容进行保存。

（4）将光标移到要修改的发运方式栏目上，单击"修改"按钮，即可进行修改操作。

（5）将光标移到要删除的发运方式栏目上，单击"删除"按钮，即可删除当前发运方式。

注意事项

（1）已经被系统使用的发运方式不能修改。

（2）发运方式编码、名称不能为空，也不能重复。

3. 付款条件

任务引入

增加付款条件，资料如表3-3所示。

表3-3 付款条件表

付款条件编码	付款条件名称	信用天数/天	优惠天数1/天	优惠率1/%	优惠天数2/天	优惠率2/%	优惠天数3/天	优惠率3/%
1	2/10, 1/30, n/60	60	10	2	30	1	60	0
2	1/15, n/30	30	15	1	30	0		

 **知识链接**

付款条件也称为现金折扣,是指企业为鼓励客户偿还货款而允诺在一定时期内给予的折扣优惠。付款条件主要在销售订单、客户目录中引用。付款条件通常可表示为5/10,2/20,n/30,它的意思是客户在10天内偿还货款,可得到5%的折扣,只付原价的95%的货款;在20天内偿还货款,可得到2%的折扣,只要付原价的98%的货款;在30天内偿还货款,则须按照全额支付货款;在30天以后偿还货款,则不仅要按全额支付货款,还可能要支付延期付款利息或违约金。系统最多同时支持4个时间段的折扣。

任务分析及操作步骤

在基础设置主菜单中,双击"基础档案"菜单下"收付结算"的"付款条件",进入付款条件界面。界面如图3-44所示。

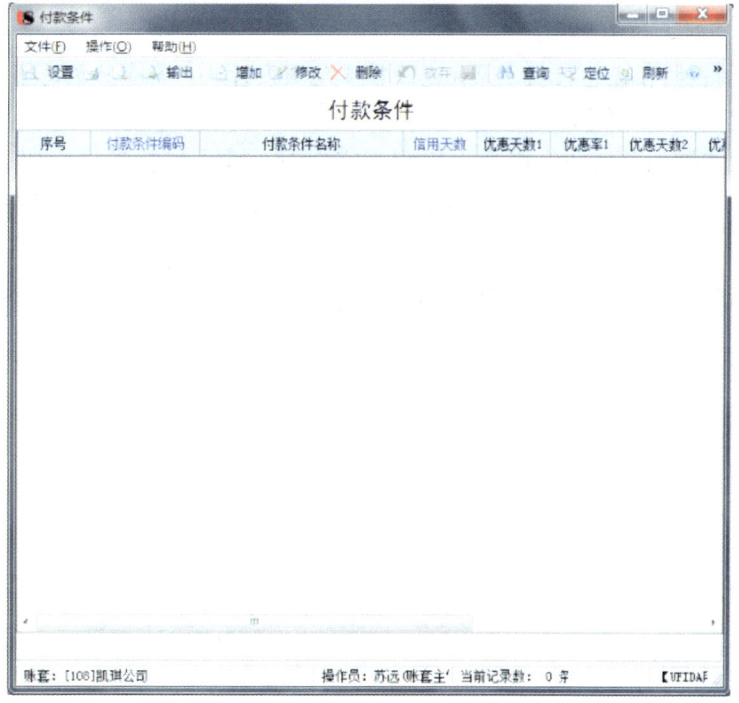

图3-44 付款条件

【栏目解释】

◆付款条件编码:标识付款条件的编码。付款条件编码最多可输入3个字符。
◆付款条件名称:系统自动根据用户录入的信用天数、优惠天数、优惠率显示该付款条件的完整信息。

◆信用天数：指最大的可延期付款天数，如超过此天数，则不仅要按全额支付货款，还可能需要支付延期付款利息或违约金。必须输入，最大值为999。

◆优惠天数1：指享受折扣优待的第一个时间段的最大天数，它应小于信用天数。最大值为999。

◆优惠率1：指在优惠天数1范围内付款而享受的优惠率，按照百分比计算。

◆优惠天数2：指享受折扣优待的第二个时间段的最大天数，它应大于优惠天数1而小于信用天数。最大值为999。

◆优惠率2：指在优惠天数1至优惠天数2范围内付款而享受的优惠率，按照百分比计算。优惠率2应该小于优惠率1。

◆优惠天数3：指享受折扣优待的第三个时间段的最大天数，它应大于优惠天数2而小于信用天数。最大值为999。

◆优惠率3：指在优惠天数2至优惠天数3范围内付款而享受的优惠率，按照百分比计算。优惠率3应该小于优惠率2。

◆优惠天数4：指享受折扣优待的第四个时间段的最大天数，它应大于优惠天数3而小于信用天数。最大值为999。

◆优惠率4：指在优惠天数3至优惠天数4范围内付款而享受的优惠率，按照百分比计算。优惠率4应该小于优惠率3。

（1）单击"增加"按钮，屏幕上出现一空白行，输入付款条件编码、付款条件名称、信用天数、优惠天数和优惠率。单击"保存"按钮，对所输入的内容进行保存。如图3-45所示。

图3-45　付款条件-2

(2) 将光标移到要修改的付款条件栏目上，单击"修改"按钮，即可进行修改操作。

(3) 将光标移到要删除的付款条件栏目上，单击"删除"按钮，即可删除当前付款条件。

注意事项

(1) 已经被系统使用的付款条件不能修改。
(2) 付款条件编码、信用天数不能为空，编码不能重复。

4. 费用项目分类与设置

任务引入

增加费用项目分类与设置，资料如下：
(1) 增加费用项目分类：1 代垫费用，2 销售支出。
(2) 增加费用项目：1 运费（代垫费用），2 保险费（代垫费用），3 业务招待费（销售支出）。

知识链接

企业在销售过程中通常会发生运杂费、保险费等代垫费用和业务招待费、包装费等销售费用。费用项目分类是对销售过程中发生各类费用进行分类。费用项目设置主要在费用项目分类时对销售过程中发生的各类费用进行设置和管理。企业在处理销售业务的代垫费用单、销售费用支出单前，必须对费用项目进行分类和设置。

任务分析及操作步骤

(1) 费用项目分类。
在基础设置主菜单中，双击"基础档案"菜单下的"业务"中的"费用项目分类"，进入费用项目分类界面。界面如图 3-46 所示。单击"增加"按钮，输入费用项目分类的分类编码和分类名称，单击"保存"按钮，完成费用项目分类设置，如图 3-47 所示。

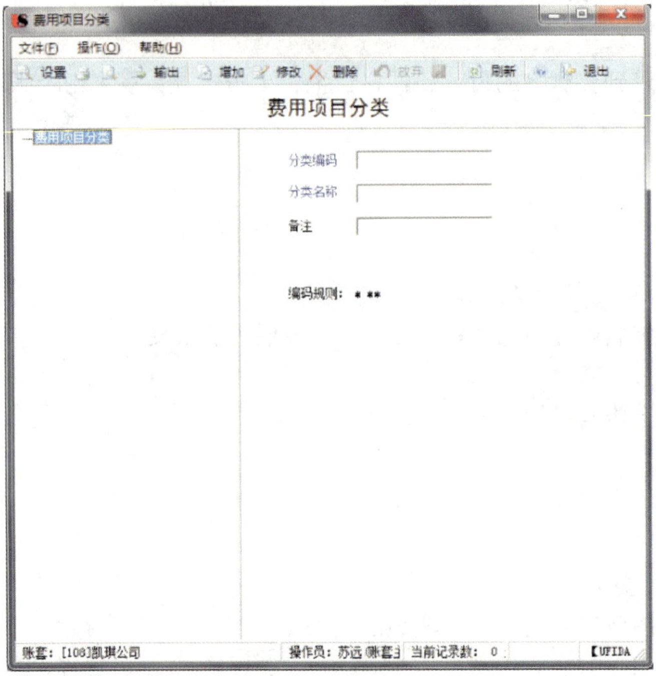

图 3-46　费用项目分类与设置-1

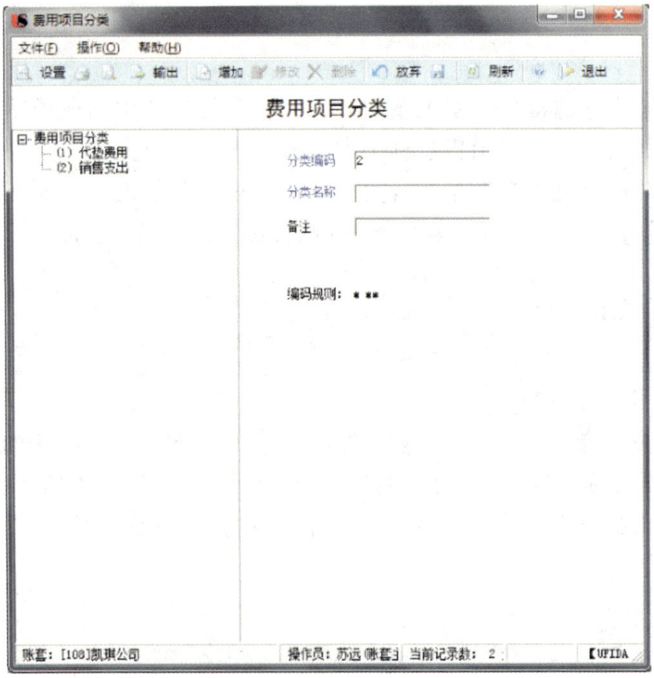

图 3-47　费用项目分类与设置-2

【栏目解释】

◆设置：调入打印机设置功能，进行档案打印页面的设置。
◆打印：打印所列示的档案列表，按统一规范要求进行打印。
◆预览：预览所列示的档案列表，按统一规范要求进行预览。
◆输出：将所列示的档案列表输出，按统一规范要求进行。
◆增加：增加一张新的档案卡片，用以录入档案。
◆删除：删除所选择的档案卡片。
◆修改：修改所选择的档案卡片。
◆放弃：对所修改或新增的档案，取消修改和录入的操作。
◆保存：对所修改或新增的档案，保存到数据库，只有编码和名称不为空，并且通过合法性校验时方可保存。
◆刷新：重新取"费用项目分类档案"内容，显示在左边的数型结构中。
◆帮助：调用"费用项目分类档案"的帮助。
◆退出：退出"费用项目分类档案"录入功能。

（2）费用项目设置。

在基础设置主菜单中，双击"基础档案"菜单下"业务"中的"费用项目"，进入费用项目界面。界面如图 3-48 所示。

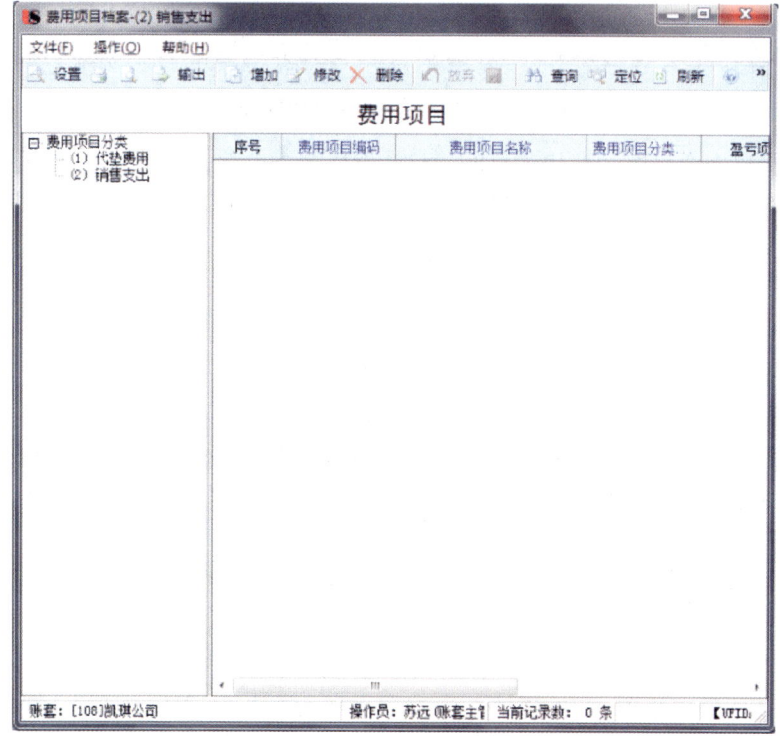

图 3-48　费用项目分类与设置-3

①单击"增加"按钮，屏幕上出现一空白行，用户可根据自己企业的实际情况，在相应栏目中输入适当内容。输入完成后，如果鼠标不离开当前行就退出，则表示放弃增加。如图3-49所示。

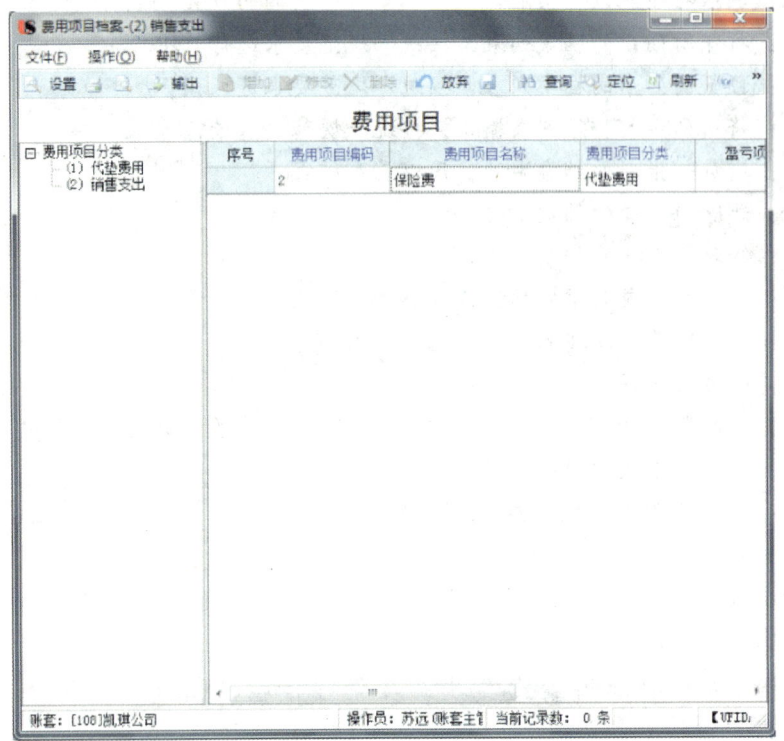

图3-49　费用项目分类与设置-4

②用鼠标单击要修改的费用项目的栏目，然后单击"修改"按钮，即可进行修改。
③用鼠标单击要删除的费用项目，然后单击"删除"按钮，即可进行删除。

注意事项

（1）如果有下级档案时，上级档案不能删除。
（2）如果有下级档案时，上级档案不能修改编码项，其他项可以修改。
（3）右边录入界面的"编码级次"由用户定义的编码方案带入，不能修改。
（4）如果被引用后，编码不允许修改，其他项允许修改。
（5）如果被引用后，此记录不允许删除。
（6）提供了此档案的录入和查询功能权限，按功能权限控制操作员对此功能是否可进行操作。
（7）修改完成后，如果鼠标不离开当前行就退出，则表示放弃修改。
（8）已使用的费用项目不能删除。
（9）所属费用分类随时可改。
（10）系统升级时，自动设置所属分类为系统预置的费用分类。

活动二 销售管理系统参数设置

初次启用销售管理系统时,要对销售管理系统的系统参数进行设置。

任务引入

设置账套号为108,账套名称为凯琪公司账套的销售管理系统参数,销售管理系统参数设置中有零售日报业务、委托代销业务、分期收款业务、直运销售业务,其他设置采用系统默认值。

知识链接

销售管理系统的参数设置包括业务控制、其他控制、信用控制、可用量控制和价格管理5个选项卡。业务控制主要是对销售业务类型、业务模式、销售管理功能选择进行参数设置。其他控制是对销售单据的生成方式和输出方式进行参数设置。信用控制是对信用控制的方式和标准进行参数设置。可用量控制是对存货可用量的检查和管理参数进行设置。价格控制是对销售价格的参照方式和价格政策进行参数设置。

任务分析及操作步骤

在"业务工作"界面双击"供应链"下面的销售管理系统中单击"设置"菜单下的"销售选项",即可进入销售管理系统选项设置界面,选择相应的选项卡进行参数设置,参数设置完成后用鼠标单击"确定"按钮。进行销售系统参数设置的销售选项界面如图3-50、图3-51、图3-52、图3-53、图3-54所示。

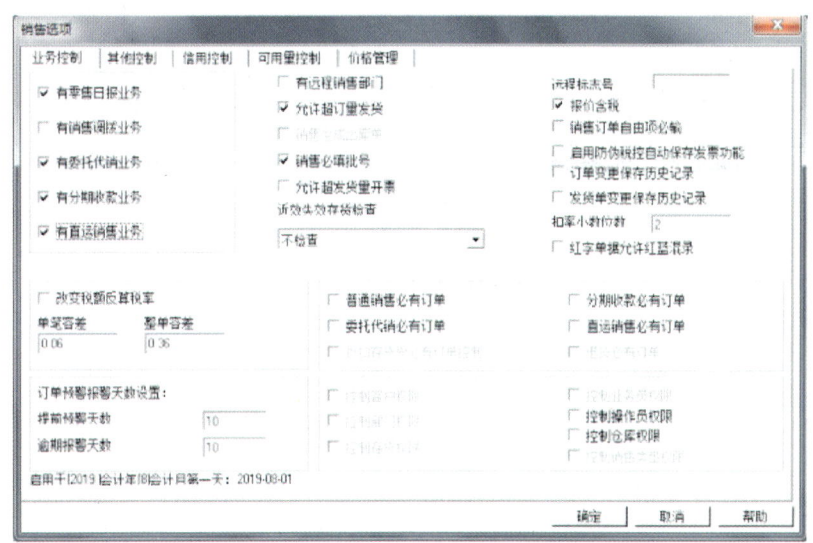

图 3-50 销售选项-1

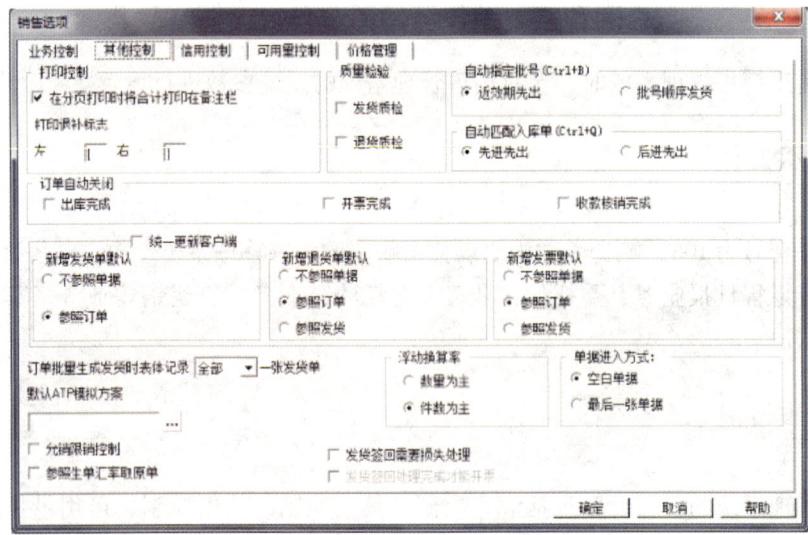

图 3–51　销售选项–2

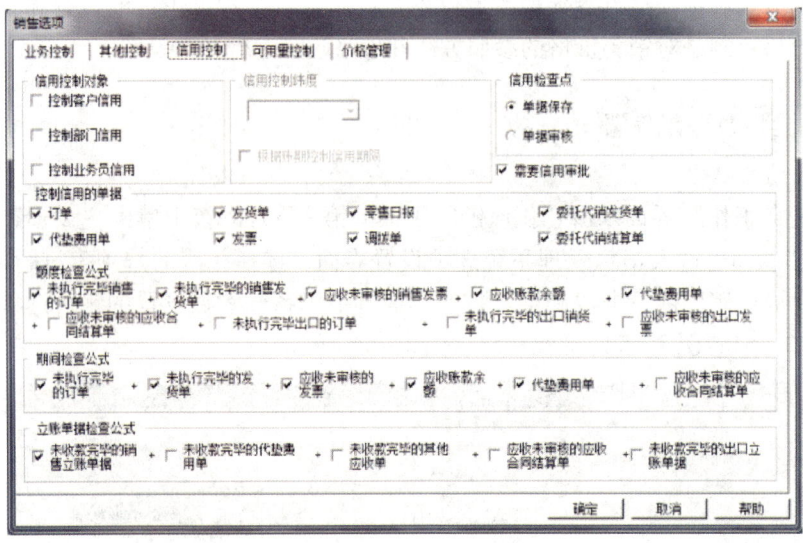

图 3–52　销售选项–3

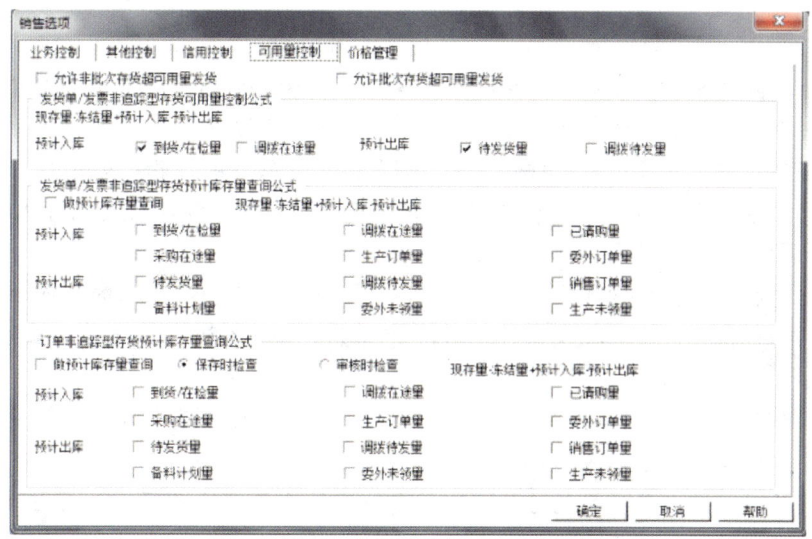

图 3-53　销售选项-4

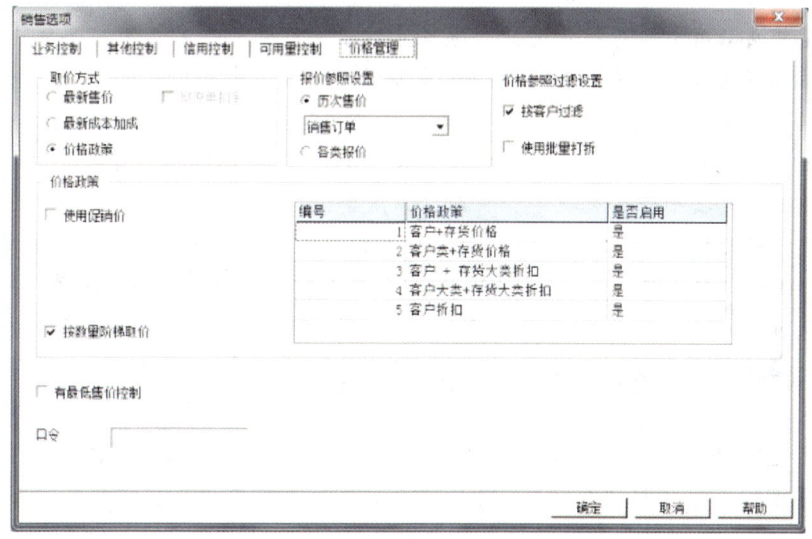

图 3-54　销售选项-5

【栏目解释】

◆是否有零售日报业务：打钩选择。若有，系统增加"零售日报"菜单项，相关报表如销售收入明细账中包含零售日报的数据；否则系统不能处理零售日报业务。

◆是否有销售调拨业务：打钩选择。若有，系统增加"销售调拨"菜单项，相关报表如销售收入明细账中包含销售调拨单的数据；否则系统不能处理内部销售调拨业务。

◆是否有委托代销业务：打钩选择，不可更改。若有，系统增加"委托代销"菜单项，增加委托代销明细账等报表；否则系统不能处理委托代销业务。

◆是否有分期收款业务：若有，填制销售单据时可选择分期收款的业务类型，否则不可用。

◆是否有直运销售业务：打钩选择。若有，可选择直运销售的业务类型，否则不可用。销售管理系统的直运业务选项影响采购管理系统的直运业务。

◆是否有超订量发货控制：打钩选择。若是，在参照销售订单开发货单、销售发票，保存时对订单累计发货数、累计开票数（开票直接发货）与订单数量进行比较。否则，在进行以上操作时系统不进行货物受订量的检查。

◆报价是否含税：打钩选择，有单据后不可修改。报价指单据上的"报价"栏目的价格。货物的最低售价、委托代销的结算单价、委托代销调整单金额是否含税也取决于这个选项。

◆普通销售必有订单：打钩选择。必有订单时，普通销售发货单、普通销售类型的发票不可手工填制，必须参照上游单据生成。

◆委托代销必有订单：打钩选择，选择委托代销业务可选此项。必有订单时，委托发货单不可手工填制，必须参照订单生成。

◆分期收款必有订单：打钩选择，选择分期收款业务可选此项。必有订单时，分期收款发货单不可手工填制，必须参照订单生成。

◆直运销售必有订单：打钩选择，选择直运业务可选此项。必有订单时，直运采购订单必须参照直运销售订单，直运采购发票必须参照直运采购订单、直运销售发票必须参照直运销售订单。

◆提前预警天数：录入。当销售订单符合"订单数量＞累计发货数量且0≤预发货日期－当前日期≤提前预警天数"条件时，系统会进行预警提示。

◆逾期报警天数：录入。当销售订单符合"订单数量＞累计发货数量且预发货日期－当前日期＜0且当前日期－预发货日期≥逾期预警天数"条件时，系统会进行报警提示。

◆新增发货单默认：单选，可随时更改。选择"不参照单据"，则新增发货单时不弹出销售订单的参照界面；选择"参照订单"，则新增发货单时首先弹出销售订单的参照界面。

◆新增退货单默认：单选，可随时修改。选择"不参照单据"，则新增退货单时不弹出参照界面；选择"参照订单"，则新增退货单时首先弹出销售订单的参照界面；选择"参照发货"，则新增退货单时首先弹出销售发货单的参照界面。

◆新增发票默认：单选，可随时更改。选择"不参照单据"，则新增发票时不弹出参照界面；选择"参照订单"，则新增发票时首先弹出销售订单的参照界面。选择"参照发货单"，则新增发票时首先弹出销售发货单的参照界面。

注意事项

（1）销售管理系统与库存管理系统集成使用时，才能对"是否销售生成出库单"选项进行选择。

（2）销售订单如果进行预警和报警，首先在预警平台中增加预警设置。然后在销售项中设置预警天数和逾期报警天数。

(3) 在相关业务已开始后,最好不要随意修改销售选项。

(4) 在进行销售选项修改前,应确定系统相关功能没有使用,否则系统提示警告信息。

活动三 应收款管理系统参数设置

初次使用应收款管理系统时,应设置其系统控制参数。

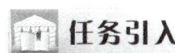

设置凯琪公司应收款管理系统参数设置,资料如下:单据审核日期依据,按业务日期;控制科目依据,按客户;销售科目依据,按存货分类;坏账处理方式,按应收余额百分比法;超过信用额度报警项不勾选;其他参数采用系统默认设置。

应收款系统控制参数包括常规、凭证、权限与预警、核销设置4个选项卡。常规选项卡包括应收款业务处理方法和核算模型等参数。凭证选项卡包括应收款业务凭证的生成方式、生成依据和生成范围等参数。权限与预警选项卡包括应收款管理系统的操作人员权限和应收报警依据等参数。核销设置选项卡包括应收款核销方式、规则控制方式等参数。

在应收款管理系统主界面双击"设置"菜单下的"选项",即可进入应收款管理系统选项设置界面,单击"编辑"并选择相应的选项卡进行参数设置,参数设置完成后用鼠标单击"确定"按钮。应收款系统参数设置界面如图3-55、图3-56、图3-57、图3-58所示。

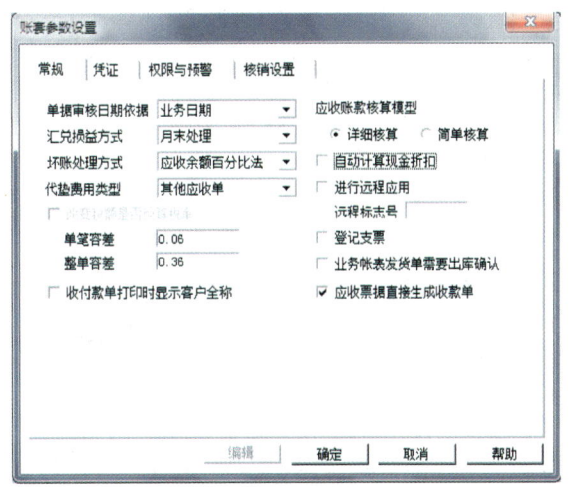

图3-55 应收款管理系统参数设置-1

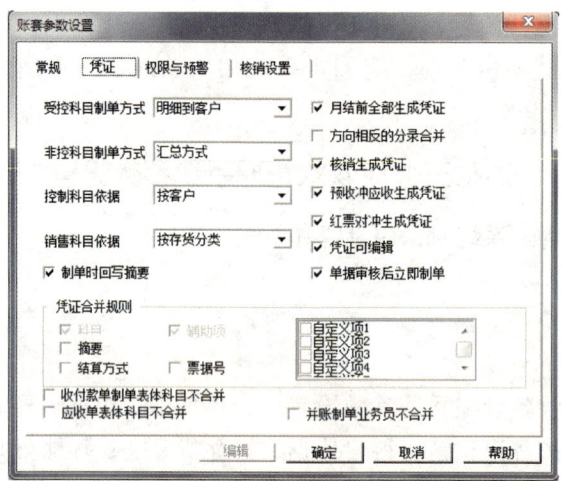

图 3-56　应收款管理系统参数设置-2

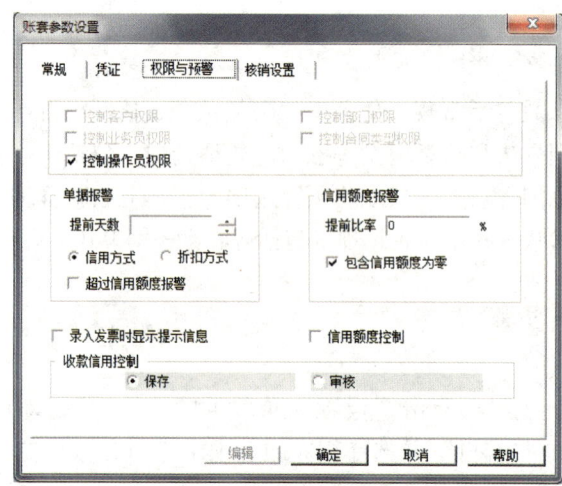

图 3-57　应收款管理系统参数设置-3

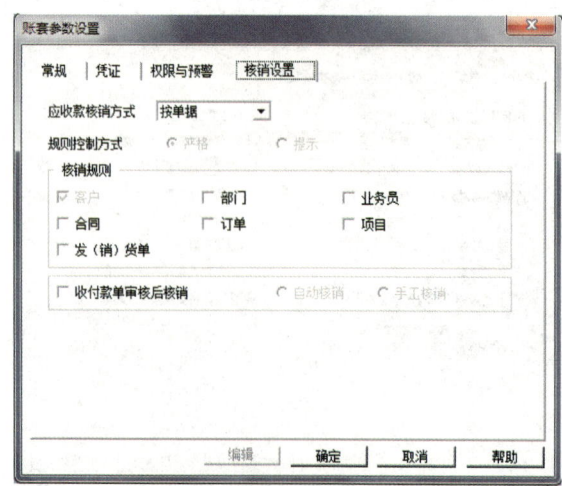

图 3-58　应收款管理系统参数设置-4

【栏目解释】

◆应收款核销方式：选择"按单据核销"，则系统将满足条件的未结算单据全部列出，由用户选择要结算的单据，根据用户所选择的单据进行核销；选择"按存货核销"，则系统将满足条件的未结算单据按存货列出，由用户选择要结算的存货，根据用户所选择的存货进行核销。

◆单据审核日期依据：选择"单据日期"，则在单据处理功能中进行单据审核时，自动将单据的审核日期（即入账日期）记为该单据的单据日期；选择"业务日期"，则在单据处理功能中进行单据审核时，自动将单据的审核日期（即入账日期）记为当前业务日期（即登录日期）。

◆坏账处理方式：系统提供两种坏账处理的方式，即备抵法和直接转销法。如果选择备抵法，还应该选择具体的方法，即：应收余额百分比法，销售收入百分比法，账龄分析法三种方法。

◆代垫费用类型：从销售管理系统传递的代垫费用单在应收系统用何种单据类型进行接收的功能。系统默认为其他应收单，用户也可在单据类型设置中自行定义单据类型，然后在系统选项中进行选择。

◆应收账款核算模型：选择"简单核算"，则应收只是完成将销售传递过来的发票生成凭证传递给总账这样的模式；选择"详细核算"，则应收可以对往来进行详细的核算、控制、查询、分析。

◆是否自动计算现金折扣：选择"自动计算"，需要在发票或应收单中输入付款条件，则在核销处理界面中系统依据付款条件自动计算该发票或应收单可享受折扣，可输入本次折扣进行结算，则原币余额＝原币金额－本次结算金额－本次折扣。选择"不自动计算现金折扣"，则系统不自动计算现金折扣。

◆受控科目制单方式：选择"明细到客户"，则当一个客户的多笔业务合并生成一张凭证时，系统将自动将其合并成一条分录。选择"明细到单据"，则将一个客户的多笔业务合并生成一张凭证时，系统会将每一笔业务形成一条分录。

◆控制科目依据：应收控制科目指所有带有客户往来辅助核算并受控于应收系统的科目。系统提供按客户分类、按客户、按地区分类3种依据。

◆凭证是否可编辑：选项为空，意味着生成的凭证可以修改；选项不为空，意味着生成的凭证不可修改。

注意事项

如果选择"单据日期"为审核日期，则月末结账时单据必须全部审核，因为下月无法以上月的单据日期为审核日期。

活动四 应收款管理系统初始设置

凯琪公司应收款管理系统初始设置，资料如下：

（1）基本科目设置，应收科目：1122 应收账款；预收科目：2203 预收账款；销售收入科目：6001 主营业务收入；税金科目：22210102 销项税额；代垫运费科目：1002 银行存款。

（2）控制科目设置，文江公司应收科目 1122、预收科目 2203；清一公司应收科目 1122、预收科目 2203；零散客户应收科目 1122、预收科目 2203。

（3）产品科目设置如表 3-4 所示。

表 3-4 产品科目设置表

类别编码	类别名称	销售收入科目	应交增值税科目	销售退回科目	税率
01	原材料	6051	22210102	6051	13%
02	库存商品	6001	22210102	6001	13%
03	应税劳务	6001	22210102	6001	9%

（4）结算方式科目设置，现金结算：1001 库存现金；支票结算和汇兑：1002 银行存款。

（5）坏账准备设置，提取比率为 0.5%，坏账准备期初余额 292.50 元，坏账准备科目：1231 坏账准备；对方科目：6602 管理费用。

应收款管理的初始设置包括凭证科目设置、账龄区间设置、报警级别设置、坏账准备设置及单据类型设置。通过初始设置建立应收款管理的基础数据，确定使用哪些单据处理应收业务，确定需要进行账龄管理的账龄区间等。此项功能使系统对应收业务的管理更符合企业的需要。

任务分析及操作步骤

在应收款管理系统主界面尺寸击"设置"菜单下的"初始设置"，即可进入应收款管理系统选项设置界面，选择相应的选项卡，输入设置内容进行参数设置。初始设置界面如图 3-59、图 3-60、图 3-61、图 3-62 和图 3-63 所示。

项目三 采购与应付款、销售与应收款管理系统设置与处理

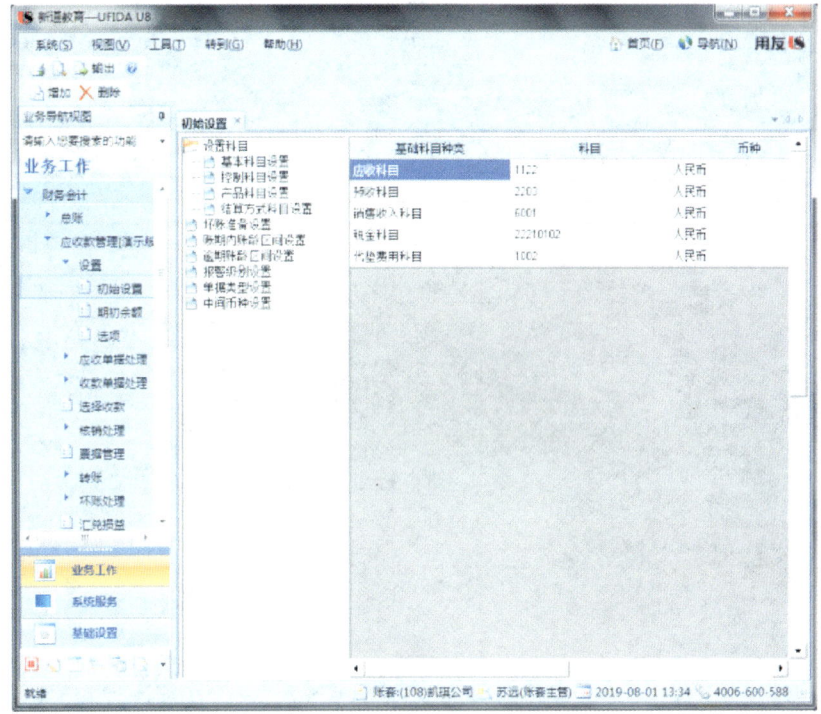

图 3-59 应收款管理系统基本科目设置

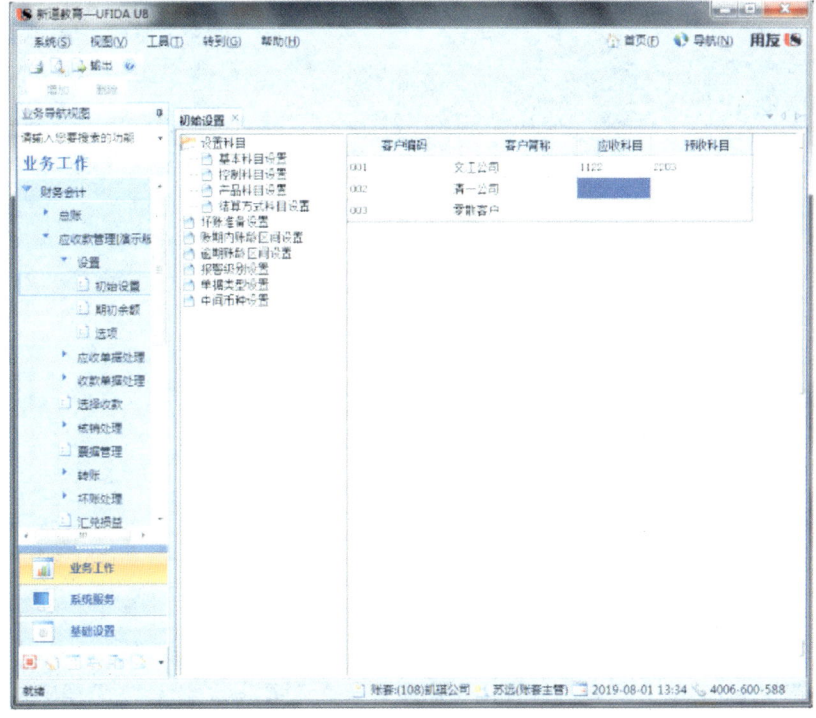

图 3-60 应收款管理系统控制科目设置

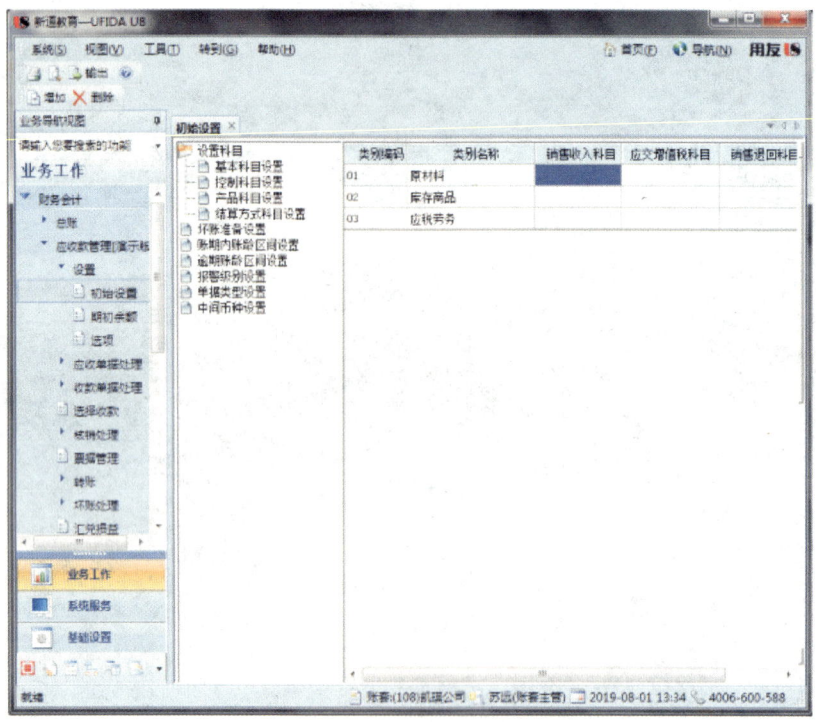

图 3-61　应收款管理系统产品科目设置

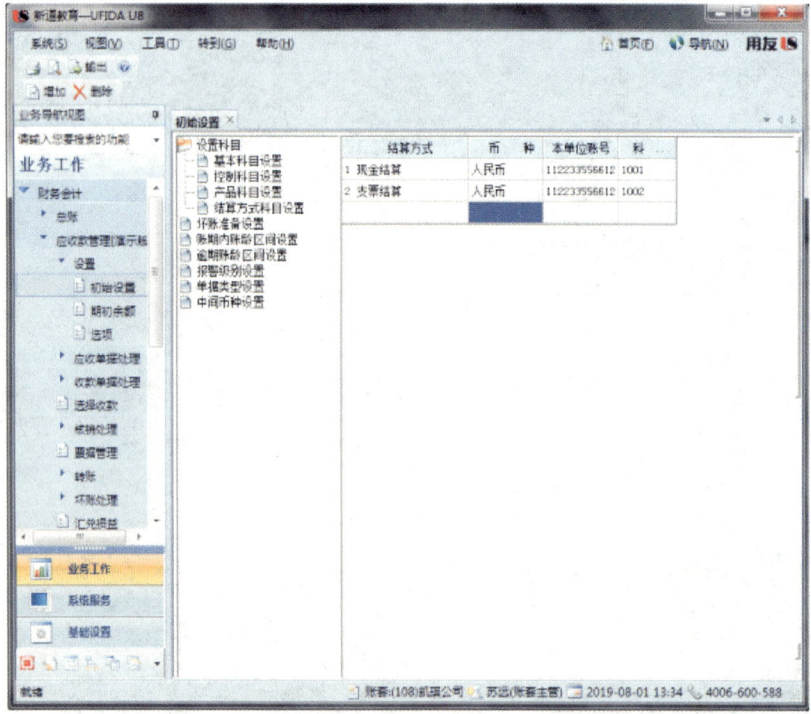

图 3-62　应收款管理系统结算方式科目设置

项目三 采购与应付款、销售与应收款管理系统设置与处理

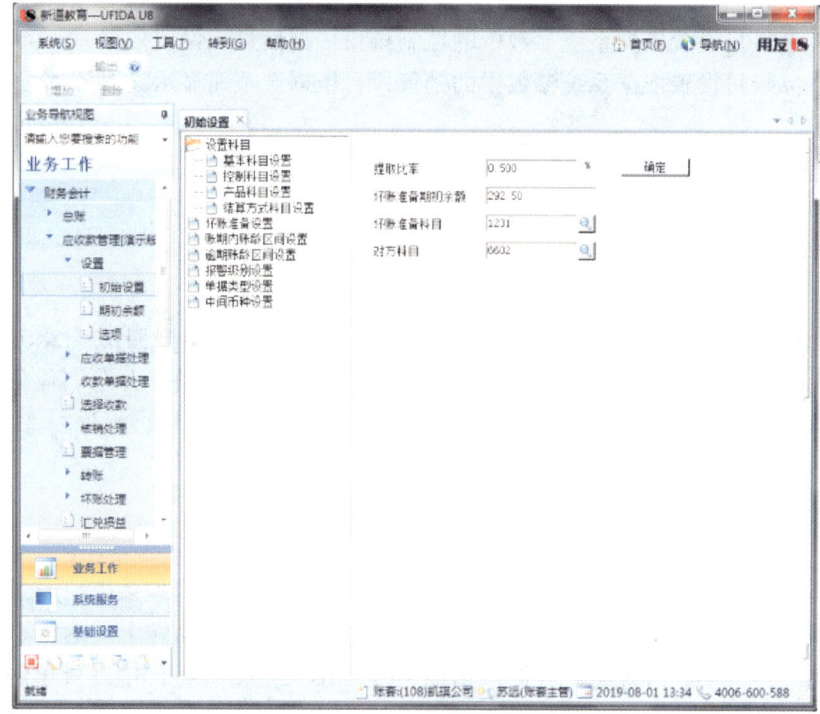

图 3-63 坏账准备设置

【栏目解释】

◆基本科目设置：应收系统凭证制单所需要的基本科目设置。
◆控制科目设置：按客户进行应收科目、预收科目的设置。
◆产品科目设置：按存货种类进行销售收入科目、应交增值税科目和销售退回科目的设置。
◆结算方式科目设置：进行结算方式、币种、科目的设置。对于现结的发票、收付款单，系统依据单据上的结算方式查找对应的结算科目，系统制单时自动带出。
◆账期内账龄区间设置：设置应收账款账期内账龄分析的区间条件。
◆逾期账龄区间设置：设置应付账款逾期账龄分析的区间条件。
◆报警级别设置：设置应收款报警等级。
◆单据类型设置：设置企业往来业务与单据类型的对应关系。

【注意事项】

（1）只有在应收款管理系统参数设置中将坏账处理方式设置为备抵法，初始设置界面才会出现坏账准备设置选项卡。
（2）坏账准备设置完毕后，应用鼠标点击"确定"按钮，对设置内容进行保存。

（3）应收和预收科目必须是已经在科目档案中指定为应付系统的受控科目。

（4）控制科目设置依据系统参数中的控制科目依据而显示设置依据。

（5）产品科目设置依据系统参数中的销售科目依据选项而显示设置依据。

活动五　销售期初余额录入

任务引入

凯琪公司销售期初数据如下：2019 年 7 月 31 日，销售部王静向清一公司出售 A 商品 5 台，无税单价 6 000 元，增值税率 13%，由成品仓发货，尚未开票。业务类型：普通销售；销售类型：批发；发运方式：公路运输；付款条件：1/15，n/30。

知识链接

为了确保经济数据在各会计期间的连贯性，初次使用销售管理系统，应录入与销售管理业务相关的期初数据。如果系统中已经有上年的数据，在结转上年后，上年度采购数据会自动结转本年。销售期初数据包括期初发货单和期初委托代销发货单两种。其中期初发货单记录启用系统前已发货出库但尚未开票的业务，分为普通销售发货单和分期收款销售发货单两种。期初委托代销发货单记录启用系统前已发货但未完全结算的委托代销业务。

任务分析及操作步骤

（1）在销售管理系统主界面双击"设置"菜单中的"期初录入"下的"期初发货单"，即可进入期初发货单界面。期初发货单界面如图 3-64 所示。

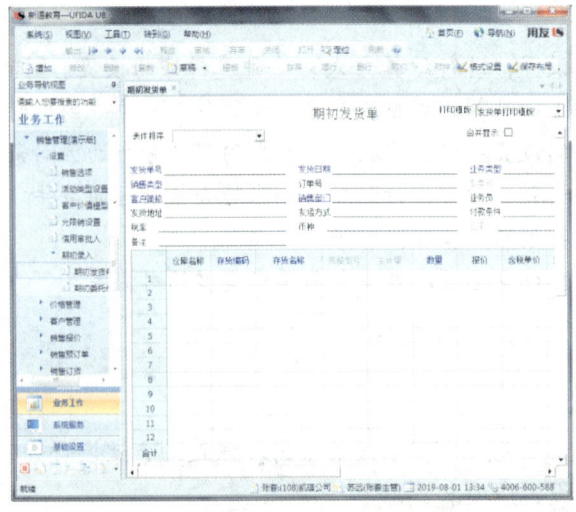

图 3-64　销售期初余额录入-1

（2）用鼠单击"增加"按钮，进入单据录入状态，录入期初发货信息。如图3-65所示。

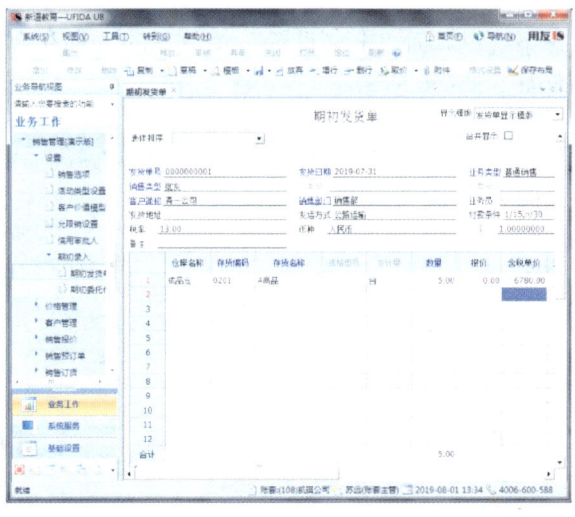

图3-65　销售期初余额录入-2

（3）用鼠标单击"保存"按钮，生成期初发货单。
（4）用鼠标单击"审核"按钮，对已生成的期初发货单进行审核。

注意事项

（1）期初发货单中的发货日期小于系统启用日期。
（2）期初发货单不影响现存量、可用量、待出库数等数据。
（3）期初发货单在销售管理系统的开票处理同正常发货单，但加期初标记。
（4）期初分期收款发货单被存货核算系统取数后就不允许再弃审。

活动六　应收款期初余额录入

任务引入

凯琪公司期初销售专用发票，资料如下：2019年7月31日，向文江公司销售B商品10台，无税单价5 000元，增值税率13%，款未收。

知识链接

应收款期初余额是指在启用应收款系统前发生的应收未收款项的余额，包括未结算完的发票和应收单、预收款单据、未结算完的应收票据。通过期初余额录入，将启用账套前的所有应收业务数据录入系统，以确保应收业务数据的连续性和完整性。

任务分析及操作步骤

（1）在应收款管理系统主界面双击"设置"菜单下的"期初余额"，即可进入期初余额—查询界面。界面如图3-66所示。

图3-66　应收款期初余额录入-1

（2）选择期初单据种类，用鼠标单击"确定"按钮，进入期初余额明细表界面，单击"增加"按钮。弹出"单据类别"界面，如图3-67所示。

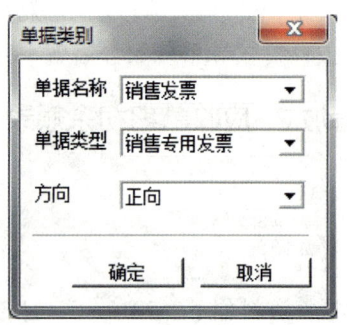

图3-67　应收款期初余额录入-2

（3）选择单据类型和单据方向，用鼠标单击"确定"按钮，即可进入期初专用销售发票界面，单击"增加"按钮，录入期初应收款信息，用鼠标单击"保存"按钮。期初专用销售发票界面如图3-68所示。

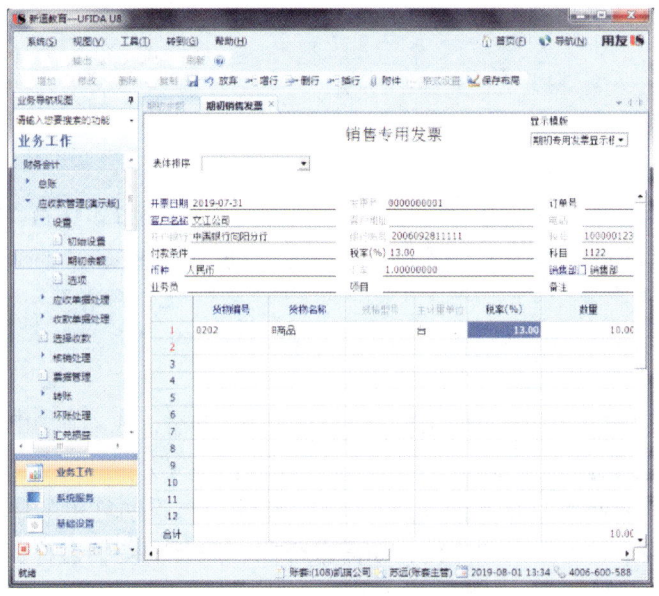

图 3-68　应收款期初余额录入-3

任务三　采购业务日常处理

采购业务一般分为普通采购业务、受托代销业务、退货业务和暂估业务等。本任务将依次介绍这几种业务类型。

活动一　普通采购业务

在采购业务的几种类型中，普通采购业务是工商企业主要的采购业务。普通采购业务的处理流程见图 3-69。采购管理系统的请购和订货管理是对采购业务的事前管理。企业可以通过建立请购和订货的事前管理机制，对采购价格进行控制，并确保采购活动的及时性和合理性。

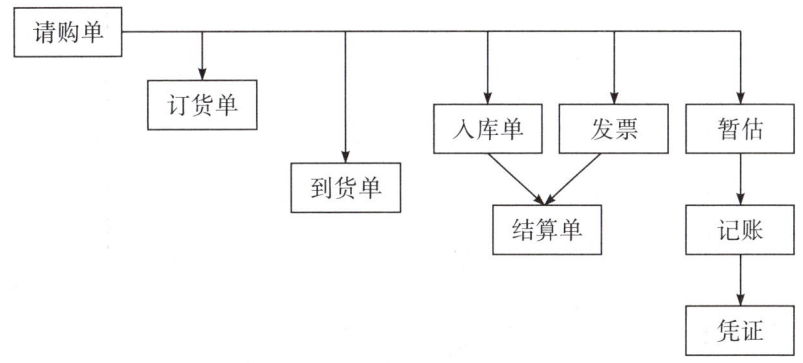

图 3-69　普通采购业务处理流程

一、采购请购

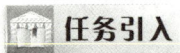

2019 年 8 月 1 日,凯琪公司仓库向采购部申请采购乙材料 300 箱,需求日期为 8 月 23 日,建议订货日期为 8 月 6 日,建议供应商为万通公司。

请购是指企业内部其他部门向采购部门提出采购申请,或参照 MPS/MRP 计划生成的采购申请,或是采购部门汇总企业内部采购需求提出采购清单。

请购是采购业务处理的起点,也是 MPS/MRP 计划与采购订单的中间过渡环节,通过填写请购单明确采购的需求和建议,如需求部门、需要的货物名称、需求的数量、建议订购时间、建议供应商等。请购环节是可选环节,企业根据需要选用。

请购单是指申请采购并列明采购需求的申请单。请购单有录入、未审核、已审核、已执行、关闭 5 种状态。录入状态是指请购单处于录入过程;未审核状态是指请购单已经录入保存但尚未审核或已弃审;已审核是指请购单已经被审核确认;已执行状态是指请购单已经被其他单据或系统调用;关闭状态是指请购单已经执行完毕或确实不能执行并被关闭。

(1) 以 203 贺同的身份登录企业应用平台。在采购管理系统主界面下的"请购"栏目中打开"请购单",进入采购请购单窗口。如图 3-70 所示。

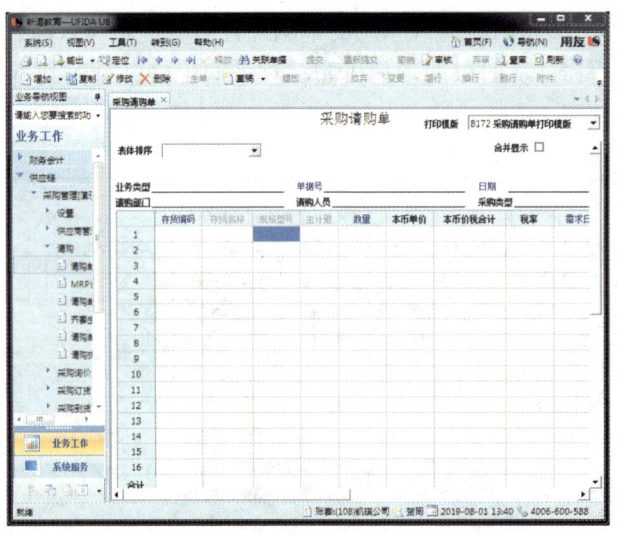

图 3-70 请购单-1

（2）单击"增加"，按照上述采购请购的任务录入信息并单击"保存"按钮。如图 3-71 所示。

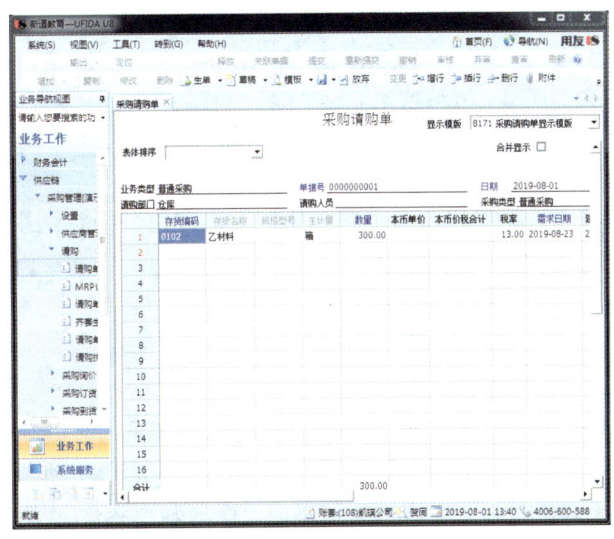

图 3-71 请购单-2

（3）单击"审核"按钮，审核该请购单。

注意事项

（1）请购单中的存货只能录入具有"外购"属性的存货，存货的属性在存货档案中设置。

（2）请购单中的请购人员只能选择人员档案中有权限的人员，相关权限在人员档案和数据权限中设置。

（3）请购单中的供应商只能选择有货物性质的供应商，相关属性在供应商档案中设置。

（4）供应商的启用日期≥请购单日期≥供应商停用日期，供应商启用日期和停用日期在供应商档案中设置。

（5）需求日期≥建议订货日期≥请购单日期。

（6）请购单的审核人和制单人可以为同一人。

（7）查询请购单，可以查看"请购单列表"，在列表中，双击需要查询的单据，可以打开该请购单。

（8）已审核的请购单不能修改、删除，如果要修改、删除，需要先弃审。

（9）已关闭的请购单不能修改、删除，如果要修改、删除，需要先打开并弃审。

（10）有下游单据生成或被其他功能、其他系统使用的请购单，视为单据已执行，已执行单据不可弃审。如需修改，必须将下游单据删除或取消相关操作，方可弃审。

二、采购订货

（1）2019年8月2日，凯琪公司上级主管同意向万通公司订购乙材料300箱，单价为1 500元（不含税），要求到货日期为2019年8月7日。

（2）2019年8月3日，凯琪公司上级主管同意向禅恒公司订购甲材料200吨，单价为2 000元（不含税），要求到货日期为2019年8月8日。

采购订货是指企业根据采购需求，与供应商之间签订采购合同或采购协议。采购订单可以是采购合同与货物相关的明细内容，也可以是订货的口头协议，通过采购订单的管理，可以帮助企业对采购业务进行事前预测、事中控制与监督。采购订单的内容包括：采购的货物名称、采购数量、采购价格、供应商名称、到货时间和地点、运输方式、运费等。采购订单可以手工录入，也可以参照请购单等生成。

任务分析及操作步骤

（1）在采购管理系统主界面打开"采购订货"，双击"采购订单"，进入采购订单界面。如图3-72所示。

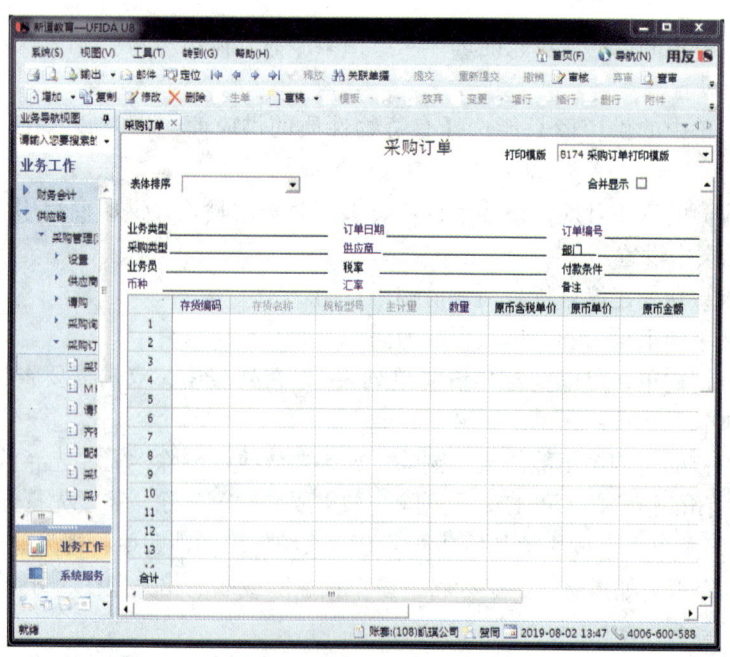

图3-72　采购订单-1

单击"增加"继续单击"生单"——"请购单",进入请购单查询条件选择界面。如图 3-73 所示。

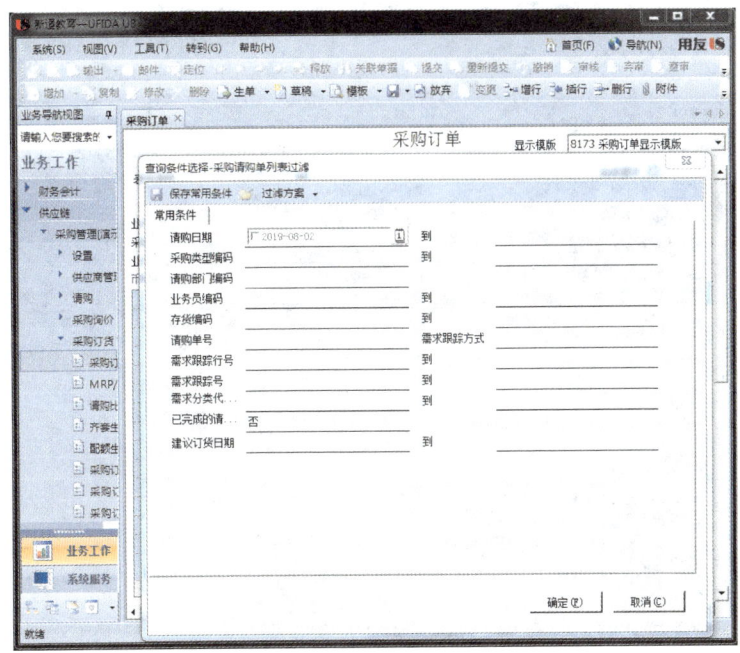

图 3-73 采购订单-2

输入查询条件,单击"确定"按钮,进入拷贝并执行界面。如图 3-74 所示。

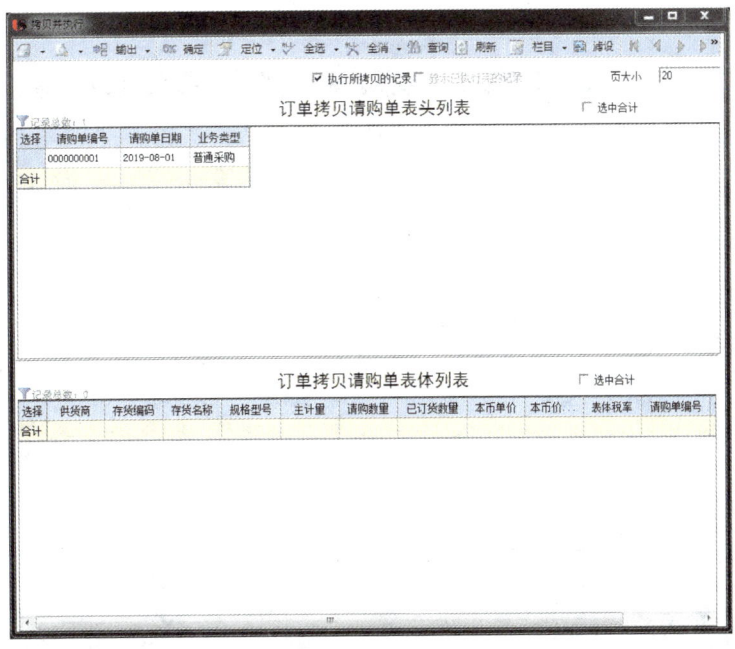

图 3-74 采购订单-3

选中参照的请购单，在选择栏双击，出现"Y"后，单击"确定"，进入采购订单主界面，核对并修改采购订单信息。如图3-75所示。

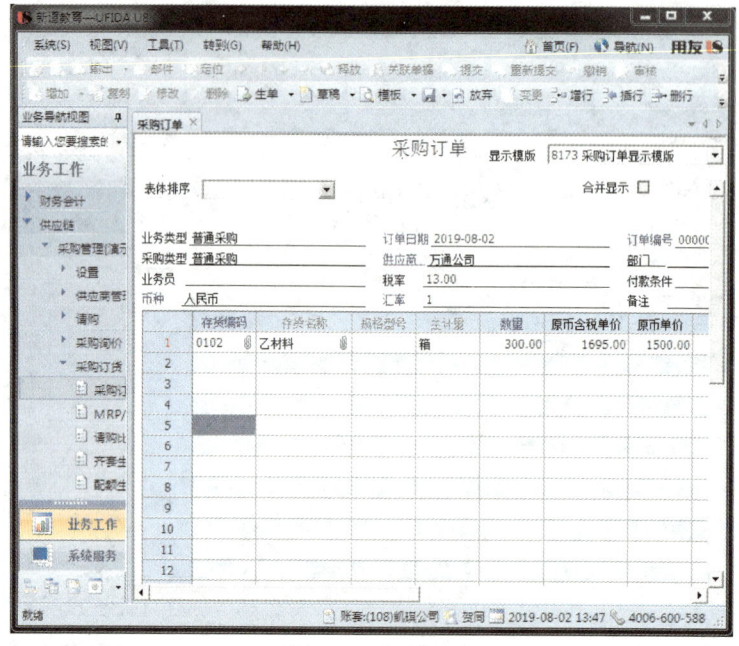

图3-75 采购订单-4

"保存"参照请购单生成的采购订单并"审核"。

（2）在采购管理系统主界面双击"采购订单"，进入采购订单界面。如图3-76所示。

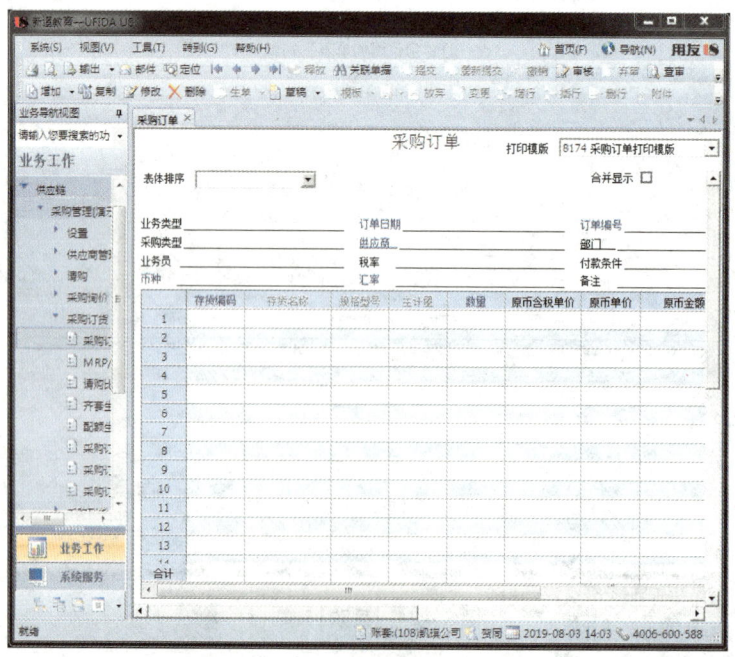

图3-76 采购订单-5

点击"增加",进入采购订单录入界面,在采购订单界面输入本笔业务的信息。如图 3 – 77 所示。

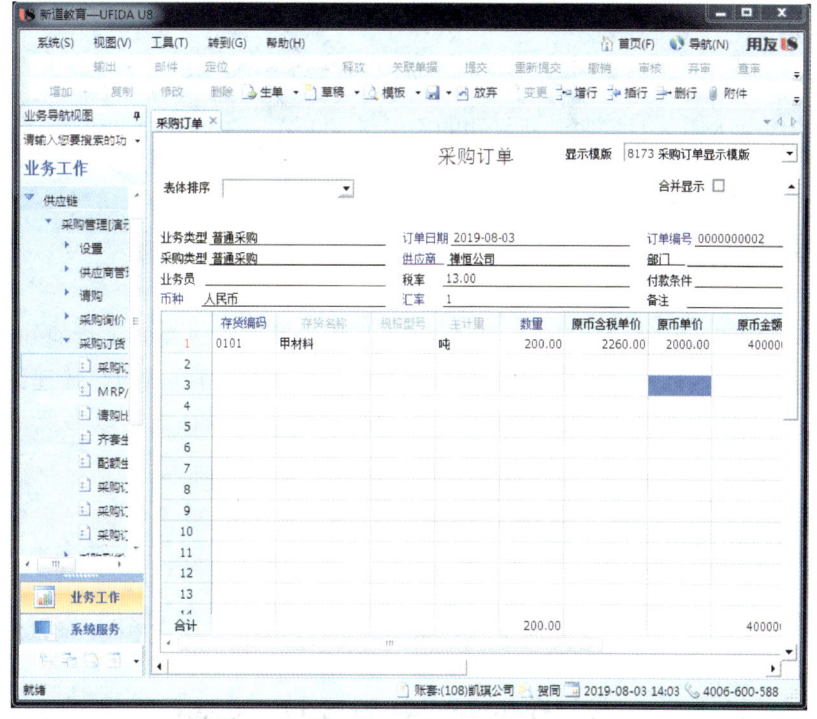

图 3 – 77　采购订单 – 6

"保存"采购订单并"审核"。

注意事项

（1）采购订单是可选单据,但采购选项中选择了"普通业务必有订单"选项时,则必须填制或生成采购订单。

（2）采购订单可以只录入数量,不录入单价、金额。

（3）采购订单中计划到货日期≥订单需求日期。

（4）采购订单可以修改、删除、审核、弃审、变更等。

（5）已审核未关闭的采购订单可以参照生成采购到货单、采购入库单、采购发票。

（6）拷贝请购单生成的采购订单,它的信息可以修改,但是如果已经审核,则需先"弃审"再修改。

（7）拷贝请购单生成的采购订单,如果已经生成到货单或采购入库单,不能直接修改、删除采购订单,需要将其下游单据删除后,才能修改。

三、采购到货

任务引入

（1）2019年8月7日，收到所订购的乙材料300箱。
（2）2019年8月7日，收到所订购的甲材料200吨。

知识链接

到货是订货和入库的中间环节，是指采购业务员根据供应商的供货通知或送货单，确认对方所送货物的数量、价格等信息。通过填写到货单，将到货信息传递给仓库保管员，作为仓库保管员验收货物的依据。到货单可以手工录入，也可以参照采购订单等生成。

任务分析及操作步骤

（1）打开采购管理系统主界面下的"采购到货"，双击"到货单"，进入到货单主界面。如图3-78所示。

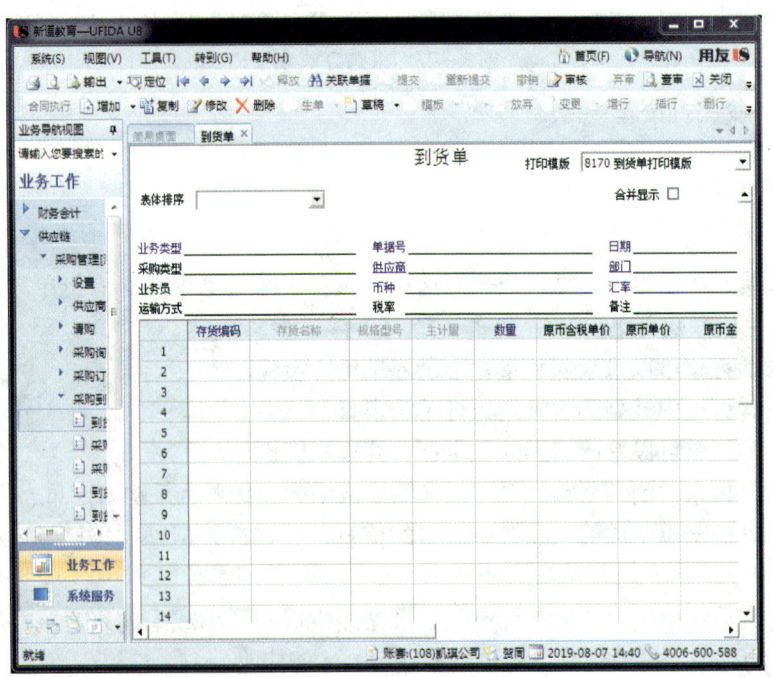

图3-78　到货单-1

在到货单主界面点击"增加""生单"—"采购订单"，进入到采购订单查询条件选择界面。如图3-79所示。

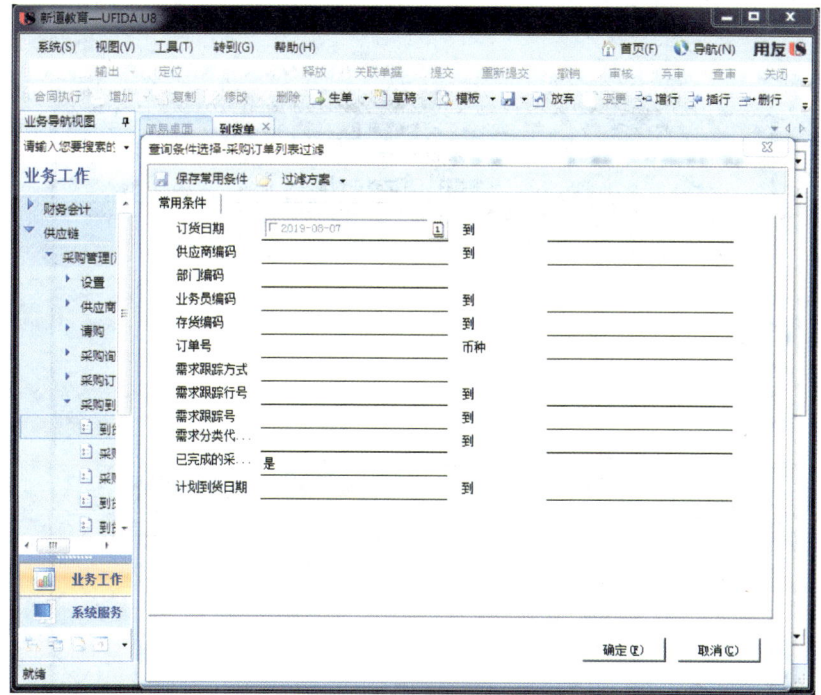

图 3-79 到货单-2

输入查询的条件,单击"确定"按钮,进入拷贝并执行界面,如图 3-80 所示。

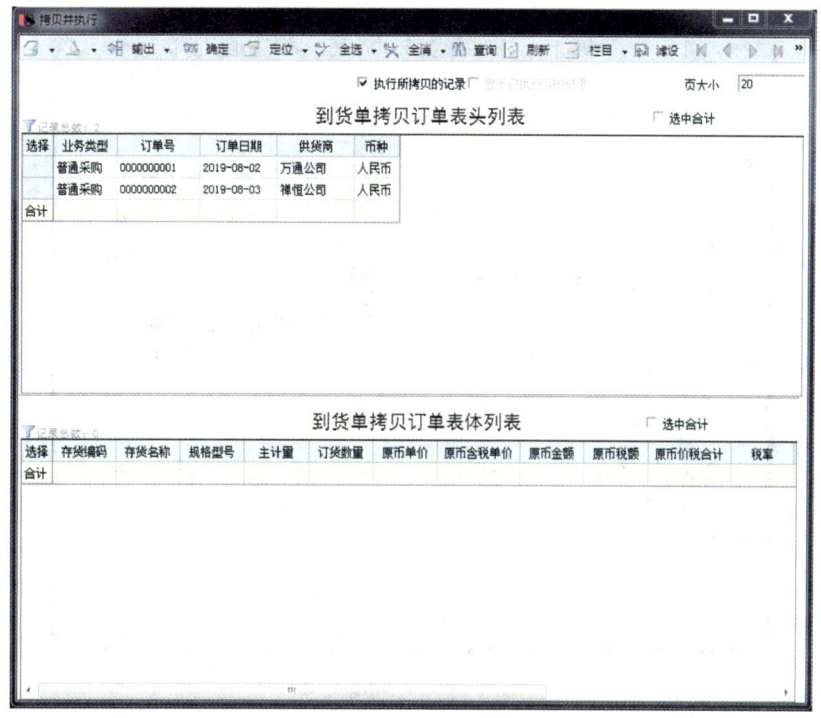

图 3-80 到货单-3

选中参照的采购订单,在选择栏双击后出现"Y",单击"确定"按钮。如图3-81所示。

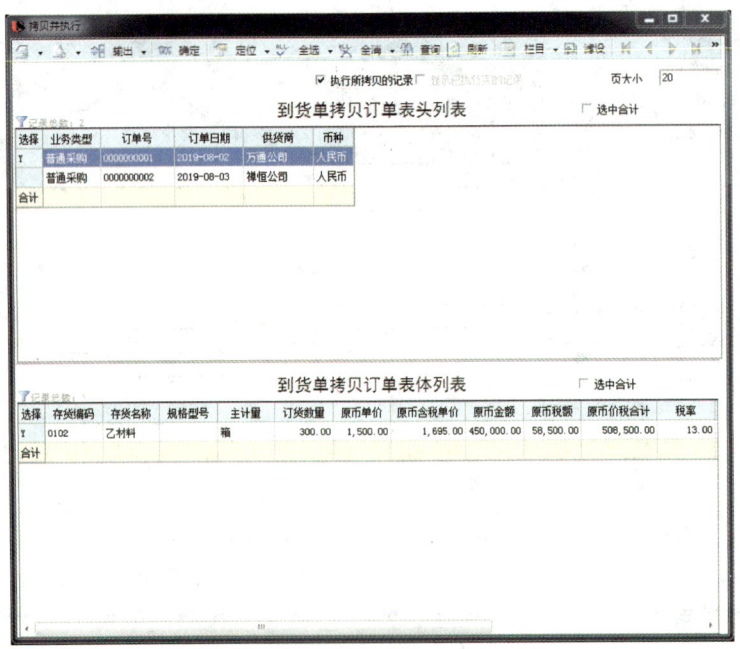

图3-81 到货单-4

点击"确定",进入到货单主界面,核对信息并修改。如图3-82所示。

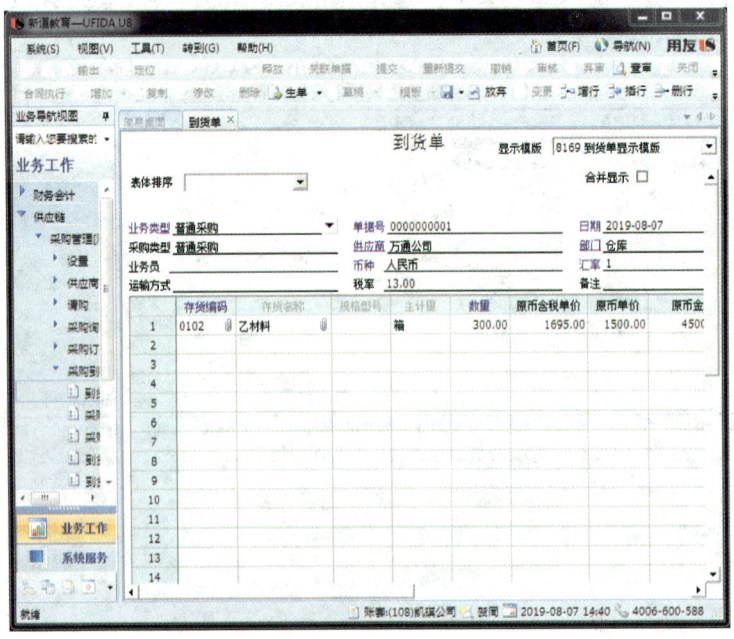

图3-82 到货单-5

对到货单"保存"并"审核"。

(2) 打开采购管理系统主界面下的"采购到货",双击"到货单",进入到货单主界面。如图 3-83 所示。

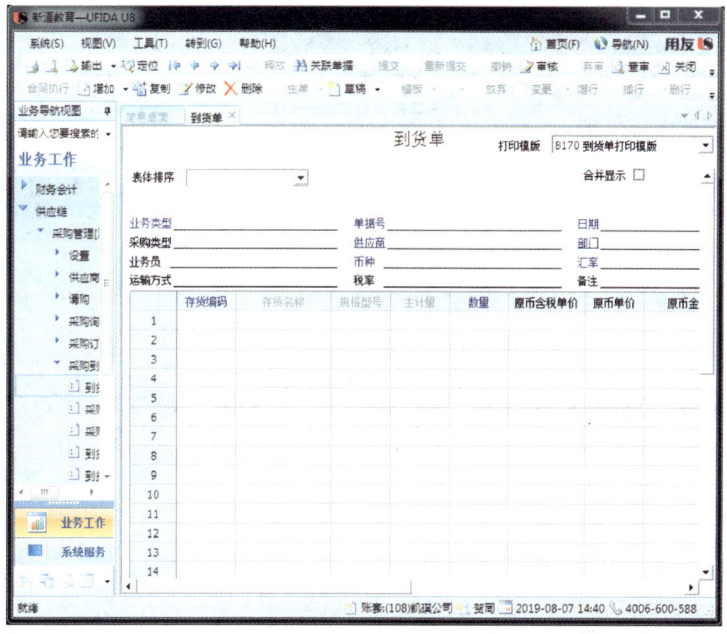

图 3-83　到货单-6

在到货单主界面点击"增加""生单"—"采购订单",进入采购订单查询条件选择界面。如图 3-84 所示。

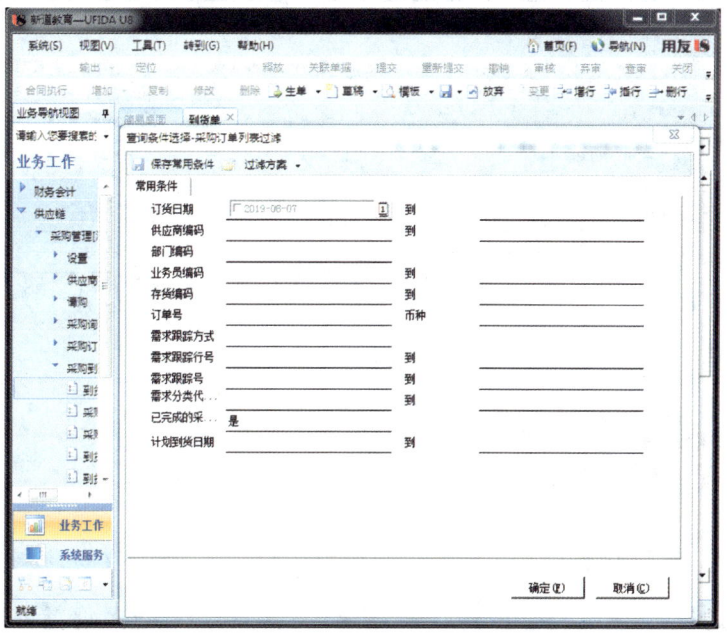

图 3-84　到货单-7

输入查询条件,单击"确定"按钮,进入拷贝并执行界面,选中参照的采购订单,在选择栏双击后出现"Y",如图3-85所示。

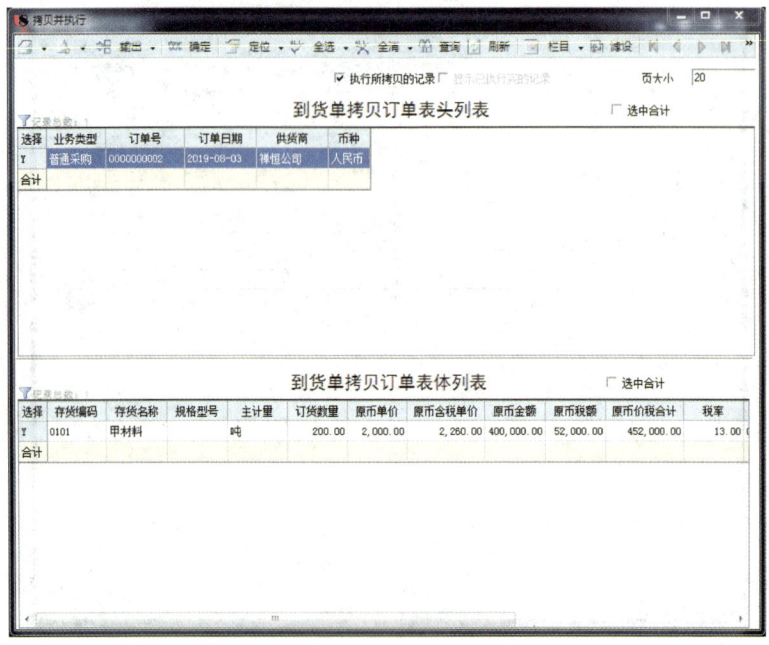

图3-85 到货单-8

单击"确定",进入到货单主界面,核对信息并修改。如图3-86所示。

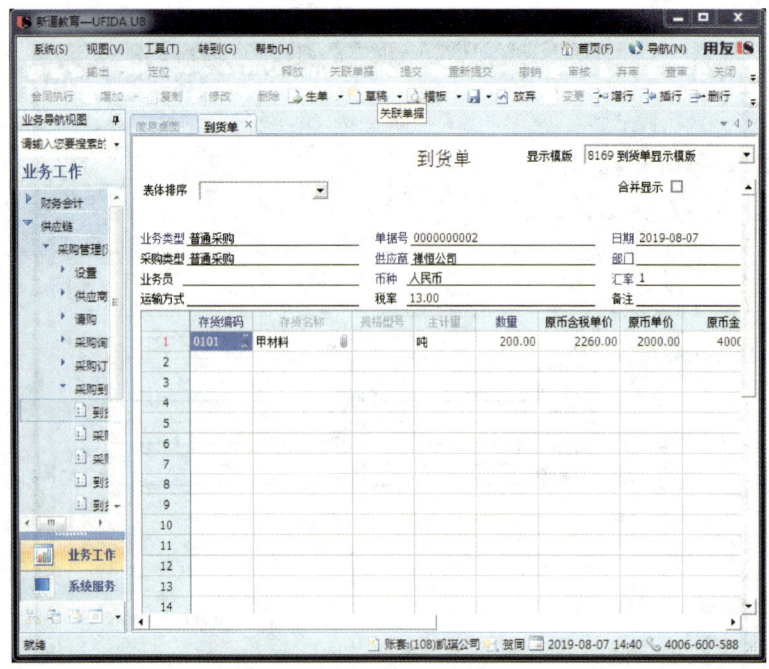

图3-86 到货单-9

对到货单"保存"并"审核"。

注意事项

(1) 到货单可以手工新增，也可以参照采购订单等生成；但必有订单时，采购到货单不可手工新增，只能参照上游单据生成。

(2) 如果到货单与采购订单信息有差别，可以直接据实录入到货单信息，或者直接修改生成的到货单信息，再保存。

(3) 到货单可以只录入数量，不录入单价、金额。

(4) 采购的存货如因质量、规格等问题退回的，需要开具到货退回单。

(5) 期初采购业务到货后，必须手工填写到货单或不填写到货单而直接生成入库单。

四、采购入库

任务引入

2019年8月7日，将收到的万通公司发来的乙材料300箱验收入原材料仓库。

知识链接

入库是指对到库的货物，在确认货物合格后，放入指定仓库，并填写入库单。对于工业企业，采购入库单一般是指采购原材料验收入库时所填制的入库单据。对于商业企业，采购入库单一般指商品进货入库时所填制的入库单据。采购入库单按进出仓库的方向分为蓝字采购入库单和红字采购入库单等。采购入库单可以手工录入，也可以参照采购订单、到货单生成，还可以拷贝其他采购入库单或者采购发票。在没有启用库存管理系统时，采购入库单在采购管理系统中完成；当采购管理系统与库存管理系统集成使用时，采购入库单应在库存管理系统中完成。

任务分析及操作步骤

(1) 在采购管理系统主界面打开"采购入库"，双击"采购入库单"，进入采购入库单主界面。如图3-87所示。

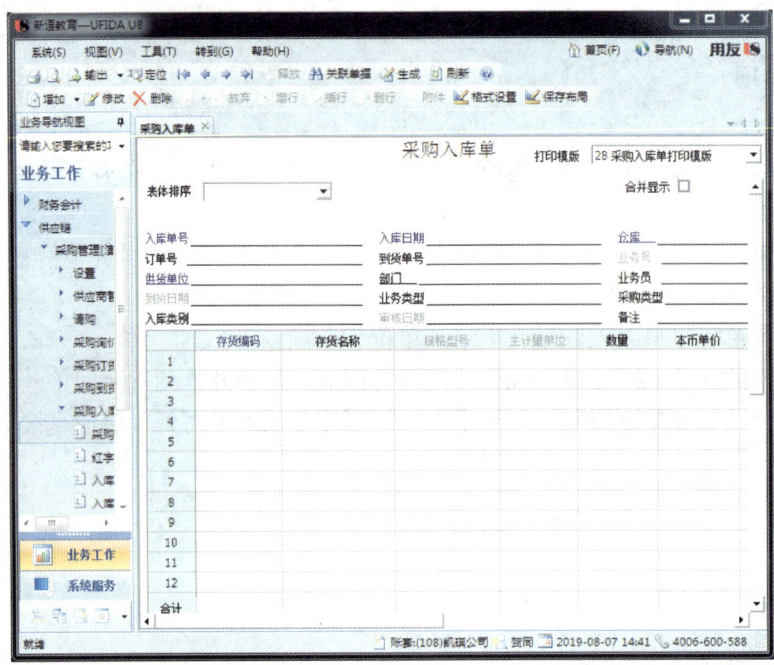

图 3-87 采购入库单-1

(2) 单击"增加",输入采购入库的信息。如图 3-88 所示。

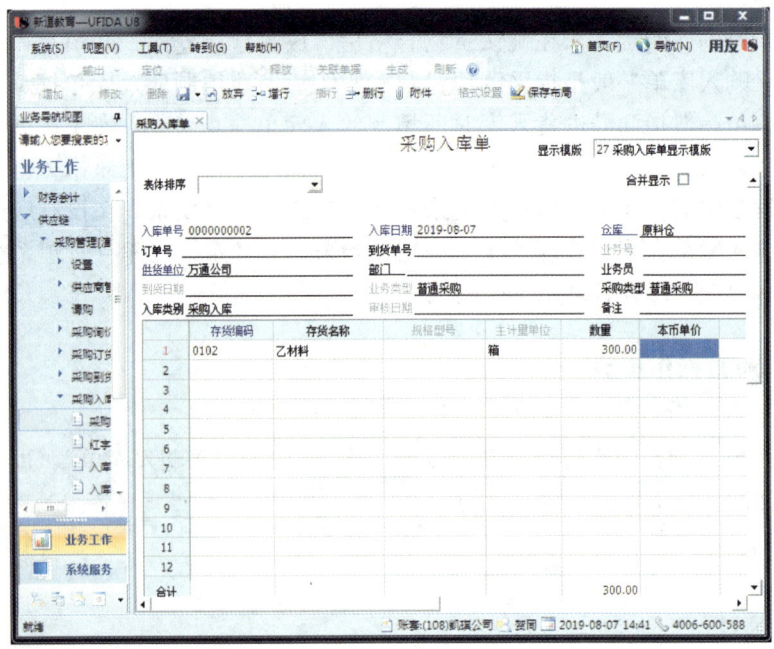

图 3-88 采购入库单-2

(3) "保存"采购入库单。

注意事项

（1）在没有启用库存管理系统的情况下才能在此增加采购入库单，否则此处的采购入库单数据是由库存管理系统传递过来的，在此只能查询。

（2）红字入库单是入库单的逆向单据。如果发现已入库的货物因为质量、数量等问题要求退货，可填写红字入库单，全部或部分冲抵原入库单的数据。

（3）采购入库单界面中"生成"按钮，用于根据采购入库单自动生成采购发票。

（4）如果在采购选项中选择"普通业务必有订单"，入库单只能参照上游单据生成，不能手工录入。

（5）如果采购管理系统没有和库存管理系统集成使用，采购入库单无须审核、记账。

（6）在采购管理系统可查询入库单据，可根据入库单生成发票。

五、采购发票

任务引入

2019年8月7日，收到货物的当天收到该笔货物的专用发票一张，业务部门将采购发票交给财务部门。

知识链接

采购发票是指供应商开出的销售货物的凭证。企业根据采购发票确认采购成本、进行记账和付款核销。在收到供应商开具的发票后，企业对采购发票有两种处理方法：一是在没有收到供货单位的货物前，对发票进行压票处理，货物到达后，再将发票输入系统进行报账结算；二是收到发票立即输入系统，便于适时管理在途物资。

采购发票按业务性质可分为蓝字发票和红字发票；按发票类型分为增值税专用发票、普通发票和运费发票。采购发票可以手工录入，也可以参照采购订单、采购入库单等生成。不同类型的发票栏目含义会不同，但操作过程基本相同。

采购发票与入库单录入的先后顺序应当根据货物及其采购发票的到达先后顺序而定。具体处理顺序如下：

（1）单货同行：当货物及其采购发票同时到达企业时，首先检验发票与货物是否一致。如果单货一致，可以先填制采购发票，再填制采购入库单，及时进行采购结算；也可以先填制采购入库单，再参照入库单生成发票，用户可选择自动进行采购结算。如果单货不一致，可以暂不入库或暂不报账结算；也可以区分损耗原因，报有关领导批准后做有损耗的采购结算。

（2）货到单未到暂估入库：当货物先到，而采购发票未到达企业时，企业可根据实际入库数量填制采购入库单，做暂估入库；待取得发票后，再输入发票进行报账结算。

（3）单到货未到：当采购发票先到，而货物未到企业时，可以不输入发票做压单处理，等货到时再填制入库单、发票。也可以输入发票做在途货物处理。如果想要及时掌握在途货物情况，那么就应及时输入发票。

任务分析及操作步骤

（1）在采购管理系统中打开"采购发票"，双击"专用采购发票"。如图 3-89 所示。

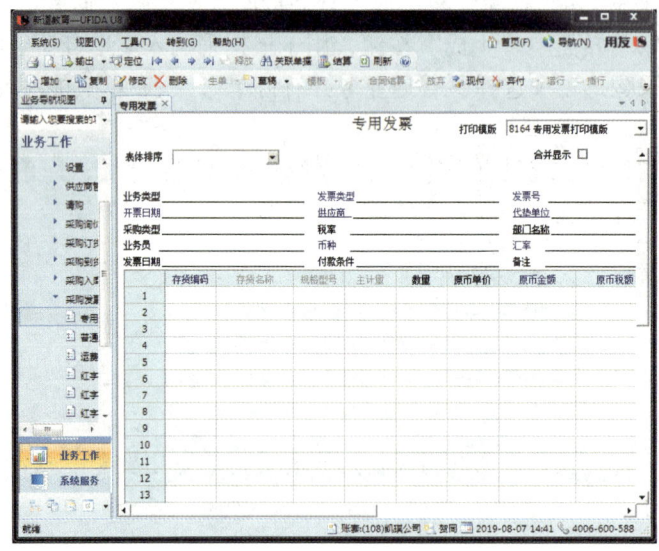

图 3-89　采购发票-1

（2）单击"增加""生单"—"入库单"按钮，进入入库单查询条件选择界面。如图 3-90 所示。

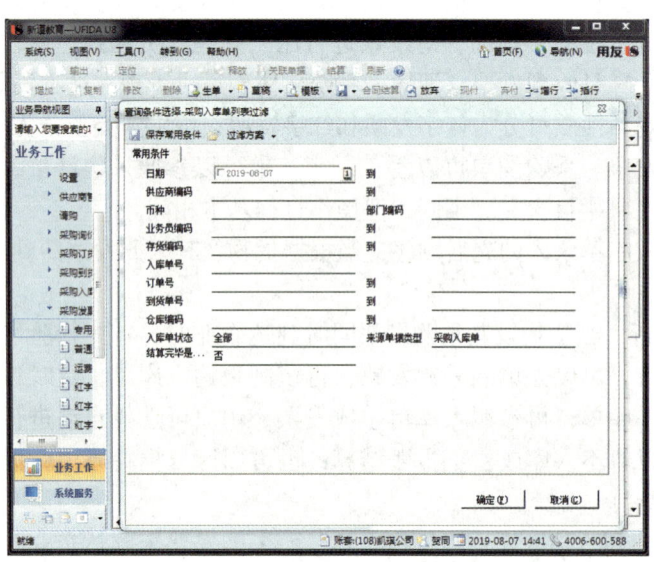

图 3-90　采购发票-2

（3）输入查询条件，并用鼠标单击"确定"按钮，进入拷贝并执行界面。如图 3–91 所示。

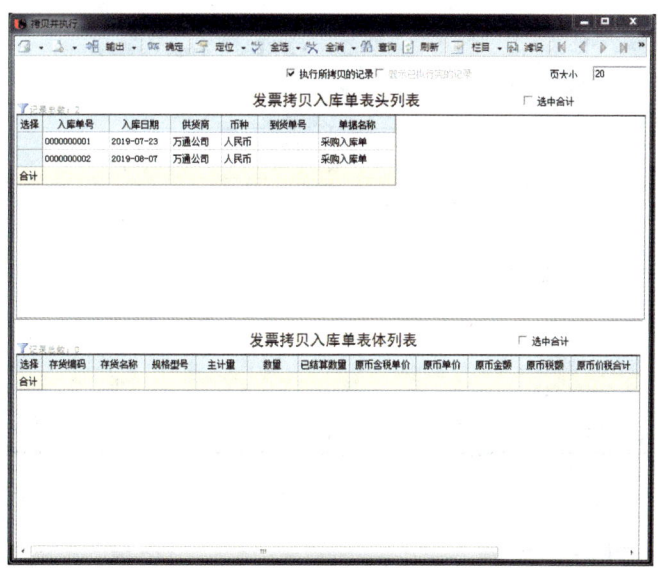

图 3–91　采购发票–3

（4）用鼠标双击要选择的采购入库单的"选择"栏目，选择栏目显示"Y"，然后用鼠标单击"确定"按钮，与采购入库单相关的内容会显示在专用发票的对应栏目中，修改相关信息。如图 3–92、图 3–93 所示。

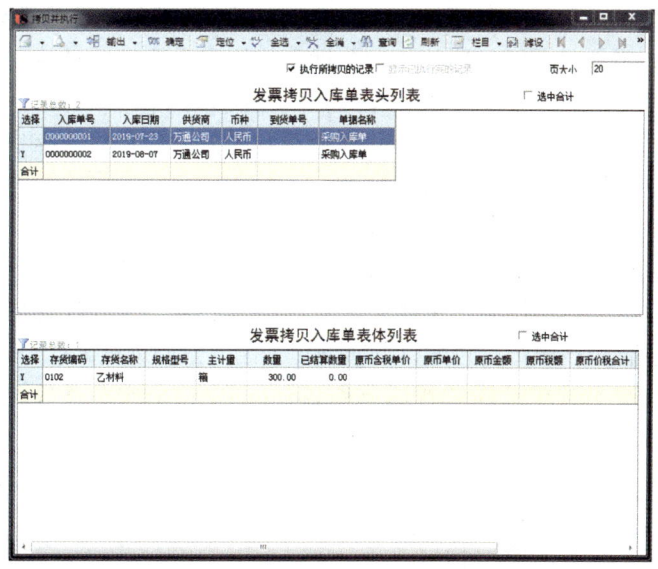

图 3–92　采购发票–4

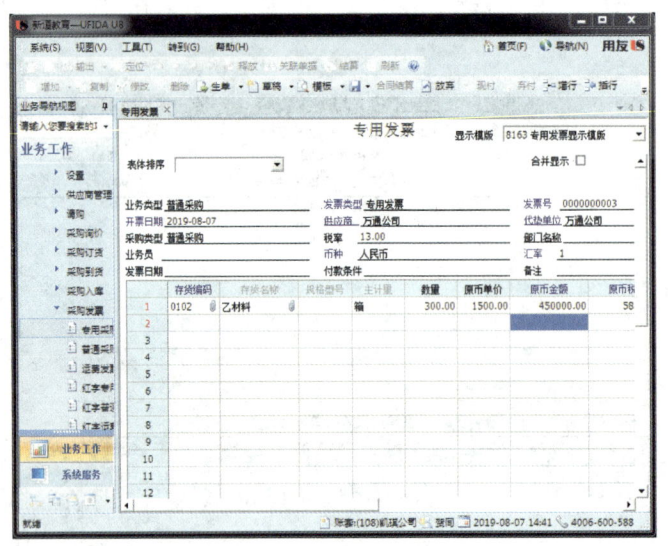

图 3-93 采购发票-5

（5）"保存"专用采购发票。

注意事项

（1）录入采购专用发票，需要先在基础档案中设置有关开户银行信息，否则，只能录入普通发票。

（2）专用发票的单价为无税单价，普通发票、运费发票的单价为含税单价。

（3）红字采购发票是采购发票的逆向单据。如果在采购发票结算后发生退货，需填写红字采购发票，全部或部分冲抵原采购发票的数据。

（4）采购过程中发生的运费，需要开具运费发票，运费发票的存货只能是在存货档案中设定属性为"应税劳务"的存货。

（5）已审核的发票不能再做现付处理。

（6）在采购管理系统单独使用时，采购发票在采购管理系统中审核；在采购管理系统与应付款管理系统集成使用时，采购管理系统的采购发票录入保存后，在应付款管理系统对采购发票进行审核登记应付账，同时回填采购发票的审核人。

（7）如果在采购选项中选择"普通业务必有订单"，采购发票只能参照上游单据生成，不能手工录入。

六、采购结算

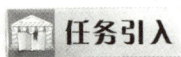

2019 年 8 月 7 日，将收到的万通公司的发票和对应的入库单进行结算。

 知识链接

采购结算也称为采购报账,是指采购核算人员根据采购入库单、采购发票核算采购成本,并生成采购结算单。采购结算单是记载采购入库单记录与采购发票记录的结算对照表。通过生成采购结算单,明确采购入库与采购发票记录的对应关系。以下几种情况的单据都可以进行结算:蓝字入库单与蓝字发票结算、蓝字入库单与红字入库单结算、蓝字发票与红字发票结算、运费发票与入库单结算,也可直接与存货核算、参照入库单生成发票时可以进行结算等。

采购结算按操作方式分为自动结算和手工结算两种,另外,运费发票可以单独进行费用折扣结算。自动结算是由系统自动将符合结算条件的单据记录进行结算。手工结算相对比较灵活,结算时可以拆单,拆分记录,一笔入库业务可以分次结算,也可以同时对多张入库单和多张发票进行手工结算;手工结算还支持到下级单位采购、付款给其上级主管单位的结算;支持三角债结算,即甲单位的发票可以结算乙单位的货物。

任务分析及操作步骤

(1)在采购管理系统主界面双击"采购结算"菜单下的"手工结算",进入采购结算界面。如图 3-94 所示。

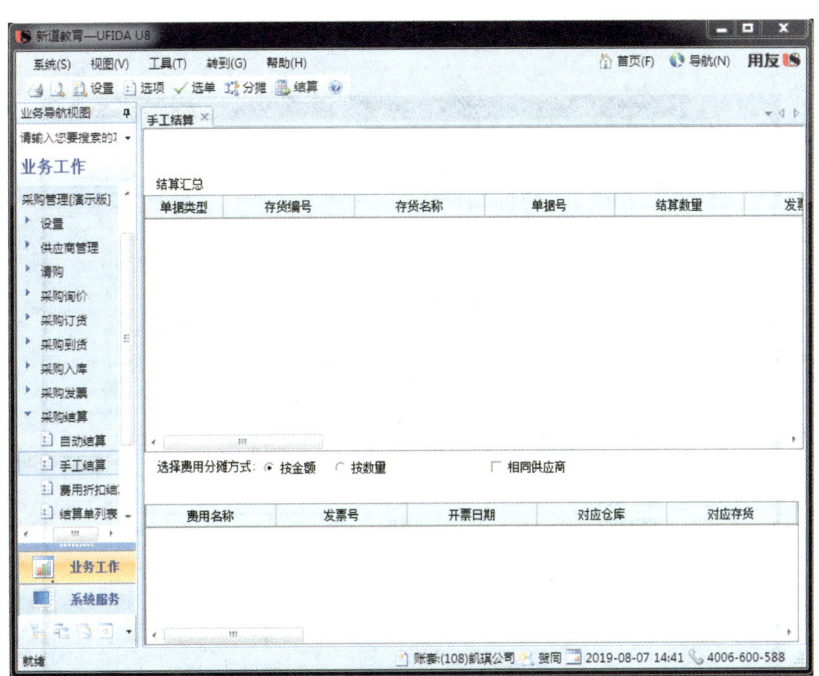

图 3-94 采购结算 -1

（2）在手工结算选单界面，用鼠标单击"选单"按钮，弹出结算选单界面，如图3-95所示，单击"查询"—"入库单"，显示入库单的查询条件选择界面，如图3-96所示。

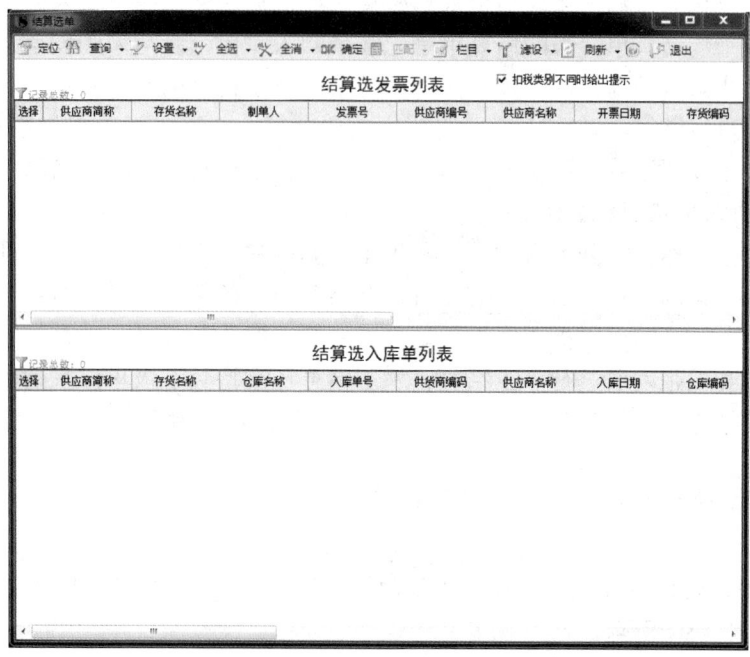

图3-95 采购结算-2

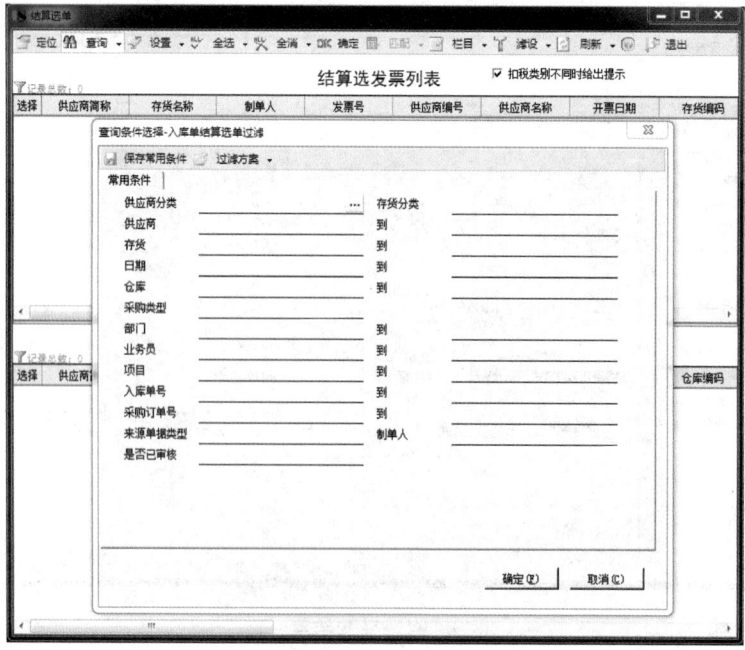

图3-96 采购结算-3

(3) 在查询条件选择界面,输入查询的条件,并单击"确定"按钮。如图 3-97 所示。

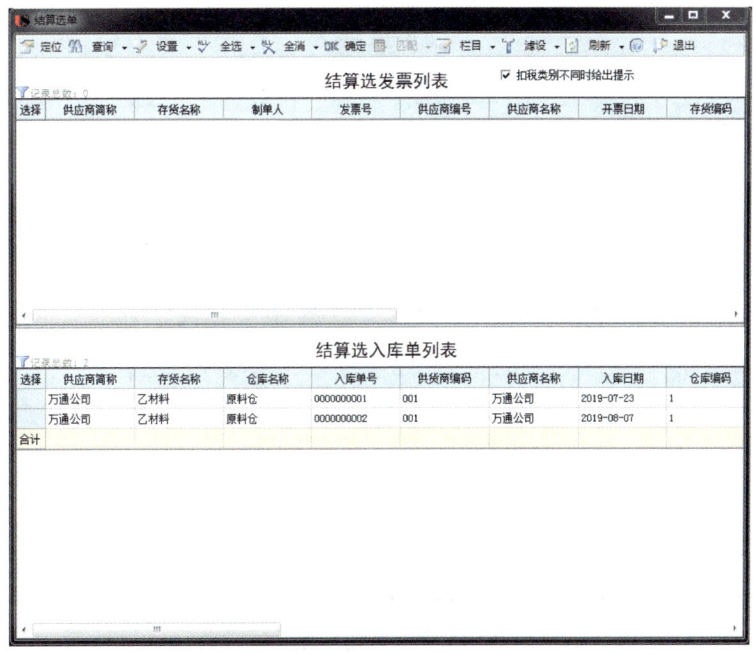

图 3-97　采购结算-4

(4) 在结算选单界面,再次单击"查询"—"发票"按钮,弹出发票查询条件选择界面,如图 3-98 所示。

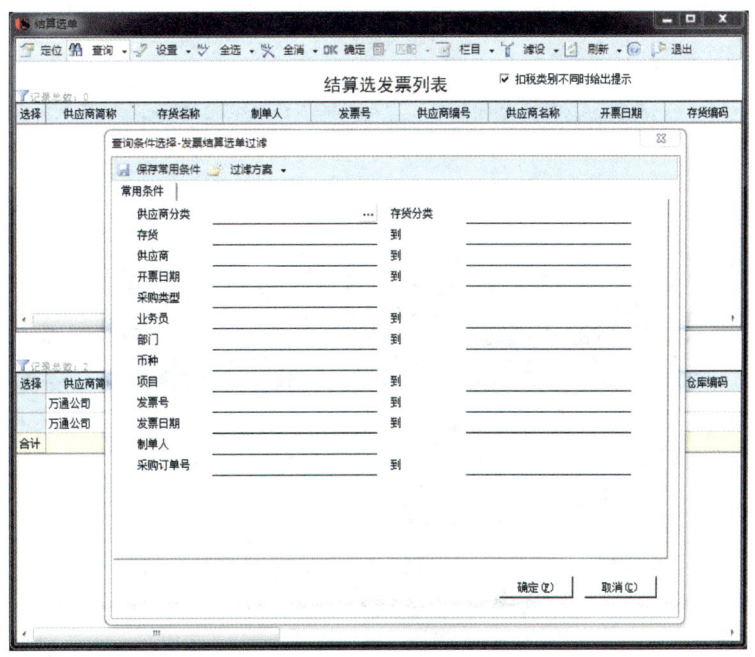

图 3-98　采购结算-5

(5) 输入查询条件单击"确定"按钮，显示结算选单界面。如图 3-99 所示。

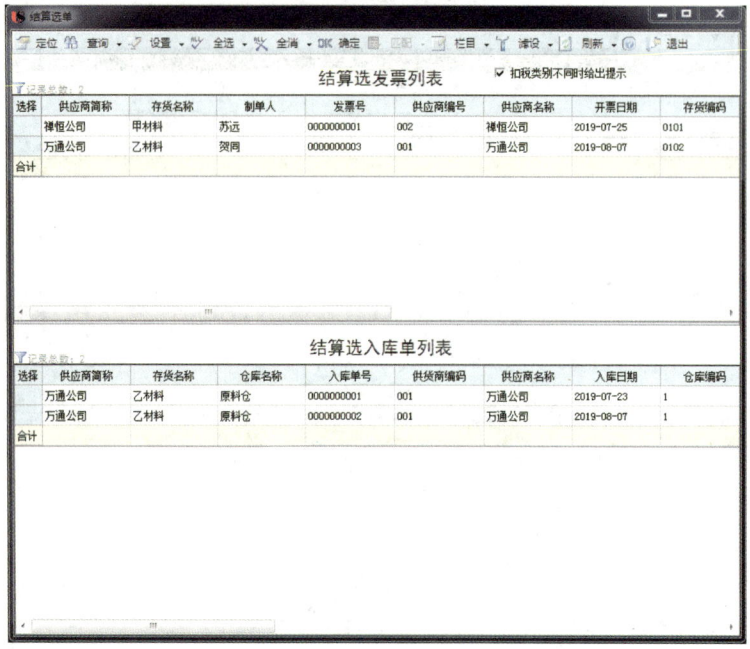

图 3-99 采购结算-6

(6) 在要结算的入库单和发票的选择栏双击出现"Y"，如图 3-100 所示，然后单击"确定"按钮，回到手工结算界面，如图 3-101 所示。

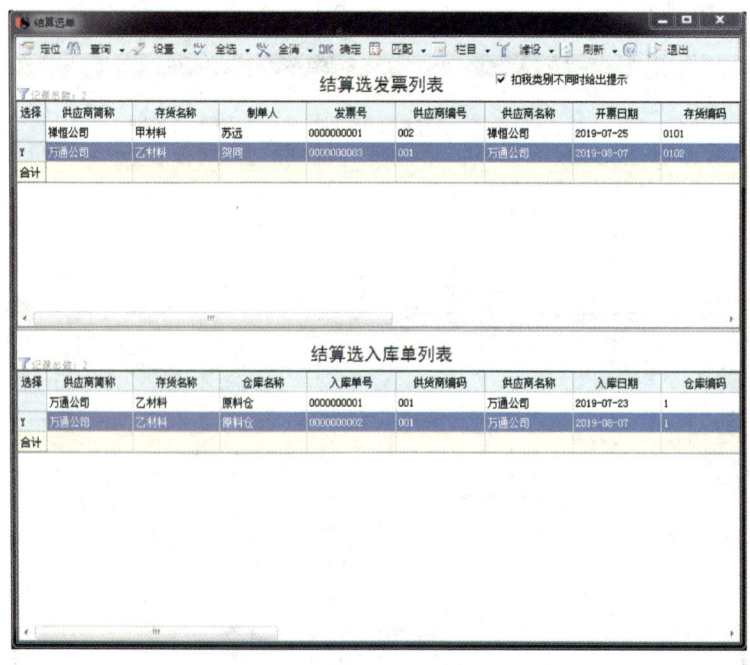

图 3-100 采购结算-7

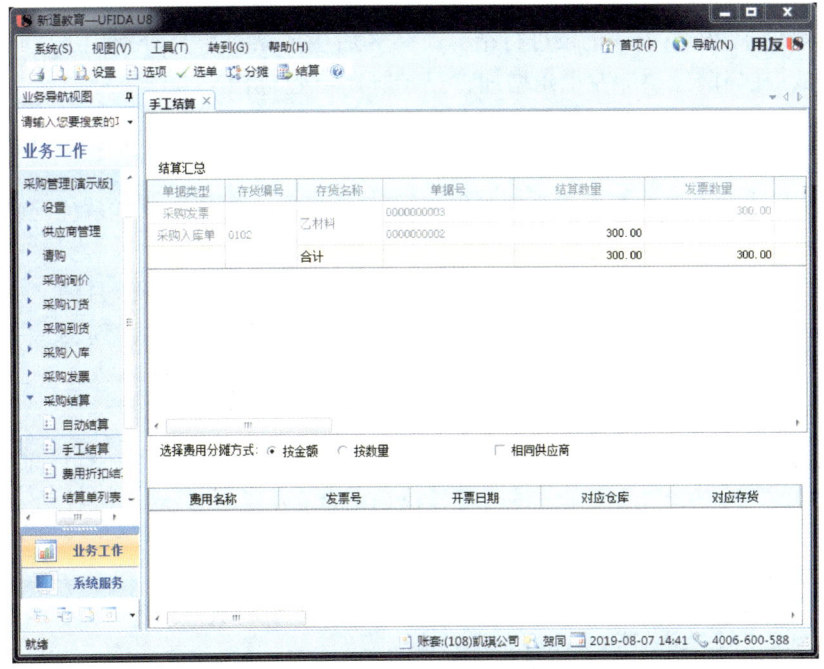

图 3-101 采购结算-8

（7）在手工结算界面，单击"结算"按钮完成结算，此时系统弹出完成结算提示界面。如图 3-102 所示。单击"确定"按钮，即可完成结算。

图 3-102 采购结算-9

注意事项

（1）自动结算中，结算模式为复选，可以同时选择一种或者多种结算模式。

（2）若针对一张入库单进行分批结算，需要手工修改入库单的结算数量。

（3）若入库单结算数量与发票数量不符时，必须录入合理损耗数量、非合理损耗数量，将两者数量调平，否则不能结算。合理损耗数量可以是正数，也可以是负数。

（4）若多次入库一次开票，可以拷贝多张入库单生成一张发票，然后单击"结算"

按钮进行结算。

（5）采购结算按照单据记录进行结算，结算后生成结算单，分别记下入库单和发票的相应信息，在当前发票的左上角增加"已结算"红色标记。

（6）若要取消结算，在采购管理系统主界面双击"采购结算"菜单下的"结算单列表"，进入结算单列表界面删除结算单即可。

（7）以下情况不能取消入库单的结算：采购入库单已被存货核算系统记账；再结算的入库单，已在存货核算系统做暂估处理。

（8）本月已做月末结账，不能再做本月的采购结算，只能在下个月做。如果采购结算确实应核算在已结账的会计月内，那么可以先取消该月的月末结账后再做采购结算。

活动二　受托代销业务处理

在采购管理系统中启用"受托代销业务"，选择"受托代销业务必有订单"，可录入受托代销订单、到货单和入库单，进行受托代销结算。

任务引入

（1）2019年8月8日，本公司收到受托代销的广东省长信有限公司发来的A商品500件，单价为1 000元（不含税）。

（2）2019年8月8日，代广东省长信有限公司销售A商品300件，结算并收到专用发票，发票号为000000000×，结算单价为900元（不含税）。

知识链接

受托代销是一种先销售后结算的采购模式，指其他企业委托本企业代销其商品，代销商品的所有权仍归委托方；代销商品销售后，本企业与委托方进行结算，开具正式的销售发票，商品所有权转移。

在进行受托代销业务前需要做一些设置。

（1）受托代销业务只有在新建账套时，账套的"企业类型"选择为"商业"或"医药流通"，系统才能进行受托代销业务的处理。而本账套在建账时企业类型设置为"工业企业"。

（2）在存货档案中要对档案的属性必须设置为"受托代销"，并且把存货属性设置为"外购"，由于受托代销商品一般用于销售，还可设置销售属性。

（3）在采购选项"业务及权限控制"中，选中"启用受托代销"，启用了，表示企业有受托代销业务，用户可以使用受托代销单据、受托代销结算、受托代销统计功能，否则系统不能处理受托代销业务，若同时启用了库存管理系统，用户可以在采购管理系统设置，也可以在库存管理系统设置，在其中一个系统的设置，同时改变在另一个系统的选项。

任务分析及操作步骤

（1）在采购管理系统主界面点击"采购到货"菜单下的"到货单"命令，进入到货单界面。如图3-103所示。

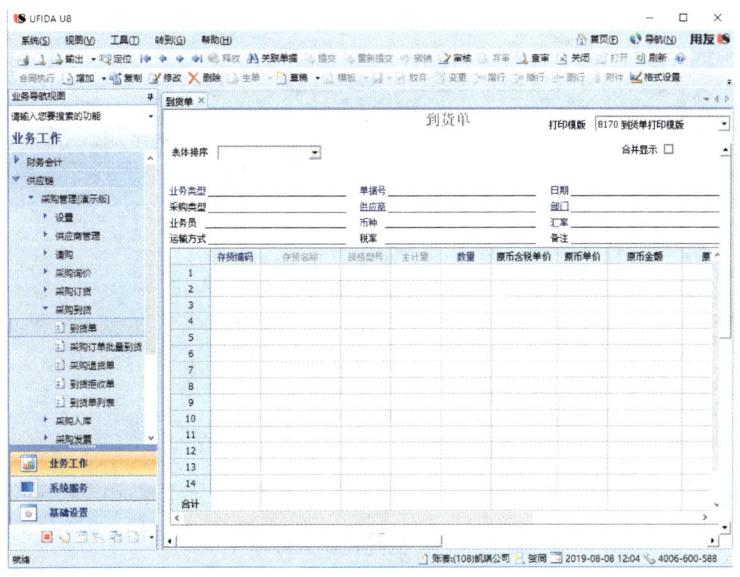

图3-103　到货单-1

单击"增加"按钮，显示到货单，"业务类型"选择"受托代销"，录入商品信息后"保存"，并"审核"。如图3-104所示。

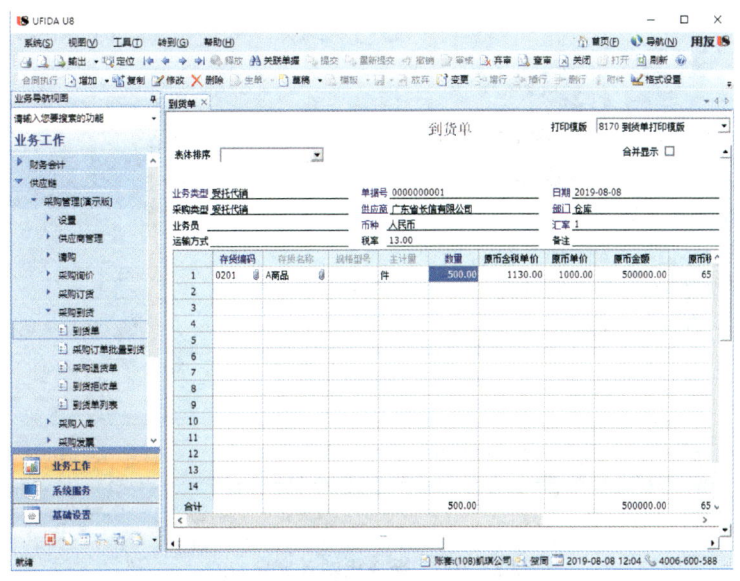

图3-104　到货单-2

在采购管理系统主界面双击"采购入库"菜单下的"受托代销入库单"命令,进入采购入库单界面。如图3-105所示。

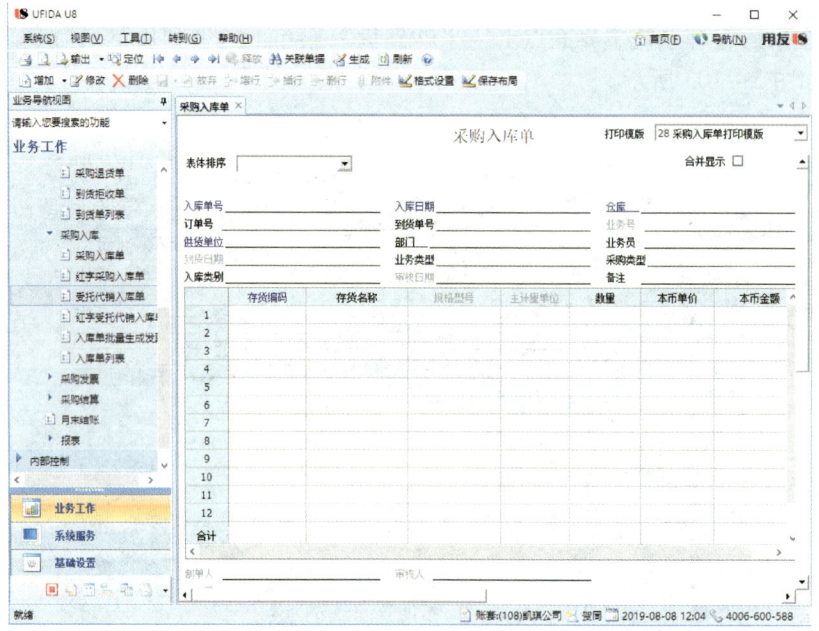

图3-105 受托代销入库单-1

录入信息后点击"保存"按钮。如图3-106所示。

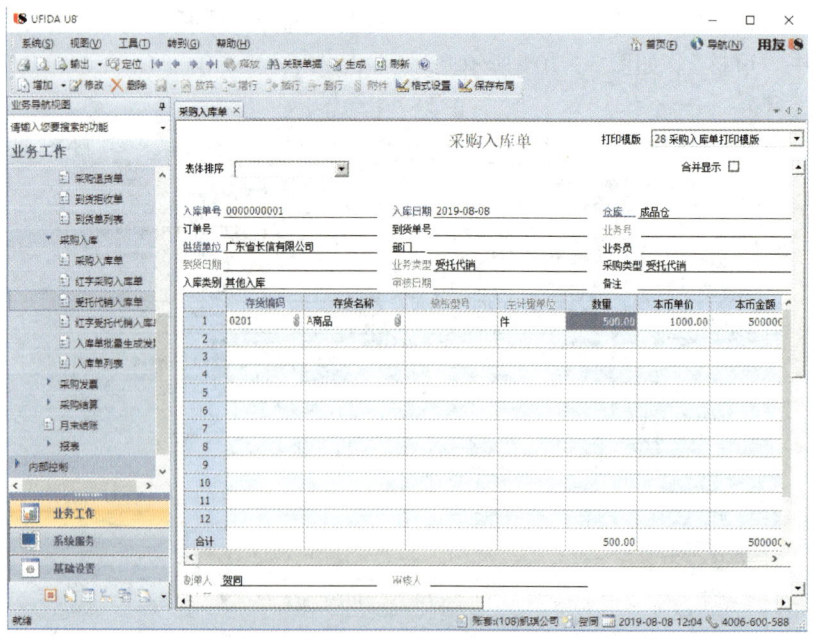

图3-106 受托代销入库单-2

(2)在采购管理系统主界面双击"采购结算"菜单下的"受托代销结算"命令,显示受托代销结算选单过滤界面，如图 3-107 所示。

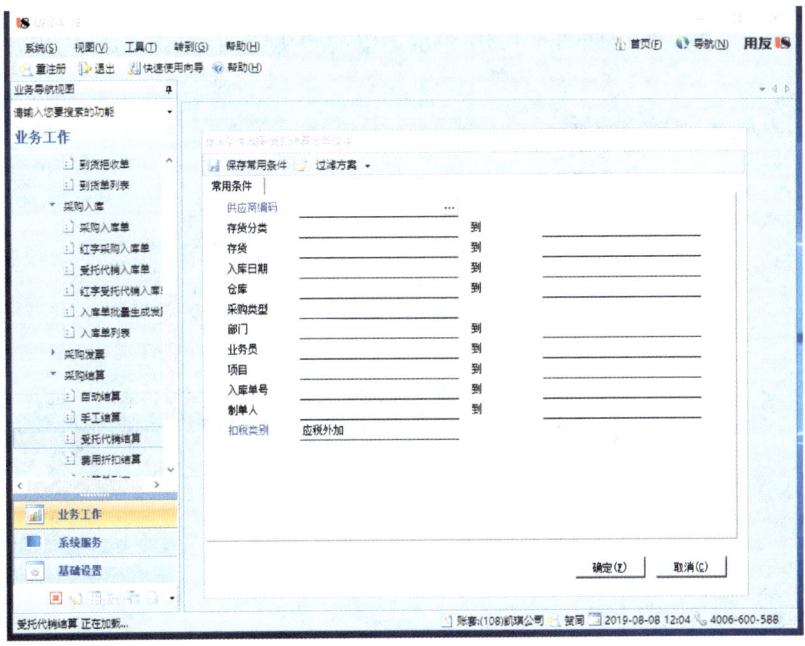

图 3-107 受托代销结算-1

在受托结算选单过滤界面，选择供应商编码，单击"确定"，进入受托代销结算界面，如图 3-108 所示。

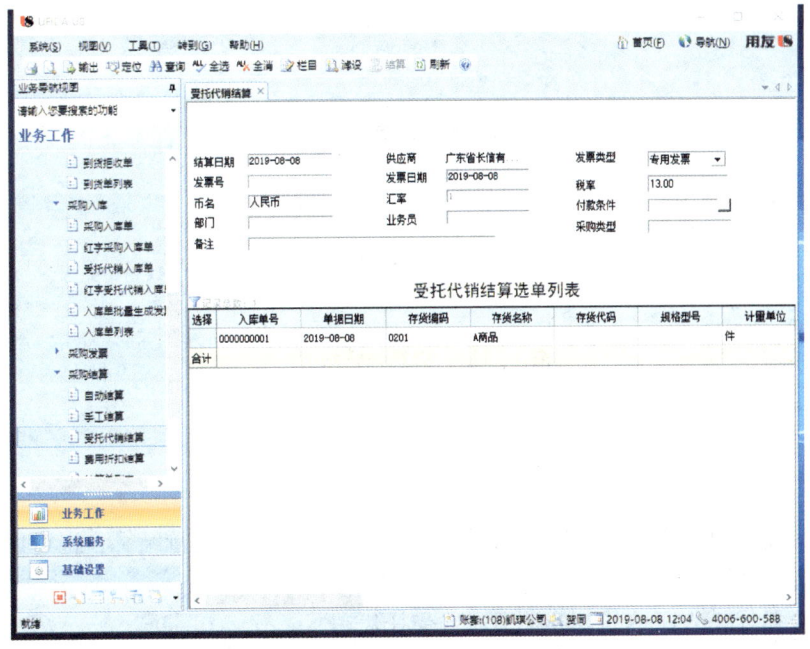

图 3-108 受托代销结算-2

在显示的受托代销结算选单列表中，选中需要结算的单据，修改相关信息，如图 3-109 所示，单击"结算"，系统将自动生成受托代销发票、受托代销结算单，并弹出"结算完成"信息提示框，如图 3-110 所示。单击"确定"，系统完成结算。

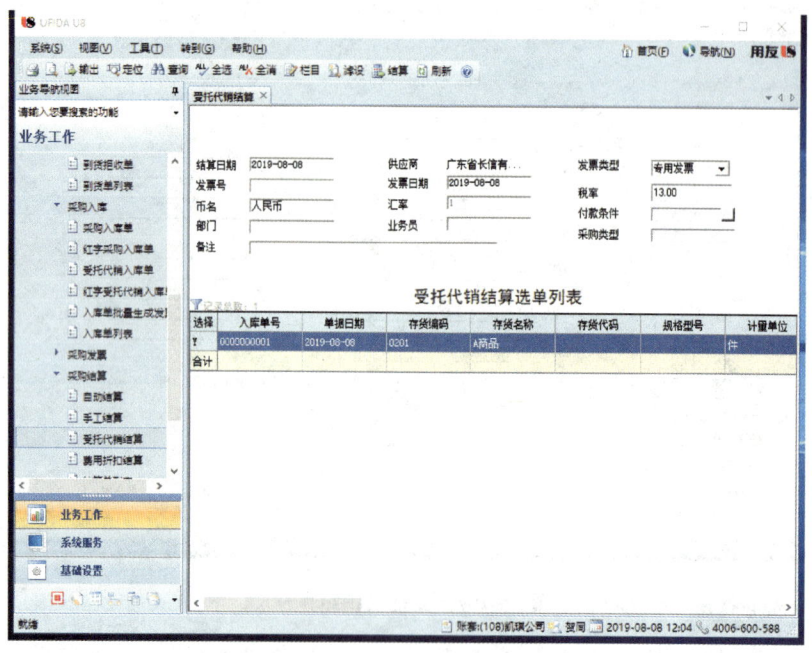

图 3-109　受托代销结算-3

图 3-110　受托代销结算-4

注意事项

（1）受托方可以在销售代销商品后根据受托代销入库单进行结算，也可以在取得委托人的发票后再结算。

（2）受托代销入库单的业务类型为"受托代销"。

（3）受托代销入库单有两种录入方式，可以手工录入，也可以参照订单生成。但是如果在采购选项中选择了"受托代销业务必有订单"，则受托代销业务到货单、受托代销入库单都不能手工录入，只能参照采购计划、采购请购单或销售订单生成。

（4）手工录入或参照录入时，只能针对"受托代销"属性的存货。其他属性的存货不能显示。

（5）受托代销入库单可以通过"采购管理/受托代销入库单"或"采购管理/入库单列表"命令实现查询。

（6）结算表中存货、入库数量、入库金额、已结算数量、已结算金额等信息不能修改；结算数量、含税单价、价税合计、税额等信息可以修改。

（7）在进行受托代销结算前，应对受托代销入库单输入单价、金额，否则在结算时系统会提示"结算商品的单价和金额不能为0"。

活动三　退货业务处理

任务引入

（1）结算前发生退货。

①入库前的退货：2019年8月8日，发现收到的甲材料一部分存在质量问题，将存在质量问题的50吨退回给禅恒公司，其余150吨验收入原材料仓库。

②材料已入库未收到发票：2019年8月9日，将已入库的甲材料退回50吨给禅恒公司。

③材料已入库，同时，退货时已收到采购发票：2019年8月10日，收到禅恒公司开具的甲材料100吨的专用发票一张，业务部门将采购发票交给财务部门。收到发票的同时，公司又将已入库的甲材料50吨退回禅恒公司。

（2）结算后发生退货。

2019年8月11日，将已结算的50吨甲材料退回供应商。

知识链接

企业在采购业务活动中，如果已入库的货物因质量等原因发生退货，需要进行采购退货处理，要根据对方提供的发票数量与实际可以入库的数量进行核对，确保金额无误，而进行处理时需要按照采购是否进行结算分别处理。其中，结算前发生的退货又分为入库前的退货、材料已入库发票未收到的退货和材料已入库，同时，退货时已收到采购发票三种情况。

任务分析及操作步骤

（1）结算前发生退货。

①入库前的退货。

在采购管理系统主界面双击"采购到货"菜单下的"采购退货单"命令，进入采购退货单界面，如图3-111所示。

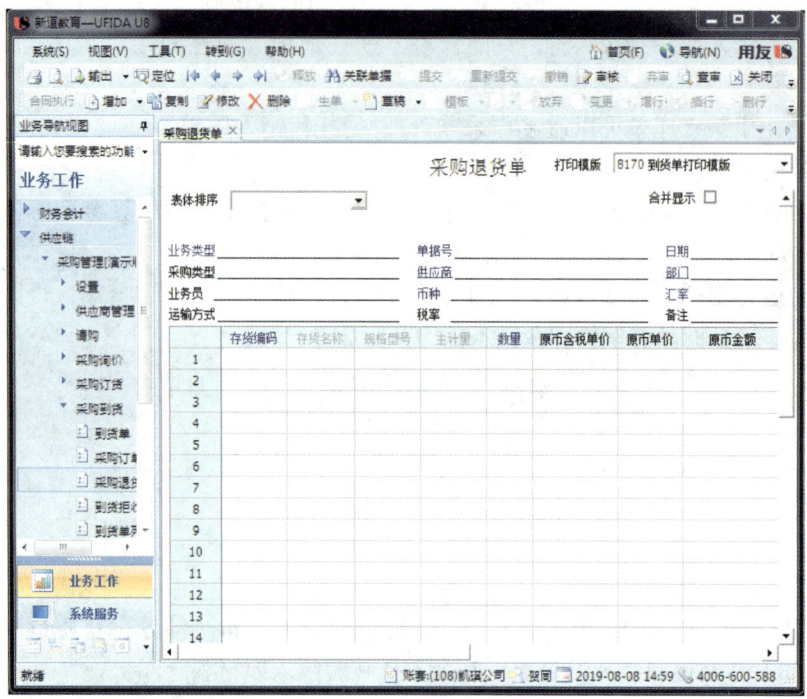

图 3-111 退货单-1

单击"增加",录入退货信息。如图 3-112 所示。

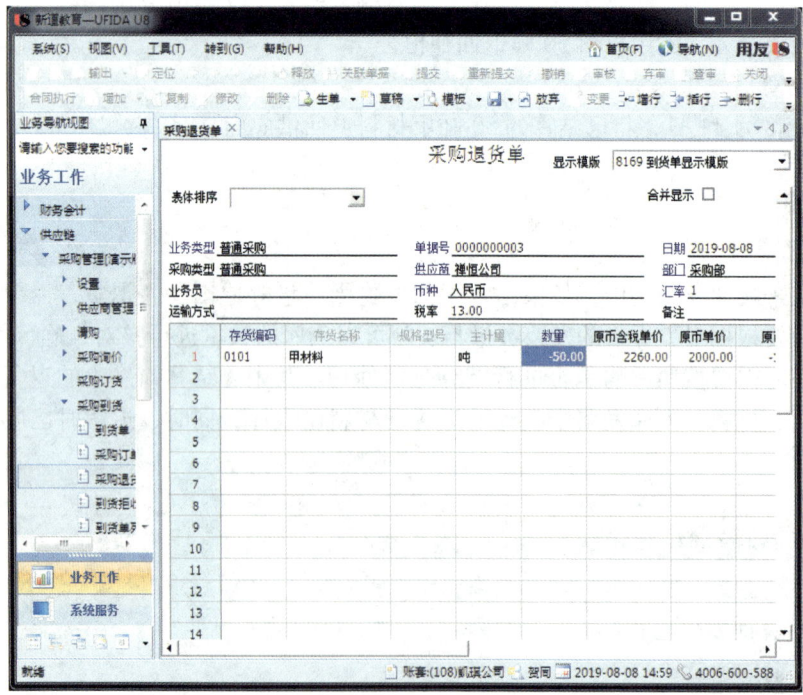

图 3-112 退货单-2

"保存"及"审核"采购退货单。

在采购管理系统主界面双击"采购入库"菜单下的"采购入库单"命令,进入采购入库单界面,如图 3–113 所示。

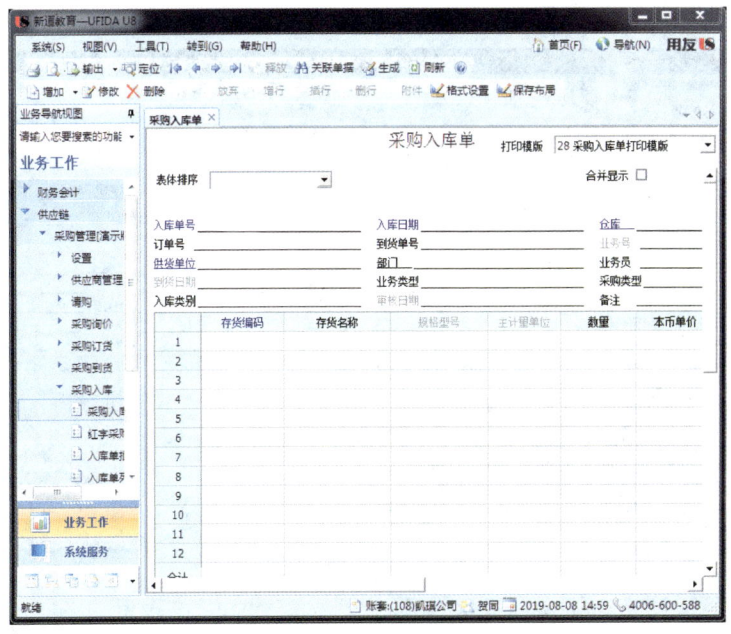

图 3–113　入库单–1

单击"增加",录入入库信息。如图 3–114 所示。

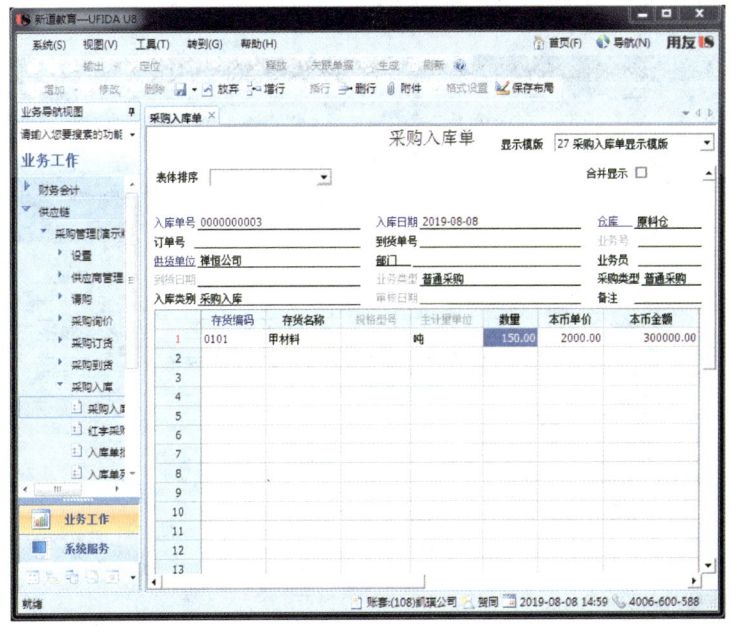

图 3–114　入库单–2

"保存"采购入库单。

②材料已入库未收到发票。

在采购管理系统主界面双击"采购入库"菜单下的"红字采购入库单"命令,打开红字采购入库单。如图3-115所示。

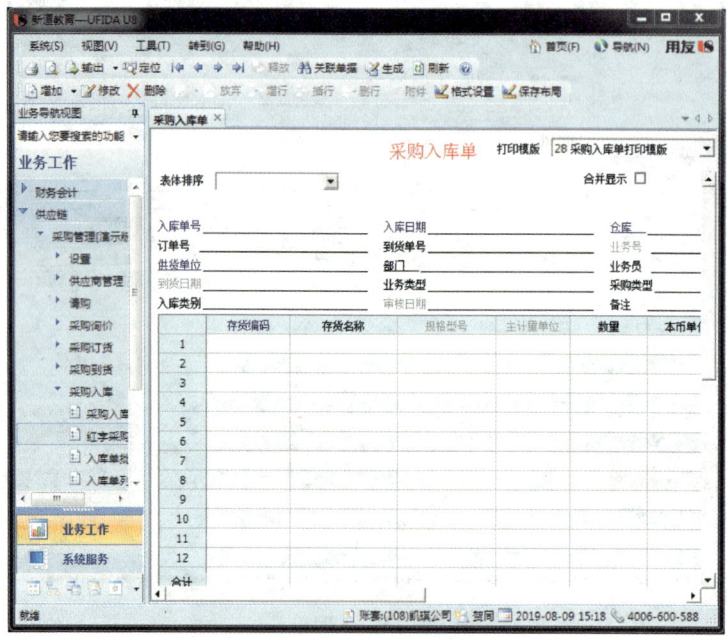

图3-115　红字入库单-1

单击"增加",根据退货数量录入相关信息。如图3-116所示。

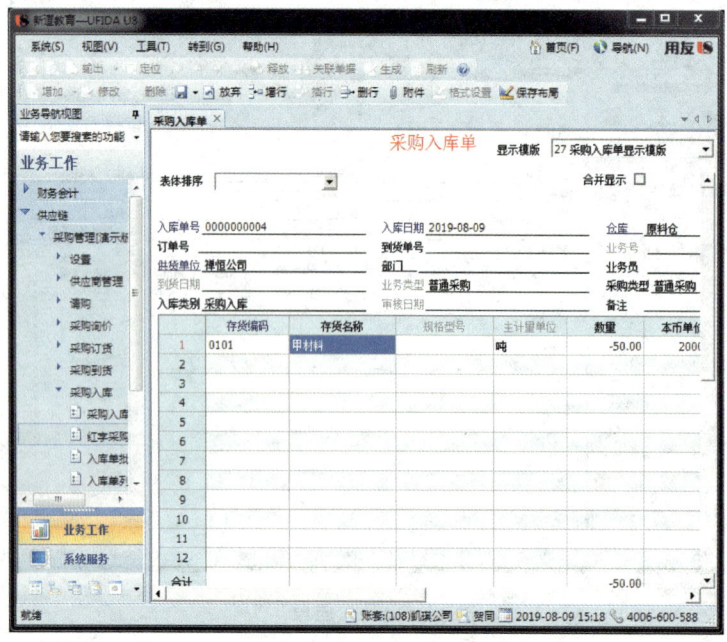

图3-116　红字入库单-2

"保存"红字采购入库单。

在采购管理系统主界面双击"采购结算"菜单下的"手工结算"命令,进入采购结算界面。如图 3-117 所示。

图 3-117 采购结算-1

在手工结算界面,用鼠标单击"选单"按钮,系统弹出结算选单界面,如图 3-118 所示。

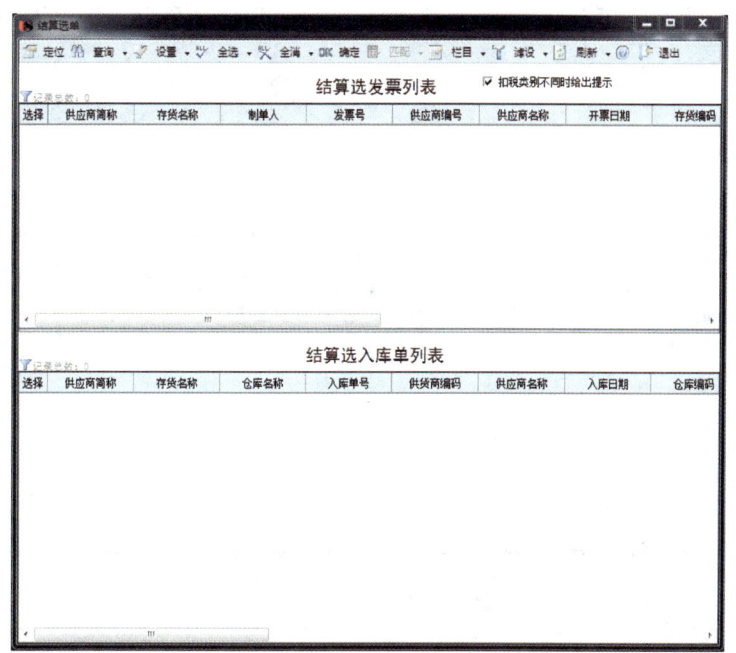

图 3-118 采购结算-2

在结算选单条件界面，单击"查询"—"入库单选单过滤"，显示入库单查询条件选择界面，输入查询条件，单击"确定"，如图3-119、图3-120所示。

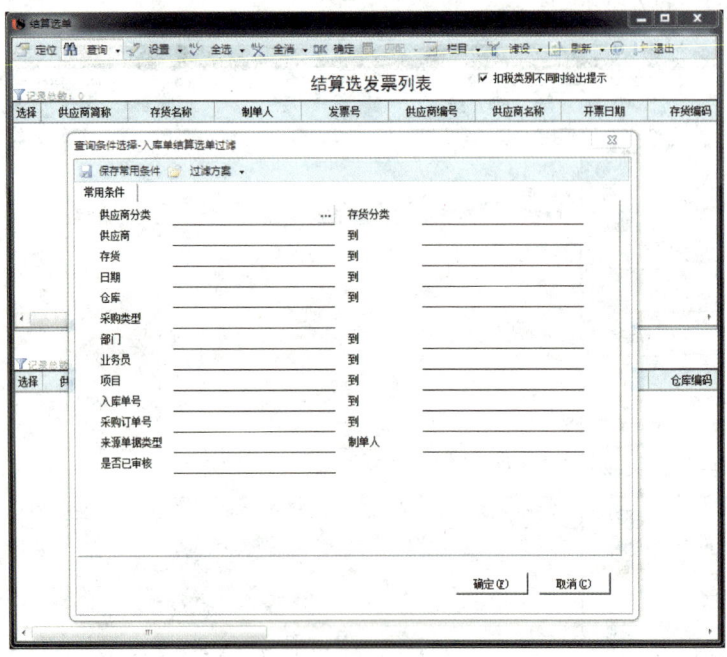

图3-119 采购结算-3

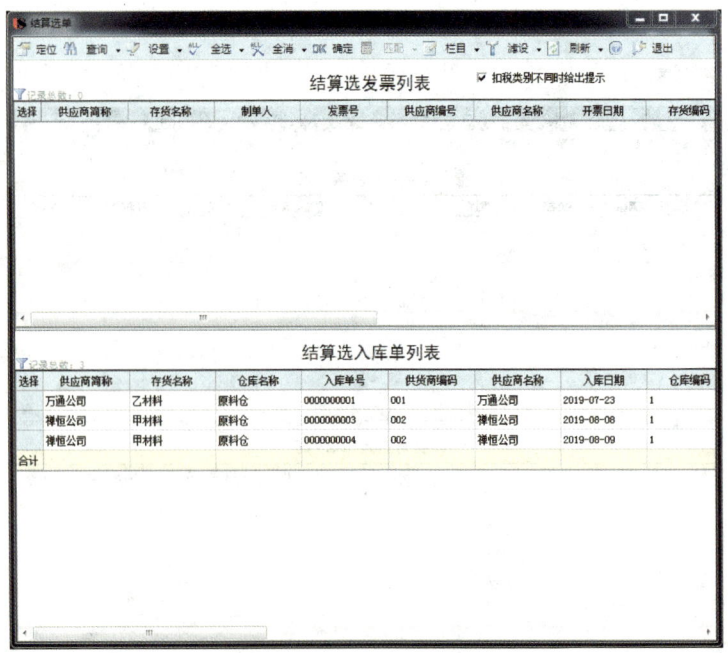

图3-120 采购结算-4

在要结算的入库单的选择栏双击,出现"Y",如图3-121所示,然后单击"确定"。

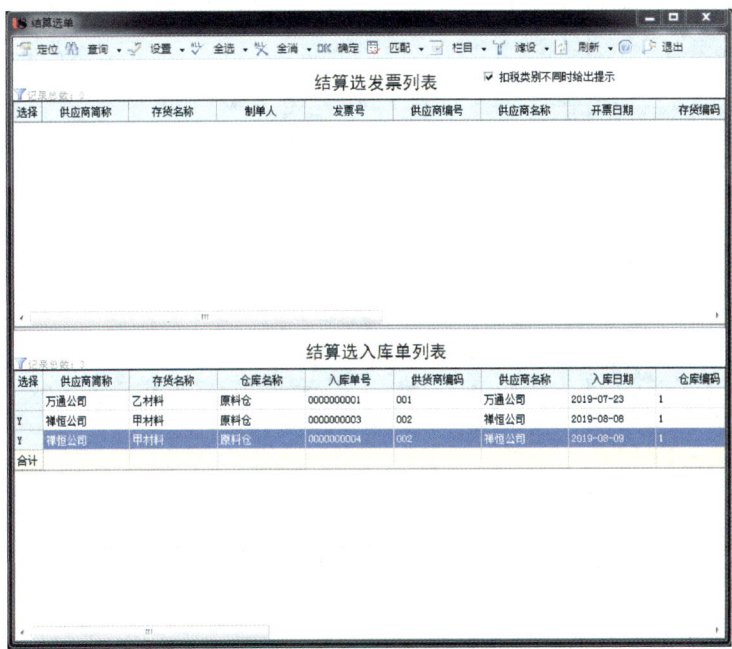

图3-121 采购结算-5

修改要结算的蓝字入库单的数量。如图3-122、图3-123所示。

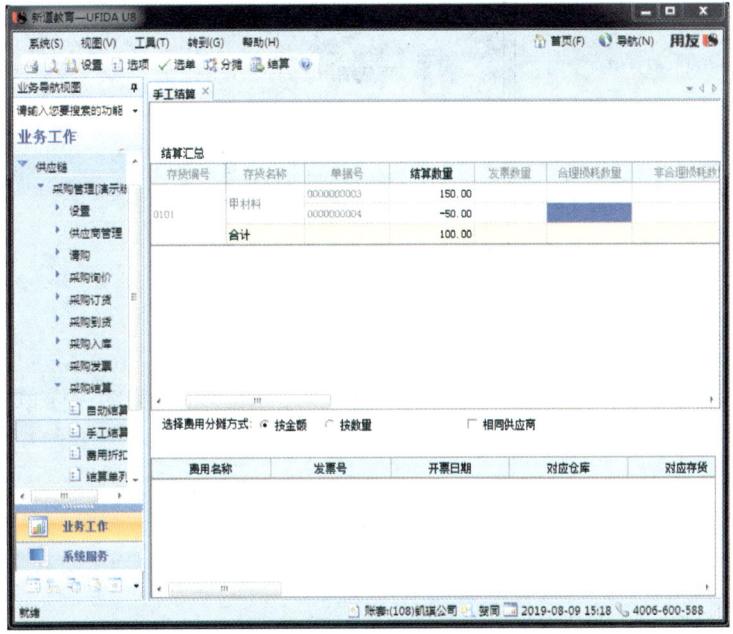

图3-122 采购结算-6

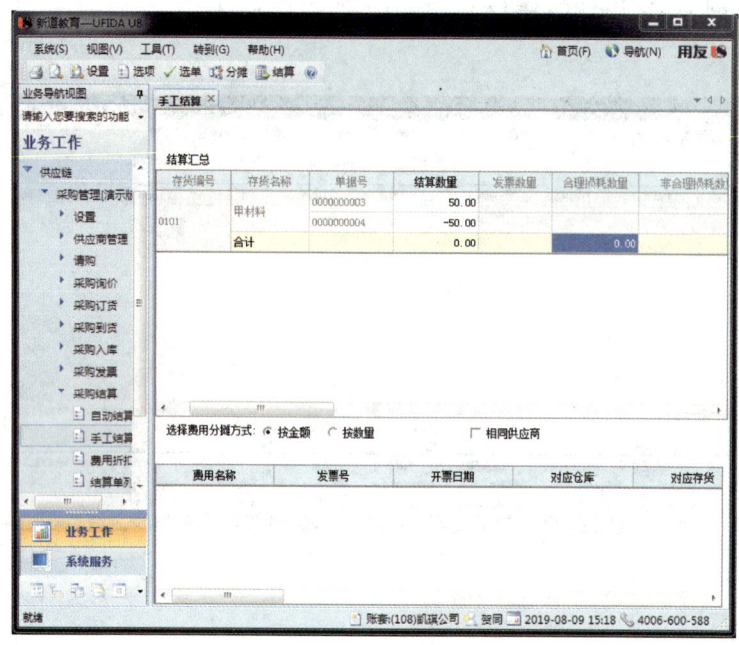

图 3-123　采购结算-7

在手工结算界面，单击"结算"按钮完成结算，此时系统弹出完成结算提示界面。如图 3-124 所示。

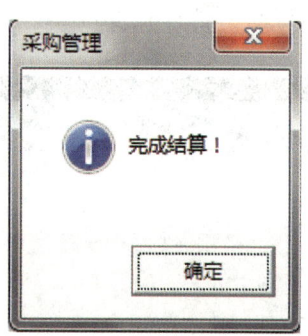

图 3-124　采购结算-8

③材料已入库，同时，退货时已收到采购发票。

在采购管理系统主界面点击"采购入库"菜单下的"红字采购入库单"命令，如图 3-125 所示。

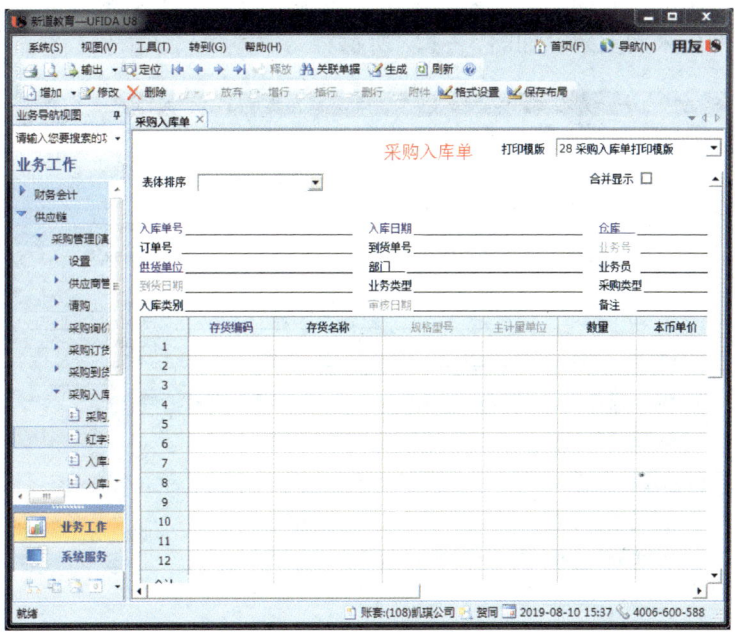

图 3-125 红字入库单-1

根据退货数量录入增加红字采购入库单。如图 3-126 所示。

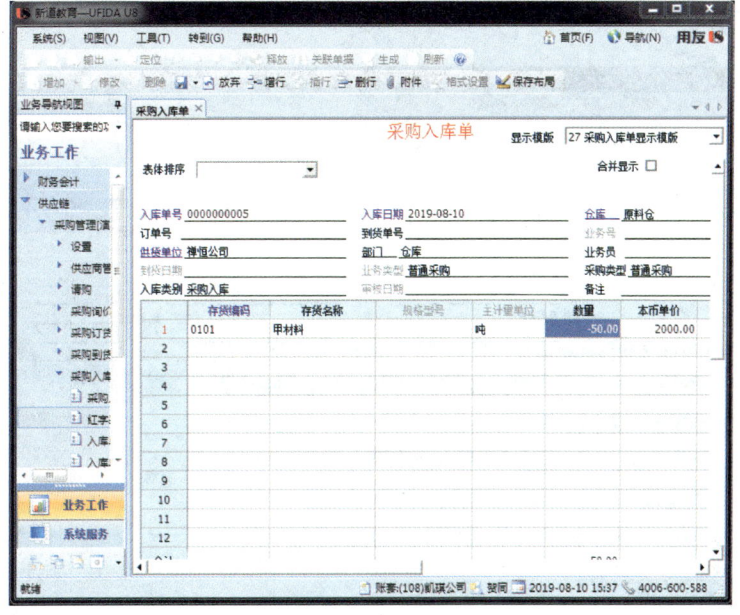

图 3-126 红字入库单-2

"保存"红字采购入库单。

在采购管理系统主界面双击"采购发票"菜单下的"专用采购发票"命令,根据已入库数量增加专用采购发票。如图3-127所示。

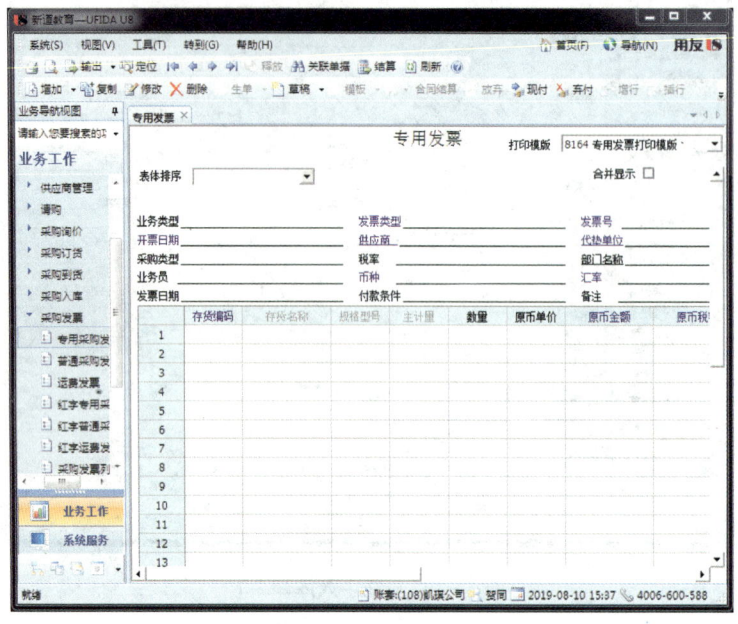

图3-127 专用采购发票-1

在专用发票界面,录入发票的信息,如图3-128所示。然后对发票进行"保存"。

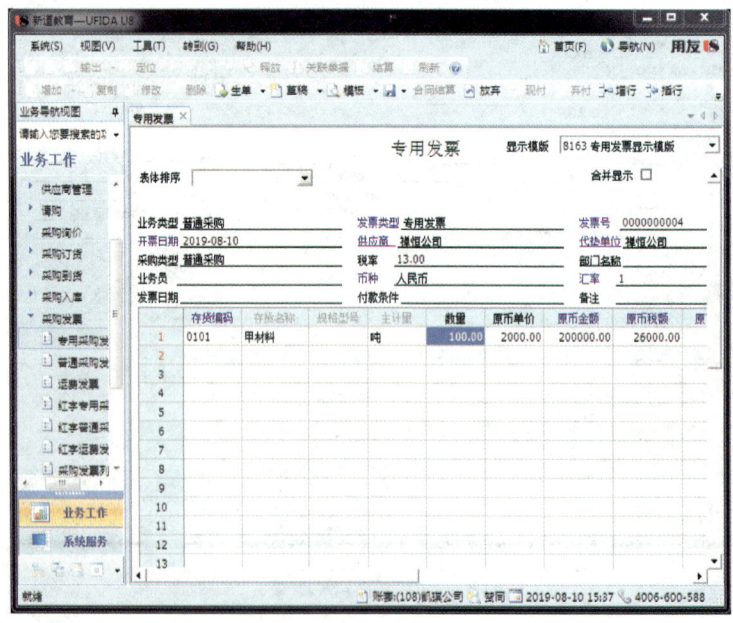

图3-128 专用采购发票-2

在采购管理系统主界面双击"采购发票"菜单下的"红字专用采购发票"命令,根据红字入库单数量增加红字专用采购发票。如图3-129所示。

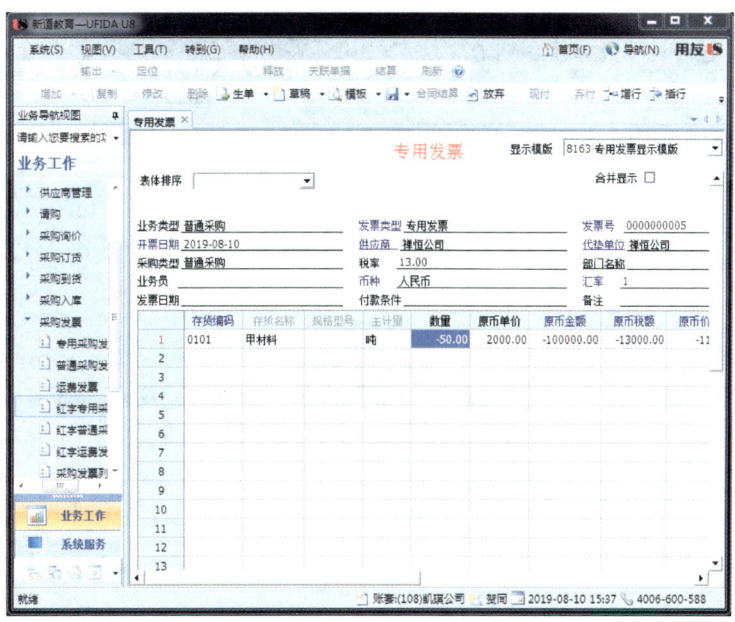

图 3-129　红字采购发票

在采购管理系统主界面点击"采购结算"菜单下的"手工结算"命令,点击"选单"按钮,在弹出的结算选单对话框中,点击"查询"按钮,选择对应的发票和红、蓝入库单进行结算。如图 3-130、图 3-131、图 3-132、图 3-133、图 3-134、图 3-135 所示。

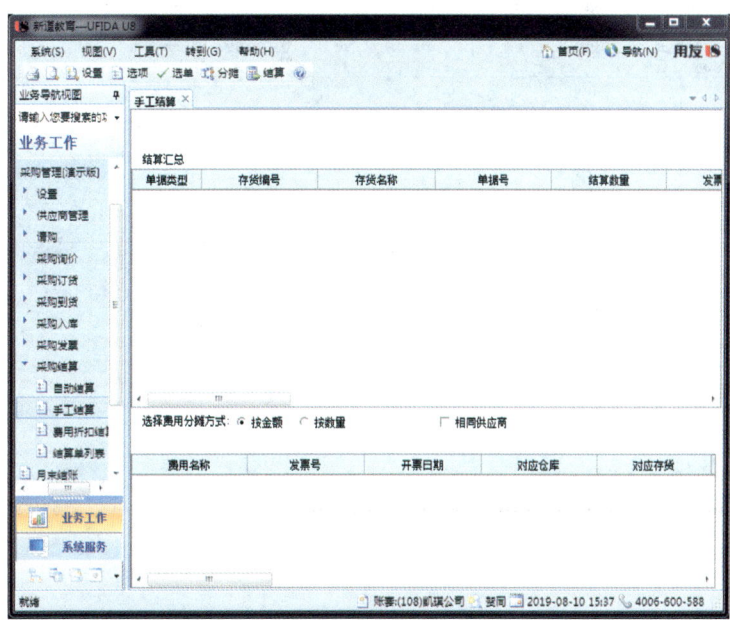

图 3-130　采购结算-1

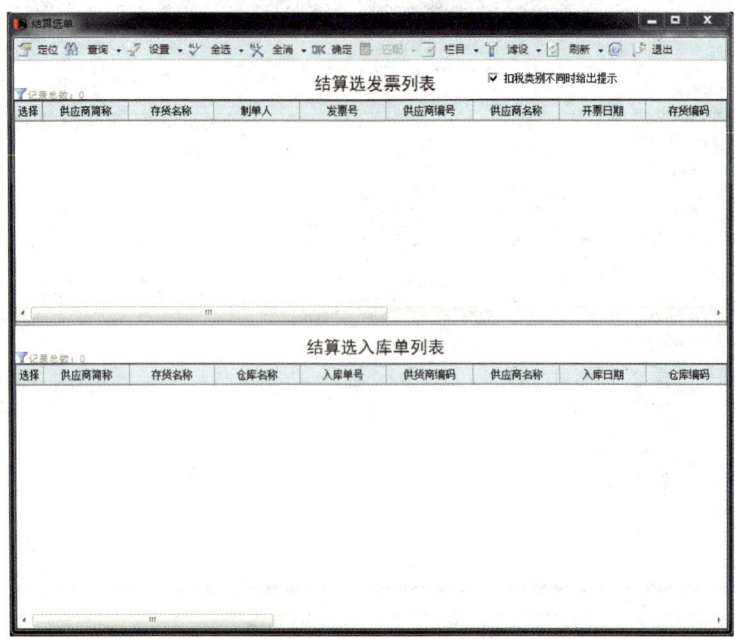

图 3-131　采购结算-2

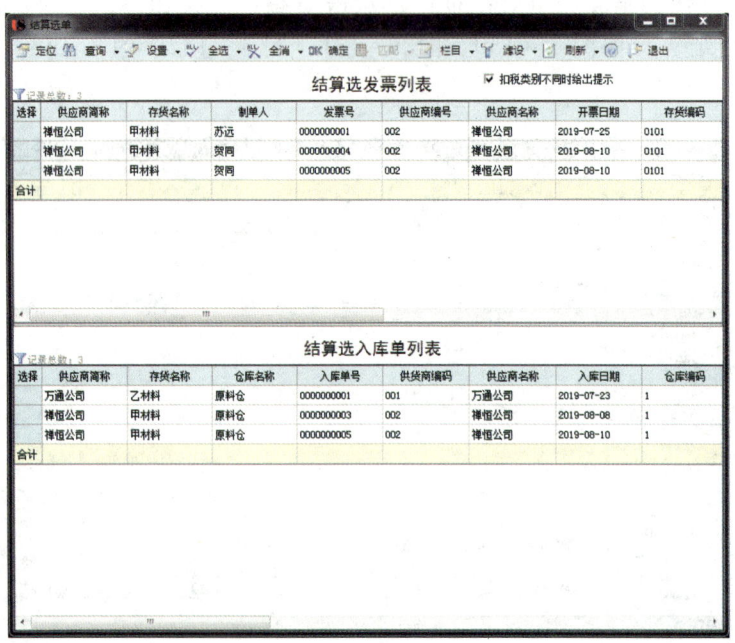

图 3-132　采购结算-3

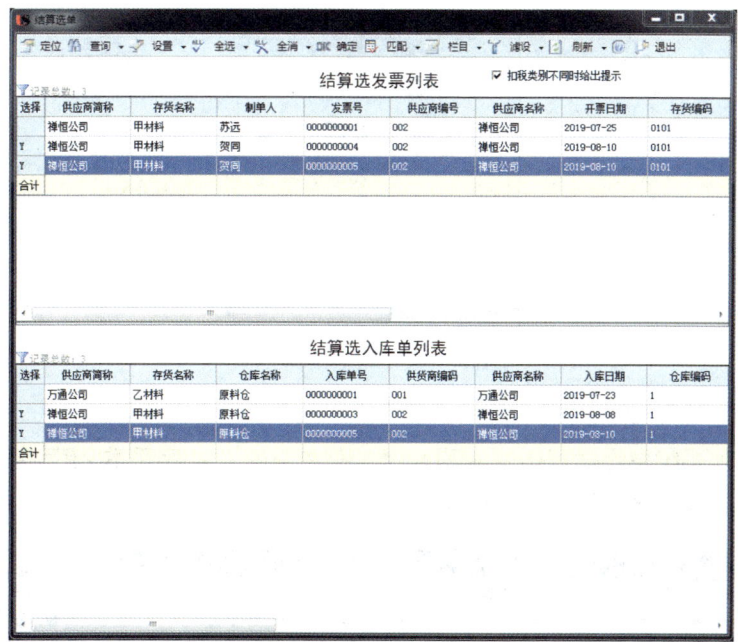

图 3-133 采购结算-4

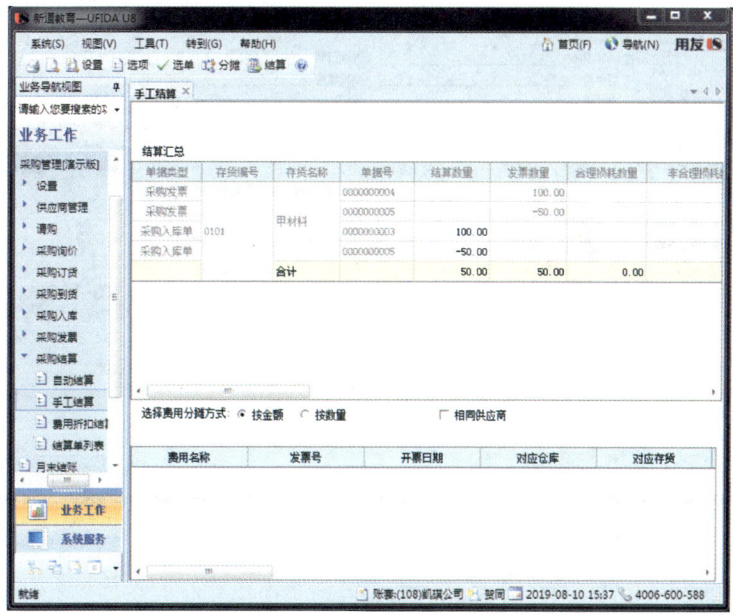

图 3-134 采购结算-5

图 3-135　采购结算-6

（2）结算后发生退货。

在采购管理系统主界面双击"采购入库"菜单下的"红字采购入库单"命令，根据退货数量录入增加红字入库单。如图 3-136、图 3-137 所示。

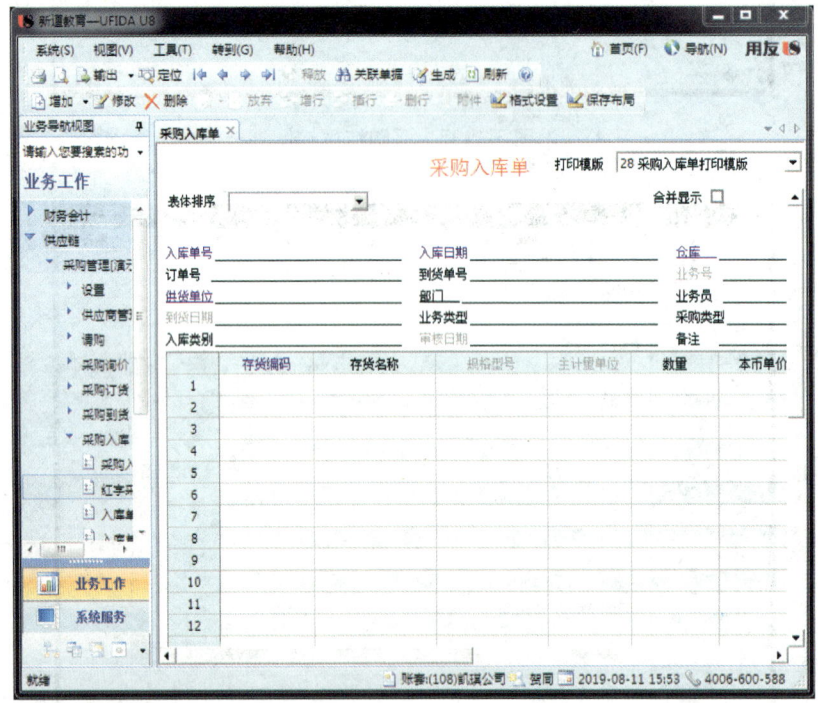

图 3-136　红字入库单-1

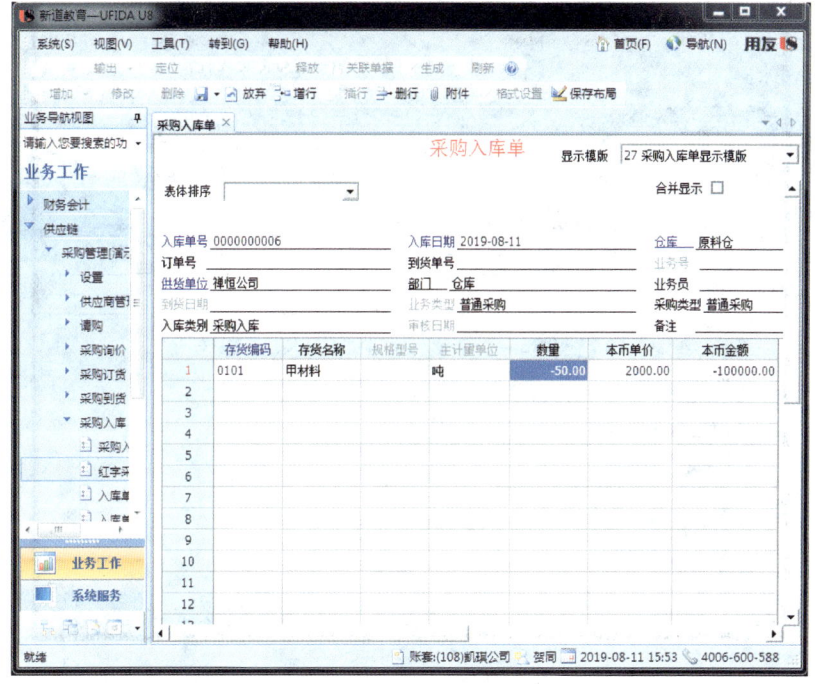

图 3-137　红字入库单-2

①"保存"红字采购入库单。

在采购管理系统主界面双击"采购发票"菜单下的"红字专用采购发票"命令，根据退货数量录入增加红字专用采购发票。如图 3-138、图 3-139 所示。然后进行"保存"。

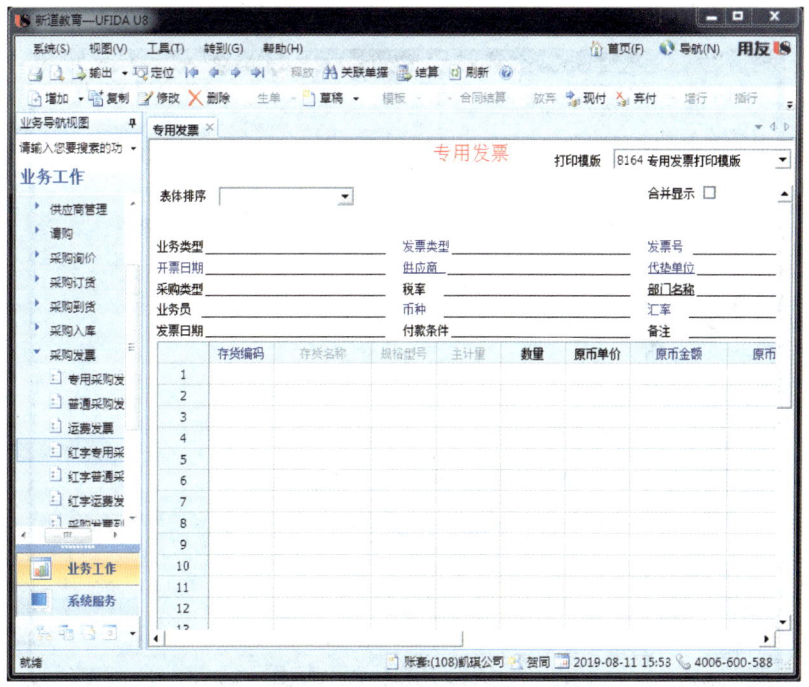

图 3-138　红字专用发票-1

145

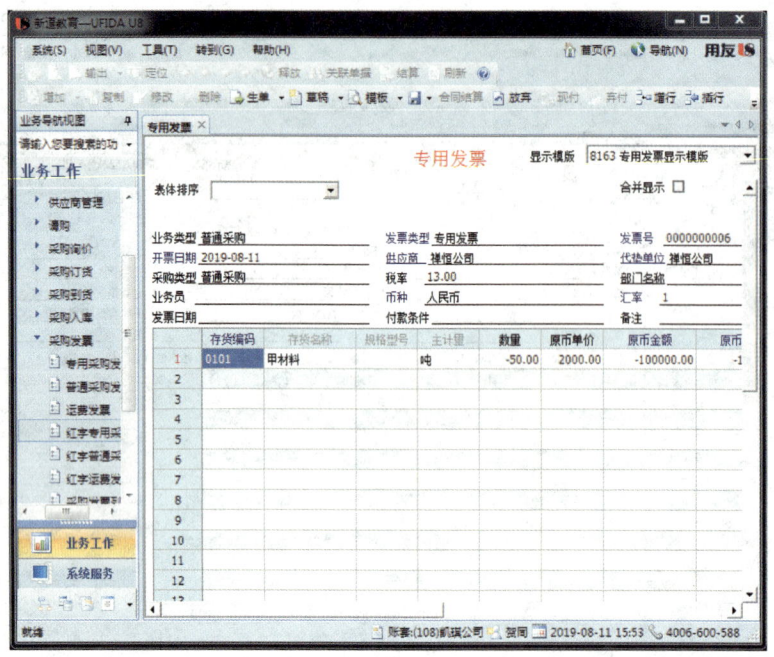

图 3-139　红字专用发票-2

② "保存"红字专用发票。

在采购管理系统主界面双击"采购结算"菜单下的"手工结算"命令，单击"选单"按钮，在结算选单界面，单击"查询"按钮，查询要结算的入库单和发票，然后选择要结算的入库单和发票进行结算。如图3-140、图3-141、图3-142、图3-143、图3-144、图3-145所示。

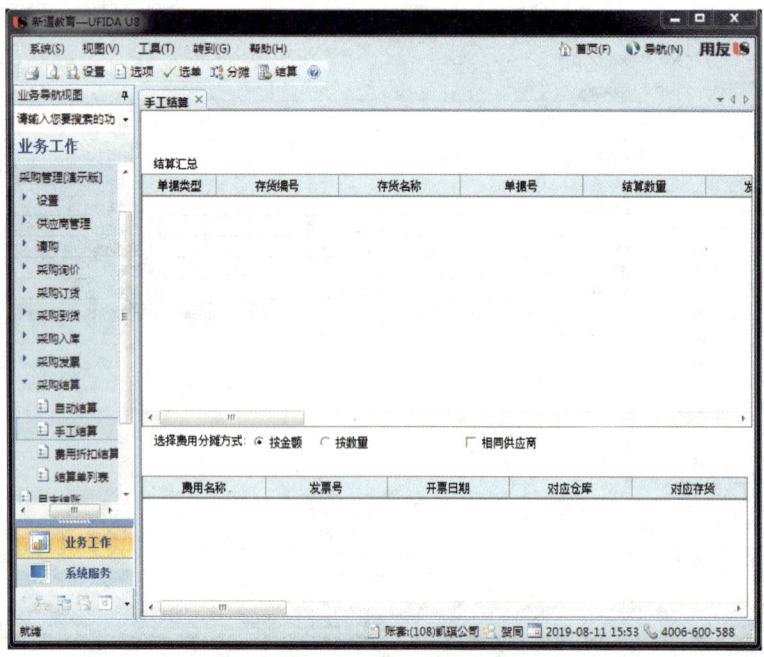

图 3-140　采购结算-1

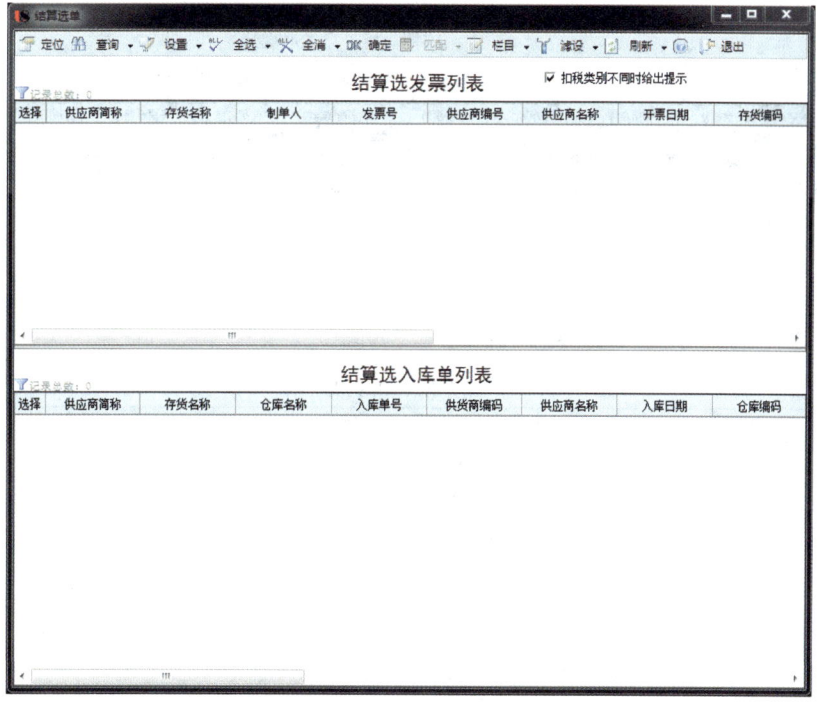

图3-141 采购结算-2

图3-142 采购结算-3

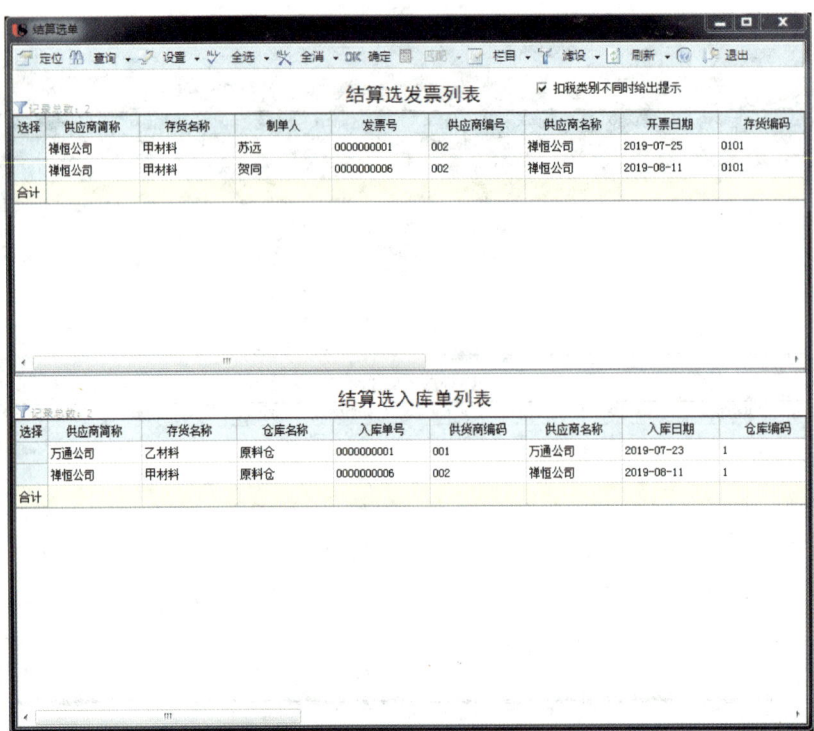

图3-143 采购结算-4

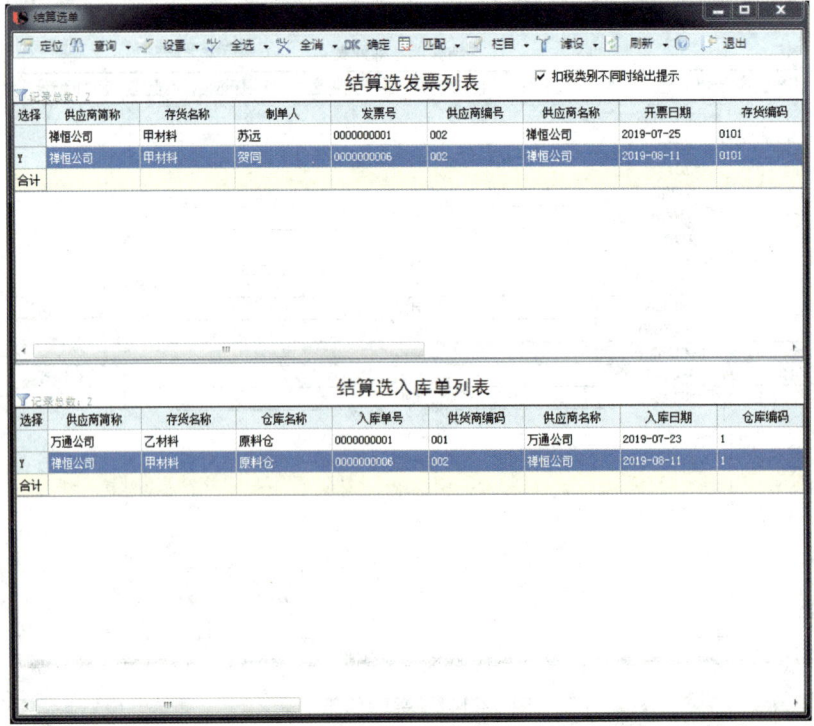

图3-144 采购结算-5

图 3-145　采购结算-6

单击"结算",弹出采购管理窗口,如图 3-146 所示。单击"确定"按钮完成结算。

图 3-146　采购结算-7

注意事项

(1) 还未办理入库手续的退货业务,退货业务的处理只需要开具退货单。

(2) 采购退货单中的存货数量为负数,表示退货数量,必须满足已入库数量 > 退货数量。

(3) 如果在采购管理系统中的采购选项设置为"普通业务必有订单",则红字采购入库单必须根据红字到货单生成。如果需要手工录入,则需要先取消采购选项的设置。

（4）结算前发生的退货业务如果只是录入到货单，则只需开具到货退回单，不需进行采购结算，按照实际入库数量录入采购入库单。

（5）如果退货时还没收到发票，但已录入采购入库单，则只需要根据退货数量录入红字入库单，对红蓝入库单进行自动结算。

（6）如果退货时已录入采购入库单，同时收到采购发票，则需要根据退货数量录入红字采购入库单，并录入采购发票，其中发票上的数量＝原入库单数量－红字入库单数量。这时需要采用手工结算方式将红字采购入库单与原采购入库单、采购发票进行采购结算，以冲抵原入库数量。

（7）在没有启用库存管理系统的情况下方可在采购管理系统增加红字采购入库单，否则此处的红字采购入库单数据由库存管理系统传递过来，在此只能查询。

（8）红字入库单的数量为负，表示退货数量。

活动四　暂估业务处理

任务引入

（1）收到发票。

2019年8月12日，收到2019年7月23日暂估业务的专用发票，发票号0000000007，发票上记载万通公司乙材料200箱，单价1 500元。

（2）月末材料入库，发票未到。

2019年8月31日，向万通公司采购的100箱乙材料，单价1 400元，已于本月13日到货并验收入库，但至今尚未收到发票。

知识链接

企业采购过程中在月末要进行结账时可能会发现有一些材料已经入库，但是对应的采购发票还没有收到，那么在这个时候只能根据以往的经验对这些材料暂时估价入库，等到发票到了后再进行冲销、修正处理。若启用了存货核算系统，在进行暂估业务处理后，收到供应商传递来的发票时，采购管理系统要保证与应付款管理系统、存货核算系统对应的材料单价、税额、数量保持一致，在采购管理系统结算后，要及时在应付款管理系统、存货核算系统中进行账务处理。

任务分析及操作步骤

（1）收到发票。

在采购管理系统主界面双击"采购发票"菜单下的"专用采购发票"命令，进入专用发票界面，如图3－147所示。按发票实际数量、单价录入专用发票，如图3－148所示。

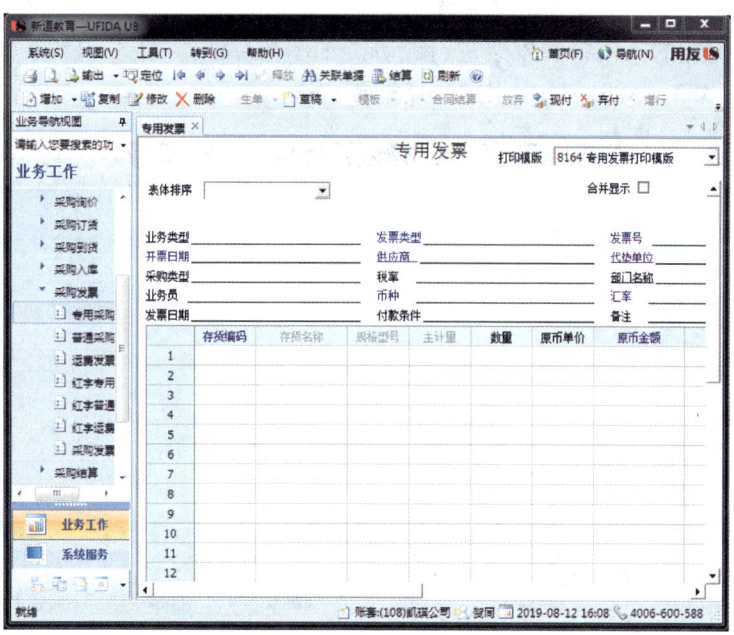

图3-147 采购发票-1

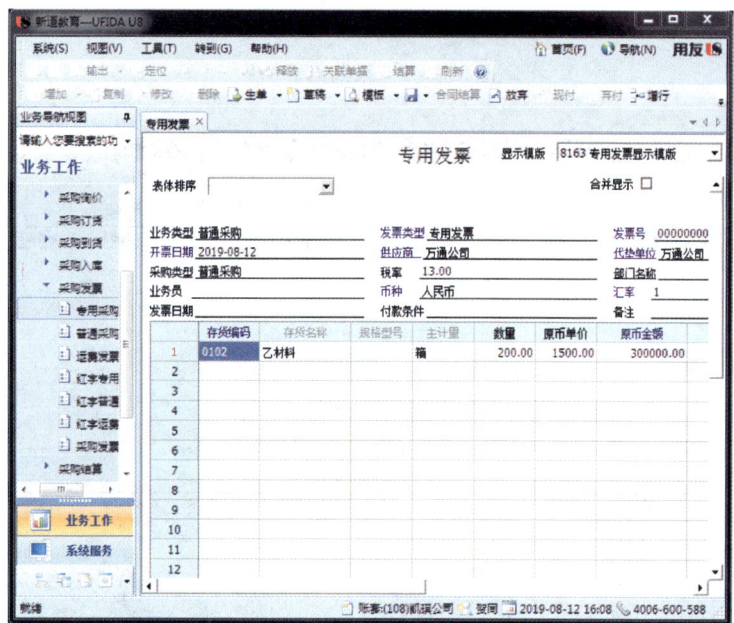

图3-148 采购发票-2

在采购管理系统主界面双击"采购结算"菜单下的"手工结算"命令,进入采购结算界面,选择对应的入库单和发票进行结算。如图3-149、图3-150、图3-151、图3-152、图3-153、图3-154、图3-155所示。

图3-149 采购结算-1

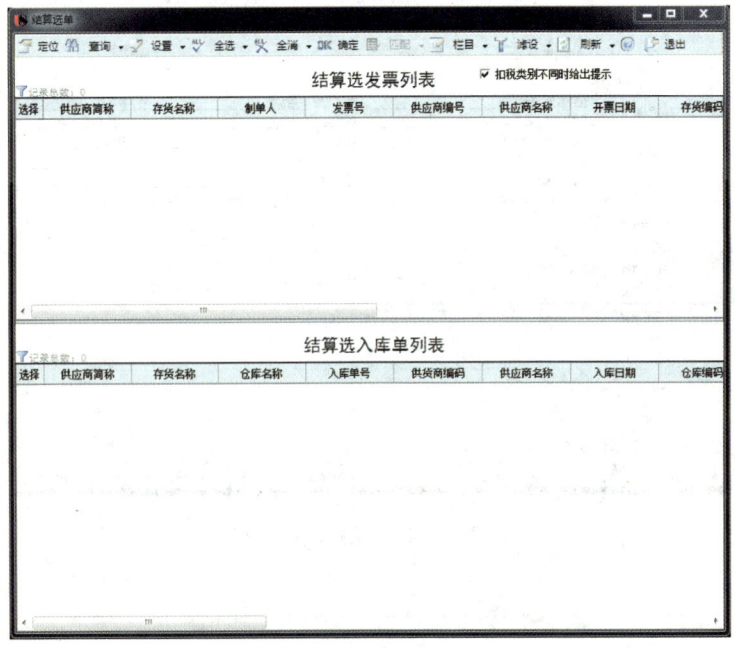

图3-150 采购结算-2

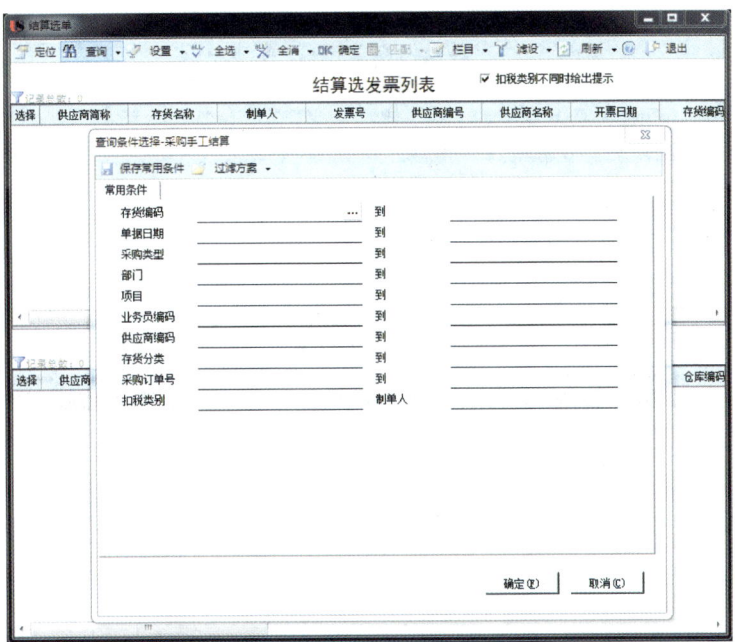

图 3-151　采购结算-3

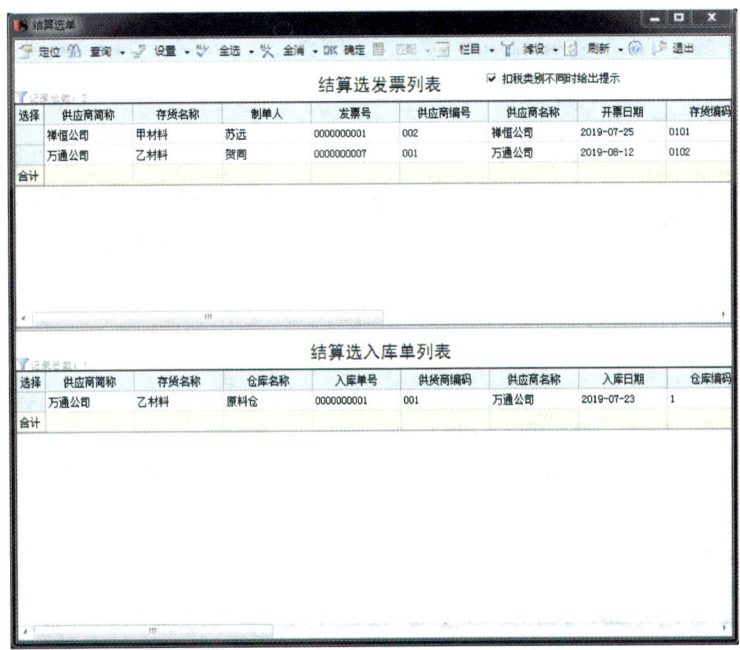

图 3-152　采购结算-4

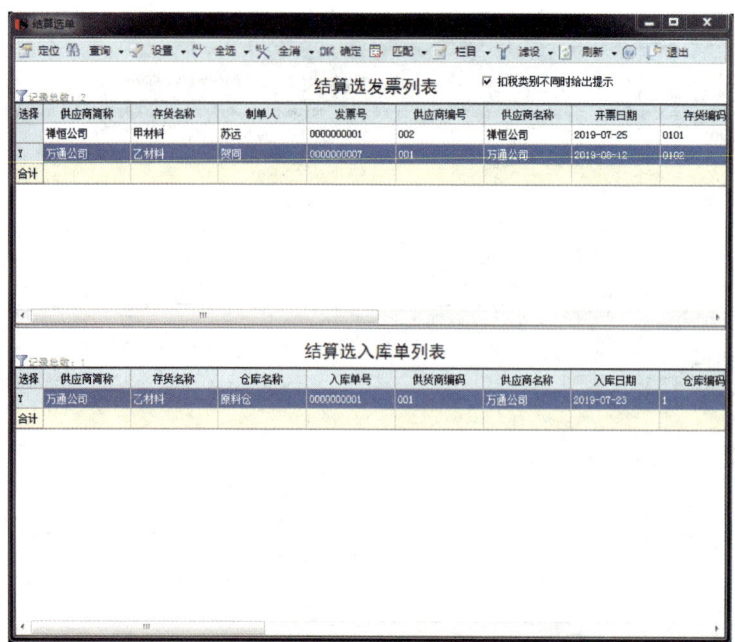

图 3-153 采购结算-5

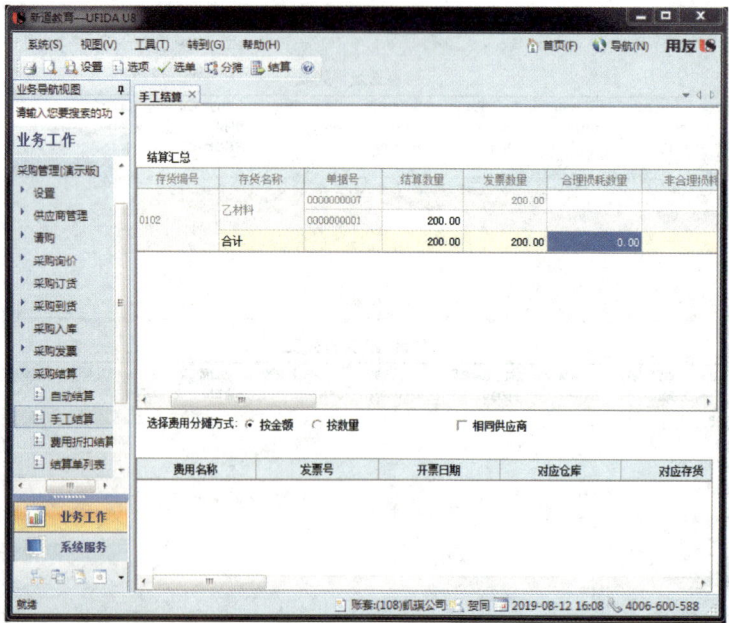

图 3-154 采购结算-6

图 3-155 采购结算-7

(2) 月末材料入库,发票未到。

在采购管理系统主界面双击"采购到货"菜单下的"到货单"命令,进入到货单界面,如图 3-156 所示。

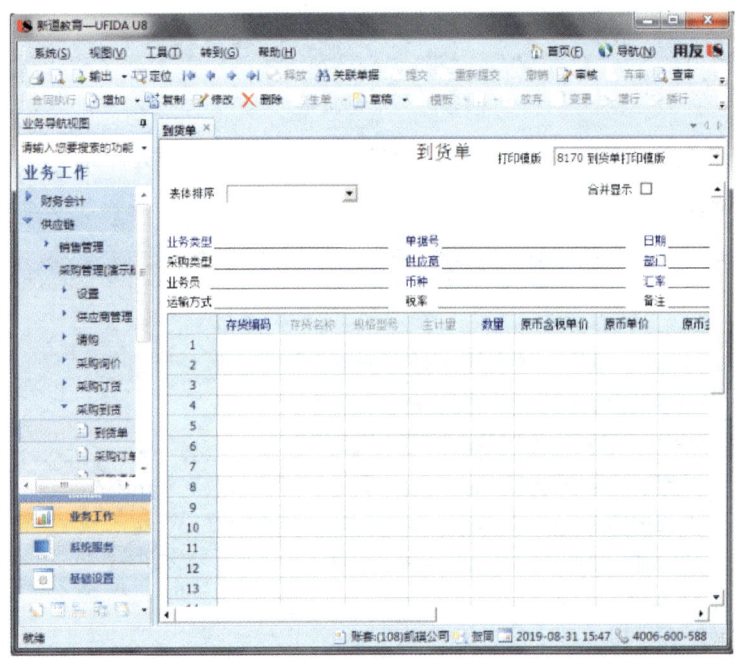

图 3-156 到货单-1

单击"增加",录入到货信息后,单击"保存"并"审核"。如图 3-157 所示。

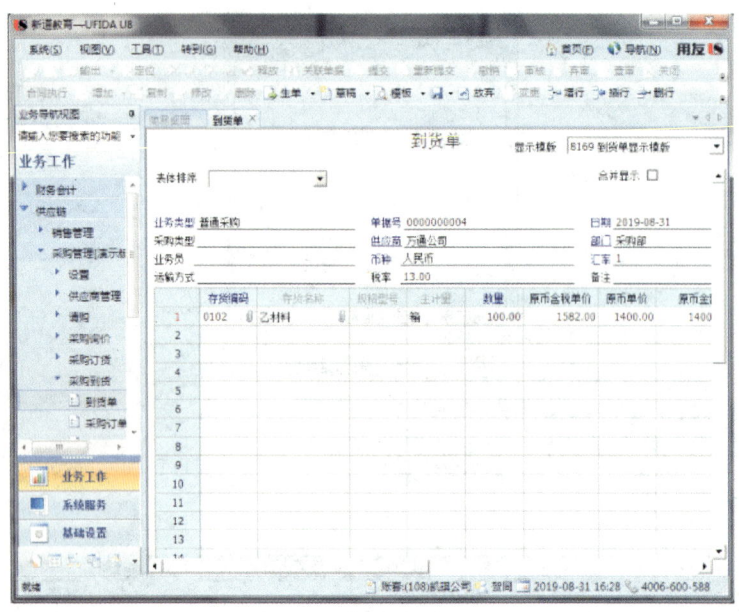

图 3-157 到货单-2

在采购管理系统主界面双击"采购入库"菜单下的"采购入库单"命令,进入采购入库单界面,如图 3-158 所示。

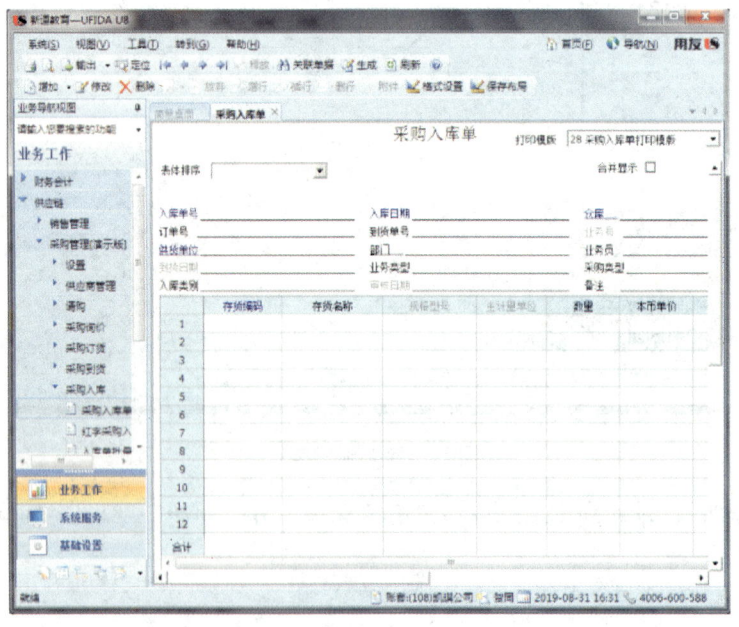

图 3-158 采购入库单-1

单击"增加",录入入库信息后,单击"保存"。如图 3-159 所示。

项目三 采购与应付款、销售与应收款管理系统设置与处理

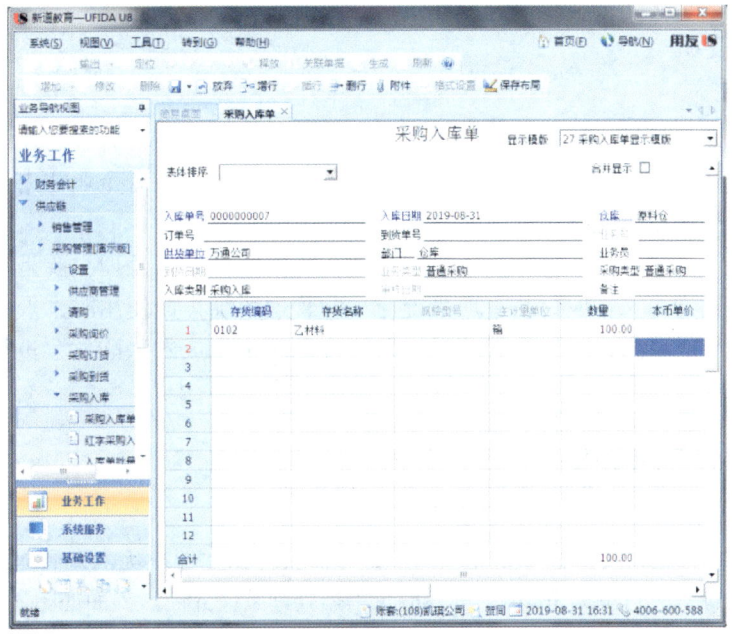

图 3-159　采购入库单-2

注意事项

（1）采购溢缺的结算只能采用手工结算。

（2）如果是非合理损耗，应该转出进项税额。

（3）溢余的数量系统自动作为赠品处理，降低了入库货物的单价。

（4）本月对上月暂估业务执行采购结算后，还需要在"存货核算"系统记账后，执行结算成本处理。

（5）如果发票数量大于入库数量，在发票的附加栏"合理损耗数量""非合理损耗数量""非合理损耗金额"中输入短缺数量和短缺金额，数量、金额为正数。

（6）如果发票数量小于入库数量，在发票的附加栏"合理损耗数量""非合理损耗数量""非合理损耗金额"中输入溢余数量和溢余金额，数量、金额为负数。

任务四　应付业务日常处理

活动一　应付款业务处理

任务引入

2019年8月13日，凯琪公司财务部门对采购管理系统生成的采购发票进行审核。

应付单据处理是指对采购发票、其他应付单等应付单据进行管理,是应付业务的日常管理的重要内容之一。通过及时记录应付业务的发生,加强对企业往来款项的监督管理,为查询和分析提供完整、准确的资料。

在没有使用采购管理系统时,应付款管理系统中应付单据处理主要是对应付单据的录入、审核、查询等。在应付款管理系统与采购管理系统集成使用时,采购发票已在采购管理系统中完成录入,应付款管理对采购管理系统中生成的采购发票进行审核、查询等操作。

(1) 以 201 苏远的身份登录企业应用平台。在应付款管理系统主界面双击"应付单据处理"菜单下的"应付单据审核",进入应付单据查询条件界面。界面如图 3-160 所示。

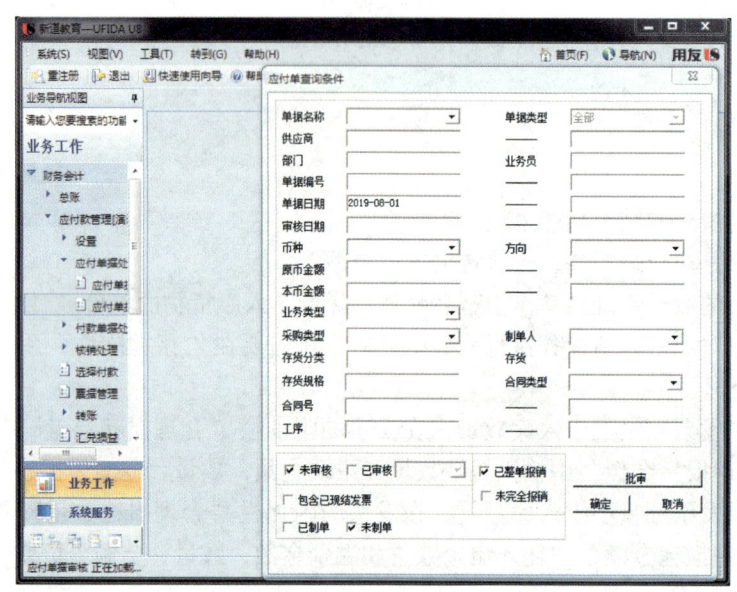

图 3-160 应付单据处理 -1

(2) 在应付单据查询条件界面,输入需要审核单据的筛选条件,用鼠标单击"确定"按钮,进入应付单据处理主界面。界面如图 3-161 所示。

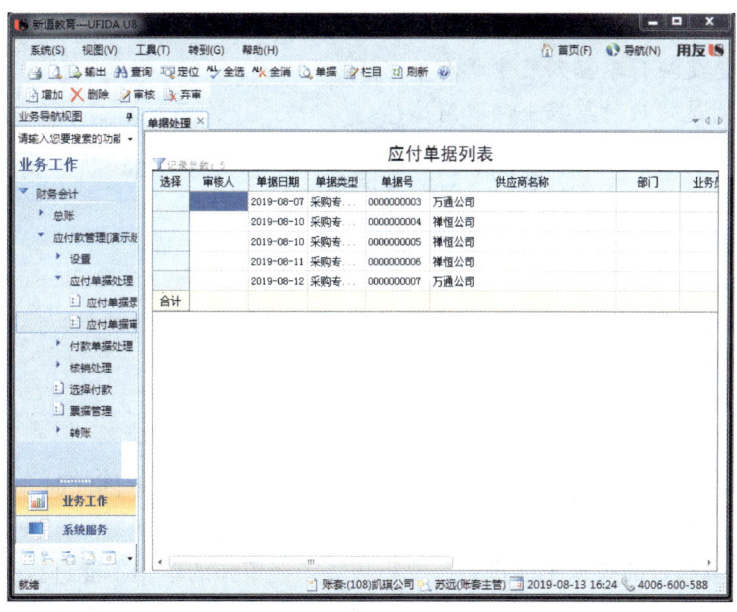

图 3-161　应付单据处理-2

（3）在应付单据列表主界面，用鼠标双击要选择的采购发票的"选择"栏目，选择栏目显示"Y"，单击"审核"，弹出图 3-162 窗口，单击"确定"完成审核。

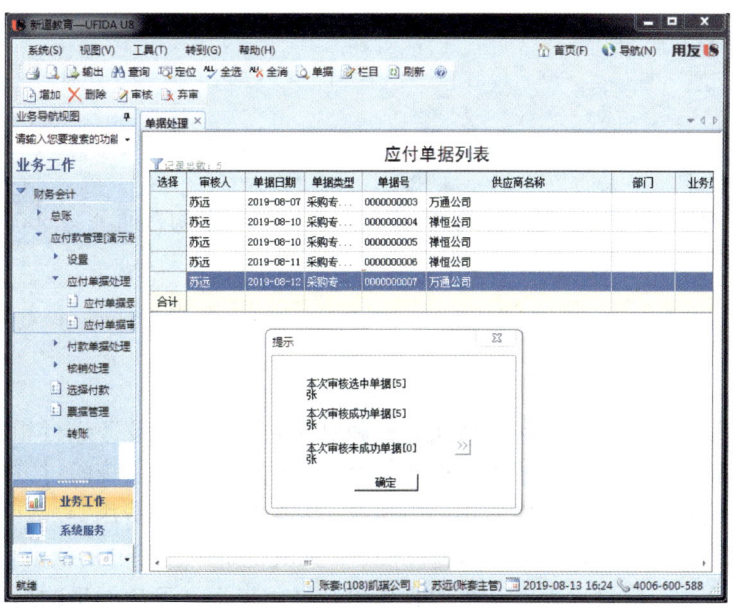

图 3-162　应付单据处理-3

【栏目解释】

◆增加：进入应付单据录入界面。

◆ 删除：对选择的应付单据进行删除。
◆ 全选：选定应付单据列表中所有单据。
◆ 全消：对选定应付单据全部取消选择。
◆ 审核：对选择的应付单据进行审核。
◆ 弃审：对选择的已审核应付单据取消审核。
◆ 单据：显示选定的应付单据具体内容。
◆ 栏目：设置应付单据主界面单据显示的栏目。

注意事项

（1）从采购系统中传入的单据不允许在应付单据处理中删除。
（2）当审核的发票是已经做过现付处理，则系统在审核记账的同时，后台还将自动进行相应的核销处理。对于发票有剩余的部分，做应付账款处理。
（3）已经审核过的单据不能进行重复审核。未经审核的单据不能进行弃审处理。
（4）发票审核还可以在单据查询条件主界面进行自动审批或应付单据处理主界面进行手工批审。

活动二　付款与核销业务处理

一、付款业务处理

任务引入

2019年8月14日，凯琪公司开出转账支票支付当期采购万通公司300箱乙材料的货款共计508 500元，录入并审核付款单。

知识链接

付款单据处理是指对企业支付款项业务和供应商退回款项业务进行相关单据录入和审核，包括付款单、收款单的录入与审核等操作。应付款管理系统的付款单是用来记录企业所支付供应商款项。款项性质包括应付款、预付款和其他费用等。其中应付款、预付款性质的付款单将与发票、应付单进行核销；而其他费用性质的付款则直接记入费用，不能冲销应付账款。应付款管理系统的收款单则是用来记录发生的采购退货供应商退付的款项。该收款单可与应付、预付性质付款单、红字应付单、红字发票进行核销。

通过对付款单据的处理，及时地记录付款业务，加强企业对款项支付的管理，为企业查询和分析付款业务提供及时、准确的资料。

任务分析及操作步骤

（1）以202方芳的身份登录企业应用平台。在应付款管理系统主界面双击"付款单据处理"菜单下的"付款单据录入"，即可进入付款单录入界面。界面如图3-163所示。

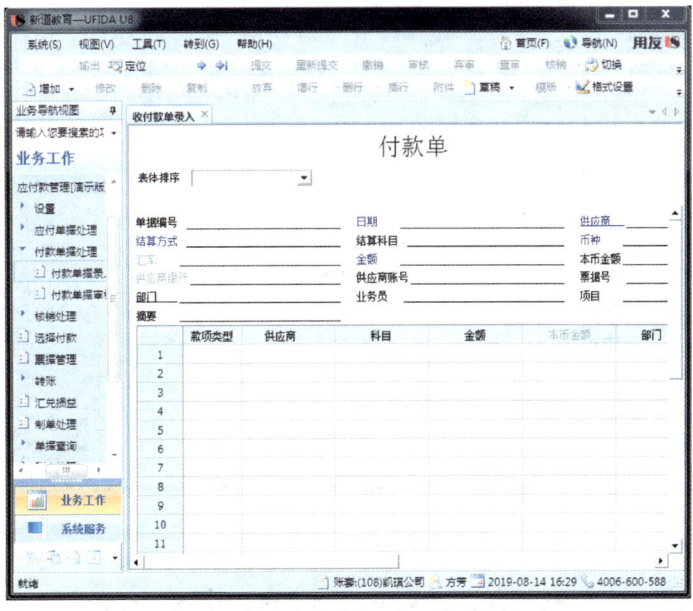

图3-163　付款单据录入-1

（2）在付款单界面，用鼠标单击"增加"按钮，进入付款单录入状态，输入付款信息并选择付款类型，用鼠标单击"保存"按钮，完成付款单录入。付款单录入界面如图3-164所示。

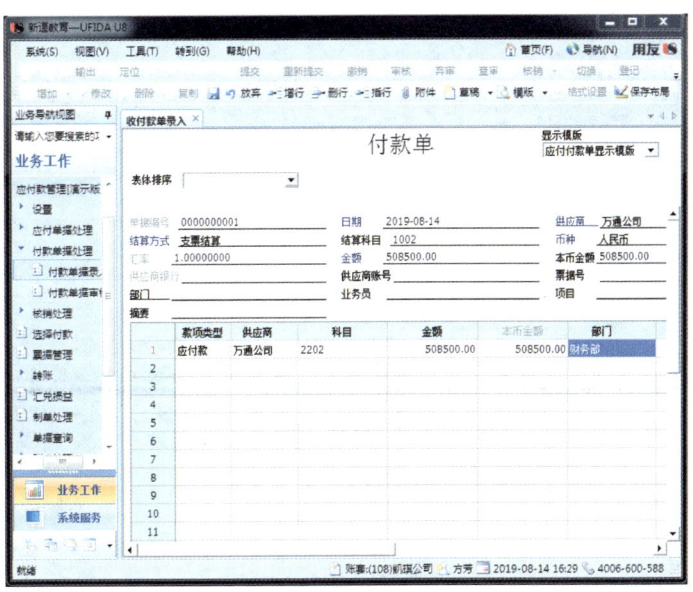

图3-164　付款单据录入-2

(3)以201苏远的身份登录企业应用平台。在付款单录入界面,找到要审核的付款单,用鼠标单击"审核"按钮,对付款单进行审核。如图3-165至图3-167所示。

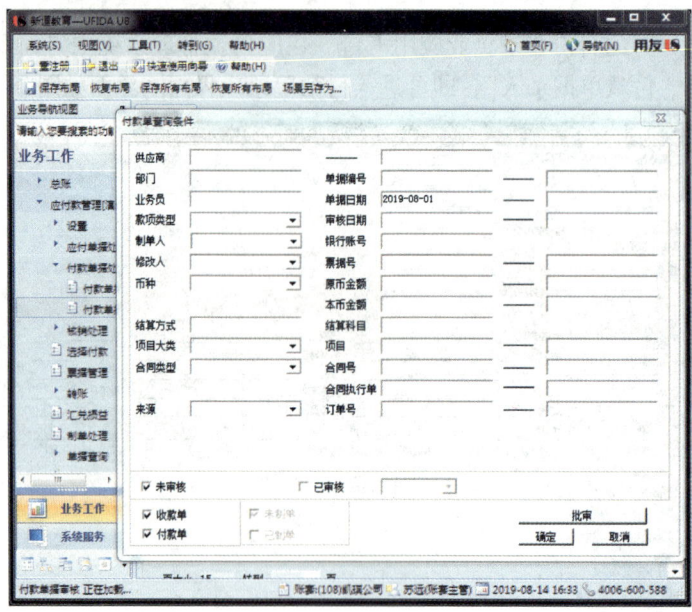

图3-165　付款单据审核-1

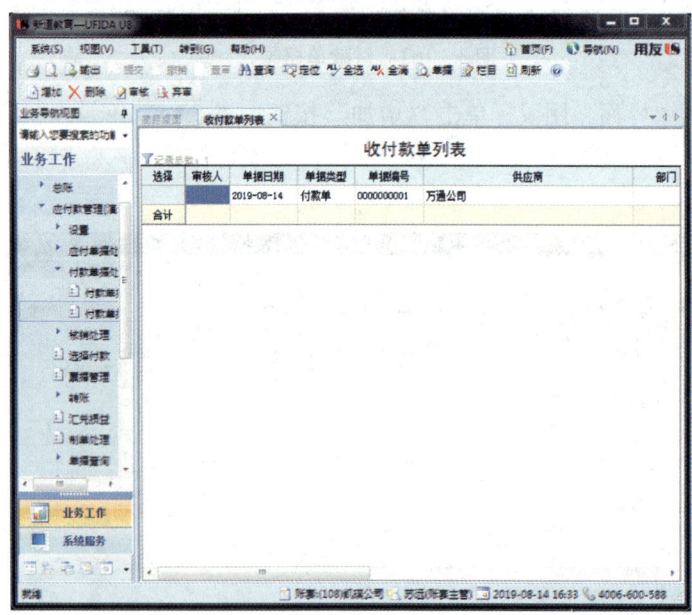

图3-166　付款单据审核-2

项目三 采购与应付款、销售与应收款管理系统设置与处理

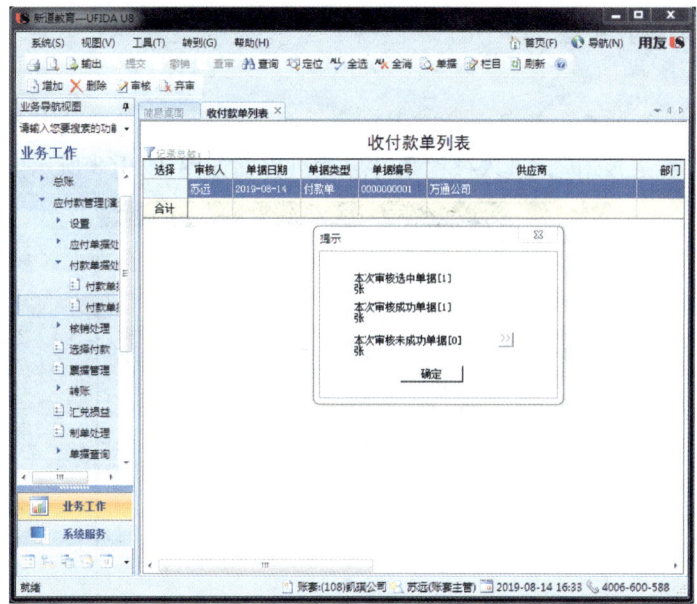

图 3-167 付款单据审核-3

注意事项

（1）录入付款单时，必须明确付款类型是应付款、预付款还是支付其他费用。
（2）已审核、已制单、已核销的付款单据不能修改、删除。
（3）付款单的审核还可以在应付款管理系统主界面点击"付款单据处理"菜单下的"付款单据审核"界面中完成。

二、核销业务处理

任务引入

2019 年 8 月 14 日，凯琪公司对万通公司的应付款进行手工核销。

知识链接

核销处理是指企业将应付款和已付款进行对应处理，建立应付款及对应款项支付的对应记录，加强应付款项的管理。应付款核销分为自动核销和手工核销两种方式。手工核销是指根据查询条件选择需要核销的单据，然后手工核销，加强了往来款项核销的灵活性。自动核销，系统自动确定系统内付款与应付款的对应关系，选择进行核销。通过本功能可以根据查询条件选择需要核销的单据，然后系统自动核销，加强了往来款项核销的效率性。

任务分析及操作步骤

（1）以201苏远的身份登录企业应用平台。在应付款管理系统主界面双击"核销处理"菜单下的"手工核销"，进入核销条件界面。界面如图3-168所示。

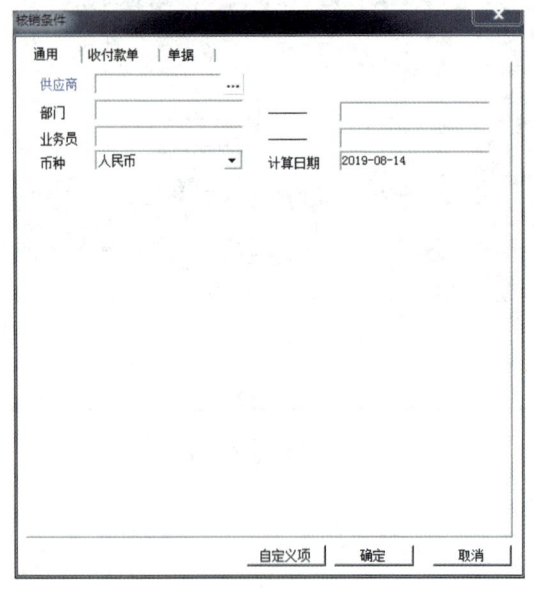

图3-168　应付款核销-1

（2）在核销条件界面，选择需要进行核销处理的供应商，输入收付款单、单据查询条件，单击"确定"按钮，进入单据核销界面，上面列示付款单据，下面列示应付单据。单据核销界面如图3-169所示。

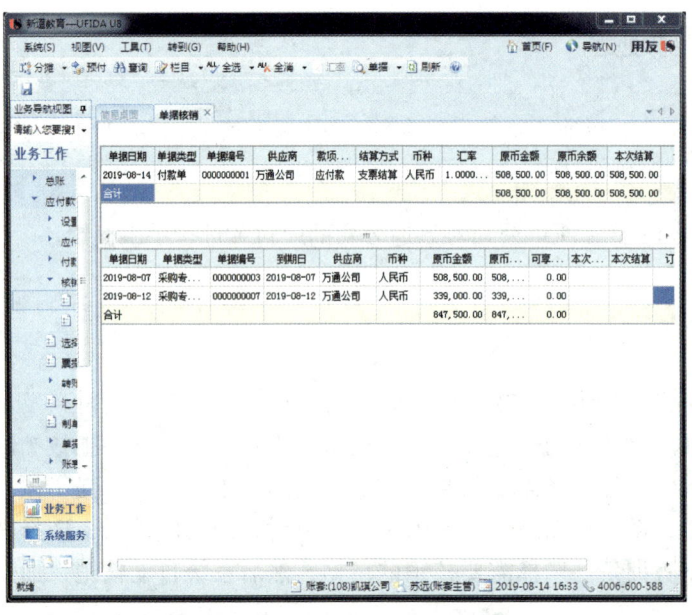

图3-169　应付款核销-2

（3）在单据核销界面，在上列的付款单中的本次结算栏输入本次结算金额，再用鼠标双击下列中要结算的应付单据生成结算金额，然后用鼠标单击"保存"按钮，完成核销，如图 3-170 所示。

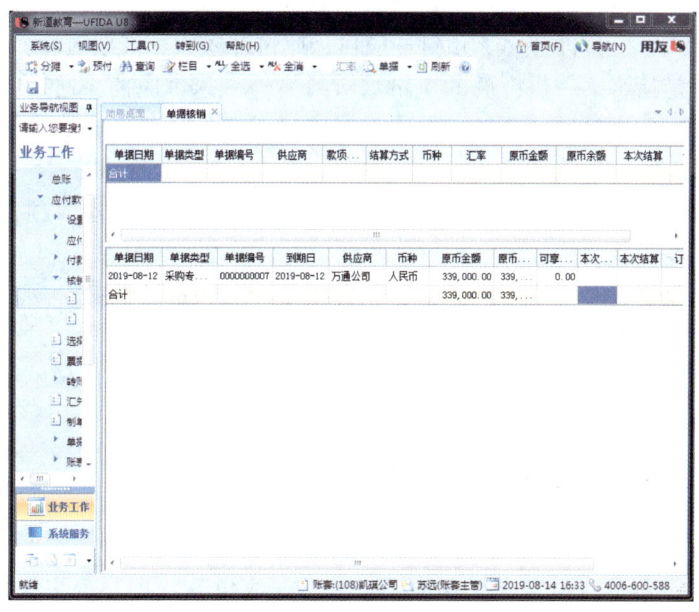

图 3-170　应付款核销-3

注意事项

（1）手工核销时，一次只能显示一个供应商的单据记录。

（2）手工核销的情况下，一次只能对一种收付款单类型进行核销，即需要将收款单和付款单分开核销。

（3）若单据核销界面的上列付款单本次结算金额与下列应付单据本次结算金额不相等，不能保存核销。

（4）单据核销界面下列的应付单据本次结算金额可以手工输入。

（5）若要取消核销，在应付款管理系统主界面点击"其他处理"菜单下的"取消操作"，选择取消核销操作即可。

活动三　转账处理

任务引入

凯琪公司 2019 年 8 月 14 日发现：录入日期为 2019 年 7 月 25 日的采购发票供应商本为万通公司，错录为禅恒公司，现予以纠正。

知识链接

　　转账处理是指对应付的对象进行调整或者将应付款与其他债权债务进行对冲。转账处理提供四种方式：应付冲应付、预付冲应付、应付冲应收和红票对冲。

　　应付冲应付是指将某一供应商的应付款转给另外一家供应商。通过应付转应付业务将应付款在客商之间进行转入、转出，实现对应付对象的调整，解决应付款业务在不同客商间入错户或者并户的问题。

　　预付冲应付是指将同一供应商的预付和应付进行转账核销处理。预付冲应付包括供应商的预付款和应付款之间、红字预付款和红字应付款之间的转账处理。

　　应付冲应收是指将某一供应商的应付款冲抵某一客户的应收款。通过应付冲应收的功能实现对应付业务的调整，解决应收债权与应付债务的冲抵。

　　红票对冲是指同一供应商的红字应付单据和蓝字应付单据、收款单和付款单之间的冲抵。通过红票对冲，对采购业务和采购退回业务进行冲抵。

任务分析及操作步骤

　　（1）以201苏远的身份登录企业应用平台。在应付款管理系统主界面双击"转账"菜单下的"应付冲应付"，进入应付冲应付界面。界面如图3-171所示。

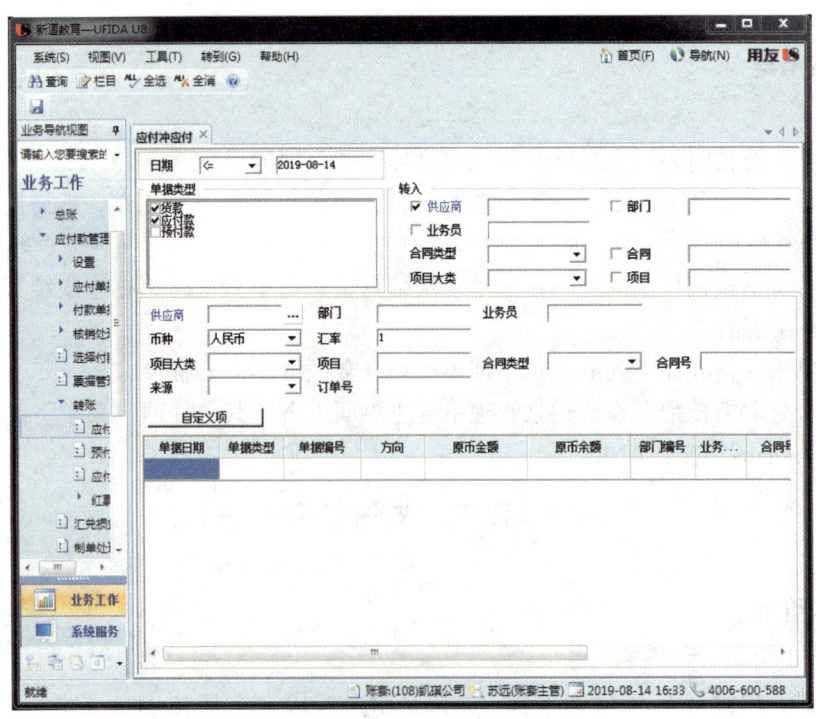

图3-171　转账处理-1

【栏目解释】

◆日期：转账的日期。
◆转出户：应付款原供应商名称。
◆币种：转账的币种。
◆转入户：修订后的供应商名称。
◆部门：应付款业务发生的部门。
◆业务员：负责应付款业务的业务人员姓名。
◆合同号：应付款业务的合同号。

（2）在应付冲应付界面，录入供应商、转入供应商等查询条件，输入完成后，单击"查询"按钮，系统会将该转出户所有满足条件的单据全部列出。界面如图 3 – 172 所示。

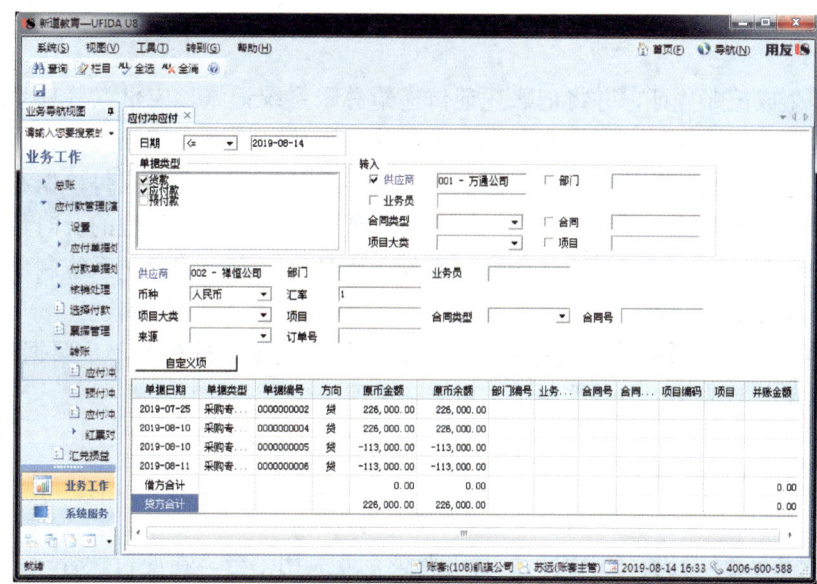

图 3 – 172　转账处理 – 2

（3）在应付冲应付界面，用鼠标双击要调整单据的并账金额栏，输入要并账的金额，然后单击"保存"按钮，转账即可完成，此时系统弹出是否立刻制单提示界面，如图 3 – 173 所示。单击"否"按钮，此时先不制单。

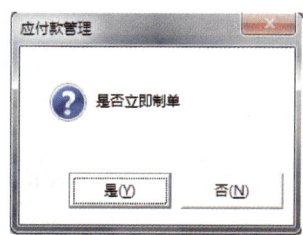

图 3 – 173　转账处理 – 3

注意事项

若要取消转账，在应付款管理系统主界面点击"其他处理"菜单下的"取消操作"，选择取消转账或并账操作即可。

活动四　生成记账凭证

任务引入

2019 年 8 月 31 日，凯琪公司对所有单据进行制单，生成记账凭证。

知识链接

制单即生成记账凭证，并将记账凭证传递给总账系统记账。应付款管理系统提供统一制单处理的平台，企业通过制单处理，可以快速、成批地生成记账凭证，并且可以依据制单规则进行合并制单处理。除通过制单处理生成凭证外，在对应付单据和付款单据进行处理时，系统还提供了实时制单的功能。企业为了确保业务处理的及时性，通常使用实时制单功能，而为了教材表述的完整性和条理性，下面介绍通过系统制单处理平台进行期末一次性批量制单。

制单类型包括发票制单、应付单制单、收付款单制单、核销制单、票据处理制单、汇兑损益制单、转账制单、并账制单、现结制单等。

任务分析及操作步骤

（1）以 demo（密码：DEMO）的身份登录企业应用平台。在应付款管理系统中，用鼠标双击"制单处理"，进入制单查询界面。界面如图 3 – 174 所示。

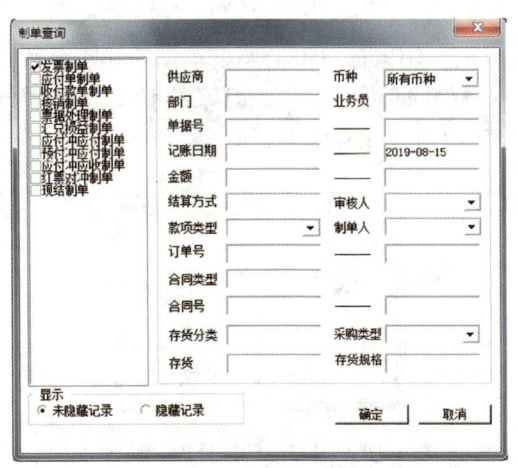

图 3 – 174　生成记账凭证 – 1

(2) 在制单查询界面，选择制单类型并输入单据查询条件，单击"确定"按钮，进入应付制单界面。界面如图 3－175 所示。

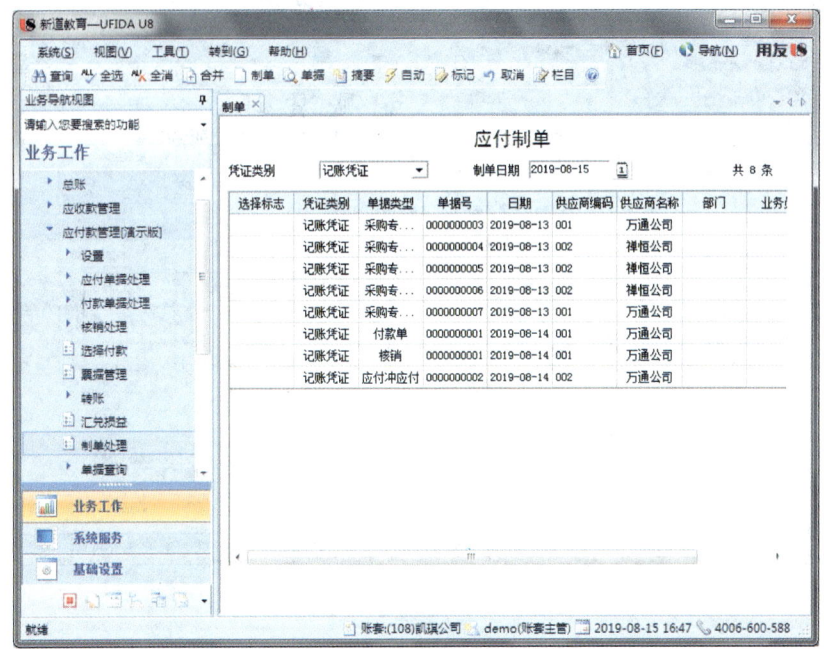

图 3－175　生成记账凭证－2

【栏目解释】

◆全选：选定所有单据。
◆全消：取消选定的所有单据。
◆合并：对单据类型相同的单据合并制单。
◆制单：进入制单界面进行制单。
◆单据：显示选定单据的完整内容。
◆摘要：设置凭证摘要，以便制单时自动生成凭证摘要。
◆自动：将借贷科目及辅助项相同的单据自动隐藏，不制单。
◆标记：将选定的单据隐藏，不在制单界面显示所隐藏单据。
◆取消：取消隐藏，显示所隐藏的单据。

(3) 在应付制单界面，选择需要生成记账凭证的单据，然后单击"制单"按钮，进入填制凭证界面。界面如图 3－176 所示。

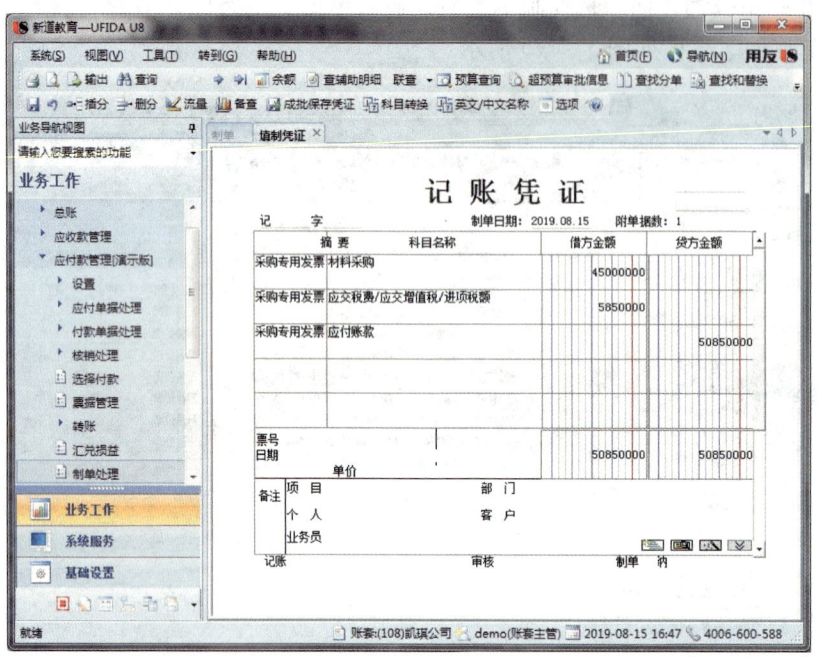

图 3-176　生成记账凭证-3

（4）在填制凭证界面，对相关信息进行查看或调整后，单击"保存"按钮，记账凭证保存后在记账凭证上标识"已生成"标志。界面如图 3-177 所示。

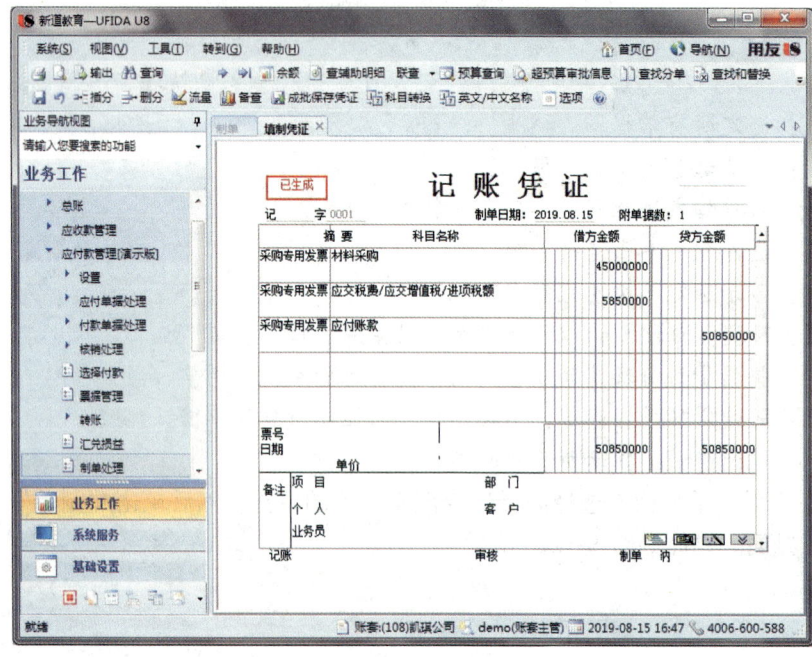

图 3-177　生成记账凭证-4

注意事项

(1) 核销制单功能受系统选项的控制,若选项中选择核销不制单,则即使入账科目不一致也不制单。核销制单需要应付单及付款单已经制单,才可以进行核销制单。

(2) 在填制凭证界面,可以增加、删除分录,但增加、删除的分录科目不能为受控科目,系统生成的分录不允许删除。

(3) 在填制凭证界面,科目金额由系统自动生成,对受控科目的金额不能进行修改,但允许修改非受控科目金额。

(4) 在填制凭证界面,制单日期为系统默认为当前业务日期,可以调整,但制单日期应大于等于所选的单据的最大日期,但小于当前业务日期。

(5) 若同时使用了总账系统,所输入的制单日期应该满足总账制单日期序时要求,即大于同月同凭证类别的日期。

(6) 若要删除记账凭证,在应付款管理系统主界面双击"单据查询"菜单下的"凭证查询",选择所要删除的凭证进行删除操作即可。

任务五 销售业务日常处理

在销售管理系统中,销售业务分为多种类型,本任务介绍6种类型:普通销售业务、直运销售业务、委托代销业务、分期收款销售业务、零售日报业务、销售退回业务。其中,普通销售业务和委托代销业务是工商企业主要的销售业务。

活动一 普通销售业务处理

普通销售业务模式适用范围广,在此重点介绍销售报价、销售订货、发货、销售开票、销售出库的处理。

销售管理系统中的报价与订货是对销售业务的事前管理。企业可以通过建立报价和订货的事前管理机制,明确客户的需求,为货物的生产或发货做好准备,确保企业生产活动的计划性和销售活动的及时性。

1. 销售报价

任务引入

2019 年 8 月 16 日,文江公司欲购 B 商品 10 台,向销售部询问 B 商品价格情况,销售部报含税价 5 650 元/台,增值税税率为 13%。业务类型:普通销售;销售类型:批发;无现金折扣条件。

知识链接

销售报价是企业向客户提供货品、规格、价格、结算方式等信息。销售报价是销售业务处理的起点，通过填写销售报价单向客户提出销售建议，如提供的货物名称、提供的数量、货物的价格、可给予的折扣等。销售报价环节是可选环节，企业根据需要选用。

销售报价单是指向客户提供的列明所销售的货品信息和价格条件的单据。销售报价单有录入、未审核、已审核、已执行、关闭5种状态。录入状态是指销售报价单处于录入过程；未审核状态是指销售报价单已经录入保存但尚未审核或已弃审。已审核状态是指销售报价单已经被审核确认；已执行状态是指销售报价单已经被其他单据或系统调用；关闭状态是指销售报价单已经执行完毕或确实不能执行并被关闭。

任务分析及操作步骤

以203贺同的身份，在"业务工作"中的"供应链"下面的销售管理系统主界面单击"销售报价"菜单下的"销售报价单"，即可进入销售报价单界面。

（1）在销售报价单主界面，点击"增加"按钮，进入销售报价单录入状态。录入相关数据，具体销售报价单界面如图3-178所示。

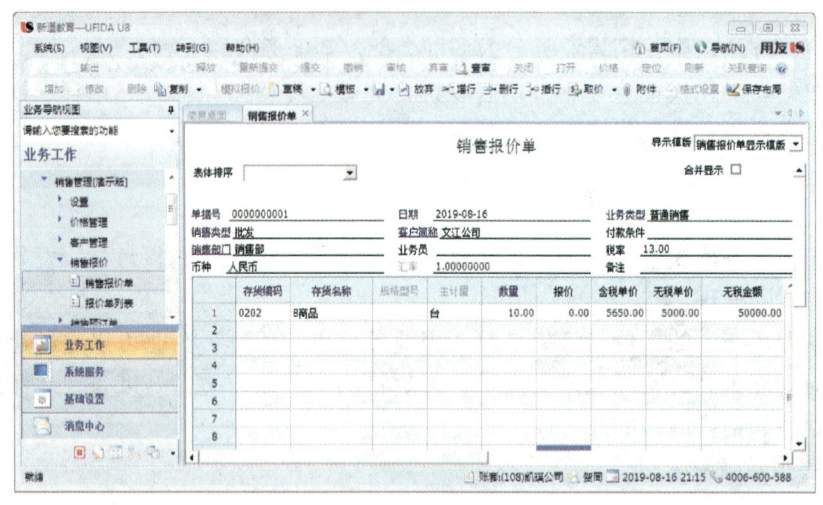

图3-178 销售报价

（2）录入请购信息并点击"保存"，生成销售报价单。

（3）用鼠标单击"审核"，审核确认已生成的销售报价单。

【栏目解释】

◆增加：进入销售报价单录入状态，输入报价信息。

◆修改：对当前销售报价单进行修改。

◆ 保存：保存销售报价单。
◆ 删除：删除已保存销售报价单。
◆ 审核：对已保存的销售报价单审核确认。
◆ 弃审：对已审核销售报价单取消审核。
◆ 关闭：关闭执行完毕或不能执行的销售报价单。
◆ 打开：取消销售报价单关闭状态。
◆ 放弃：放弃操作，恢复销售报价单操作前状态。

注意事项

（1）销售报价单中的存货只能录入具有"销售"属性的存货，存货的属性在存货档案中设置。

（2）销售报价单中的业务员只能选择人员档案中有权限的业务员，相关权限在人员档案和数据权限中设置。

（3）销售报价单中的报价栏金额是否含税，是由销售管理系统参数设置决定，参数设置为含税，则报价是报税价格；否则，为无税报价。

（4）未审核的销售报价单也可关闭。

（5）已审核的销售报价单不能修改、删除，如果要修改、删除，需要先弃审。

（6）已关闭的销售报价单不能修改、删除，如果要修改、删除，需要先打开并弃审。

（7）有下游单据生成或被其他功能、其他系统使用的销售报价单，视为单据已执行，已执行单据不可弃审。如需修改，必须将下游单据删除或取消相关操作，方可弃审。

（8）可利用销售报价单批量处理功能，对单据进行批审、批弃、批关、批开等批量处理。

2. 销售订货

任务引入

2019年8月17日，凯琪公司与文江公司签订销售合同，文江公司根据8月16日的报价单向凯琪公司订购B商品10台，要求8月18日发货，价格经协商确定含税价为5 650元/台。

知识链接

销售订货是指企业根据与客户签订销售合同或达成销售协议填写销售订单，并将销售订单传递给生产或仓管部门，以便相关部门组织生产或发货。销售订单可以是销售合同关于货物的明细内容，也可以是订货的口头协议。销售订单内容包括：销售的货物名称、销售数量、销售价格、客户名称、现金折扣条件、预发货日期等。采购订单可以手工录入，也可参照销售报价单等生成。

任务分析及操作步骤

在销售管理系统主界面点击"销售订货"菜单下的"销售订单",即可进入销售订单界面。界面如图3-179所示。

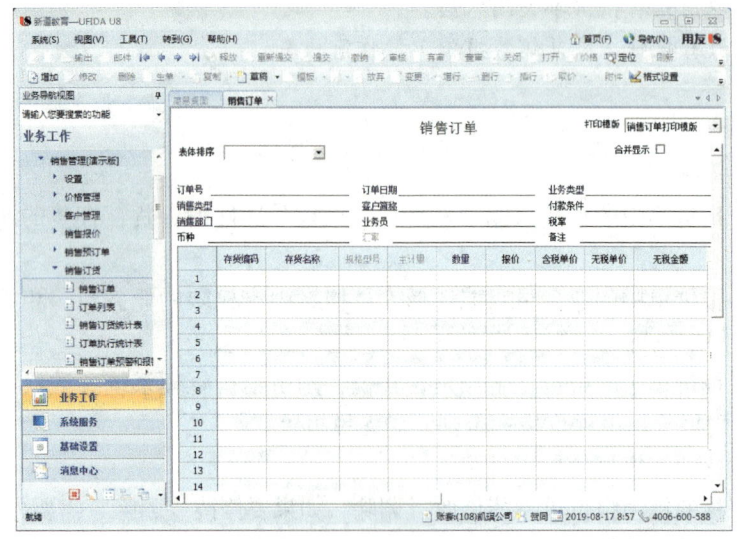

图3-179 销售订货-1

除手工录入销售订单外,还可以拷贝上游单据生成销售订单。可拷贝上游单据包括:销售管理系统的销售报价单、合同管理系统的销售合同等。手工录入销售订单的方式与销售报价单录入的方式基本相同,不再重复介绍。下面以拷贝销售报价单方式为例,介绍拷贝生成销售订单的步骤。

(1)在销售订单界面,单击"增加"按钮,进入销售订单录入状态。在销售订单界面,点击"生单"下的"报价"按钮,进入选择报价单界面。界面如图3-180所示。

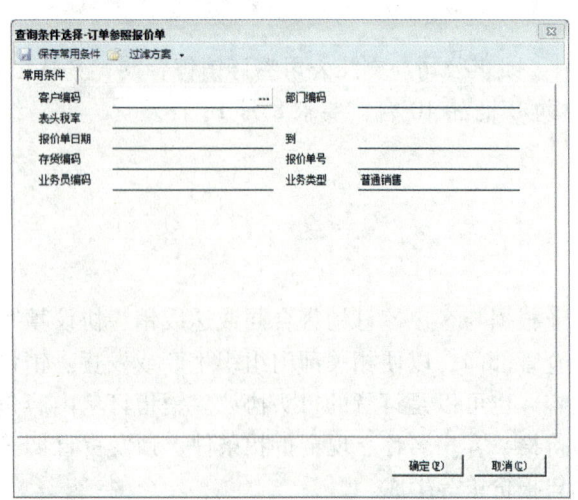

图3-180 销售订货-2

(2) 在选择报价单界面，输入选择条件并单击"确定"按钮，显示符合条件的报价单。用鼠标单击要选择的销售报价单（屏幕上方），系统自动生成与所选销售报价单相符的销售订单信息（屏幕下方）。界面如图3-181所示。

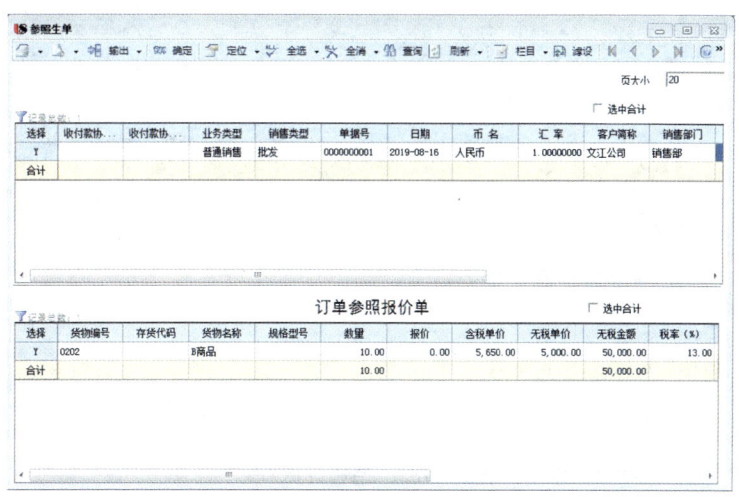

图3-181　销售订货-3

(3) 在选择报价单界面，用鼠标单击选定订单信息后，单击"确定"按钮，进入生成的销售订单界面。界面如图3-182所示。

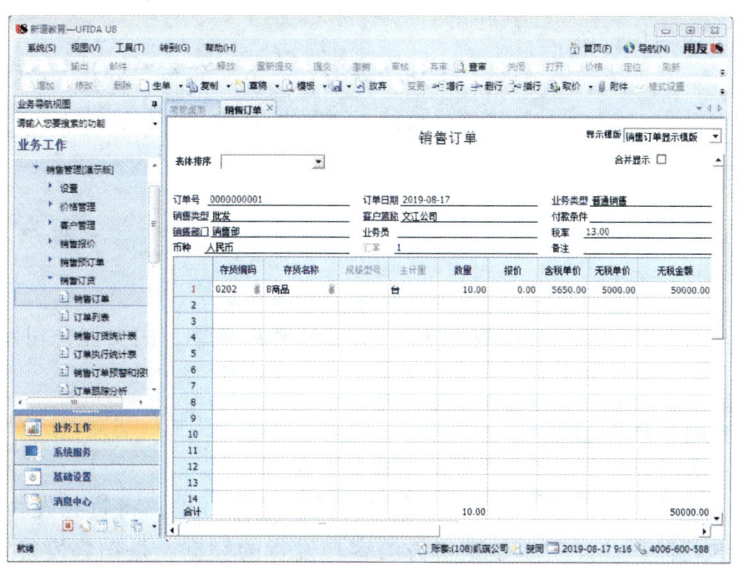

图3-182　销售订货-4

(4) 在销售订单界面，对订单预发货日期调整为2019年8月18日后，单击"保存"和"审核"按钮，生成销售订单。界面如图3-183所示。

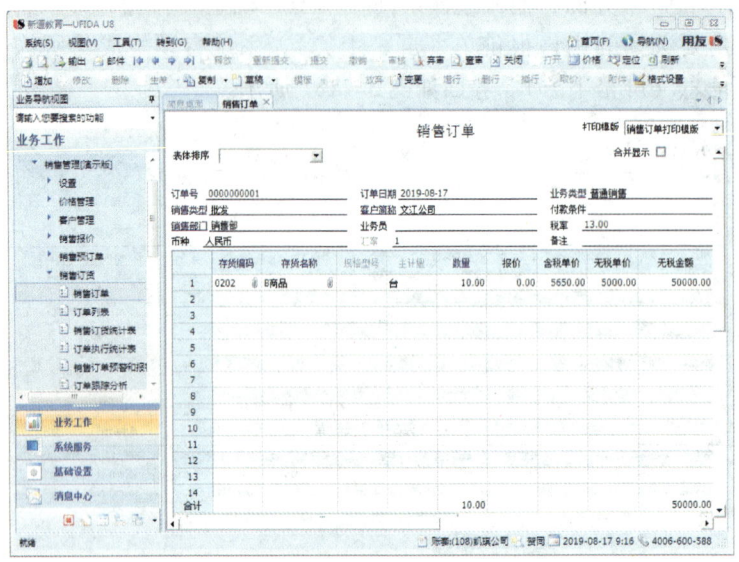

图 3-183　销售订货-5

注意事项

（1）销售订单是可选单据，但在销售选项中选择了"普通业务必有订单"选项时，则必须填制或生成销售订单。

（2）销售订单可以修改、删除、审核、弃审、变更、关闭、打开。

（3）已审核未关闭的销售订单可以参照生成销售发货单、销售发票。

3. 销售发货

任务引入

2019年8月18日，凯琪公司根据8月17日的销售订单，向文江公司发货。

知识链接

销售发货是企业执行与客户签订的销售合同或销售订单，将货物发往客户的行为，是销售业务的执行阶段。发货单是销售方给客户发货的凭据，是销售发货业务的执行载体。无论工业企业还是商业企业，发货单都是销售管理系统的核心单据。

普通销售业务按业务流程分为先发货后开票业务和开票直接发货业务。先发货后开票业务是由销售部门手工或根据销售订单生成发货单并审核，然后根据已审核的发货单生成销售发票和销售出库单。开票直接发货业务是销售部门手工或根据销售订单生成销售发票并审核，然后由系统根据已审核的销售发票自动生成发货单，再根据发货单生成销售出库单，此种情况所生成发货单不能进行修改、删除和弃审操作，只可以关闭和打开。本任务普通销售业务均以先发货后开票业务模式为例。

任务分析及操作步骤

在销售管理系统主界面点击"销售发货"菜单下的"发货单",即可进入销售发货单界面。界面如图 3-184 所示。

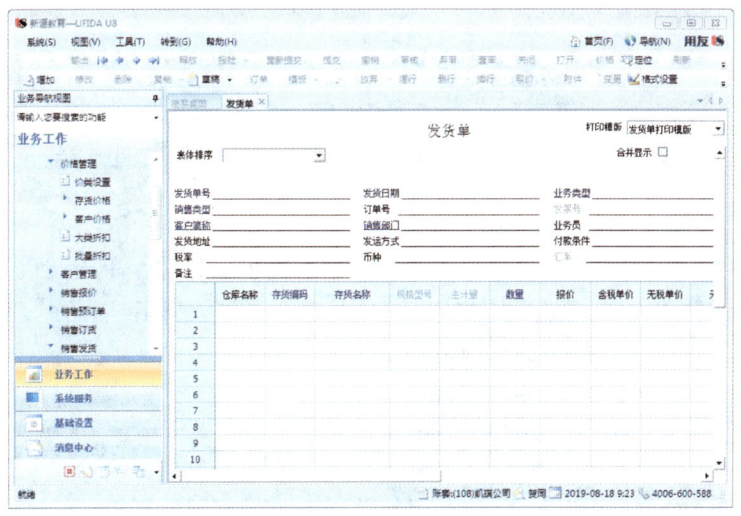

图 3-184 销售发货-1

(1) 在销售发货单界面,单击"增加"按钮,进入查询条件选择—参照订单界面。界面如图 3-185 所示,点击"确定"按钮。

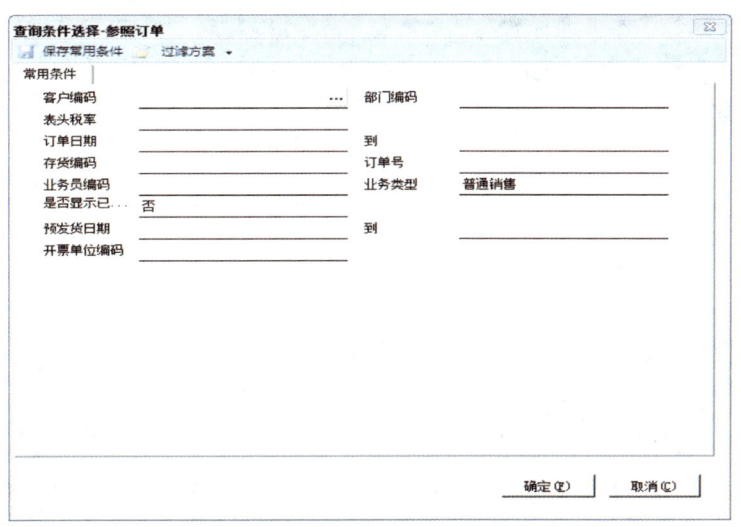

图 3-185 销售发货-2

(2) 在参照生单界面显示符合条件的销售订单;用鼠标单击要选择的销售订单(屏幕上方),系统自动生成与所选销售订单相符的销售发货单信息(屏幕下方)。界面如图

3-186 所示。

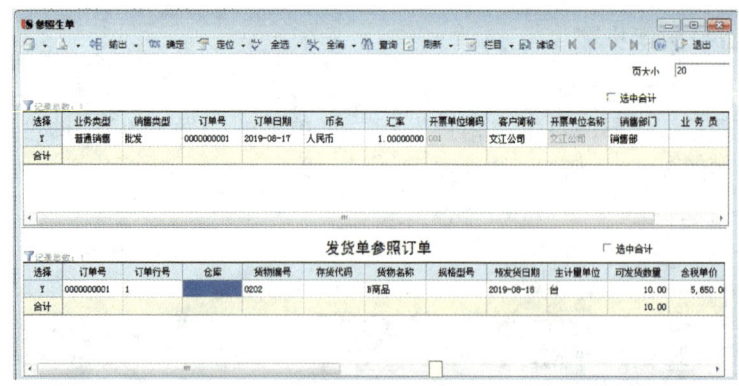

图 3-186　销售发货-3

（3）在参照生单界面，用鼠标单击选定销售发货单信息后，单击"确定"按钮，进入生成的销售发货单界面，输入表体中的"成品仓"名称，单击"保存"和"审核"按钮，生成销售发货单。界面如图 3-187 所示。

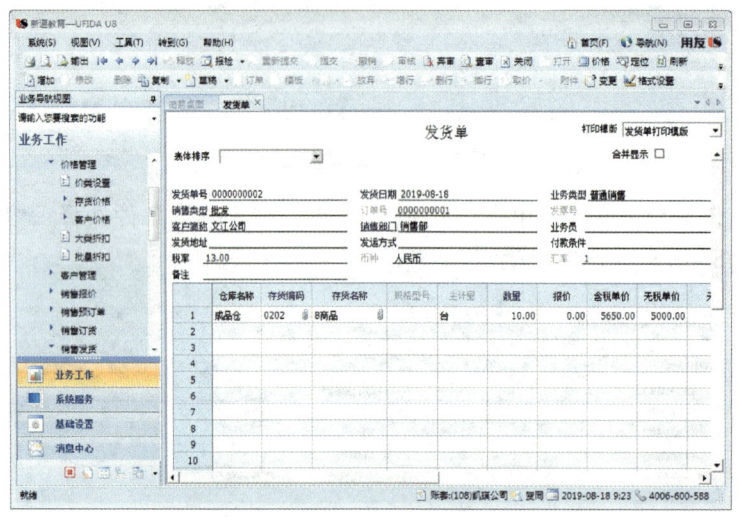

图 3-187　销售发货-4

注意事项

（1）先发货后开票业务，销售发货单可以手工新增，也可以参照销售订单等生成；但选择"普通销售必有订单"时，销售发货单不可手工新增，只能参照上游单据生成。

（2）参照订单发货时，可以多次发货，多张订单也可以一次发货。

（3）如果销售选项中不设置"超订量发货控制"，可以超过销售订单数量发货。

（4）销售的存货如因质量、规格等问题退回的，需要开具退货单。

（5）与库存管理系统集成时，在销售选项选择"销售生成出库单"，则在先发货后开票业务中,销售发货单审核后系统自动生成销售出库单。

4. 销售开票

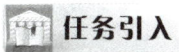

2019年8月18日,凯琪公司根据当日的销售发货单,向文江公司开具增值税专用发票。

销售开票是在销售过程中企业给客户开具销售发票及其所附清单的过程,它是销售收入确认、销售成本计算、应交销售税金确认和应收账款确认的依据,是销售业务的重要环节。销售发票是企业开具给客户的销售证明,上面记载所销售的名称、单价、数量和折扣条件等信息。销售发票按业务性质分为蓝字发票和红字发票;按发票类型分为增值税专用发票和普通发票。销售发票可以手工录入,也可以参照销售订单、销售发货单等生成。不同类型的发票栏目含义会不同,但操作过程基本相同。

在销售管理系统主界面点击"销售开票"菜单的"销售专用发票",即可进入增值税专用发票界面。界面如图3－188所示。

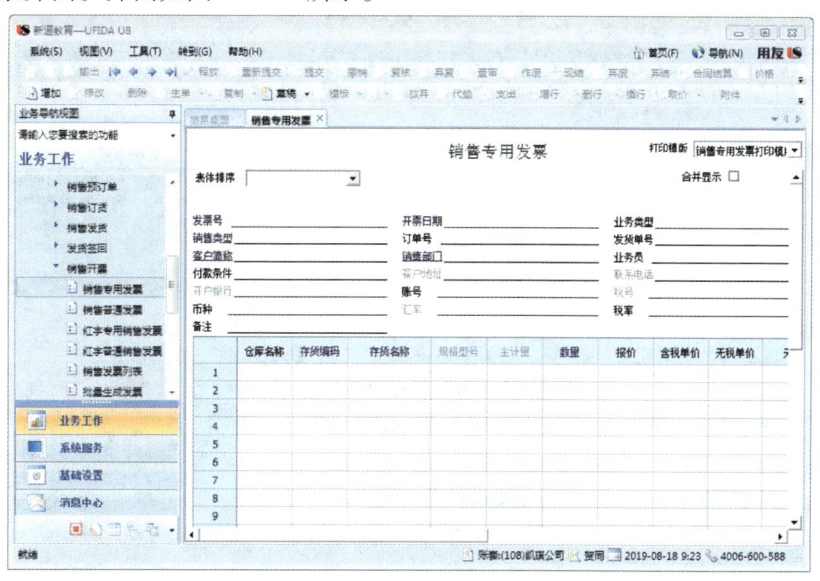

图3－188 销售开票-1

(1)参照销售发货单或订单可生成销售专用发票,操作步骤与参照销售订单生成销售发货单基本一致。系统自动生成销售发票,保存并复核。操作界面如图3－189、图

3－190和图3－191所示。

（2）还可以参照销售订单生成销售发票，即在"选择订单"窗口，选择文江公司订单，用鼠标单击"确定"按钮，系统自动生成销售发票，保存并复核即可。

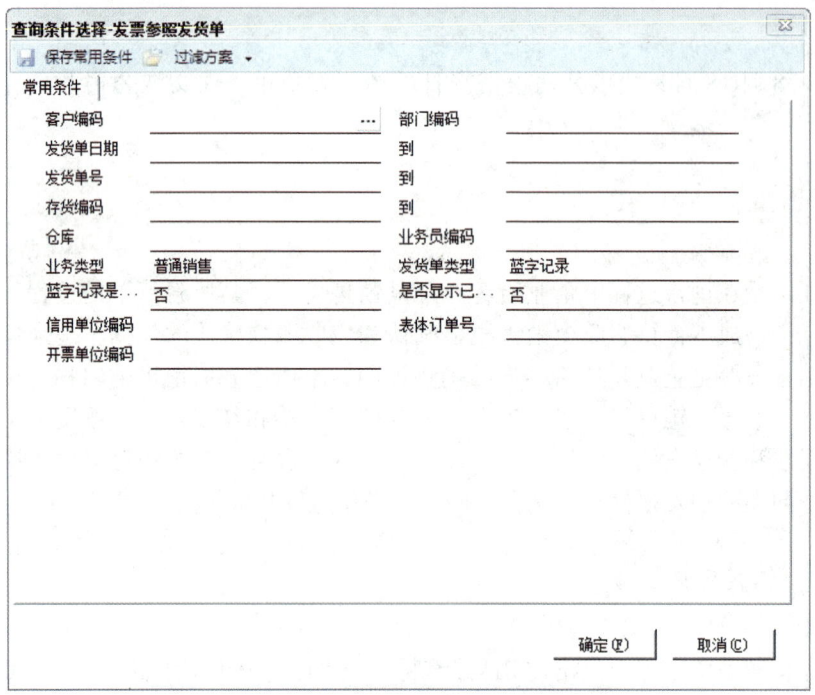

图3－189　销售开票－2

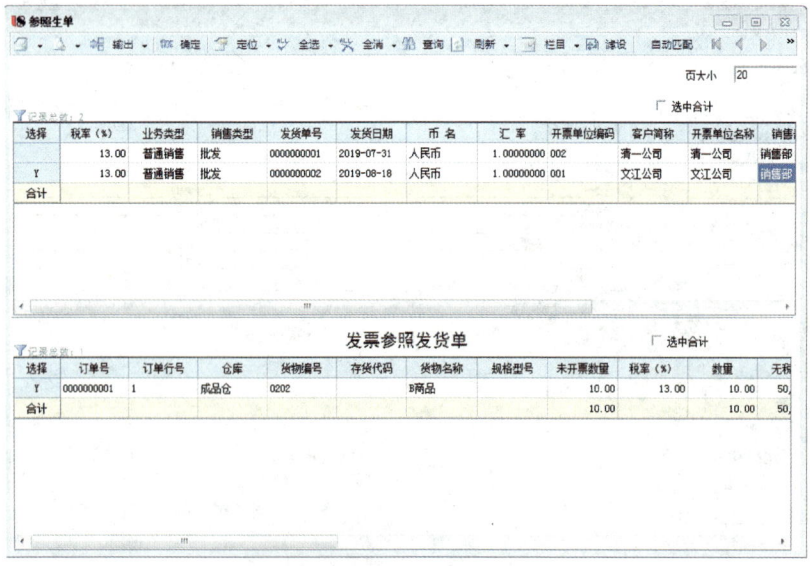

图3－190　销售开票－3

项目三　采购与应付款、销售与应收款管理系统设置与处理

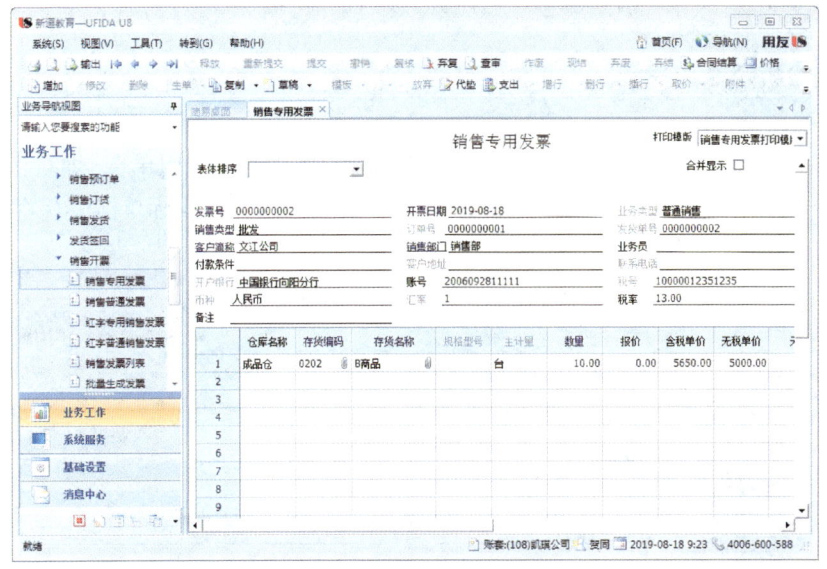

图 3-191　销售开票-4

注意事项

（1）要向客户开具销售增值税专用发票，该客户必须是一般纳税人，即客户档案中必须设置银行名称、银行账号及纳税人登记号。

（2）红字销售发票是销售发票的逆向单据。如果在销售发票结算后发生退货，需填写红字销售发票，全部或部分冲抵原销售发票的数据。

（3）在销售管理系统与应收款管理系统集成使用时，销售管理系统的销售发票录入保存并复核后，在应收款管理系统对销售发票进行审核并登记应收账。

（4）如果在销售选项中选择"普通业务必有订单"，销售发票只能参照上游单据生成，不能手工录入。

（5）与库存管理系统集成时，在销售选项选择"销售生成出库单"，则在先开票后发货业务中，销售发票复核后系统自动生成销售出库单。

5. 代垫费用

任务引入

2019年8月18日，凯琪公司向文江公司销售B商品时发生代垫运费1 000元。

知识链接

在销售业务中，代垫费用指随货物销售所发生的，不通过发票处理而形成的，暂时代垫将来需向客户收取的费用项目，如运杂费、保险费等。代垫费用实际上形成了用户

181

对客户的应收款，代垫费用的收款核销由应收款管理系统处理。

 任务分析及操作步骤

在销售管理系统主界面点击"代垫费用"菜单的"代垫费用单"，即可进入代垫费用单界面，用鼠标单击"增加"按钮，录入代垫运费信息，用鼠标单击"保存""审核"按钮，生成代垫运费单并审核。界面如图 3-192 所示。

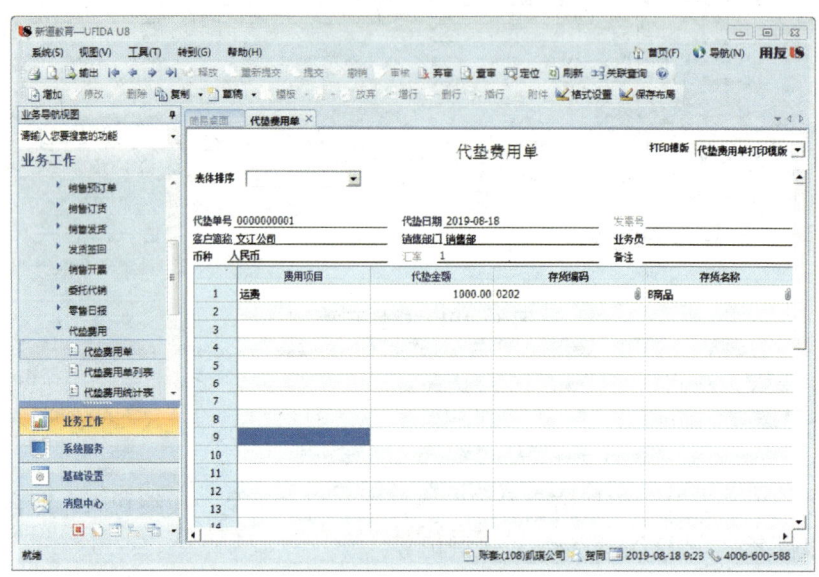

图 3-192　代垫费用

 注意事项

（1）代垫费用单可以在"代垫费用单"直接录入，可分摊到具体的货物；也可以在销售发票、销售调拨单、零售日报中按"代垫"录入，与发票建立关联，分摊到具体的货物。

（2）代垫费用单可以修改、删除、审核、弃审。

（3）代垫费用单审核后，在应收款管理系统生成其他应收单；弃审时系统自动删除生成的其他应收单。

（4）与应收款管理系统集成使用时，在应收款管理系统已核销处理的代垫费用单，不可弃审。

活动二　直运销售业务处理

1. 直运销售选项设置

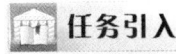 任务引入

设置直运销售业务选项为直运销售必有订单。

知识链接

直运业务是指商品无须入库即可完成的购销业务。客户向公司订购商品，当事人双方签订购销合同。公司并不生产客户所需要的商品，而是直接向供应商采购客户所需要的商品，与供应商签订商品采购合同，供应商直接将商品发运给客户。结算时，由购销双方分别与公司进行结算。直运业务包括直运销售业务与直运采购业务，没有实务的出入库，货物流向是直接从供应商到客户，财务结算通过直运销售发票、直运采购发票进行。直运销售业务流程如图3-193所示。

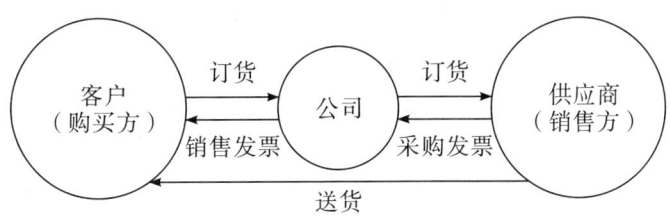

图3-193　直运销售业务流程图

直运销售业务分为两种模式：一种是只开票，不开订单；另一种是先有订单再开发票。这两种模式分别称为直运销售业务（非必有订单）和必有订单直运销售。在本活动中只介绍必有订单直运销售。

任务分析及操作步骤

2019年8月19日，以203贺同的身份登录企业应用平台，点击左边的"业务工作"栏后，双击"供应链"下的"销售管理"中的"设置"下的"销售选项"，进入销售选项窗口，选中"业务控制"选项卡中的"直运销售必有订单"，如图3-194所示。

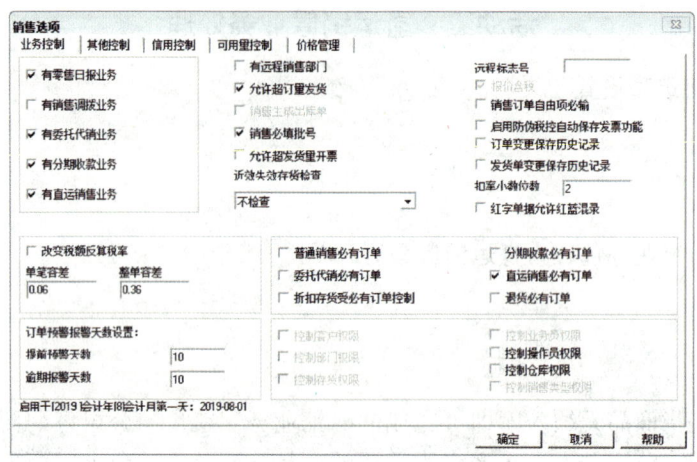

图 3-194 直运销售选项设置

2. 直运销售订单

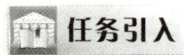

2019 年 8 月 19 日文江公司向本公司订购 B 商品 5 台，每台无税单价 5 000 元，增值税税率 13%，公司接受文江公司的订货，预发货日期为 2019 年 8 月 21 日。

在销售管理系统中，双击"销售订货"下的"销售订单"命令，打开销售订单窗口。单击"增加"按钮，输入直运销售订单，注意将销售类型修改为"直运销售"，输入完整内容，保存并审核该销售订单，如图 3-195 所示。

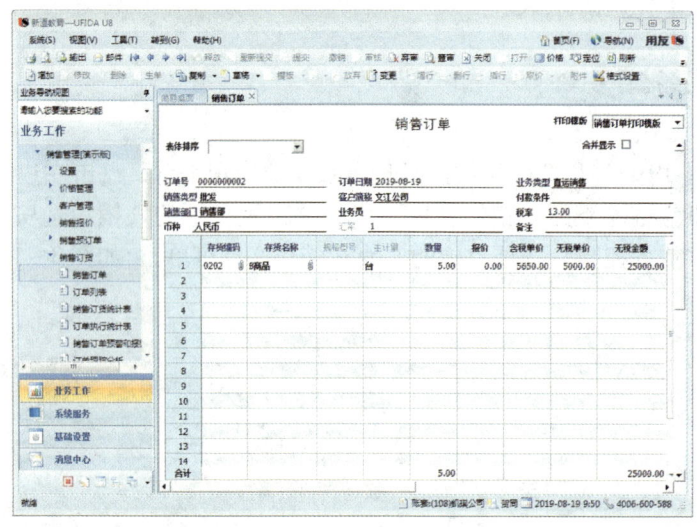

图 3-195 直运销售订单

3. 直运采购订单

任务引入

2019年8月19日，公司向禅恒公司订购B商品5台，每台不含税单价4 000元，增值税税率为13%。要求2019年8月21日将货物直接发给文江公司。

任务分析及操作步骤

（1）在采购管理系统中，双击"采购订货"下的"采购订单"命令，打开采购订单窗口。单击"增加"按钮，注意将采购业务类型修改为"直运采购"，点击"生单"，选择"销售订单"，弹出过滤条件选择框，选择订单日期为"2019-08-19"，如图3-196所示。

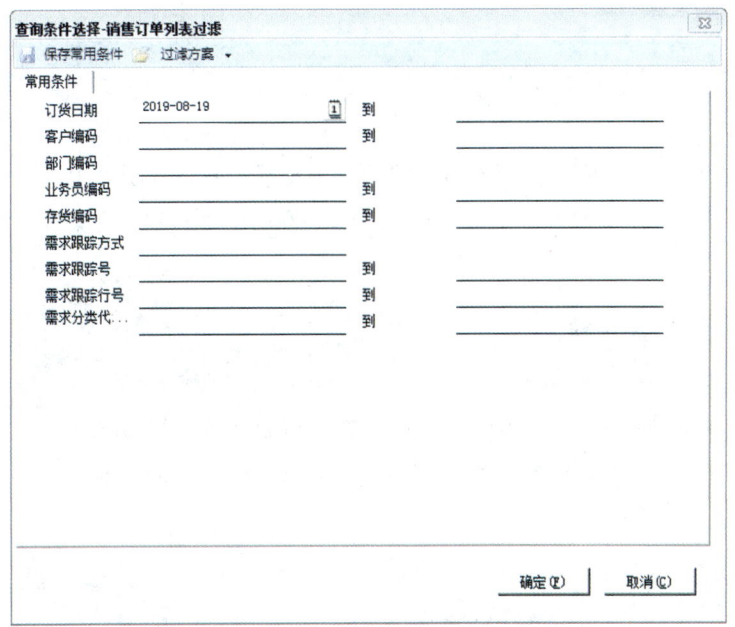

图 3-196 直运采购订单-1

（2）单击"确定"按钮，进入拷贝并执行窗口，双击"选择"栏，出现被选中销售订单，单击"OK确定"键。在采购订单表头的供应商处选择"禅恒公司"，手工录入税率13%，原币单价4 000元，计划到货日期为2019年8月21日，点击"保存"并"审核"该采购订单，如图3-197所示。

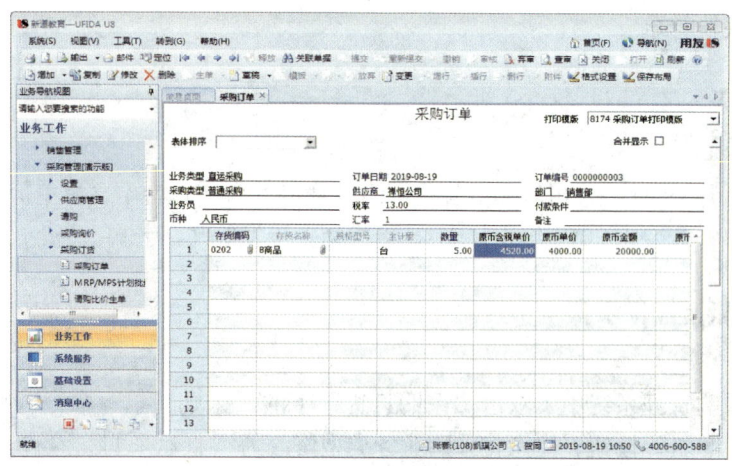

图 3-197　直运采购订单-2

4. 直运采购发票

任务引入

2019 年 8 月 21 日，公司收到禅恒公司的专用发票，发票标明 B 商品 5 台，单价为每台 4 000 元，增值税税率为 13%，价税合计为 22 600 元，货物已经发给文江公司，公司货款未付。

任务分析及操作步骤

（1）在采购管理系统中，双击"采购发票"中的"专用采购发票"，进入专用发票窗口。单击"增加"，在新增的专用发票中修改业务类型为"直运采购"，修改其他表头信息。如图 3-198 所示。

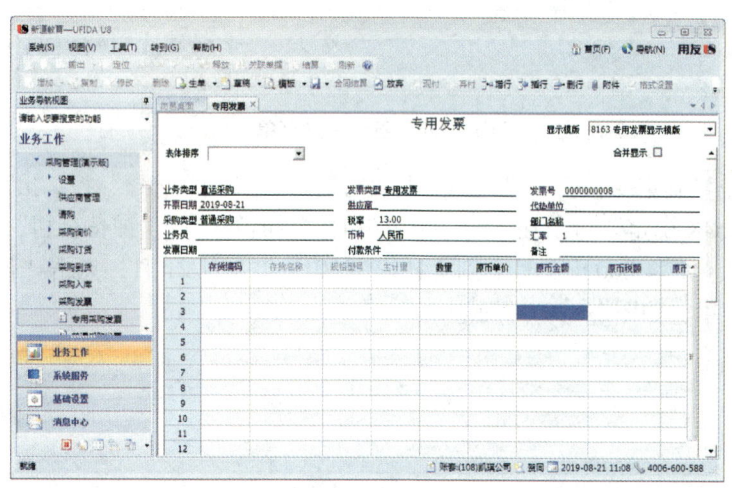

图 3-198　直运采购专业发票-1

项目三　采购与应付款、销售与应收款管理系统设置与处理

(2) 单击"生单"下的"采购订单",拷贝采购订单,弹出过滤条件选择对话框,点击"确定"按钮,拷贝并执行窗口,双击"选择"栏,选择相应的订单,单击"OK确定"后生成采购专用发票,单击"保存",如图 3-199 所示。

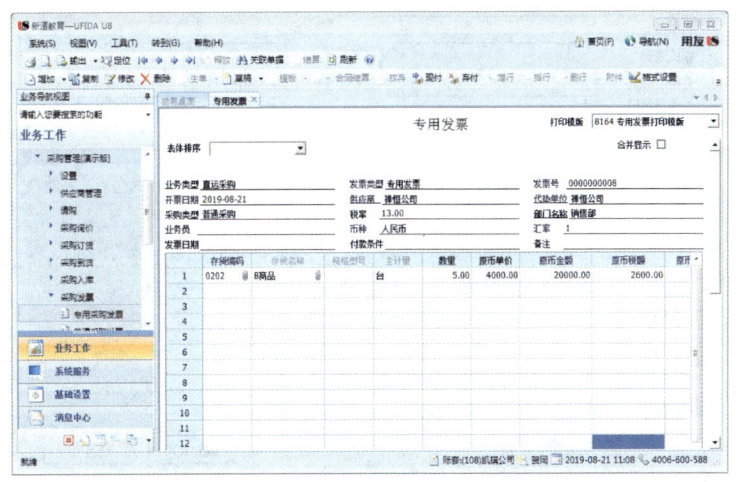

图 3-199　直运采购专业发票-2

5. 直运销售发票

任务引入

2019 年 8 月 21 日,公司给文江公司开具销售专用发票,发票标明 B 商品 5 台,单价为每台 5 000 元,增值税税率为 13%,货物已经发给文江公司,本公司货款 28 250 元未收。

任务分析及操作步骤

(1) 在销售管理系统中,双击"销售开票"中的"销售专用发票",打开销售专业发票窗口。单击"增加",取消发货单过滤对话框,将销售专用发票表头中的业务类型修改为"直运销售",单击工具栏中"生单"下的"参照订单",弹出过滤条件选择—参照订单对话框,如图 3-200 所示。

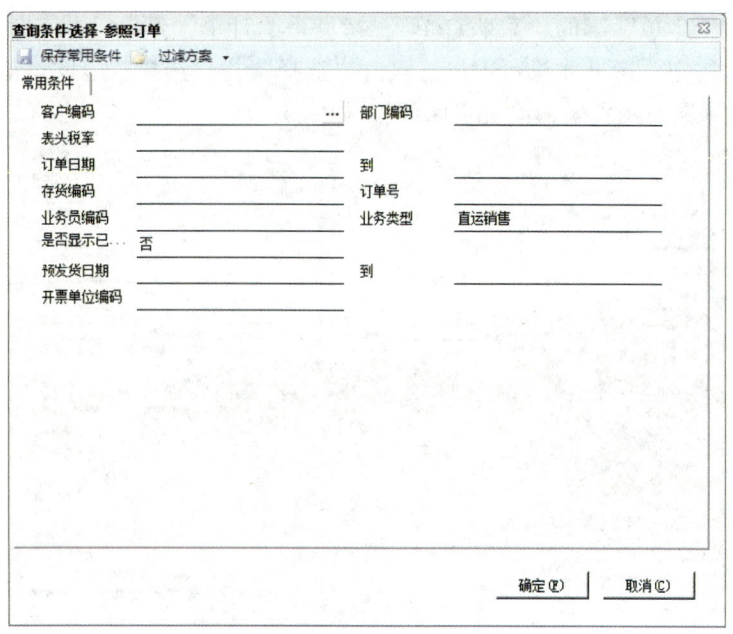

图3-200 直运销售专业发票-1

（2）点击"确定"按钮，出现参照生单窗口，双击"选择"栏，选择相应的订单，单击"OK确定"后生成销售专用发票，不用录入仓库名称，单击"保存"后再单击"复核"按钮，如图3-201所示。

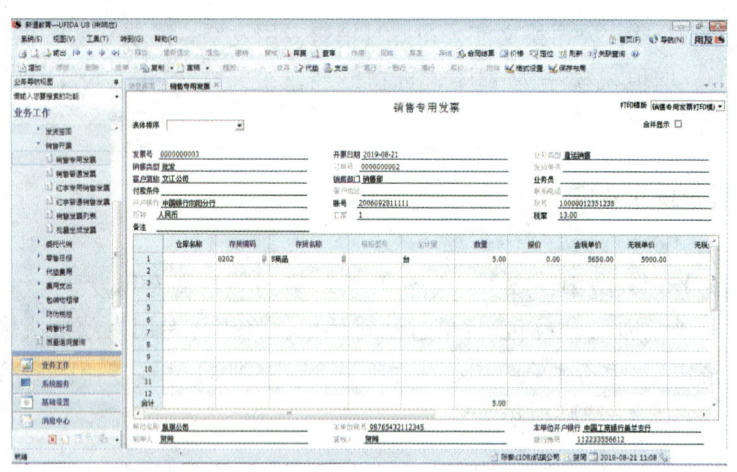

图3-201 直运销售专业发票-2

注意事项

（1）直运销售业务的存货，必须具备外购存货属性。

（2）对于直运业务的销售订单、采购订单、采购发票、销售发票，其采购类型为直运采购，销售类型为直运销售。

(3) 需要开具销售专用发票的客户，必须在客户档案中输入税号，否则只能开具普通销售发票。

(4) 如果选择了"直运销售必有订单"，则直运销售发票和直运采购发票都只能参照销售订单生成发票；如果需要手工开具发票，则应先取消"直运销售必有订单"，同时还必须删掉销售订单。

(5) 直运销售发票不可以录入受托代销属性的存货。

(6) 直运销售与直运采购发票都不能输入仓库。

(7) 直运采购业务生成的直运采购发票在应付款管理系统中审核，但不能在此制单，其制单操作在存货核算系统中进行（此处省略，下一任务介绍）。

(8) 直运销售业务生成的直运销售发票在应收款管理系统中审核并制单，其销售成本的结转需要在存货核算系统中进行（此处省略，下一任务介绍）。

活动三 委托代销业务处理

任务引入

2019 年 8 月 22 日，凯琪公司委托清一公司代销 A 产品，从成品库发出 10 台，发运方式为公路运输。2019 年 8 月 25 日，收到清一公司代销清单，本月销售 10 台，不含税单价 6 000 元，税率为 13%，总计 67 800 元，根据代销清单办理结算并生成销售发票。

知识链接

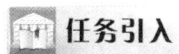

委托代销业务，指企业将商品委托他人进行销售，但商品所有权仍归本企业的销售方式。委托代销商品销售后，受托方与企业进行结算，并开具正式的销售发票，形成销售收入，商品所有权转移。委托代销业务只能先发货后开票，不能开票直接发货。

企业委托代销业务在发货时，开具委托代销发货单，确认委托代销发货信息；待受托方将代销商品销售并与企业结算时，由企业对委托代销发货单进行结算生成委托代销结算单，确认所结算货物的信息；然后，根据已审核委托代销结算单生成销售发票。

任务分析及操作步骤

(1) 2019 年 8 月 22 日，以 203 贺同的身份登录企业应用平台，在"业务工作"中的"供应链"下销售管理系统主界面点击"委托代销"菜单的"委托代销发货单"，进入委托代销发货单界面，单击"增加"按钮，关闭"查询条件选择—参照订单"界面，录入委托代销信息，生成委托代销发货单并加以"审核"。界面如图 3-202 所示。

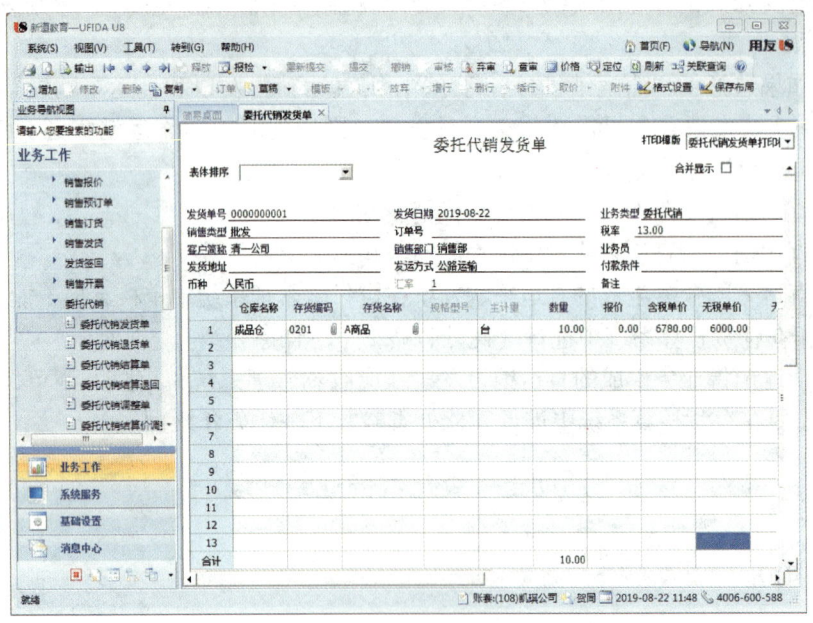

图 3-202　委托代销-1

（2）退出委托代销发货单界面后，2019 年 8 月 25 日，贺同在销售管理系统主界面点击"委托代销"菜单的"委托代销结算单"，进入委托代销结算单界面。界面如图 3-203 所示。

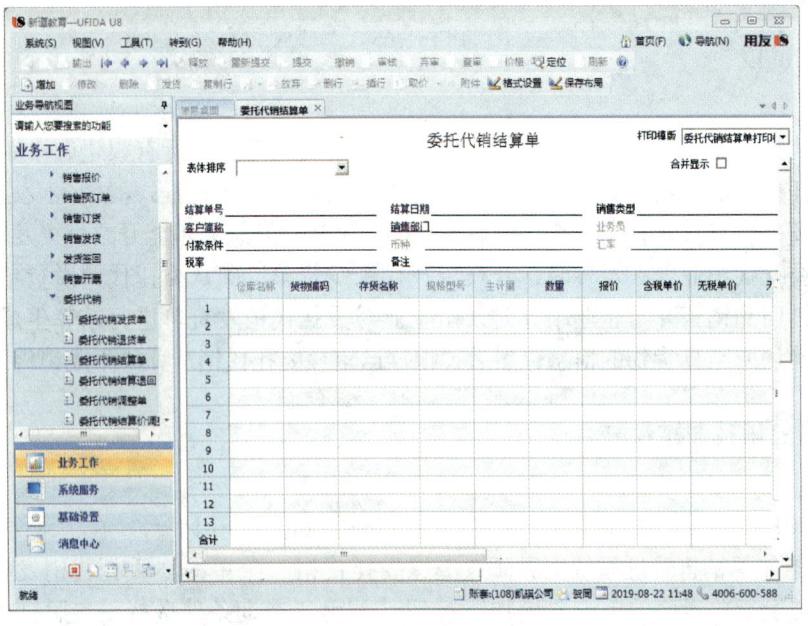

图 3-203　委托代销-2

（3）在委托代销结算单界面，单击"增加"按钮，系统弹出查询条件选择—委托结算参照发货单界面，单击"确定"按钮，并选择需要结算的委托代销发货单（屏幕上方),系统自动生成与所选委托代销发货单相符的委托代销结算单信息(屏幕下方)。界面如图 3-204 所示。

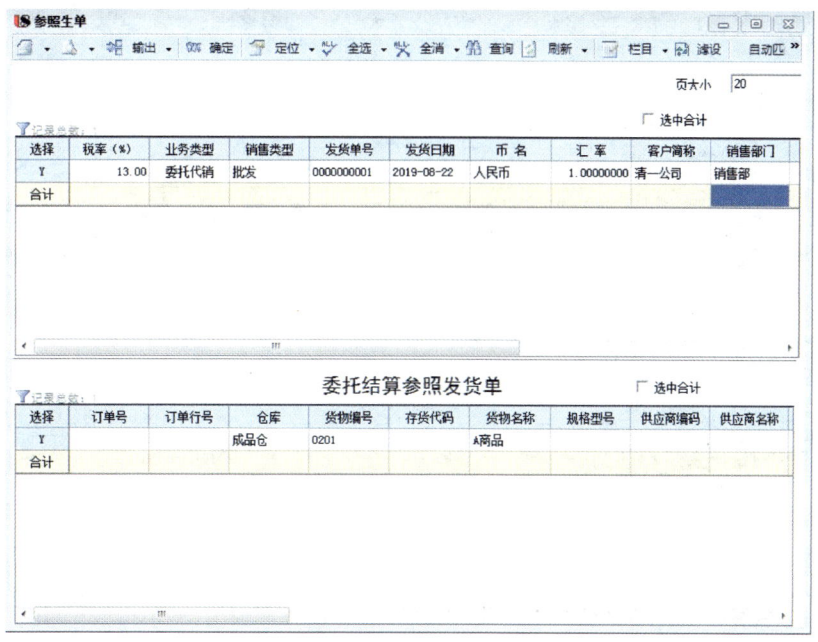

图 3-204　委托代销-3

(4) 在选择委托发货单界面,选择系统显示的委托结算信息,并单击"OK 确定"按钮,系统弹出委托代销结算单界面,点击"保存"按钮,并对该委托代销结算单进行"审核"。界面如图 3-205 所示。

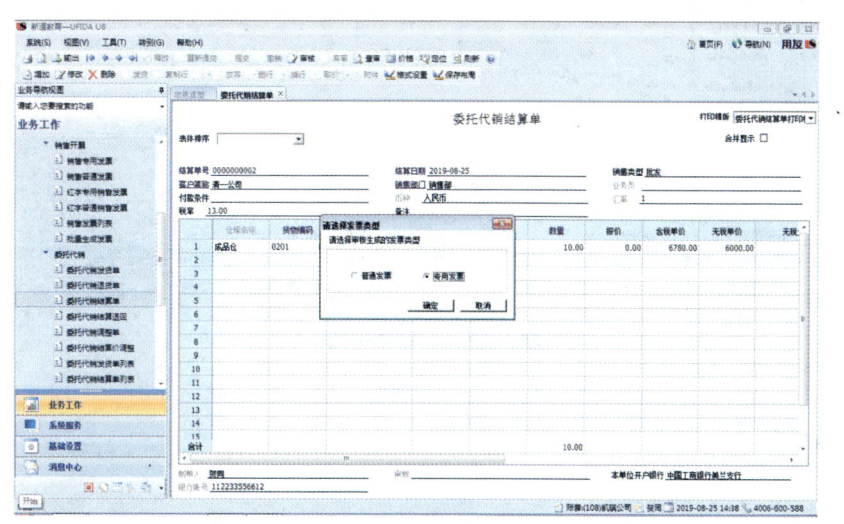

图 3-205　委托代销-4

(5) 选择发票类型界面,单击"确认"按钮,系统自动生成销售发票。点击"销售开票"下的"销售专用发票",利用上一张键找到委托代销的这张发票,界面如图

3-206 所示。

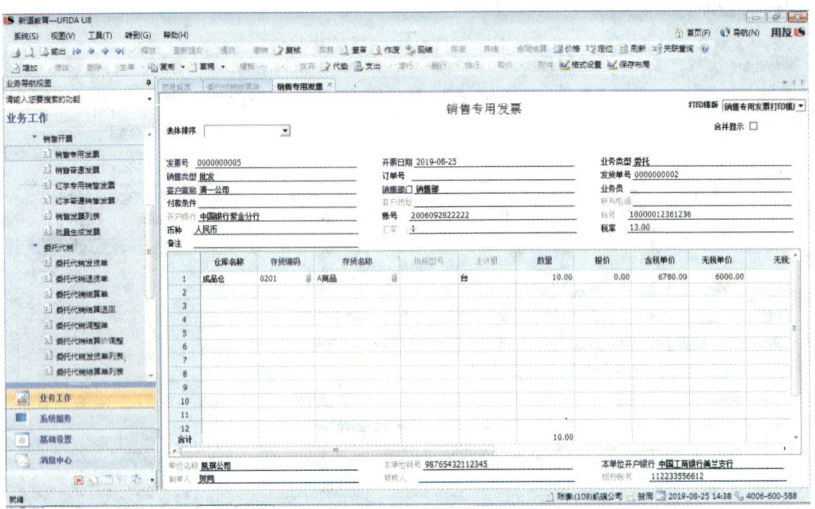

图 3-206 委托代销-5

（6）退出委托代销结算单界面后，在销售管理系统主界面点击"销售开票"菜单的"增值税专用发票"，进入销售发票界面对发票进行"复核"。界面如图 3-207 所示。

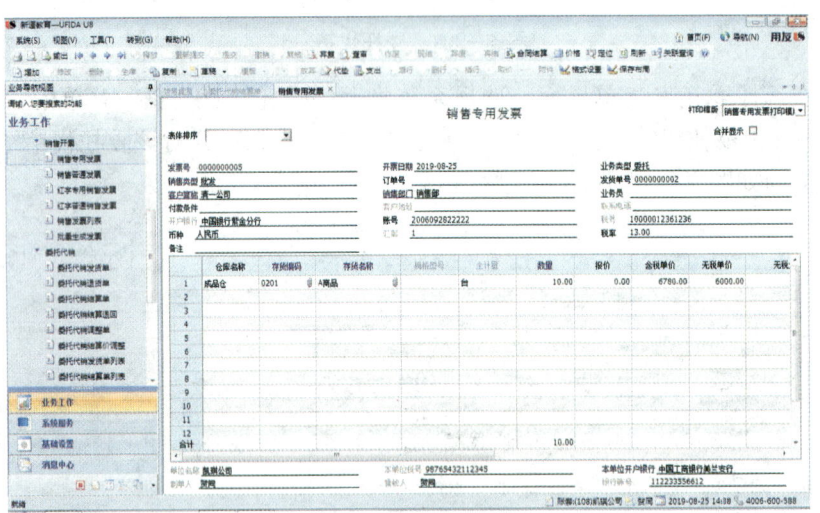

图 3-207 委托代销-6

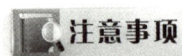

（1）销售管理系统要对委托代销业务进行处理，必须先在销售选项中选择"有委托代销业务"。

（2）委托代销发货单可以手工增加，也可以参照委托销售订单生成。

（3）一张委托代销订单可多次发货，多张订单也可一次发货，可以拆单拆记录。

(4) 一张委托代销发货单可多次结算，多张委托代销发货单也可一次结算。

(5) 委托代销结算单生成的销售发票经过复核后，委托代销结算单不可进行弃审。

(6) 受托方如退货，可参照委托代销发货单填制委托代销退货单。

(7) 委托代销结算单审核后，由系统自动生成相应的销售出库单，并将其传递到库存管理系统（本项目没有启动库存管理与存货核算管理系统，因此在此省略，下个项目再介绍）。

活动四　分期收款销售业务处理

任务引入

2019年8月25日，文江公司向本公司订购B商品8台，公司报价为每台无税单价5 000元，增值税税率为13%，价款28 250元。经双方协商，以5 000元成交，一次发货，分3期收款，分次付款比率分别为40%、30%、30%，并签订销售合同，预定发货日期为8月26日。第一次收款时间为发货后第1天，价款11 300元。

知识链接

分期收款销售是指将商品先发给客户，然后分期收回货款。该业务的主要特点是一次发货，分次确认收入，在确认收入时计算并结转成本。分期收款销售业务的订货、发货、出库、开票等处理与普通销售业务相同，只是业务类型应选择分期收款。分期收款时，开具销售发票，结转销售成本。

任务分析及操作步骤

(1) 分期收款销售业务选项设置。

2019年8月25日，以203贺同的身份进入企业运用平台，点击"业务工作"，双击"供应链"下的"销售管理"中的"设置"选项下的"销售选项"，进入销售选项窗口，选中"有分期收款业务""分期收款必有订单"选项。界面如图3-208所示。

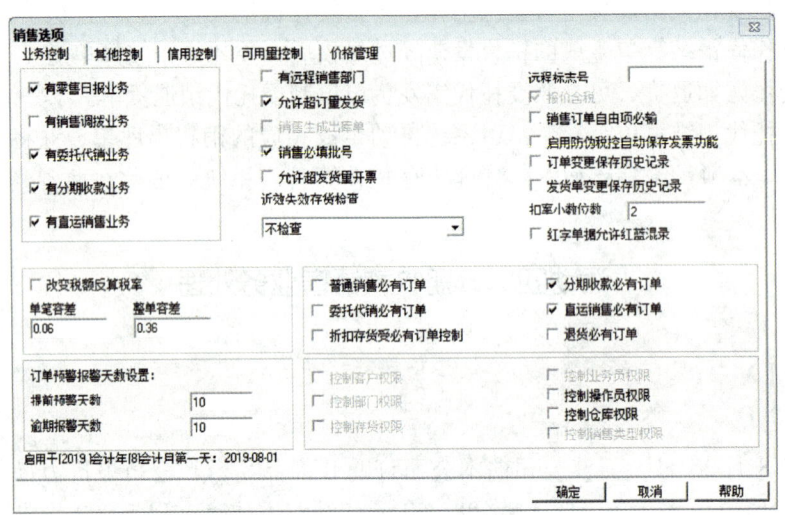

图 3-208　分期收款销售选项设置

（2）分期收款销售订单。

①以 203 贺同的身份进入企业运用平台，点击"业务工作"，双击"供应链"下的"销售管理"选项下"销售订货"的"销售订单"，进入销售订单窗口。

②单击"增加"按钮，选择业务类型为"分期收款"，销售类型为"批发"选项。输入表头和其他信息，输入完毕后单击"保存"按钮，点击"审核"后退出。界面如图 3-209 所示。

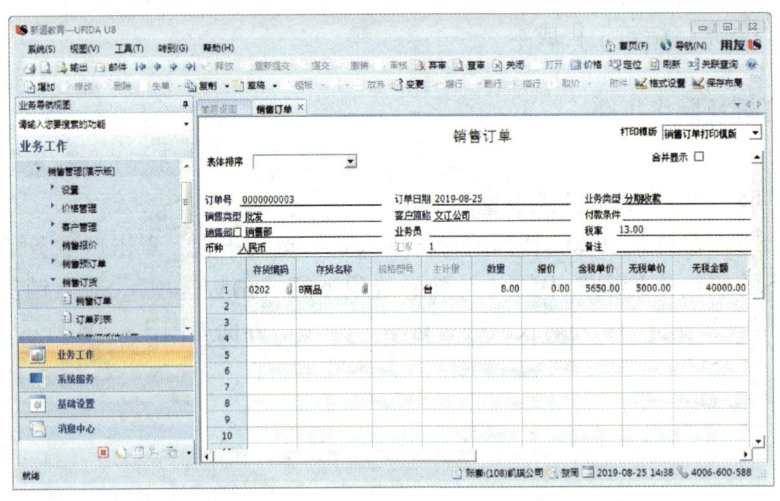

图 3-209　分期收款销售订单

（3）分期收款销售发货单。

①2019 年 8 月 26 日，以 203 贺同的身份进入企业运用平台，点击"业务工作"，双击"供应链"下的"销售管理"系统下"销售发货"的"发货单"，进入发货单窗口。

②单击"增加"按钮，关闭过滤条件选择—参照订单窗口，选择业务类型为"分期

收款",单击"订单"按钮,弹出参照生单窗口。选择相应分期收款订单,单击"OK 确定"按钮,生成分期收款发货单。

③补充仓库名称"成品仓",修改发货单中相关信息,输入完毕后单击"保存"按钮,点击"审核"后退出。界面如图 3-210 所示。

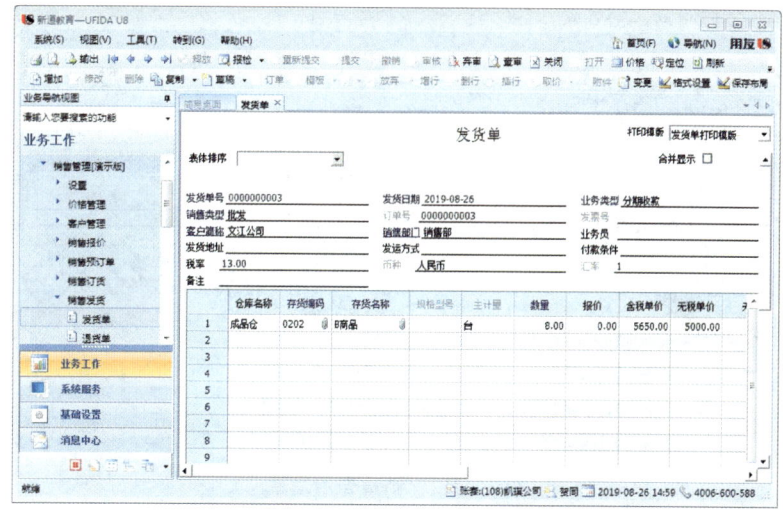

图 3-210 分期销售收款发货单

(4) 分期收款销售发票。

2019 年 8 月 26 日,公司根据销售合同向文江公司发出 B 商品 8 台后,立即开具销售专用发票。

①以 203 贺同的身份进入企业运用平台,点击"业务工作",双击"供应链"下的"销售管理"系统下"销售开票"的"销售专用发票",进入销售专用发票窗口。

②单击"增加"按钮,关闭弹出的过滤条件选择—参照订单发货单窗口,选择业务类型为"分期收款",单击"生单"按钮,参照"发货单",点击"确定"按钮,弹出参照生单窗口,选择相应分期收款发货单,如图 3-211 所示。

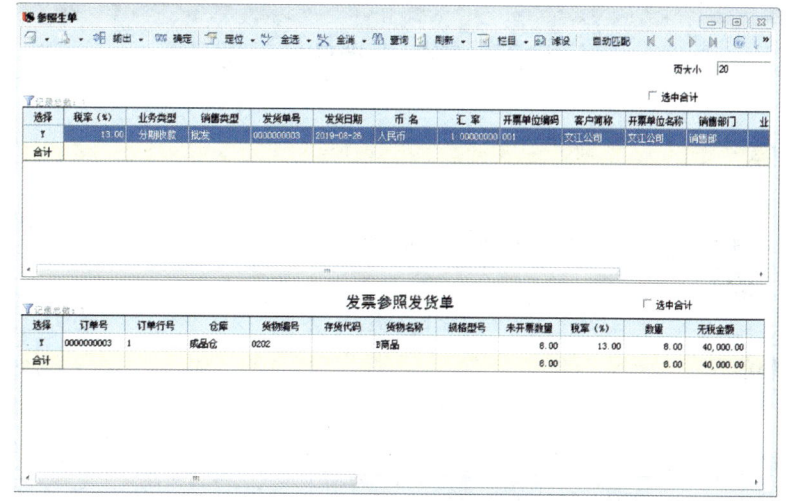

图 3-211 参照生单

③单击"OK 确定"按钮,生成分期收款发票,修改发票中相关信息,输入完毕后单击"保存"按钮,点击"复核"后退出。界面如图 3-212 所示。

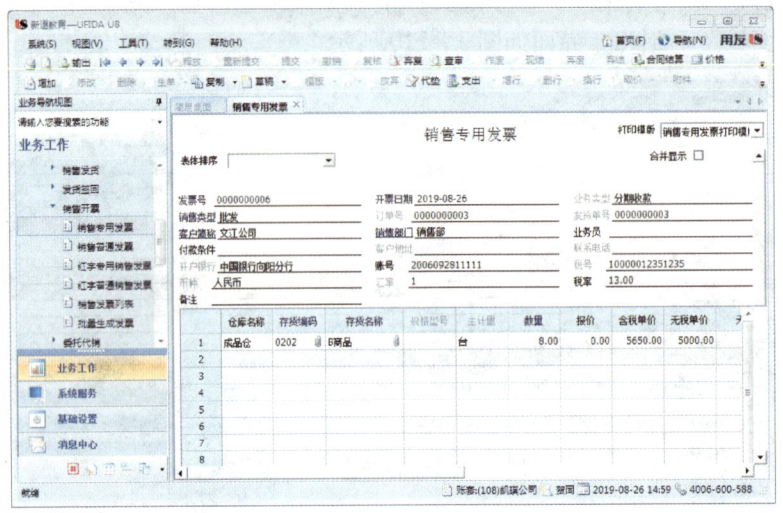

图 3-212 销售专用发票

注意事项

(1)分期收款销售方式发出商品、开具销售专用发票并确认销售收入后,应该立即在存货核算系统结转销售成本,有关单据需要在存货核算系统记账后,才能结转销售成本。如果存货发出计价方法是全月加权平均法,就在月末结转销售成本(本项目因没有启动库存管理与存货核算系统,无法由销售生成出库单,因此此处分期收款销售的销售成本核算在本项目不介绍)。

(2)如果在已启用库存管理系统的条件下,执行"出库业务"下的"销售出库单"命令,生成"销售出库单"。

活动五 零售日报业务处理

任务引入

2019 年 8 月 26 日,公司的销售部累计向零散客户销售 B 商品 10 件,每件不含税单价 5 500 元,全部为赊销。

知识链接

零售日报业务,即零售业务,是处理商业企业将商品销售给零售客户的销售业务。如果用户有零售业务,相应的销售票据按日汇总数据,然后通过零售日报进行处理。这种业务常见于商场、超市及企业的各零售店。

任务分析及操作步骤

（1）填制并复核零售日报。

①以203贺同的身份进入企业运用平台，点击"业务工作"，双击"供应链"下的"销售管理"系统下"零售日报"的"零售日报"按钮，进入零售日报窗口。

②单击"增加"按钮，进入新增零售日报状态，输入表头和表体内容，如日期、客户简称、销售类型、部门等内容，选择客户简称为"零散客户"，输入相关的内容。

③输入完毕后单击"保存"按钮，点击"复核"，如图3-213所示，然后退出。

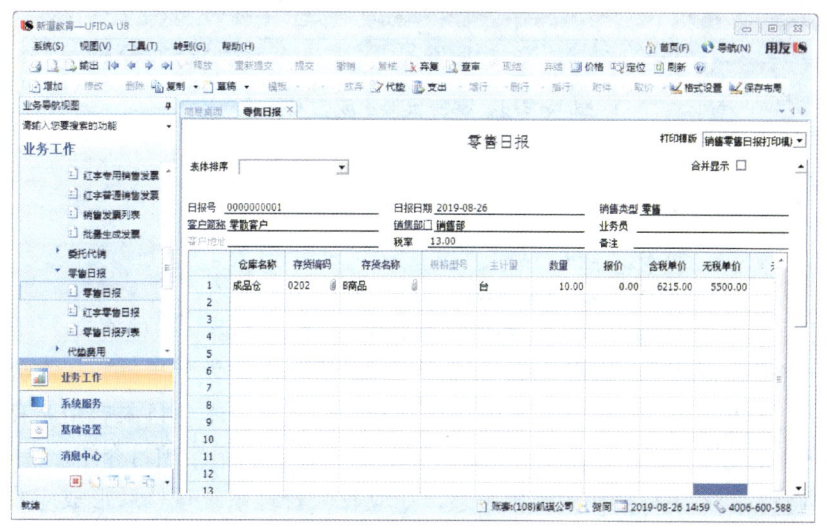

图3-213　零售日报-1

（2）生成零售业务发货单。

①以203贺同的身份进入企业运用平台，点击"业务工作"，双击"供应链"下的"销售管理"系统下"销售发货"的"发货单"，进入发货单窗口。

②系统已经根据复核后的零售日报自动生成了"发货单"，通过"上张""下张"按钮可以查看，界面如图3-214所示。

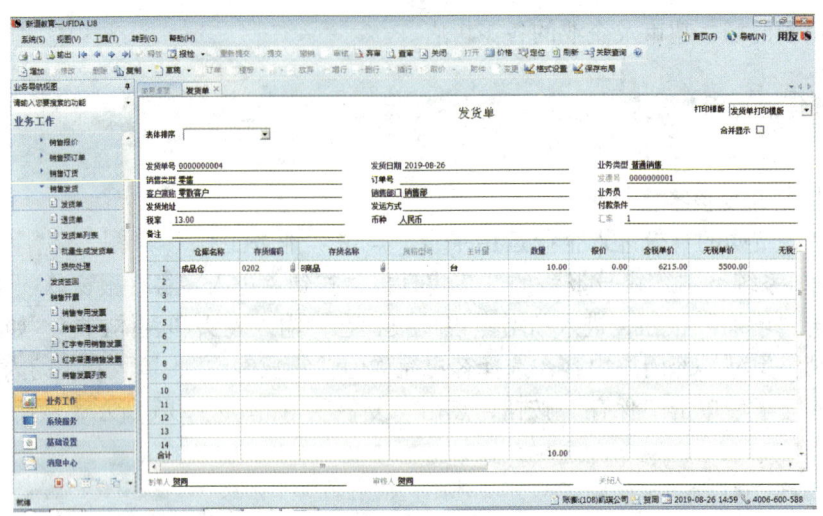

图 3-214 零售日报生成的发货单

注意事项

（1）销售零售日报不能参照其他单据生成，只能手工输入。

（2）根据复核后的零售日报生成的发货单不能修改、删除，只能查询。

（3）零售业务除了在销售管理系统填制零售日报、生成发货单外，还需要在库存管理系统生成出库单，在存货核算系统记账并结转销售成本。本项目未启用库存管理与存货核算系统，在此不介绍出库单与销售成本的结转问题，在下个项目介绍。

（4）审核后的零售日报作为销售发票，在应收款管理系统审核后形成应收账款并进行制单。

活动六　销售退回业务处理

任务引入

承前面的普通销售案例，2019年8月27日，因为质量问题，文江公司退回17日订购的B产品10台中的3台，含税价为5 650元/台，即日办理退货，并于当日开具红字专业销售发票。

知识链接

销售退回业务是指客户因质量、品种、数量不符合规定要求而将已购货物退回，包括普通销售退回和委托代销退回、开具发票前退回和开具发票后退回、委托代销结算前退回和委托代销结算后退回。不同阶段发生的退回业务处理不一样，下面分两种情况介绍销售退回处理流程。

1. 先发货后开票模式下的销售退回处理流程

（1）填制退货单，审核该退货单。

（2）根据退货单生成红字销售出库单，传递至库存管理系统。

（3）填制红字销售发票经审核、复核后的红字销售发票自动传递至应收款管理系统。

（4）红字销售发票经审核，形成红字应收款。

（5）红字销售出库单在存货核算系统记账，进行成本处理。

2. 开票直接发货模式下的销售退回处理流程

（1）填制红字销售发票，复核后自动生成退货单。

（2）生成红字销售出库单。

（3）复核后的红字销售发票自动传递至应收款管理系统，审核后，形成红字应收款。

（4）审核后的红字出库单在存货核算系统记账，进行成本处理。

由于本项目还没有启用库存管理系统与存货核算系统，因此与之有关的业务在后面一项目介绍。下面主要以普通销售退回为例进行介绍。

任务分析及操作步骤

本业务属于先开票后发货的普通业务，已经给对方开出发货单，但尚未出库，因此，退货时需要输入退货单，开具红字专用销售发票。由于尚未生成销售出库单，所以不必生成红字销售出库单。

1. 填制退货单

（1）2019年8月27日，以203贺同的身份进入企业运用平台，点击"业务工作"，双击"供应链"下的"销售管理"系统下"销售发货"的"退货单"，进入退货单窗口。

（2）单击"增加"按钮，在弹出的"过滤条件选择—参照订单"窗口，界面如图3-215所示。选择业务类型为"普通销售"，单击"确定"按钮。

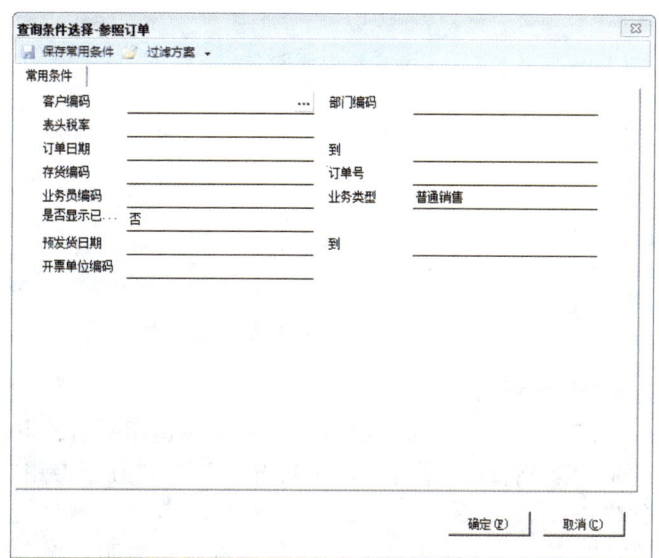

图3-215 过滤条件选择—参照订单

(3)弹出"参照生单"窗口,选择相应订单,然后点击"OK 确定"按钮。如图 3-216 所示。

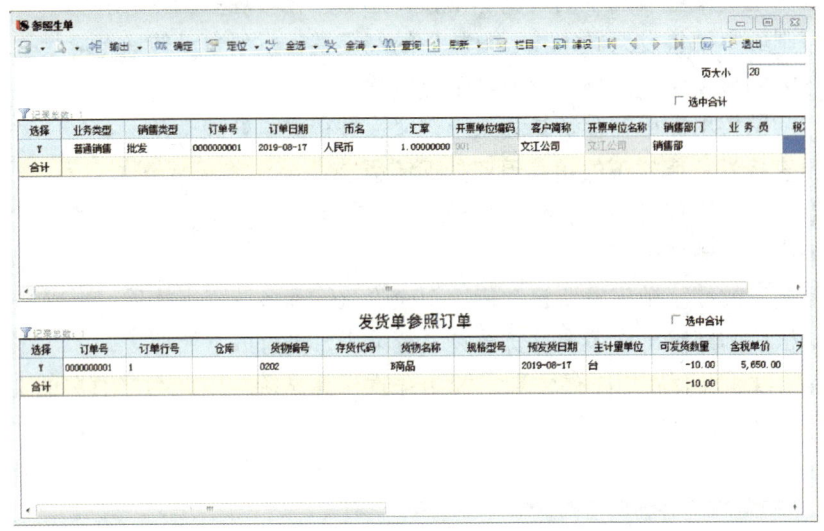

图 3-216 参照生单

(4)修改退货单上的相关数据,"仓库名称"为成品仓,数量修改为"-3",点"存盘""审核"按钮。如图 3-217 所示。

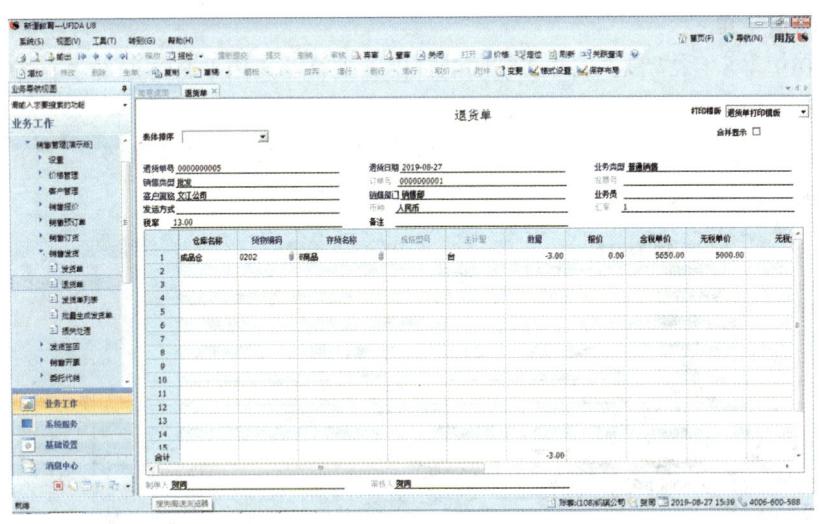

图 3-217 退货单

2. 生成红字销售专用发票

(1)2019 年 8 月 27 日,以 203 贺同的身份进入企业运用平台,点击"业务工作",双击"供应链"下的"销售管理"系统下"销售开票"的"红字专用销售发票",进入红字专用销售发票窗口。

(2)单击"增加"按钮,在弹出的"过滤条件选择——参照订单"窗口,界面如图 3-218 所示。选择业务类型为"普通销售",单击"确定"按钮。

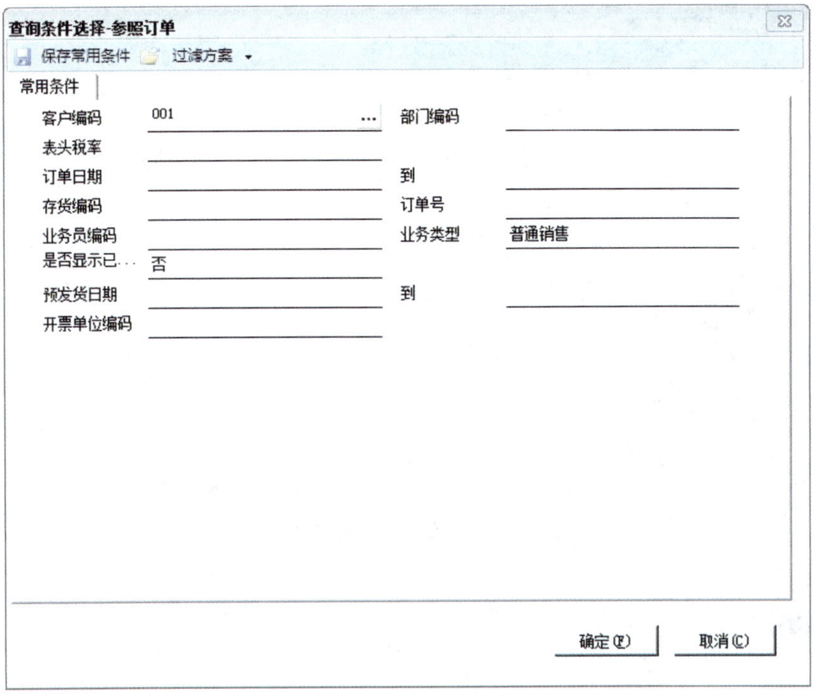

项目三 采购与应付款、销售与应收款管理系统设置与处理

图3-218 过滤条件选择-参照订单

（3）弹出参照生单窗口，选择相应订单，然后点击"OK 确定"按钮。如图 3-219 所示。

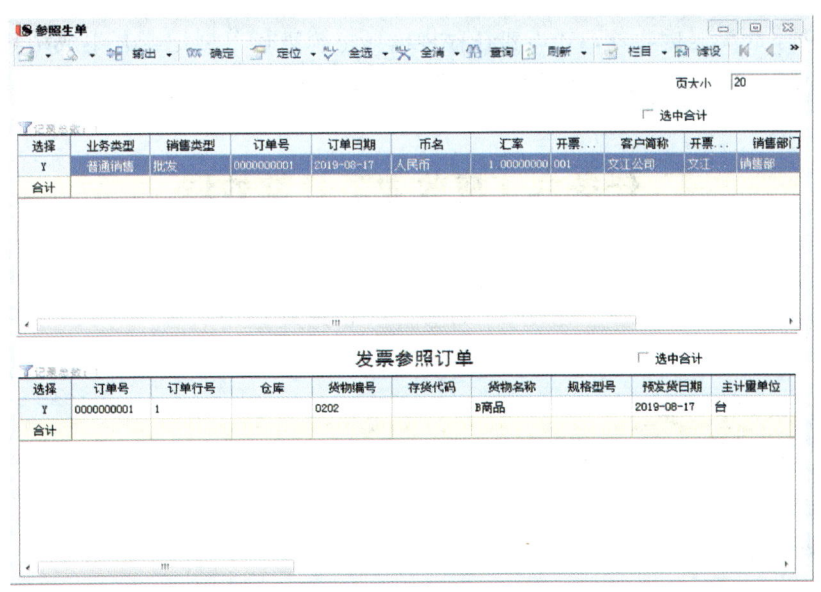

图 3-219 参照订单

（4）修改红字销售专用发票上的相关数据，"仓库名称"为成品仓，数量修改为"-3"，点"保存""复核"按钮。如图 3-220 所示。

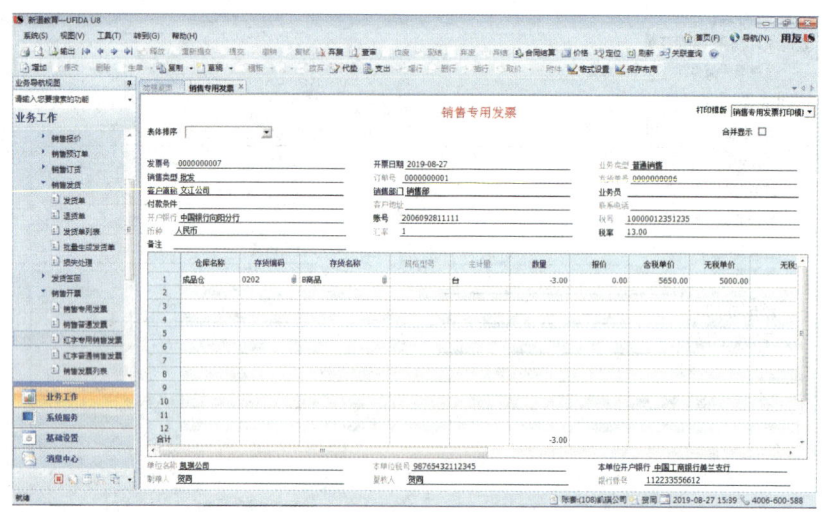

图 3-220　红字专用销售发票

注意事项

（1）在正常情况下，在销售管理系统处理完毕相关单据后，还需要在库存管理系统中生成并审核红字销售出库单。鉴于本项目尚未启用库存管理系统，在此省略。

（2）在应收款管理系统审核红字应收单，并制单，冲减销售收入，在本项目后面任务中介绍。

（3）对于此类退货业务，还需要在存货核算系统进行单据记账并生成结转成本的凭证。鉴于本项目尚未启用存货核算管理系统，在此省略。

任务六　应收业务日常处理

活动一　应收款业务处理

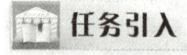

2019 年 8 月 31 日，凯琪公司财务主管对销售管理部门生成的销售发票以及由代垫费用单生成的其他应收单等单据进行手工批量审核（以下简称"批审"）。

应收单据处理是对销售发票与应收单的管理，是应收款日常业务处理的重要环节。通过及时记录应收业务的发生，加强对企业往来款项的监督管理，为应收款项的查询和

分析提供完整、准确的资料。

没有启用销售管理系统时，应收款管理系统中应收单据处理主要是对应收单据的录入、审核、查询等。应收款管理系统与采购管理系统集成使用时，销售发票和代垫费用单已在销售管理系统中完成录入，应收款管理系统对销售管理系统中生成的采购发票以及由代垫费用单生成的其他应收单进行审核、查询等操作。此时，应收款管理系统中录入的单据仅限于其他应收单。

任务分析及操作步骤

（1）2019 年 8 月 31 日以 201 苏远的身份登录企业应用平台，点击"业务工作"菜单下"应收款管理"系统主界面的"应收单据处理"菜单下的"应收单据审核"，进入应收单查询条件界面。界面如图 3－221 所示。

图 3－221　应收单据处理－1

（2）在应收单查询条件界面，输入需要审核单据的筛选条件，单击"确定"按钮，进入应收单据处理主界面。界面如图 3－222 所示。

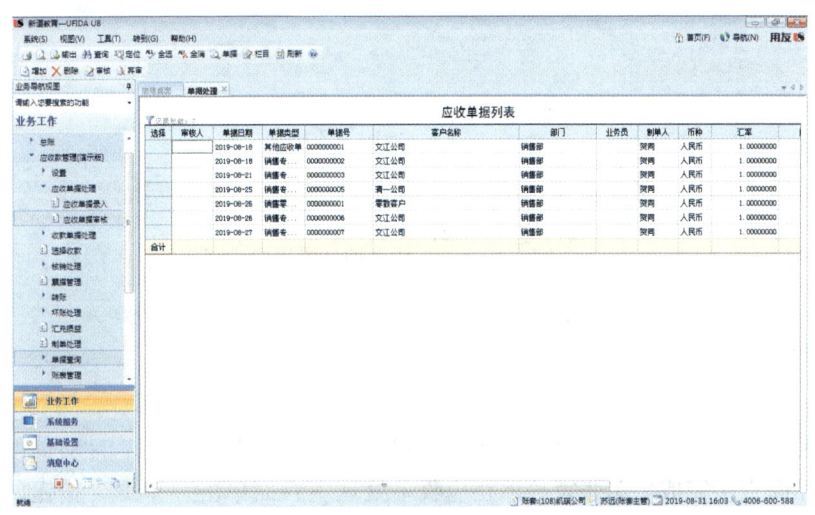

图 3－222　应收单据处理－2

（3）在应收单据处理主界面，双击要审核的应收单据的"选择"栏目，选择栏目显示"Y"，界面如图3－223所示。

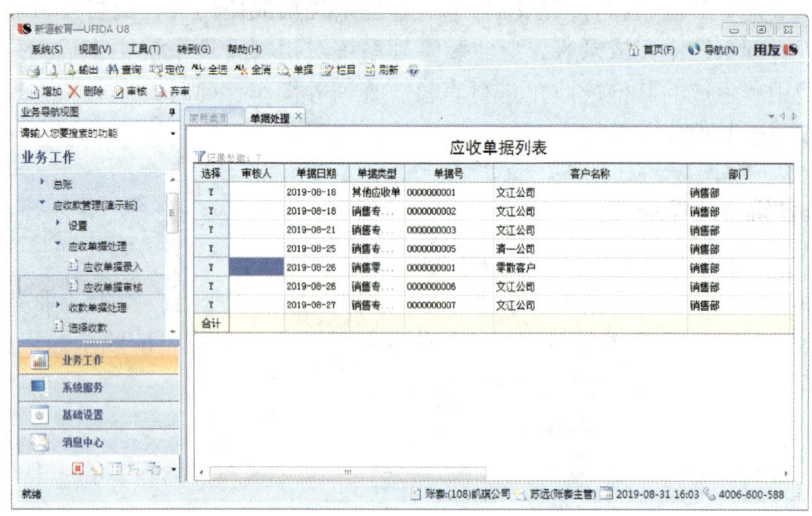

图3－223　应收单据处理－3

（4）单击"审核"按钮，将当前选中的单据全部审核。7张单据审核成功后，界面如图3－224所示。

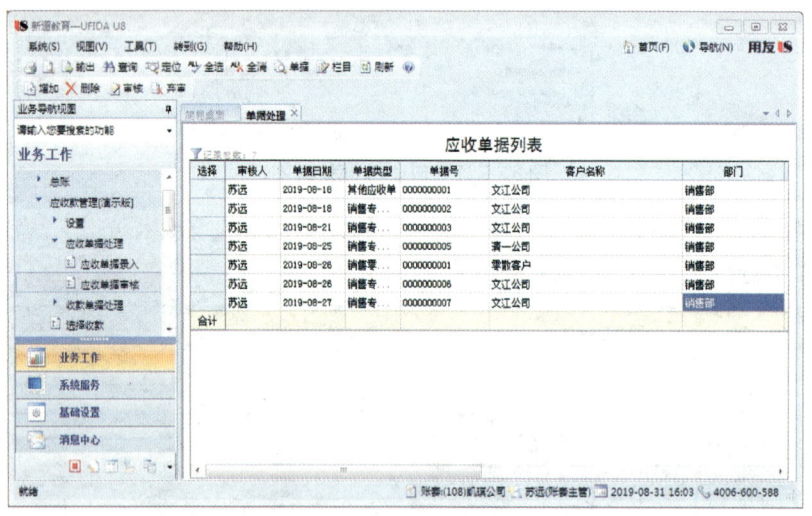

图3－224　应收单据处理－4

注意事项

（1）除了手工批审外，系统还提供自动批审和单张审核的功能。自动批审即在单据查询条件界面直接完成。单张审核即在应收单处理主界面单击"单据"按钮，进入单据界面，完成所显示单据的审核。

（2）从销售系统中传入的单据不允许在应付单据处理中删除。

（3）当审核的销售发票已经做过现结处理，则系统在审核记账的同时，后台还将自动进行相应的核销处理。对于发票有剩余的部分，做应收账款处理。

（4）已经审核过的单据不能进行重复审核。未经审核的单据不能进行弃审处理。

活动二　收款与核销业务处理

承接本项目前面的普通销售、直运销售、委托销售、分期收款销售、销售退回等业务进行收款与核销业务介绍。

1. 普通销售业务的收款与核销操作

任务引入

2019年8月19日，收到凯琪公司向文江公司销售B产品10台的款项合计56 500元，通过银行转账收讫。录入、审核收款单，并进行收款核销。

知识链接

收款单据处理主要是对收款单、付款单等结算单据进行管理，包括收款单、付款单的录入、审核。应收系统的收款单用来记录企业所收到的客户款项，款项性质包括应收款、预收款、其他费用等。应收系统的付款单用来记录发生销售退货时，企业开具的退付给客户的款项。

单据核销是指在完成收款单据处理后，将收款单据核销相关应收单据。其中应收款、预收款性质的收款单将与发票、应收单、付款单进行核销勾对。付款单可与应收、预收性质的收款单、红字应收单、红字发票进行核销。单据核销处理，建立收款与应收款的核销记录，监督应收款及时收回，加强往来款项的管理。

任务分析及操作步骤

（1）2019年8月19日，以202方芳的身份登录企业应用平台，在应收款管理系统主界面点击"收款单据处理"菜单下的"收款单据录入"，进入收款单界面，录入普通销售的收款单据。界面如图3－225所示。

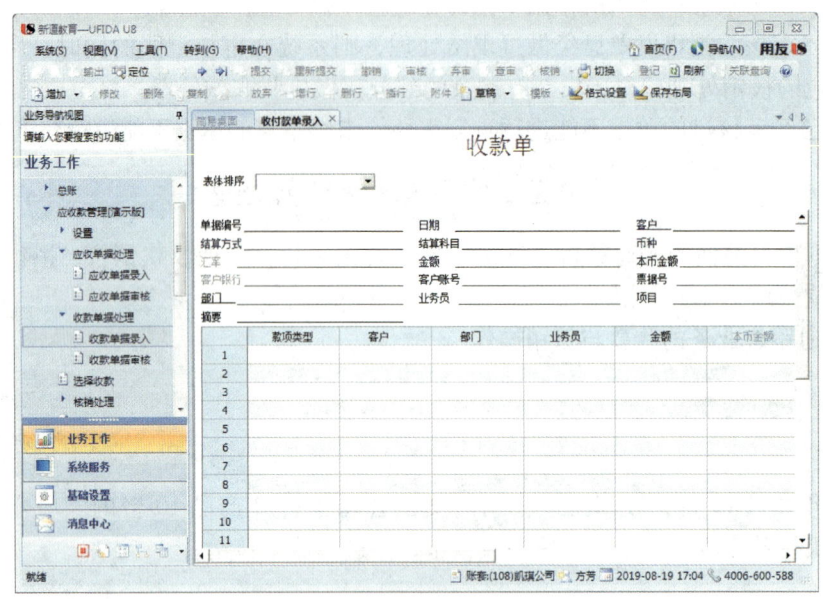

图 3-225 收款与核销处理-1

（2）在收款单界面，单击"增加"按钮，进入收款单录入状态，输入收款信息并选择收款类型，单击"保存"按钮，生成收款单。界面如图 3-226 所示。

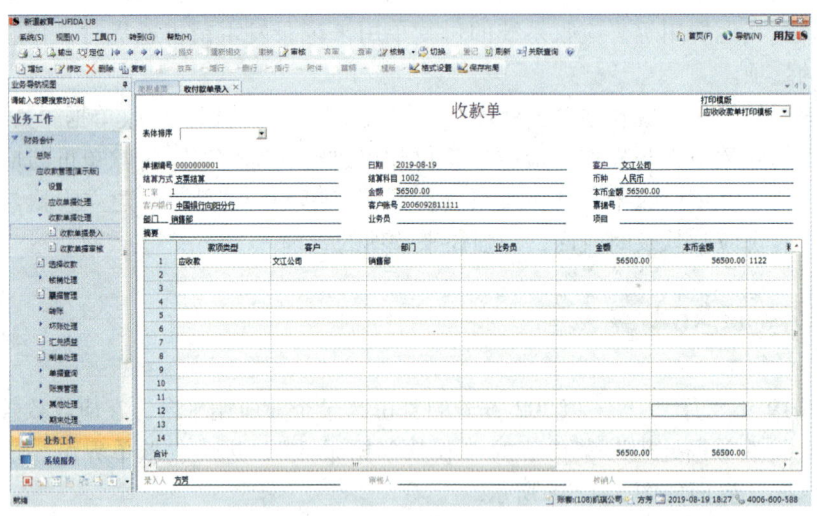

图 3-226 收款与核销处理-2

（3）2019 年 8 月 19 日以 201 苏远的身份登录企业应用平台，在应收款管理系统主界面点击"收款单据处理"菜单下的"收款单据审核"，进入收款单查询条件界面。如图 3-227 所示。

项目三 采购与应付款、销售与应收款管理系统设置与处理

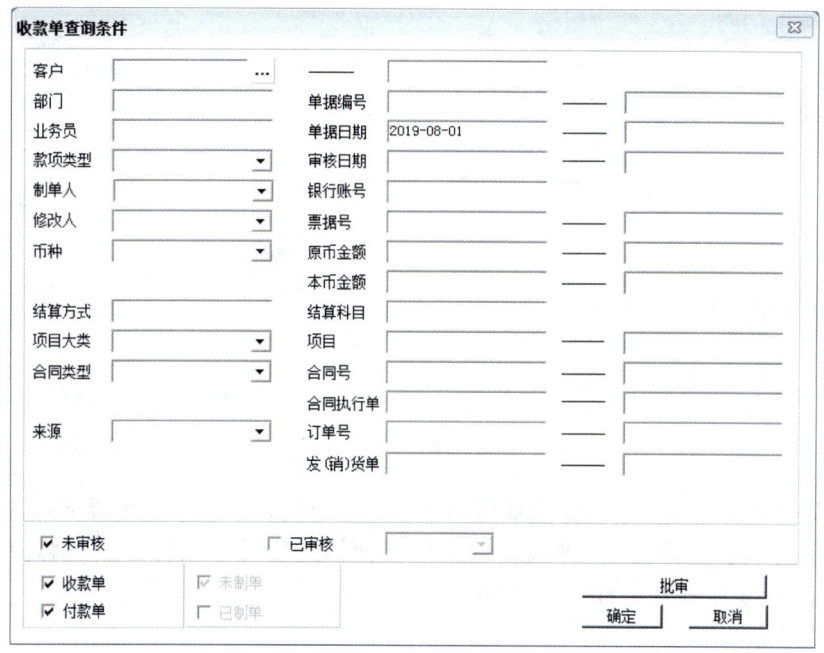

图 3－227　收款与核销处理－3

（4）单击"确定"按钮，进入收付款单列表。双击选中要审核的收付款单的"选择"栏。如图 3－228 所示。

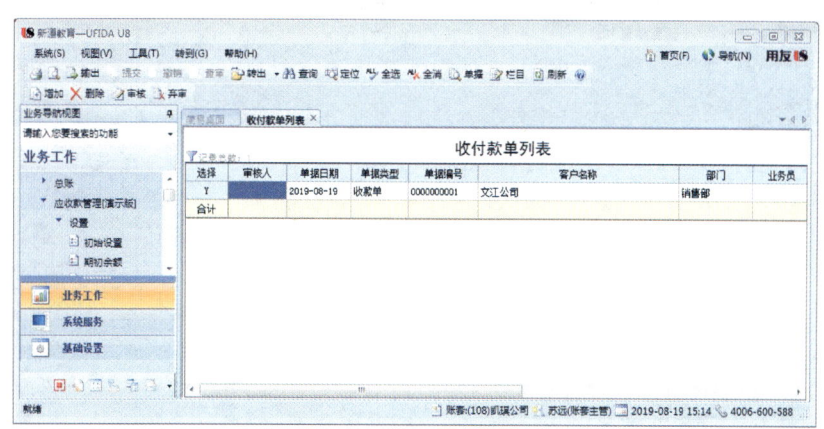

图 3－228　收款与核销处理－4

（5）单击"审核""确定"按钮，进入收付款单审核界面。如图 3－229 所示。

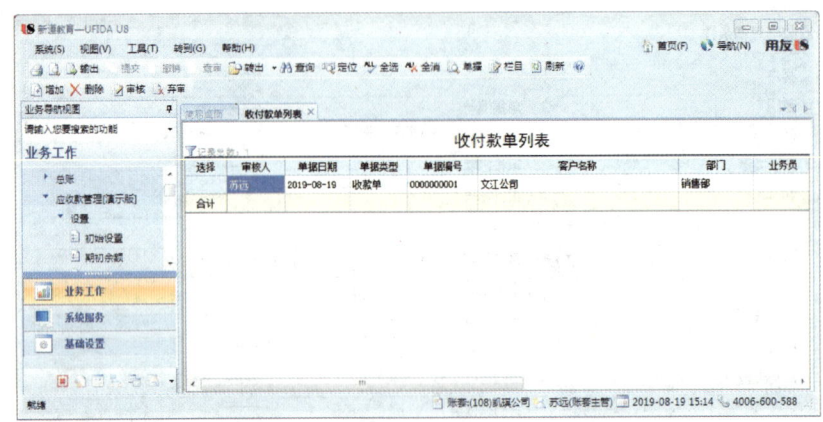

图3-229 收款与核销处理-5

（6）以201苏远的身份登录企业应用平台，在应收款管理系统主界面点击"核销处理"菜单下的"手工核销"，进入核销条件界面，设置过滤条件，输入客户"文江公司"，单击"确定"按钮。如图3-230所示。

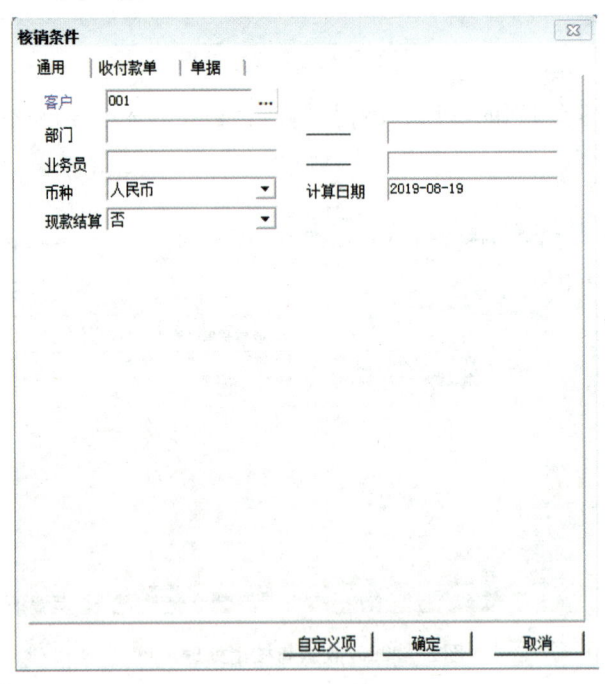

图3-230 收款与核销处理-6

（7）进入单据核销界面后，选择需要核销的金额。单击"保存"按钮。如图3-231所示。

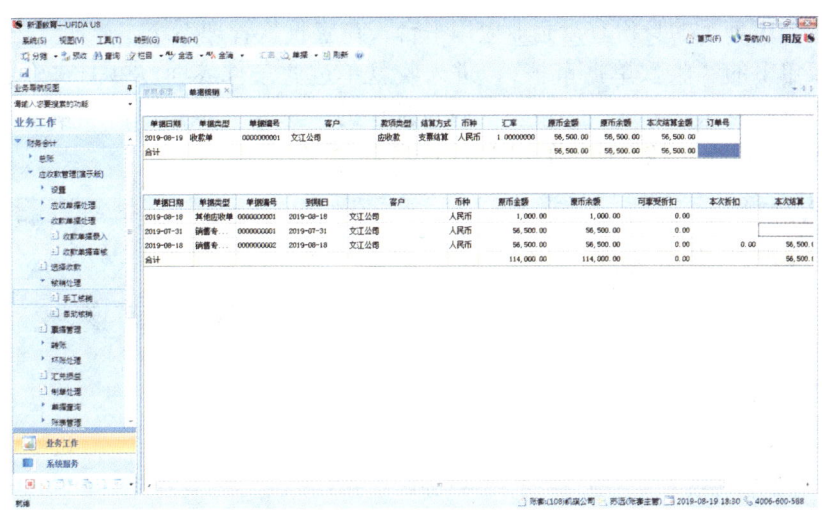

图 3–231　收款与核销处理–7

2. 直运销售业务的收款与核销操作

任务引入

2019 年 8 月 23 日，通过银行收到本公司销售给文江公司 B 商品 5 台的价款 28 250 元。录入、审核收款单，并进行收款核销。

任务分析及操作步骤

（1）以 202 方芳的身份登录企业应用平台，在应收款管理系统主界面点击"收款单据处理"菜单下的"收款单据录入"，进入收款单界面，单击"增加"按钮，录入直运销售的收款单据，单击"保存"按钮，生成收款单。界面如图 3–232 所示。

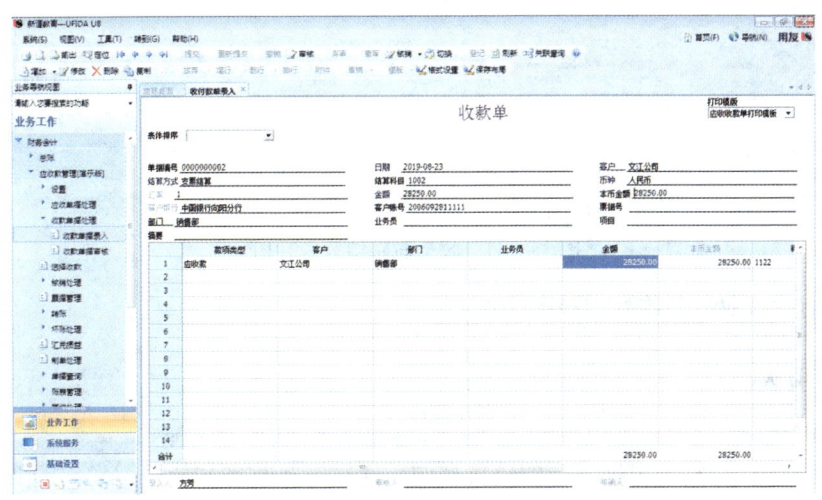

图 3–232　收款与核销处理–8

(2)以201苏远的身份登录企业应用平台,在应收款管理系统主界面点击"收款单据处理"菜单下的"收款单据审核",进入收款单过滤条件界面。单击"确定"按钮,进入收付款单列表。双击选中要审核的收付款单的"选择"栏。单击"审核""确定"按钮,进入收付款单审核界面。如图3-233所示。

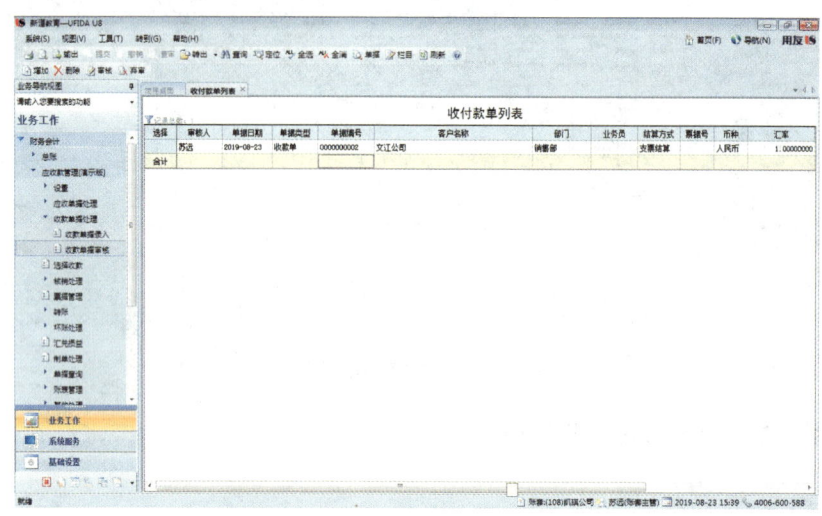

图3-233 收款与核销处理-9

(3)以201苏远的身份登录企业应用平台,在应收款管理系统主界面点击"核销处理"菜单下的"手工核销",进入核销条件界面,设置过滤条件,输入客户"文江公司",单击"确定"按钮。进入单据核销界面后,选择需要核销的金额。单击"保存"按钮。如图3-234所示。

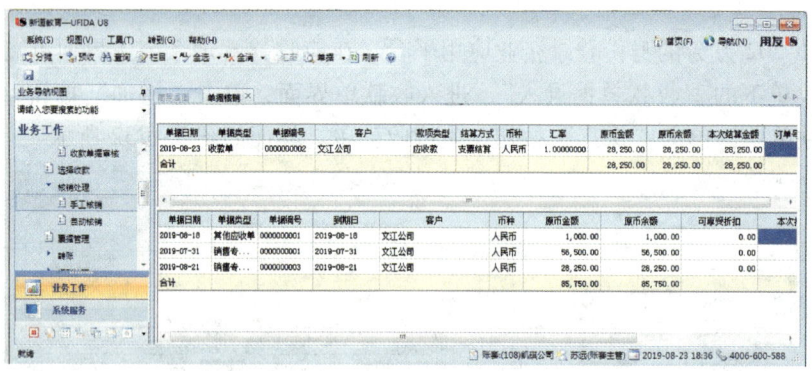

图3-234 收款与核销处理-10

3. 分期收款业务的收款与核销操作

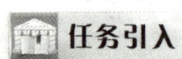

2019年8月27日,根据签订的销售合同,通过银行收到文江公司发出的B商品8台第一期货款11 300元。录入、审核收款单,并进行收款核销。

任务分析及操作步骤

分期收款销售的收款与核销操作与前面普通销售、直运销售业务的收款与核销操作相类似，具体操作如下：

（1）以202方芳的身份登录企业应用平台，在应收款管理系统主界面点击"收款单据处理"菜单下的"收款单据录入"，进入收款单界面，单击"增加"按钮，录入直运销售的收款单据，单击"保存"按钮，生成收款单。界面如图3-235所示。

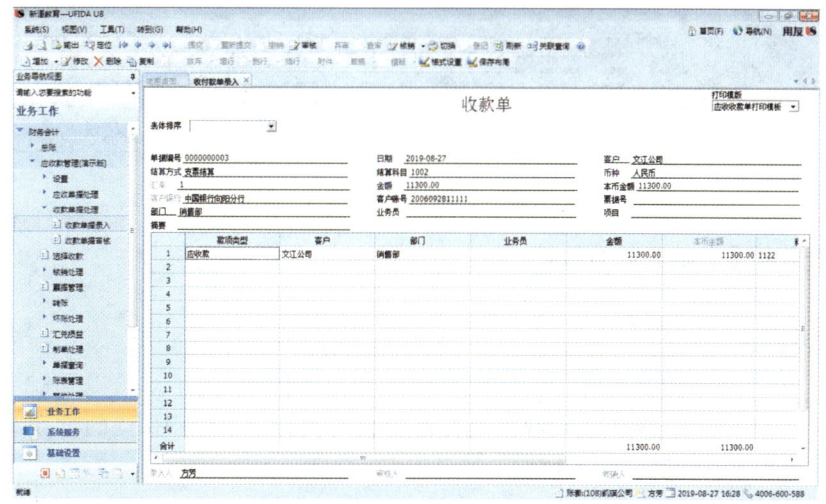

图3-235　收款与核销处理-11

（2）以201苏远的身份登录企业应用平台，在应收款管理系统主界面点击"收款单据处理"菜单下的"收款单据审核"，进入收款单过滤条件界面。单击"确定"按钮，进入收付款单列表。双击选中要审核的收付款单的"选择"栏。单击"审核""确定"按钮，进入收付款单审核界面。如图3-236所示。

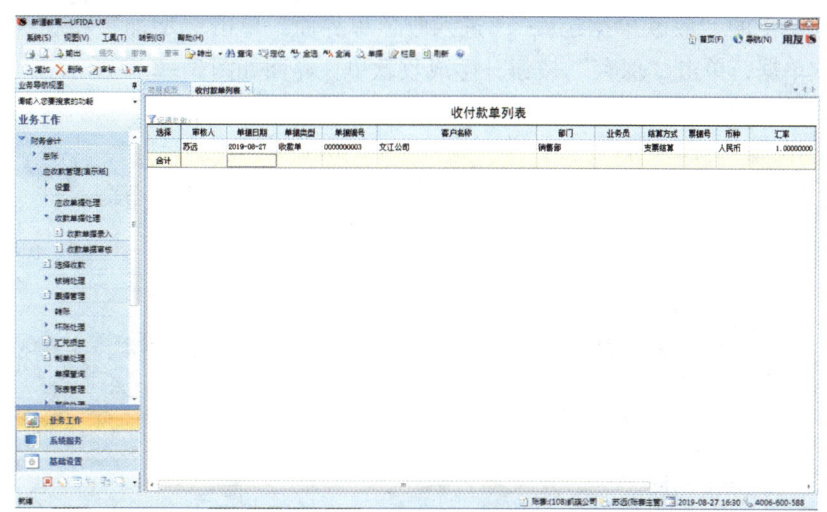

图3-236　收款与核销处理-12

（3）以 201 苏远的身份登录企业应用平台，在应收款管理系统主界面点击"核销处理"菜单下的"手工核销"，进入核销条件界面，设置过滤条件，输入客户"文江公司"，单击"确定"按钮。进入单据核销界面后，选择需要核销的金额。单击"保存"按钮。如图 3-237 所示。

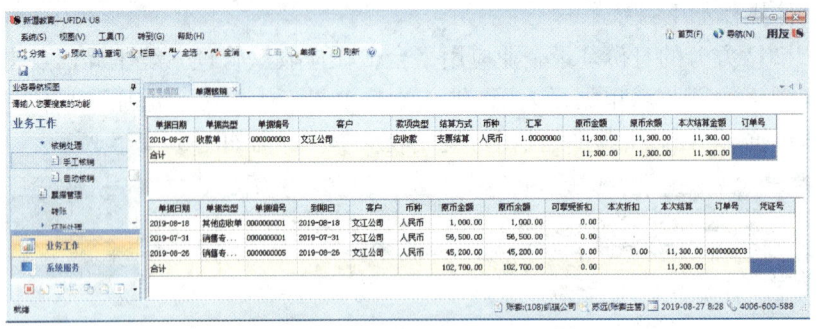

图 3-237　收款与核销处理 -13

4. 委托代销业务的收款与核销

任务引入

2019 年 8 月 28 日，凯琪公司收到委托清一公司代销 A 产品 10 台的价款 67 800 元。录入、审核收款单，并进行收款核销。

任务分析及操作步骤

委托代销业务的收款与核销操作与前面普通销售、直运销售业务的收款与核销操作相类似，具体操作如下：

（1）以 202 方芳的身份登录企业应用平台，在应收款管理系统主界面点击"收款单据处理"菜单下的"收款单据录入"，进入收款单界面，单击"增加"按钮，录入直运销售的收款单据，单击"保存"按钮，生成收款单。界面如图 3-238 所示。

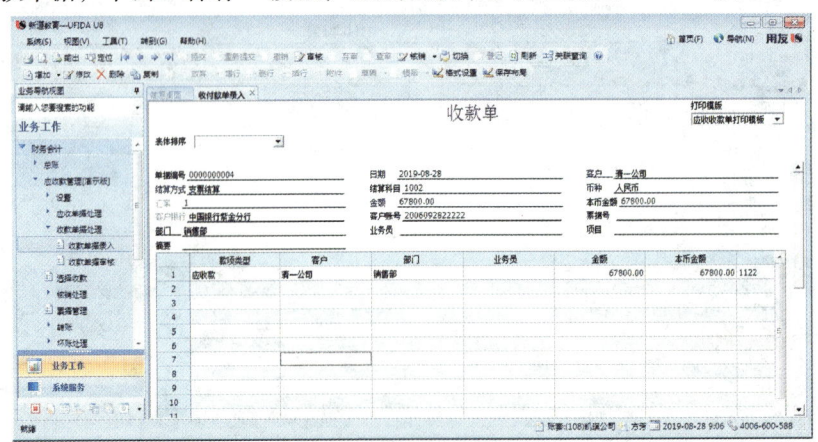

图 3-238　收款与核销处理 -14

（2）以 201 苏远的身份登录企业应用平台，在应收款管理系统主界面点击"收款单据处理"菜单下的"收款单据审核"，进入收款单过滤条件界面。单击"确定"按钮，进入收付款单列表。双击选中要审核的收付款单的"选择"栏。单击"审核""确定"按钮，进入收付款单审核界面。如图 3-239 所示。

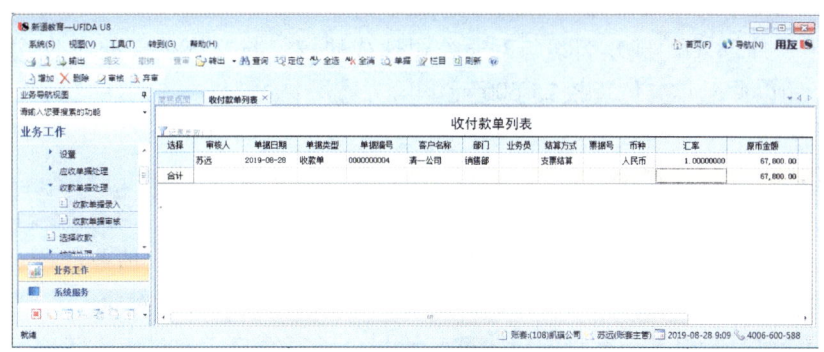

图 3-239　收款与核销处理-15

（3）以 201 苏远的身份登录企业应用平台，在应收款管理系统主界面点击"核销处理"菜单下的"手工核销"，进入核销条件界面，设置过滤条件，输入客户"清一公司"，单击"确定"按钮。进入单据核销界面后，选择需要核销的金额。单击"保存"按钮。如图 3-240 所示。

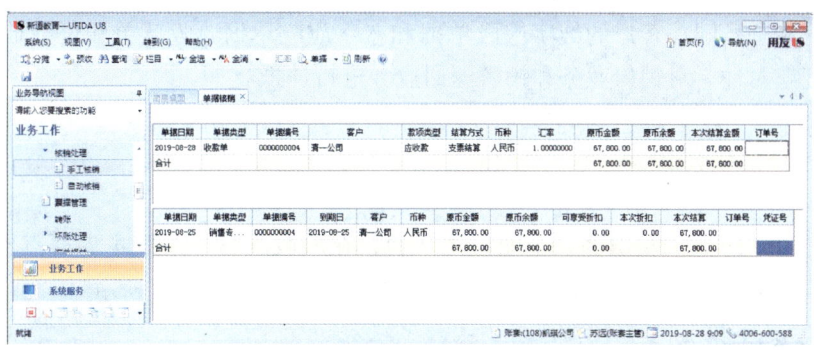

图 3-240　收款与核销处理-16

注意事项

（1）录入收款单时，必须明确付款类型是应收款、预收款还是收取其他费用。

（2）已审核、已制单、已核销的收款单据不能修改、删除。

（3）若单据核销界面的屏幕上方的收款单本次结算金额与屏幕下方的应收单本次结算金额不相等，不能保存核销。

（4）单据核销界面下列的应付单据本次结算金额系统自动生成，可以手工调整。

（5）若要取消核销，在应付款管理系统主界面点击"其他处理"菜单下的"取消操作"，选择取消核销操作即可。

活动三 转账处理

任务引入

2019年8月28日,凯琪公司与万通公司达成协议,将文江公司的应收款25 600元转给万通公司以冲上年应付货款25 600元。

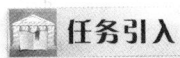

知识链接

转账处理是指对应收的对象进行调整或者将应收款与其他债权债务进行对冲。转账处理提供四种方式:应收冲应收、预收冲应收、应收冲应付和红票对冲。

应收冲应收是指将某一客户的应收款转给另外一家客户。通过应收转应收业务将应收款在客商之间进行转入、转出,实现对应收对象的调整,解决应收款业务在不同客商间入错户或者并户的问题。

预收冲应收是指将同一客户的预收和应收进行转账核销处理。预收冲应收包括供应商的预收款和应收款之间、红字预收款和红字应收款之间的转账处理。

应收冲应付是指将某一客户的应收款冲抵某一供应商的应付款。通过应收冲应付的功能实现对应收业务的调整,解决应收债权与应付债务的冲抵。

红票对冲是指同一客户的红字应收单据和蓝字应收单据、收款单和付款单之间的冲抵。通过红票对冲,对销售业务和销售退回业务进行冲抵。

任务分析及操作步骤

(1)以201苏远的身份登录企业应用平台,在应收款管理系统主界面点击"转账"菜单下的"应收冲应付",进入应收冲应付界面。界面如图3-241所示。

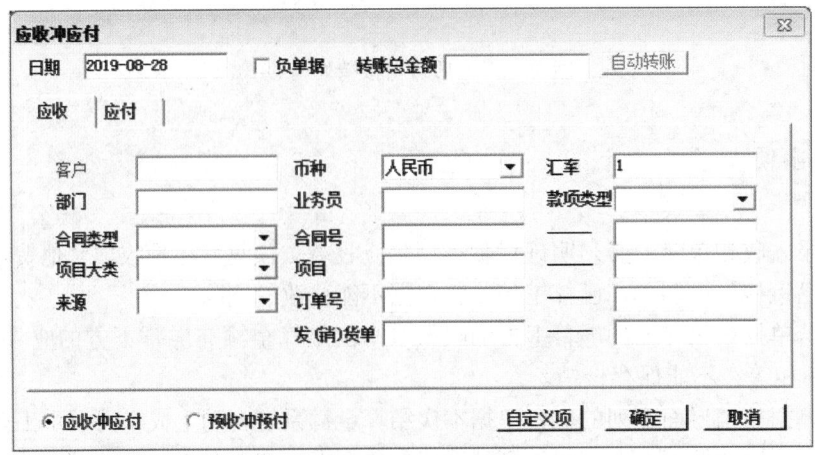

图3-241 转账处理-1

(2) 在应收冲应付界面，选择"应收"卡片，输入客户名称"文江公司"。界面如图 3－242 所示。

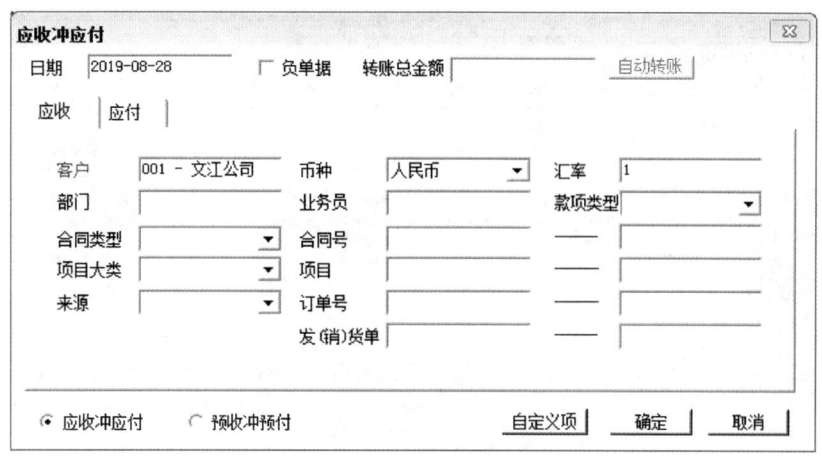

图 3－242 转账处理－2

(3) 在应收冲应付界面，选择"应付"卡片，输入供应商名称"万通公司"。界面如图 3－243 所示。

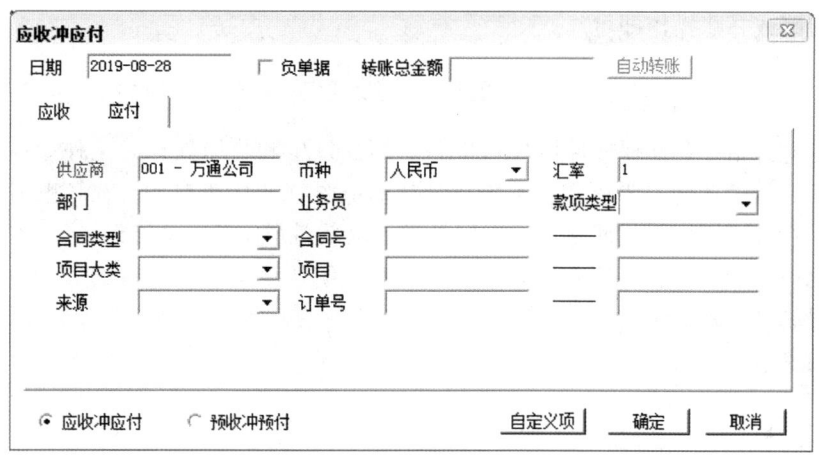

图 3－243 转账处理－3

(4) 在应收冲应付界面，单击"确定"按钮，录入相关数据，点击"存盘"按钮，系统弹出是否立刻制单提示界面。取消立即制单，并退出应收冲应付界面。制单提示界面如图 3－244 所示。

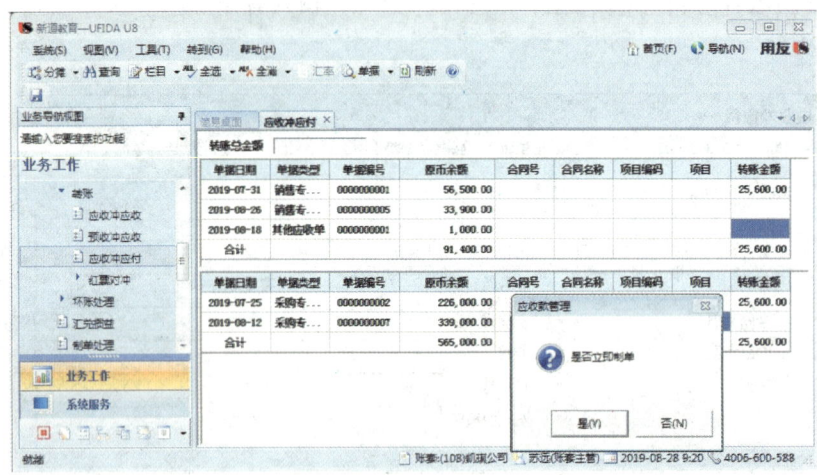

图 3-244 转账处理-4

注意事项

若要取消转账,在应收款管理系统主界面点击"其他处理"菜单下的"取消操作",选择取消转账或并账操作即可。

活动四 坏账处理

坏账处理是指企业计提或冲回坏账准备、坏账发生和收回处理等工作。应收款管理系统中的坏账处理功能主要包括:系统自动计提应收款的坏账准备,在坏账发生时进行坏账核销,在被核销坏账收回时进行冲回处理,以及对企业坏账的查询。

在使用应收款系统进行坏账处理前,必须在系统选项中选择坏账的处理方式,并在系统初始设置中设置坏账参数。

1. 坏账发生

任务引入

2019 年 8 月 29 日,凯琪公司与文江公司在 8 月 18 日的代垫运费问题上发生纠纷,文江公司拒绝确认代垫运费,凯琪公司把 1 000 元代垫运费确认为坏账。

知识链接

坏账发生是指企业将无法收回的应收款确认为坏账。应收款管理系统在坏账发生时,选定发生坏账的应收单据,用坏账准备冲销无法收回的应收款项。对坏账发生的处理避免了企业应收款的长期呆滞。

任务分析及操作步骤

（1）201 苏远的身份进入企业应用平台主界面，点击"业务工作"下的"财务会计"中的"应收款管理"系统菜单中"坏账处理"下的"坏账发生"，进入坏账发生界面。界面如图 3-245 所示。

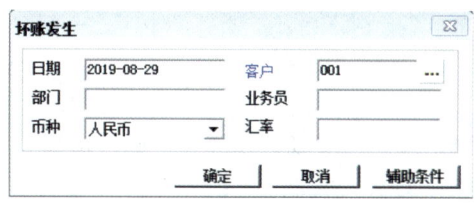

图 3-245　发生坏账-1

（2）在发生坏账损失界面，输入发生坏账的客户编码，单击"确定"按钮，进入坏账发生单据明细界面。界面如图 3-246 所示。

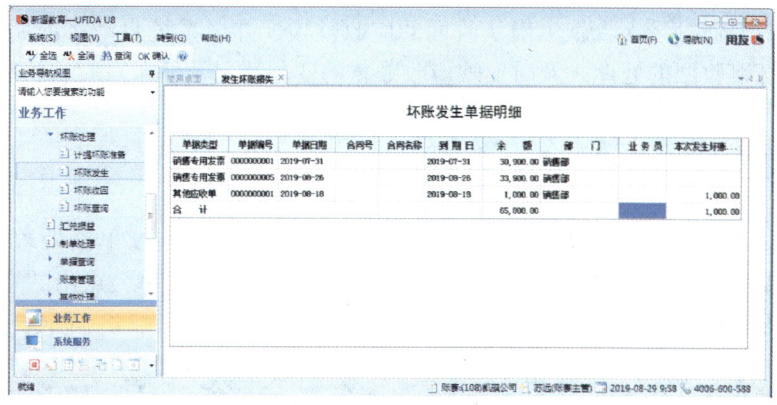

图 3-246　发生坏账-2

（3）在坏账发生单据明细表中找到发生坏账的应收单据，并在对应单据的"本次发生坏账金额"栏中输入坏账金额 1 000 元，单击"OK 确认"按钮，系统弹出立即制单界面，取消立即制单，完成操作。坏账处理界面如图 3-247 所示。

图 3-247　发生坏账-3

注意事项

若要取消坏账处理,在应收款管理系统主界面点击"其他处理"菜单下的"取消操作",选择取消坏账处理操作即可。

2. 收回坏账

任务引入

2019 年 8 月 30 日,凯琪公司与文江公司经过协商,文江公司最终确认并支付代垫运费 1 000 元,款项通过支票结算方式收取。

知识链接

收回坏账是指在对应收款项确认为坏账后,该应收款项又被收回。应收款管理系统在坏账收回时,通过录入收款单确认收回的应收款项,并由系统自动将前期所计提的坏账冲回。对坏账收回的处理,及时反映应收账款的变化情况,便于对应收款项的管理。

任务分析及操作步骤

(1)以 201 苏远的身份在应收款管理系统主界面点击"收款单据处理"菜单下的"收款单据录入",进入收款单界面,录入收款信息,生成收款单,点击"存盘"按钮,(收款单的录入参见"收款单据处理"),生成的收款单,如图 3 – 248 所示。

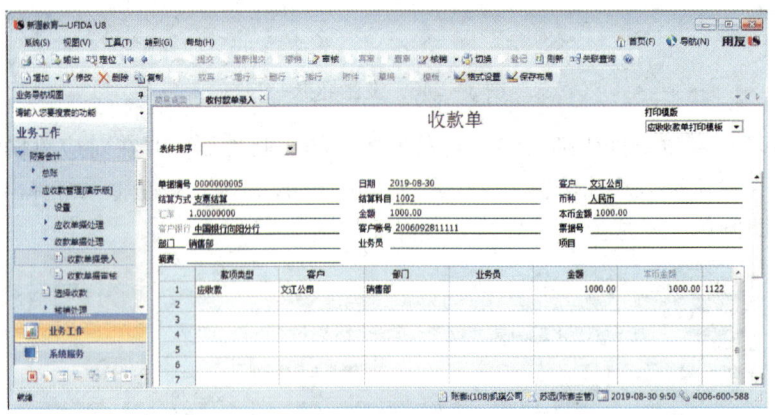

图 3 – 248 收回坏账 – 1

(2)在应收款管理系统主界面点击"坏账处理"菜单下的"坏账收回",进入坏账收回界面,输入发生坏账的结算单号,选择对应的收款单。单击"确定"按钮,弹出询问"是否立即制单"框,点击"否"按钮,完成坏账收回处理。坏账收回界面如图 3 – 249 所示。

图 3-249 收回坏账-2

注意事项

（1）收回一笔坏账时所录入收款单的金额应是收回的坏账的金额，若除收回坏账外还收回其他的款项，其他款项应另外录入收款单。

（2）坏账收回的收款单不需要审核和核销。

活动五 生成记账凭证

1. 生成记账凭证

任务引入

2019 年 8 月 31 日，凯琪公司对所有单据进行制单处理，并审核与记账。

知识链接

制单即生成记账凭证，并将记账凭证传递给总账记账。应收款管理系统提供统一制单处理的平台，企业通过制单处理，可以快速、成批地生成记账凭证，并且可以依据制单规则进行合并制单处理。通过制单处理生成凭证外，在对应收单据、收款单据、转账和坏账等业务进行处理时，系统还提供了实时制单的功能。企业为了确保业务处理的及时性，通常使用实时制单功能，而为了项目表述的完整性和条理性，下面介绍的通过系统制单处理平台进行期末一次性批量制单。

制单类型包括发票制单、应收单制单、收付款单制单、核销制单、票据处理制单、汇总损益制单、转账制单、并账制单、现结制单、坏账处理制单等。

任务分析及操作步骤

（1）2019年8月31日，demo（密码：DEMO）在应收款管理系统中，双击"制单处理"，进入制单查询界面。界面如图3-250所示。

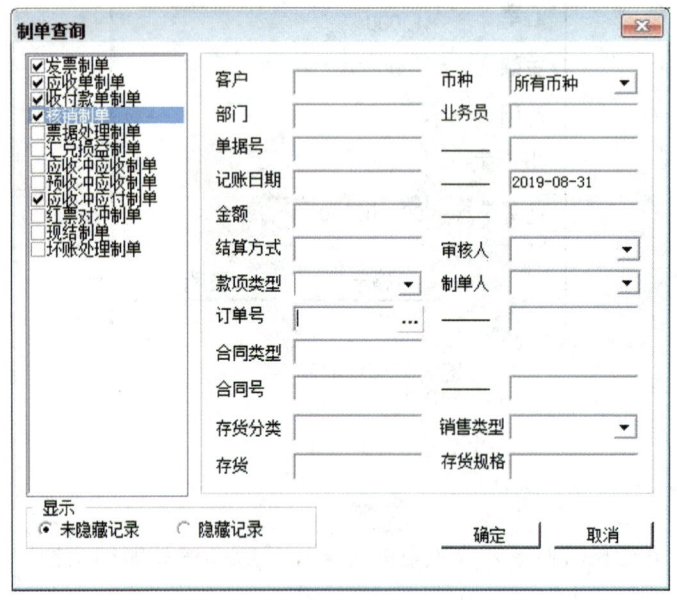

图3-250　生成记账凭证-1

（2）在制单查询界面，选择制单类型并输入单据查询条件，单击"确定"按钮，进入应收制单界面。按照时间顺序选择需要生成记账凭证的单据，并把收款单与核销合并制单，界面如图3-251所示。

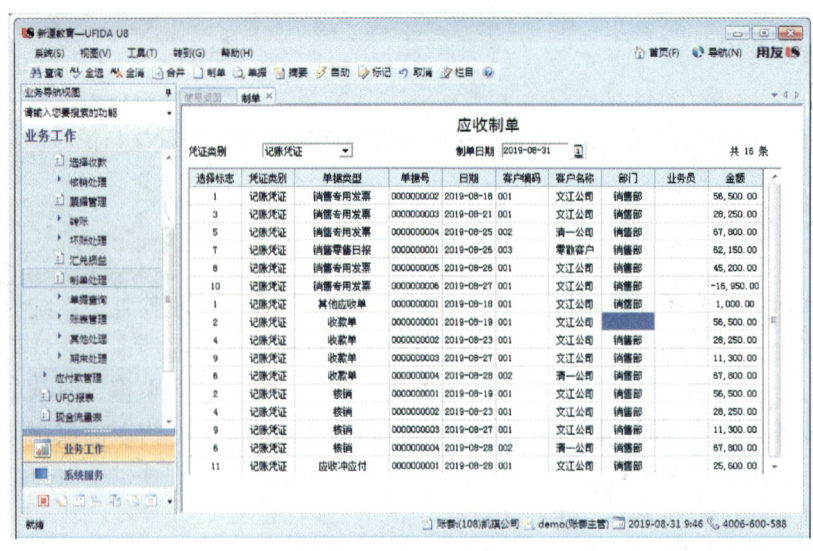

图3-251　生成记账凭证-2

【栏目解释】

◆ 全选：选定所有单据。
◆ 全消：取消选定的所有单据。
◆ 合并：对单据类型相同的单据合并制单，核销的单据必须要与收款单合并制单。
◆ 制单：进入制单界面进行制单。
◆ 单据：显示选定单据的完整内容。
◆ 摘要：设置凭证摘要，以便制单时自动生成凭证摘要。
◆ 自动：将借贷科目及辅助项相同的单据自动隐藏，不制单。
◆ 标记：将选定的单据隐藏，不在制单界面显示所隐藏单据。
◆ 取消：取消隐藏，显示所隐藏的单据。

(3) 在应收制单界面，选择需要生成记账凭证的单据，然后单击"制单"按钮，进入填制凭证界面。界面如图3－252所示。对相关信息进行查看或调整后，单击"保存"按钮，记账凭证保存后的在记账凭证上标识"已生成"标志。

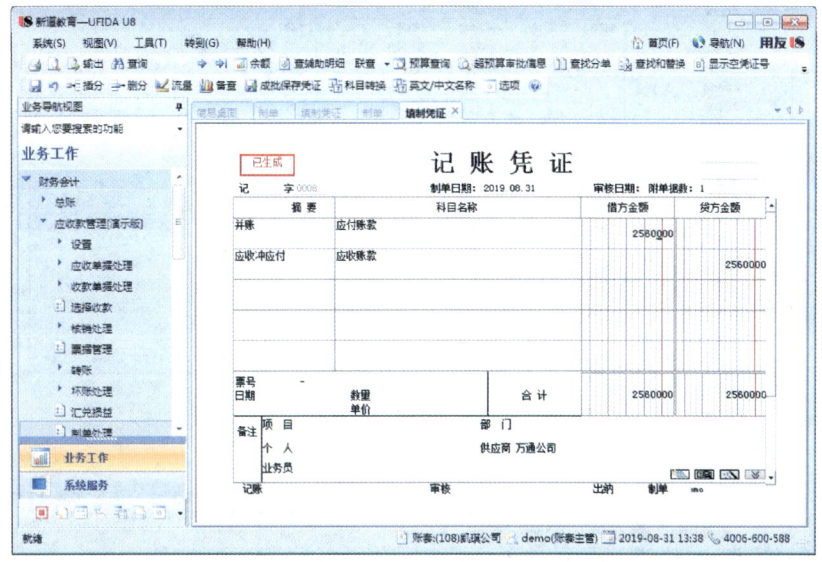

图3－252　生成记账凭证－3

(4) 坏账处理制单的步骤和方法与上面制单步骤相同。如下图3－253、图3－254、图3－255所示。

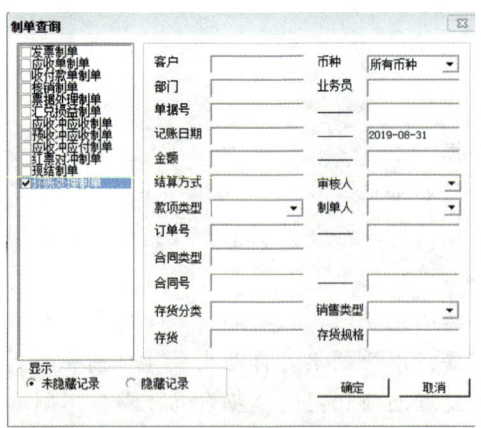

图3-253 生成记账凭证-4

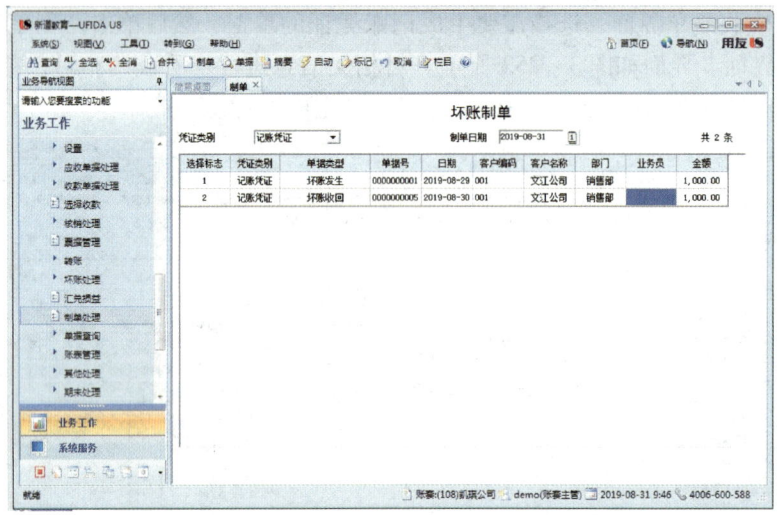

图3-254 生成记账凭证-5

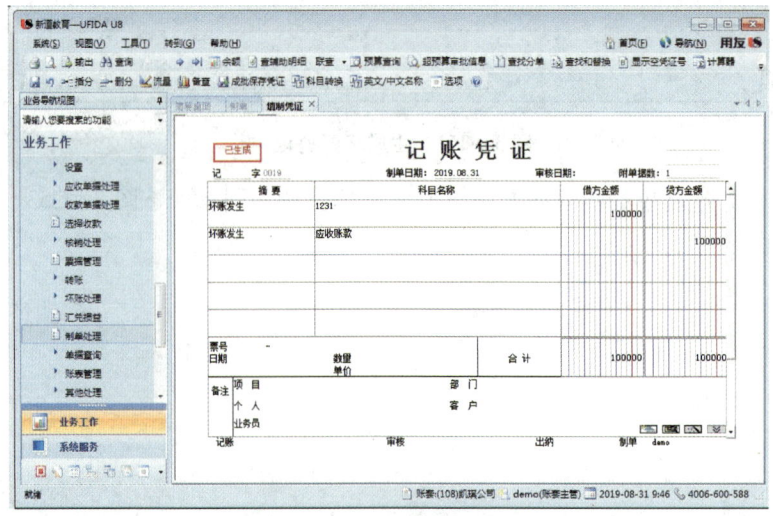

图3-255 生成记账凭证-6

(5) 以 201 苏远的身份在应付款管理系统中对采购专用发票进行审核，以 demo 的身份在应付款管理系统中进行并制单。如图 3-256、图 3-257 所示。

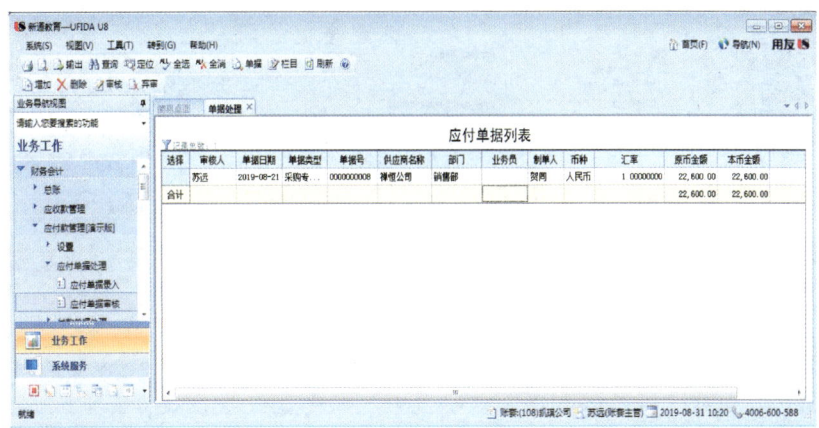

图 3-256　生成记账凭证-7

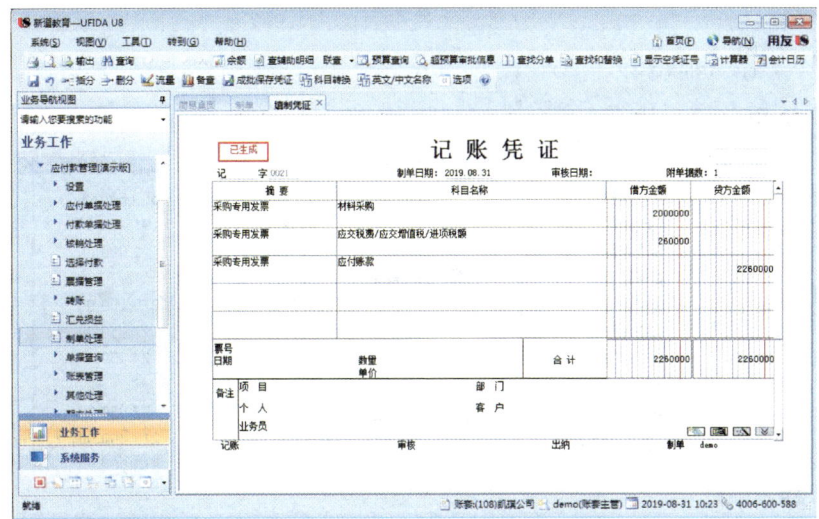

图 3-257　生成记账凭证-8

(6) 201 苏远在总账系统中进行凭证审核与记账。如图 3-258、图 3-259 所示。

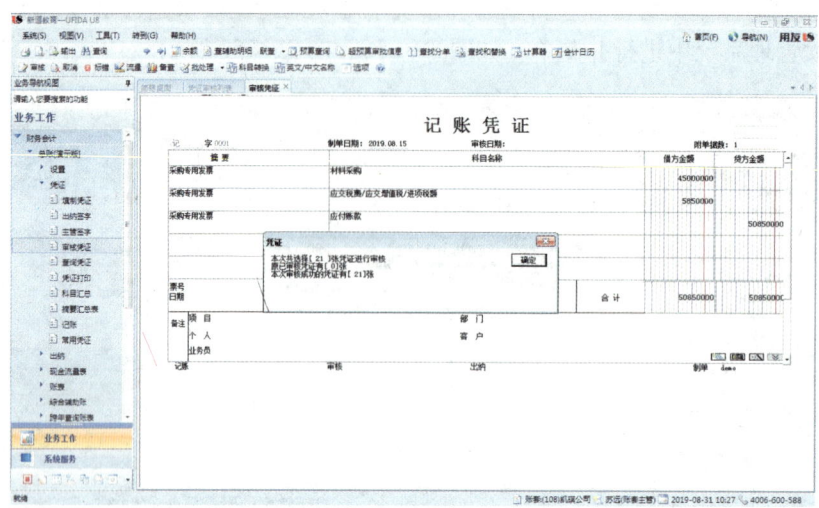

图 3-258 凭证审核

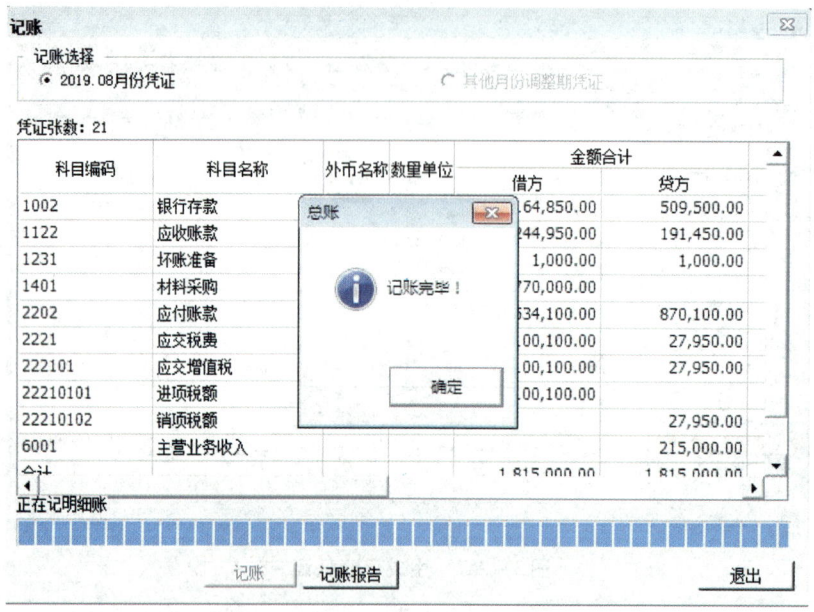

图 3-259 凭证记账

注意事项

（1）核销制单功能受系统选项的控制，若选项中选择核销不制单，则即使入账科目不一致也不制单。核销制单需要应收单及收款单已经制单，才可以进行核销制单。

（2）除坏账处理制单只能独立制单外，其他各种制单类型均可以实现合并制单处理。

（3）在填制凭证界面，可以增加、删除分录，但增加、删除的分录科目不能为受控科目，系统生成的分录不允许删除。

(4) 在填制凭证界面，科目金额由系统自动生成，对受控科目的金额进行修改，但允许修改非受控科目金额。

(5) 在填制凭证界面，制单日期系统默认为当前业务日期，可以调整，但制单日期应大于等于所选的单据的最大日期，但小于当前业务日期。

(6) 若同时使用了总账系统，所输入的制单日期应该满足总账制单日期序时要求：即大于同月同凭证类别的日期。

(7) 若要删除记账凭证，在应付款管理系统主界面点击"单据查询"菜单下的"凭证查询"，选择所要删除的凭证进行删除操作即可。

2. 计提坏账准备

任务引入

2019年8月31日，凯琪公司计提本月坏账准备，立即制单处理。

知识链接

计提坏账准备是指企业期末在分析各项应收账款的基础上，对可能产生的坏账进行估算，计提坏账准备金。应收款管理系统对坏账准备的计提，在对系统进行初始设置和选项设置的基础上，由系统自动完成计提工作。通过计提坏账准备，更真实地反映企业应收款项的情况。

任务分析及操作步骤

(1) 以201苏远身份在应收款管理系统主界面点击"坏账处理"菜单下的"计提坏账准备"，进入计提坏账准备界面，系统自动列示坏账准备计提情况。界面如图3-260所示。

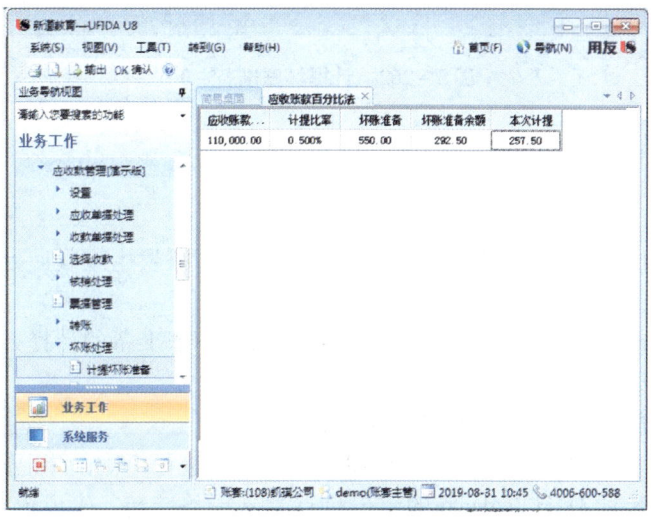

图3-260 计提坏账准备-1

（2）在计提坏账准备界面，单击"OK 确认"按钮，系统弹出立即制单界面，点击"是"按钮。完成坏账计提，并存盘，界面如图 3-261、图 3-262 所示。

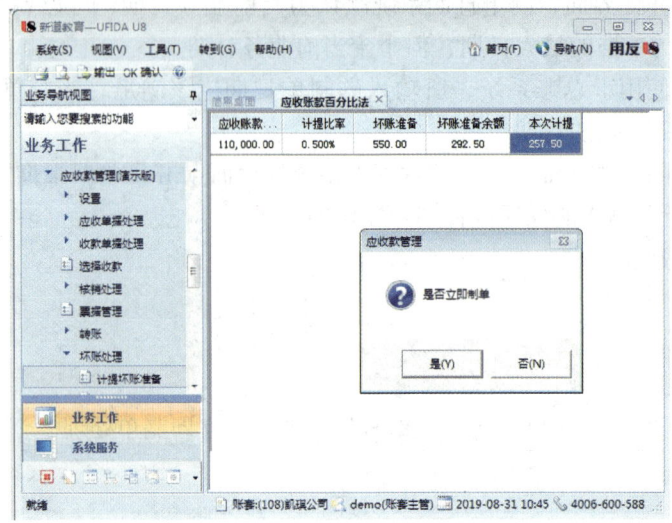

图 3-261　计提坏账准备-2

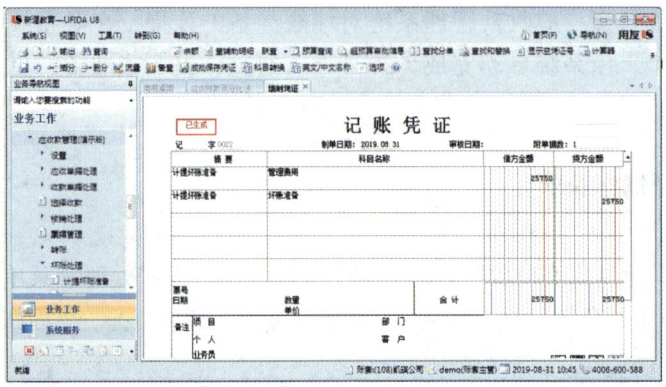

图 3-262　计提坏账准备-3

注意事项

（1）企业一般期末计提坏账准备，即企业在当期坏账发生或收回处理完成后才计提坏账准备。

（2）系统生成的坏账准备计提金额与应收选项中坏账准备的计提方法设置和应收初始设置中计提参数设置有关。

（3）系统生成的坏账准备计提金额不允许修改。

（4）2019 年 8 月 31 日以 201 苏远的身份对该凭证进行审核，并记账。

（5）2019 年 8 月 31 日以 demo 的身份进行月末损益结转，生成记账凭证 23 号，如图 3-263 所示。

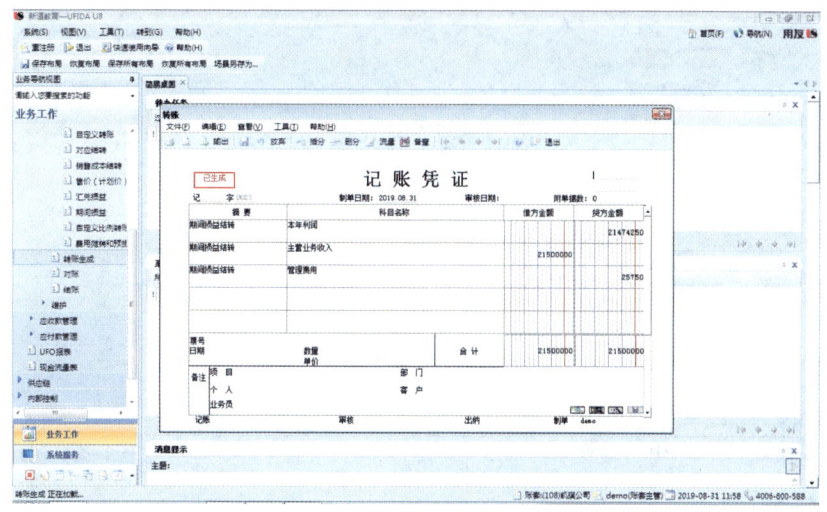

图 3-263　本月损益结转凭证

（6）2019 年 8 月 31 日以 201 苏远的身份对该凭证进行审核，并记账。

任务七　采购月末处理

活动一　月末结账

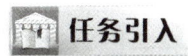

2019 年 8 月 31 日，对凯琪公司 2019 年 8 月的采购业务进行结账。

月末结账是指在业务数据记入账表后，对当月数据封存。只有当月结账后，才能开始下月的工作。企业结账前应检查本会计月工作是否已全部完成，只有在当前会计月所有工作全部完成的前提下，才能进行月末结账，否则会遗漏某些业务。且月末结账之前企业一定要进行数据备份，否则数据一旦发生错误，将造成无法挽回的后果。

（1）以 201 苏远的身份登录企业应用平台。在采购管理系统主界面，单击"月末结账"，进入月末结账界面。界面如图 3-264 所示。

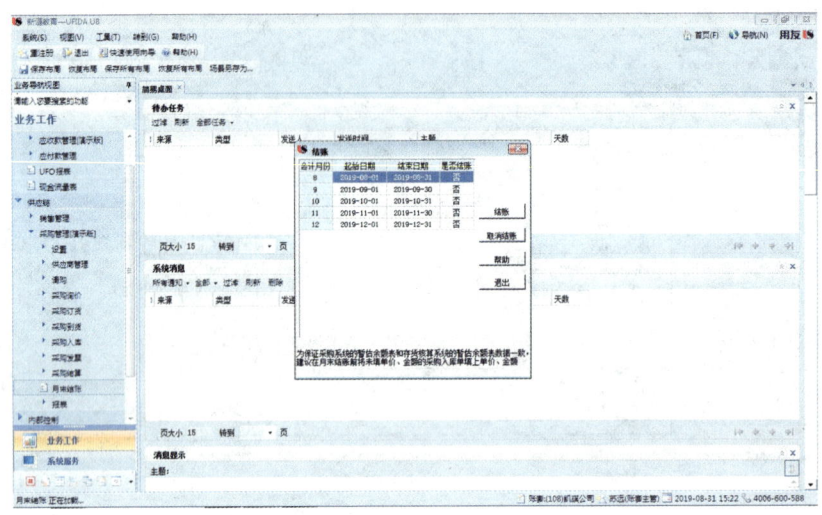

图 3-264　结账-1

(2) 在月末结账界面,选择要结账的月份,并单击"结账"按钮,出现是否关闭订单的询问界面,如图 3-265(左)所示,单击"否"按钮,结账完毕提示界面如图 3-265(右)所示。然后退出月末结账界面。

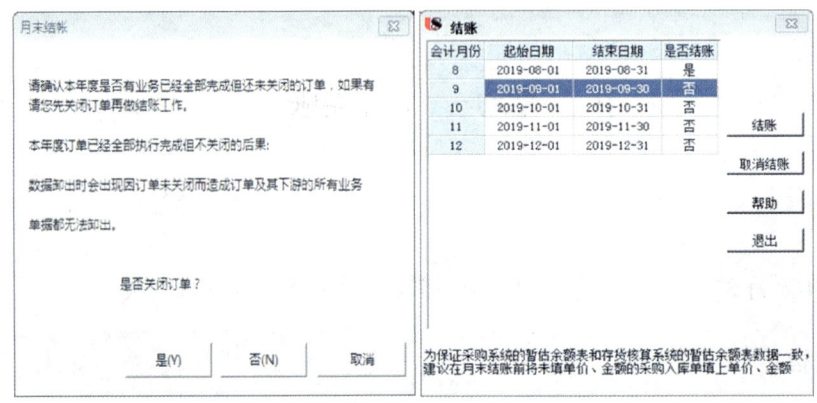

图 3-265　结账-2

注意事项

(1) 系统结账功能为独享功能,即在系统结账前,应确定其他操作均已退出;在网络环境下,要确定本系统所有的网络用户退出了所有操作界面。

(2) 月末结账后将不能再做当前月份的业务,只能做下个月份的日常业务。

(3) 月末结账完成后,可以通过"取消结账"功能取消结账。

(4) 采购管理系统没有期初记账,则不允许月末结账。

(5) 采购管理系统上月未结账,本月单据可以正常操作,但本月不能结账。

项目三 采购与应付款、销售与应收款管理系统设置与处理

活动二 数据查询

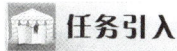

2019 年 8 月 31 日,查询凯琪公司当月的采购明细表、在途货物余额表、采购成本分析表。

采购账表管理为满足企业对采购业务的管理需要,具体包括采购统计表、采购账簿和采购分析。采购统计表主要包括采购明细表、到货明细表、入库明细表、结算明细表等业务账表信息查询;采购账簿主要包括在途货物余额表、暂估入库余额表等财务账表信息查询;采购分析主要包括一些采购分析账表。

通过采购账表管理,可以实现企业对采购业务管理的事中控制和事后分析的功能,全面提升企业采购管理水平。

(1) 以 201 苏远身份在采购管理系统主界面,单击"报表"展开报表菜单,点击"统计表"下的"采购明细表",进入过滤条件界面,输入过滤条件,点击"确定"按钮,显示采购明细表。采购明细表界面如图 3-266 所示。

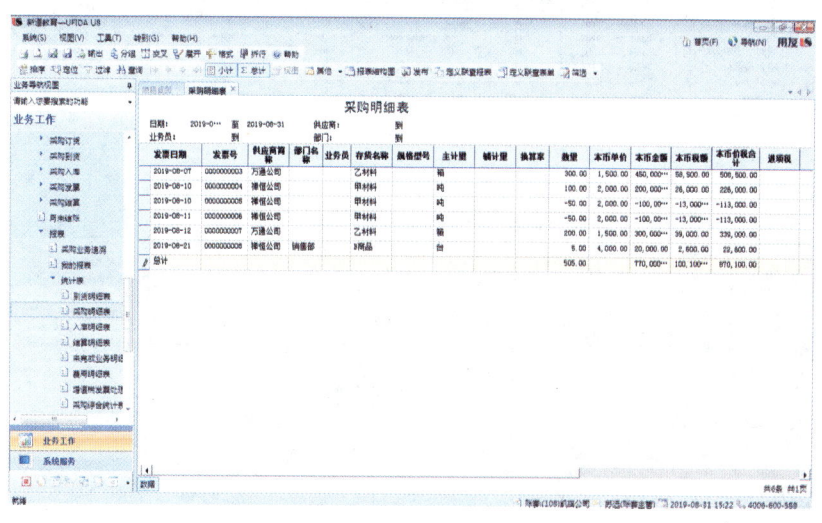

图 3-266 采购账表管理-1

(2) 在采购管理系统主界面,单击"报表"展开报表菜单,点击"采购账簿"下的"在途货物余额表",进入过滤条件界面,输入过滤条件,点击"确定"按钮,进入在途

货物余额表界面。在途货物余额表如图3-267所示。

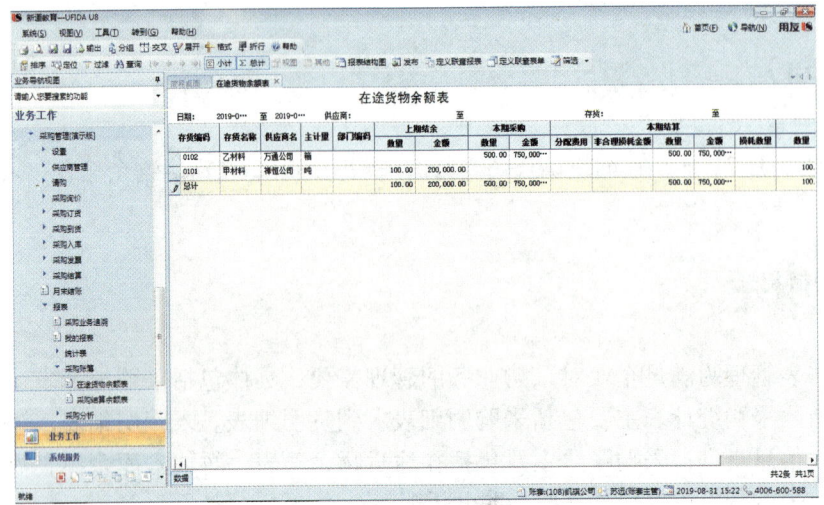

图3-267　采购账表管理-2

（3）在采购管理系统主界面，单击"报表"展开报表菜单，点击"采购分析"下的"采购成本分析表"，进入过滤条件界面，输入过滤条件，点击"确定"按钮，进入采购成本分析界面。采购成本分析表如图3-268所示。

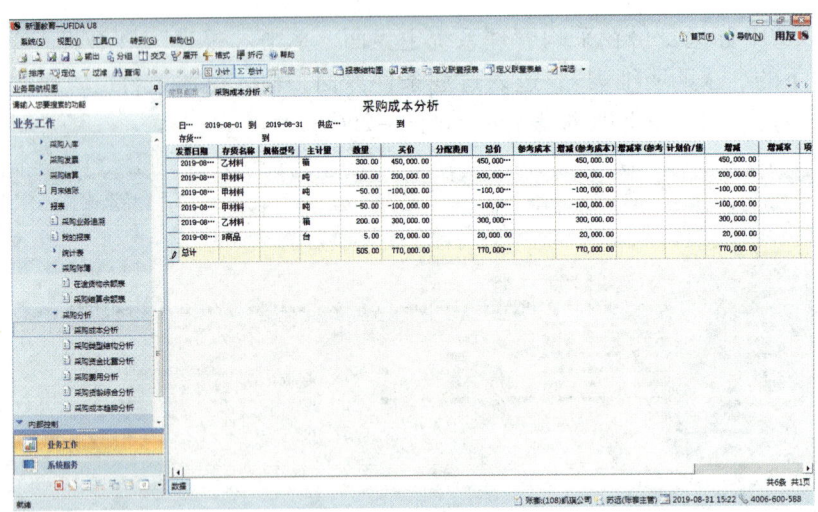

图3-268　采购账表管理-3

【栏目解释】

◆输出：将显示的报表另行保存。

◆格式：重新调整报表显示和打印格式。

◆小计：对分组小计项进行小计。

◆合计：对所有的数据进行合计汇总。
◆保存：保存报表当前的格式。
◆新表保存：将当前调整格式存为一张新表。
◆过滤：重新显示过滤窗口。
◆合计：按前次输入条件重新查询。
◆折行：收拢或展开各组数据。

注意事项

当光标移到某些报表表体栏目时，会变成小手形状，这时点击右键，会弹出右键菜单，可进行报表固定列、隐含当前列、对齐方式等报表格式的设置。

任务八　销售月末处理

活动一　月末结账

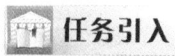

2019年8月31日，对凯琪公司2019年8月的销售业务进行结账。

月末结账是指在业务数据记入账表后，对当月数据封存。当月结账后，才能开始下月的工作。企业结账前应检查本会计月工作是否已全部完成，只有在当前会计月所有工作全部完成的前提下，才能进行月末结账，否则会遗漏某些业务。且月末结账之前企业一定要进行数据备份，否则数据一旦发生错误，将造成无法挽回的后果。

应收款管理系统与销售管理系统集成使用时，应在销售管理系统完成结账后，才能对应收款系统进行结账处理。

任务分析及操作步骤

以201苏远的身份登录企业应用平台，在销售管理系统主界面，双击"月末结账"，进入月末结账界面。选择要结账的月份，并点击"结账"按钮，出现是否关闭订单提示界面，如图3-269（左）所示，点击"否"按钮，结账完毕提示界面如图3-269（右）所示。再点击"退出"按钮。

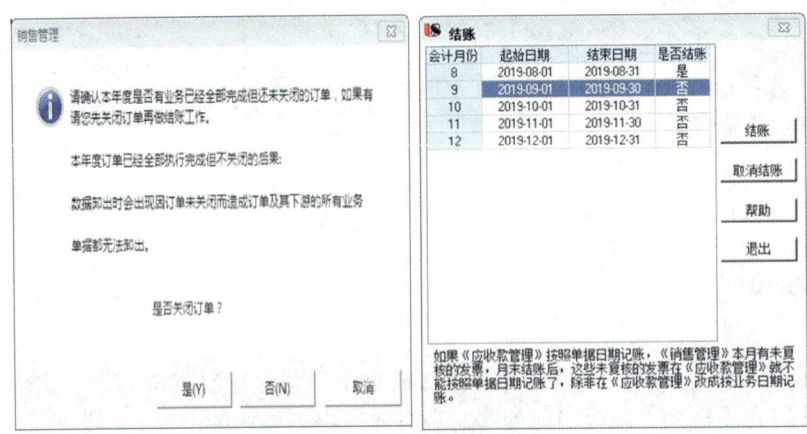

图 3-269　销售管理系统结账-1

活动二　数据查询

任务引入

2019 年 8 月 31 日，查询凯琪公司当月的销售统计表、销售收入明细账、市场分析表。

知识链接

销售账表管理为满足企业对销售业务的管理需要，具体包括销售统计表、销售账簿和销售分析。销售统计表主要包括销售统计表、发货统计表、发货单开票收款勾对表、销售综合统计表、发票日报、发票使用明细表、委托代销统计表等业务信息查询；销售账簿主要包括销售收入明细账、销售成本明细账、发货明细表、销售明细表、销售明细账、发货结算勾对表、委托代销明细账等财务信息查询；销售分析主要包括销售增长分析、货物流向分析、销售结构分析、销售毛利分析、市场分析、货龄分析等销售分析账表。

通过销售账表管理，可以实现企业对销售业务管理的事中控制和事后分析的功能，全面提升企业销售管理水平。

任务分析及操作步骤

（1）以 201 苏远的身份登录企业应用平台，在销售管理系统主界面，双击"报表"展开报表菜单，点击"统计表"下的"销售统计表"，进入过滤条件界面，输入过滤条件，点击"确定"按钮，显示销售统计表。界面如图 3-270 所示。

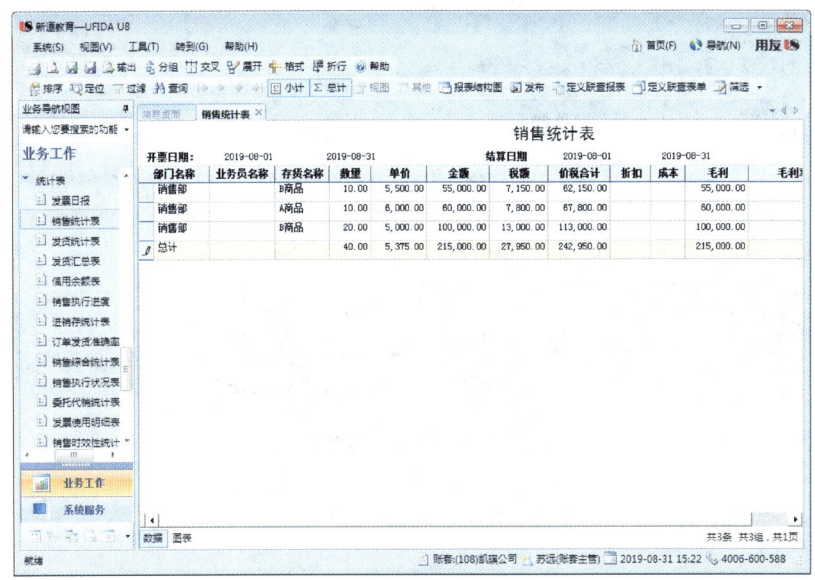

图 3-270　销售账表管理-1

（2）在销售管理系统主界面，双击"报表"展开报表菜单，点击"明细表"下的"销售收入明细账"，进入过滤条件界面，输入过滤条件，点击"确定"按钮，进入销售收入明细账界面。界面如图 3-271 所示。

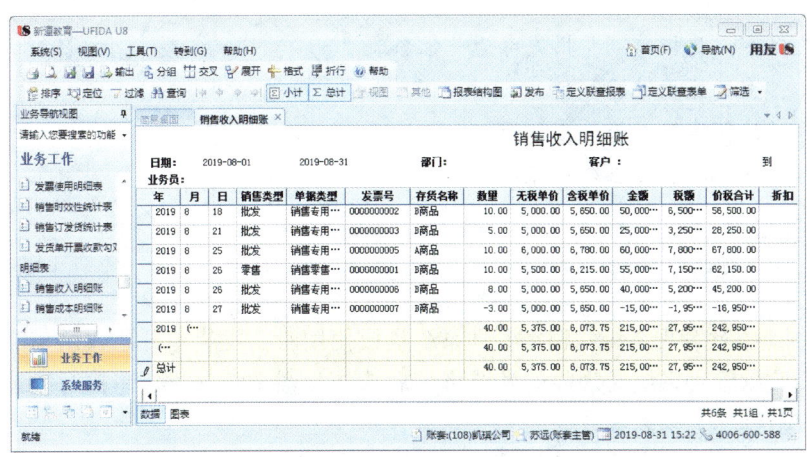

图 3-271　销售账表管理-2

（3）在销售管理系统主界面，单击"报表"展开报表菜单，点击"销售分析"下的"市场分析"，进入过滤条件界面，输入过滤条件，点击"确定"按钮，进入市场分析界面。界面如图 3-272 所示。

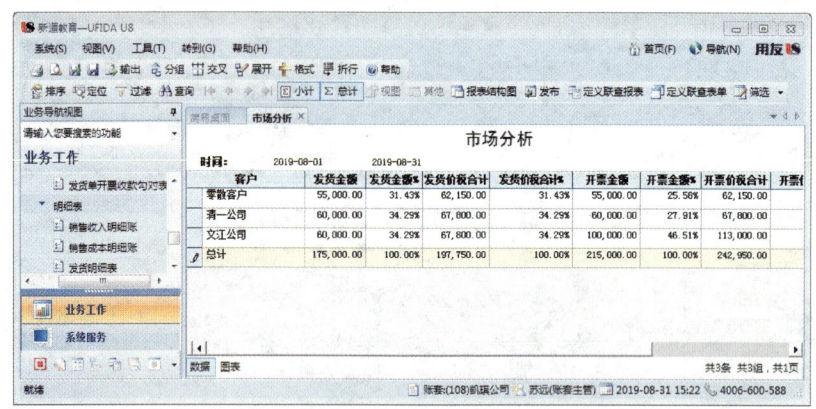

图 3-272　销售账表管理-3

【栏目解释】

◆输出：将显示的报表另行保存。
◆格式：重新调整报表显示和打印格式。
◆小计：对分组小计项进行小计。
◆合计：对所有的数据进行合计汇总。
◆保存：保存报表当前的格式。
◆新表保存：将当前调整格式存为一张新表。
◆过滤：重新显示过滤窗口。
◆合计：按前次输入条件重新查询。
◆折行：收拢或展开各组数据。

注意事项

（1）在应收款管理系统与销售管理系统集成使用时，发货单开票收款勾对表的回款统计要在应收款管理系统对现收的发票审核后才作为回款统计，订单执行统计表的回款统计在现收后即作为回款统计。

（2）未启用总账系统和存货核算系统，销售成本明细账和销售明细账不能使用。

（3）销售增长分析表的分析时间不能跨年。

（4）未启用应收款管理系统，则无法按收款进行货龄分析。按收款进行货龄分析时，货龄期间与应收款管理系统的应收账龄分析中所用到的账龄区间相同。

（5）前面已启用采购管理系统，在此应要进行月末结账。

任务九 应付月末处理

活动一 月末结账

任务引入

2019 年 8 月 31 日，对凯琪公司 2019 年 8 月的应付款业务进行月末结账。

知识链接

应付款管理系统月末结账同采购管理系统月末结账一样，是指在业务数据记入账表后，对当月数据封存。只有当月结账后，才能开始下月的工作。企业结账前应检查本月工作是否已全部完成，只有在当前月所有工作全部完成的前提下，才能进行月末结账，否则会遗漏某些业务。且月末结账之前企业一定要进行数据备份，否则数据一旦发生错误，将造成无法挽回的后果。

应付款管理系统与采购管理系统集成使用时，应在采购管理系统完成结账后，才能对应付款系统进行结账处理。

任务分析及操作步骤

（1）以 201 苏远的身份登录企业应用平台。进入应付款管理系统，单击"期末处理"菜单下的"月末结账"，进入"月末处理"界面如图 3-273 所示。

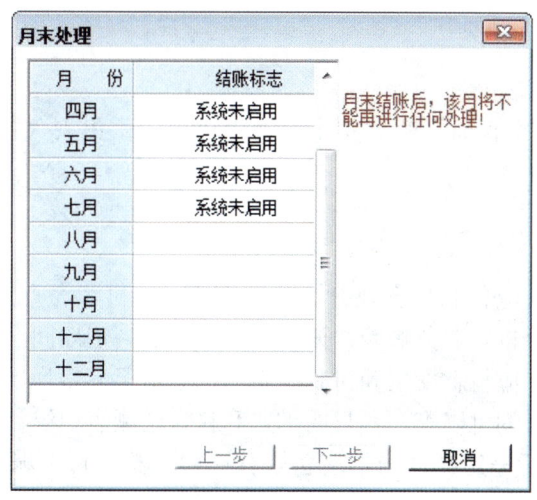

图 3-273 结账-1

(2) 在月末处理界面，选择要结账的月份，并单击"下一步"按钮，系统罗列出所有单据处理情况，全部处理完成后，单击"确认"按钮，出现结账完成提示，应付款管理系统完成结账。界面如图 3-274 所示。

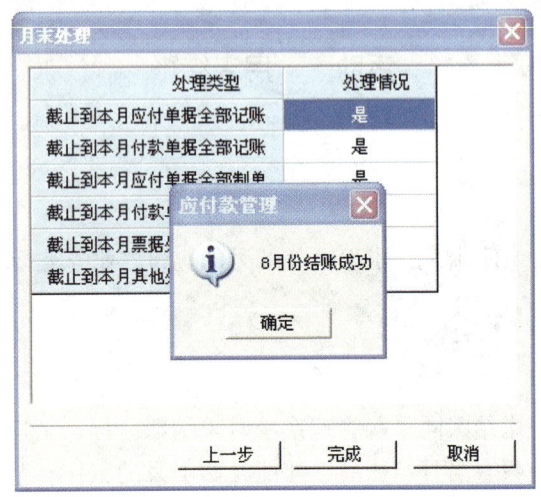

图 3-274　结账-2

注意事项

（1）应付款管理系统上月未结账，本月单据可以正常操作，但本月不能结账。
（2）本账套做完应付款管理系统月末结账后，需要对总账系统进行月末对账与结账，总账系统才能正常进行下一个月的业务处理。

活动二　数据查询

任务引入

2019 年 8 月 31 日，查询凯琪公司当月的科目明细账，并对欠款进行分析。

知识链接

为满足企业对日常应付和付款业务的管理需要，应付账表查询包括业务账表查询、科目账表查询和统计分析。业务账表查询可以了解企业一定期间全部或某个供应商期初应付款结存汇总情况、应付款发生和付款发生的汇总情况、累计情况及期末应付款结存汇总情况；科目账表查询可以查询科目明细账和科目余额表；统计分析可以按用户期初定义的账龄区间，进行一定期间内的应付账款账龄分析、付款账龄分析、往来账龄分析等。

企业通过应付和付款信息的查询和分析，可以及时了解特定期间内的应付款、付款等的汇总情况,分析企业应付款信用利用情况,对应付款进行动态的监督管理。

任务分析及操作步骤

(1) 2019 年 8 月 31 日,以 201 苏远的身份登陆企业应用平台,在应付款管理系统主界面,单击"账表管理"展开账表菜单,点击"科目账查询"下的"科目明细账",进入过滤条件界面,输入过滤条件,录入期间为 2019 年 8 月,点击"确定"按钮,显示单位往来科目明细账。科目明细账如图 3-275 所示。

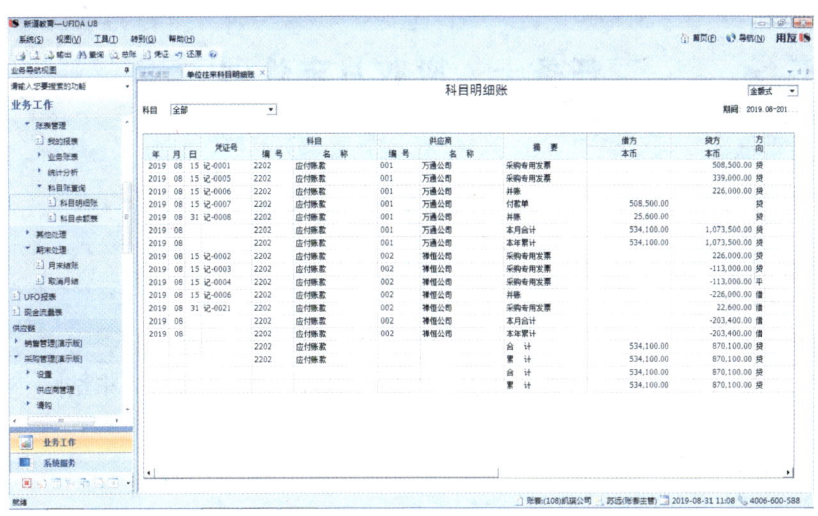

图 3-275 应付账表管理-1

(2) 在应付款管理系统主界面,单击"账表管理"展开账表菜单,点击"统计分析"下的"欠款分析",进入过滤条件界面,输入过滤条件,点击"确定"按钮,显示欠款分析界面。欠款分析表如图 3-276 所示。

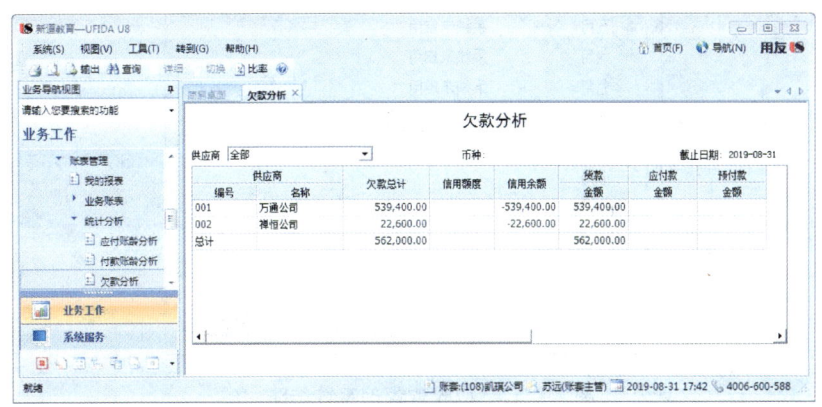

图 3-276 应付账表管理-2

（1）当光标移到某些报表表体栏目时，会变成小手形状，这时单击右键，会弹出右键菜单，可进行报表固定列、隐含当前列、对齐方式等报表格式的设置。

（2）要进行应付款分析，必须先在应付款管理系统的初始设置中对逾期账龄区间进行设置。

（3）要进行付款分析，必须先在应付款管理系统的初始设置中对账龄区间进行设置。

任务十　应收月末处理

活动一　月末结账

2019年8月31日，对凯琪公司2019年8月的应收款业务进行月末结账。

（1）以201苏远的身份登录企业应用平台，进入应收款管理系统，双击"期末处理"菜单下的"月末结账"，进入月末处理界面，如图3-277所示。

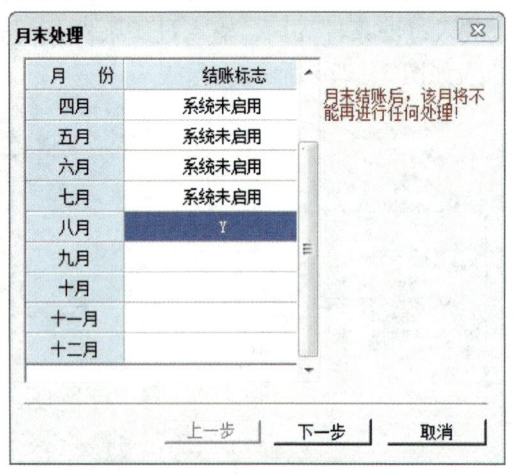

图3-277　应收款管理系统结账-1

（2）在月末处理界面，选择要结账的月份，并单击"下一步"按钮，系统罗列出所有单据处理情况，全部处理完成后，单击"确认"按钮，出现结账完成提示，应收款系统完成结账。界面如图3-278所示。

项目三 采购与应付款、销售与应收款管理系统设置与处理

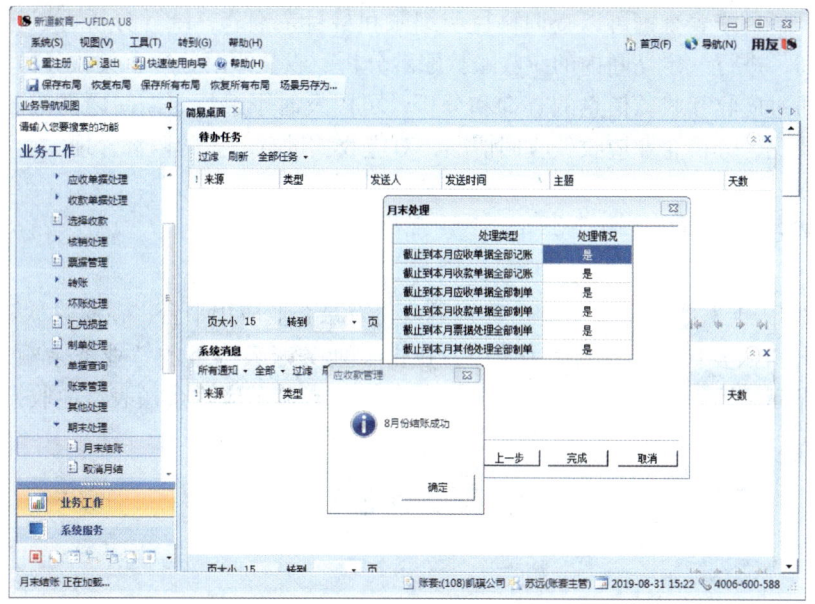

图 3-278 应收款管理系统结账-2

注意事项

（1）系统结账功能为独享功能，即在系统结账前，应确定其他操作均已退出；在网络环境下，要确定本系统所有的网络用户退出了所有操作界面。

（2）月末结账后将不能再做当前会计月的业务，只能做下个会计月的日常业务。

（3）月末结账完成后，可以通过"取消结账"功能取消结账。

（4）销售管理系统和应收款管理系统上月未结账，本月单据可以正常操作，但本月不能结账。

（5）前面已启用应付款管理系统，在此应要进行月末结账。

活动二 数据查询

任务引入

2019 年 8 月 31 日，查询凯琪公司当月的应收余额表和科目余额账，并对收款预测进行分析。

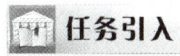

为满足企业对日常应收和收款业务的管理需要，应收账表查询包括业务账表查询、科目账表查询和统计分析。业务账表查询可以了解企业一定期间全部或某个客户的期初应收款结存汇总情况、应收款发生和收款发生的汇总情况、累计情况及期末应收款结存

239

汇总情况；科目账表查询可以查询科目明细账和科目余额表；统计分析可以按期初定义的账龄区间，进行一定期间内的应收账款账龄分析、收款账龄分析、欠款分析等。

企业通过应收和收款信息的查询和分析，可以及时了解特定期间内的应收款、收款等的汇总情况，分析企业应收款收回情况，对应收款进行动态的监督管理。

任务分析及操作步骤

（1）2019年8月31日，以201苏远的身份登录企业应用平台，在应收款管理系统主界面，双击"账表管理"展开账表菜单，点击"业务账表"下的"业务余额表"，进入过滤条件界面，输入过滤条件，点击"确定"按钮，显示应收余额表。应收余额表如图3-279所示。

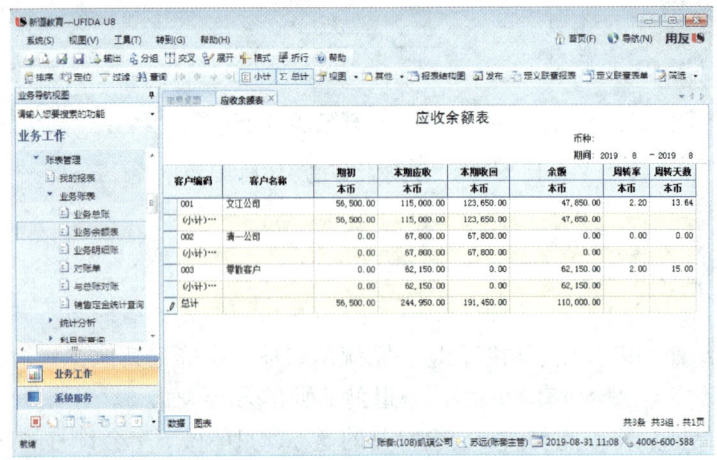

图3-279　应收账表管理-1

（2）在应收款管理系统主界面，单击"账表管理"展开账表菜单，点击"科目账查询"下的"科目余额表"，进入客户往来科目余额表界面，选择"科目余额"选项，点击"确定"按钮，显示科目余额表。科目余额表如图3-280所示。

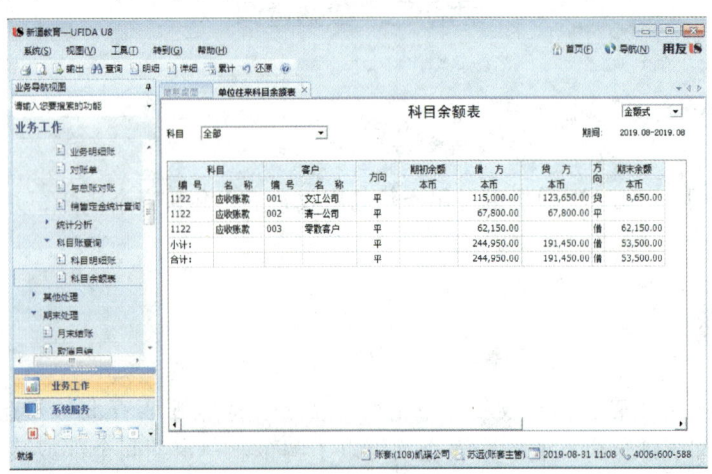

图3-280　应收账表管理-2

（3）在应收款管理系统主界面，单击"账表管理"展开账表菜单，点击"统计分析"下的"收款预测"，进入收款预测界面，点击"确定"按钮，显示收款预测界面。收款预测表如图3-281所示。

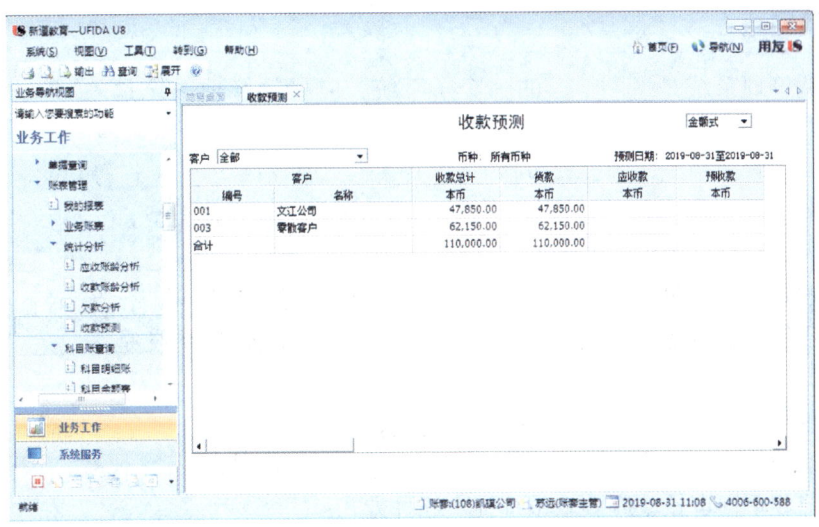

图3-281　应收账表管理-3

注意事项

（1）当光标移到某些报表表体栏目时，会变成小手形状，这时点击右键，会弹出右键菜单，可进行报表固定列、隐含当前列、对齐方式等报表格式的设置。

（2）要进行应收款分析，必须先在应收款管理系统的初始设置中对逾期账龄区间进行设置。

（3）要进行收款分析，必须先在应收款管理系统的初始设置中对账龄区间进行设置。

【项目小结】

本项目从采购及销售业务的核算和管理的需要出发分析了采购与应付款管理系统、销售与应收款管理系统的特点和工作任务。着重分析了采购与应付款管理系统、销售与应收款管理系统的基本特点和功能结构。通过对本项目的学习，学生应该掌握：系统期初设置、采购与应付业务、销售与应收业务处理和输出的基本设计和使用方法，工作内容和注意事项。特别要掌握与供应链有关的基础档案设置、采购发票录入与审核、销售发票录入与审核、采购入库单的录入、销售发货单录入、采购结算、付款单录入、收款单录入、应付款核销、应收款核销等采购管理与销售管理的相关操作。

【项目思考】

一、填空题

1. 采购管理系统是_____的一个子系统，应付款管理系统是_____的一个子系统。
2. 应付款管理系统初始设置包括_____、_____、_____等功能。
3. 采购业务一般分为_____、_____、_____三种类型。
4. 应付款转账处理提供四种方式：_____、_____、_____和_____。
5. 采购账簿主要包括_____、_____等账表信息查询。
6. 销售管理系统是_____的一个子系统，应收款管理系统是_____的一个子系统。
7. 应收款管理系统初始设置包括_____、_____、_____等功能。
8. 普通销售业务模式一般分为_____和_____两种。
9. 对应收单据审核，应收款系统提供三种方式：_____、_____和_____。
10. 应收款统计分析主要包括_____、_____和_____等账表信息查询。

二、单项选择题

1. 在同时启用应付款管理系统和总账系统的情况下，应付款管理系统负责向总账系统传递（　　）。
    A. 记账凭证　　　　　　　　B. 原始凭证
    C. 分析数据　　　　　　　　D. 应付款结算情况
2. 应付款管理系统与下列（　　）系统没有接口。
    A. 库存管理系统　　　　　　B. UFO 报表系统
    C. 采购管理系统　　　　　　D. 应收款管理系统
3. 可以拷贝（　　）生成采购订单。
    A. 到货单　　　　　　　　　B. 采购发票
    C. 请购单　　　　　　　　　D. 入库单
4. 采购管理系统与库存管理系统未集成使用时，在采购管理系统中对入库单进行（　　）。
    A. 录入　　　　　　　　　　B. 审核
    C. 记账　　　　　　　　　　D. 以上都可以
5. 手工方式进行采购结算时，如选择了（　　），必须当供应商、存货、结算数量相同才可以结算。
    A. 相同日期　　　　　　　　B. 相同供应商
    C. 相同数量　　　　　　　　D. 相同金额

6. 与应收款管理系统无关的基础档案是（　　）。
   A. 凭证类别　　　　　　　　　　B. 会计科目
   C. 存货档案　　　　　　　　　　D. 供应商档案
7. 销售管理系统和应收款管理系统集成使用时，销售发票在（　　）系统进行审核。
   A. 库存管理系统　　　　　　　　B. 总账系统
   C. 销售管理系统　　　　　　　　D. 应收款管理系统
8. 可以拷贝（　　）生成采购订单。
   A. 到货单　　　　　　　　　　　B. 采购发票
   C. 请购单　　　　　　　　　　　D. 入库单
9. （　　）业务只适用于普通销售。
   A. 先发货后开票　　　　　　　　B. 开票直接发货
   C. 销售退货　　　　　　　　　　D. 批发
10. 在销售管理系统中，（　　）是必须使用的单据。
    A. 销售报价单　　　　　　　　　B. 销售订货单
    C. 销售发货单　　　　　　　　　D. 销售出库单

三、简答题

1. 采购管理系统的基本功能有哪些？
2. 简述采购管理系统与应付款管理系统的关系。
3. 存货分类和存货档案与采购管理系统和应付款管理系统关系是什么？在设置时，应注意哪些问题？
4. 简述采购管理系统对普通采购业务的业务处理流程。
5. 企业为什么要进行采购结算和应付款核销的操作？
6. 销售管理系统的基本功能有哪些？
7. 简述销售与应收款管理系统和其他子系统的关系。
8. 客户档案与采购管理系统和应付款管理系统关系是什么？在设置时应注意哪些问题？
9. 请简述委托代销业务的业务处理流程。
10. 请简述直运销售业务的业务处理流程。
11. 企业月末结账应注意哪些问题？

项目四
库存管理与存货核算系统设置与处理

【学习目标】

知识目标
- 掌握库存管理与存货核算系统初始设置。
- 掌握库存管理系统日常业务处理知识。
- 掌握存货核算系统日常业务处理知识。
- 掌握库存管理系统期末处理知识。
- 掌握存货核算系统期末处理知识。

技能目标
- 能进行库存管理与存货核算系统初始设置。
- 能进行库存管理系统日常业务处理。
- 能进行存货核算系统日常业务处理。
- 能进行库存管理系统期末处理。
- 能进行存货核算系统期末处理。
- 能进行账表查询与分析。

情感目标
- 具有认真、细致的工作作风。
- 具有良好的责任意识。
- 具有独立分析问题、解决问题的能力。

【系统描述】

存货,是指企业在日常活动中持有以备出售的产成品或商品、处在生产过程中的在产品、在生产过程或提供劳务过程中耗用的材料和物料等。存货是企业一项重要的流动资产,是保障企业生产经营顺利进行的必要条件。如何合理有效地管理存货,保障企业存货合理的资金占用和顺利的周转,成为企业领导层关注的问题。

企业对存货开展管理主要目的是为了保障企业生产经营活动的有序进行,减少存货的资金占用,并对存货成本进行高效精确的核算。存货管理目标具体包括以下几个方面:

(1) 有效保管库存存货。对存货进行货位管理、批次管理、保质期管理和盘点管理,实现对库存存货的有序、有效管理,保障存货存放的安全性和合理性。

(2) 提高存货收发管理效率。对存货的入库和出库进行分类管理,加强与生产和财务等各部门协同，实现对存货收发业务的实时核算，提高存货收发业务处理和财务核算的效率。

（3）确保库存数量的合理性。对现存量、可用量、预计入库量、预计出库量进行管理，在保证安全库存量的同时降低库存成本。

（4）实现存货适时分析和事后分析。建立合理的库存管理制度，对货物的收发情况进行分析，及时发现并解决存货管理中存在的问题。

（5）建立数据接口。实现库存管理子系统与存货核算子系统之间，与库存子系统、总账子系统等其他子系统之间的数据传输与共享。

在企业会计信息系统中，库存管理与存货核算子系统具有两大功能：一是存货"进销存"业务管理，二是存货资金占用核算。其中，库存管理系统主要是对存货的入库、出库业务和盘点进行管理。存货核算系统主要是对企业入库成本、出库成本和结存成本进行核算，反映、监督存货资金的占用情况。库存管理系统和存货核算系统可以单独使用，也可以集成使用。库存管理系统和存货核算系统集成使用，能够实现存货单据的快速传递，实现仓库管理与存货财务核算的整合以及数据共享，实现存货资金流与业务流的双轨并行，提高存货管理的工作效率，对企业存货业务物流资金流开展全面、全过程管理。本项目是在库存管理系统和存货系统集成使用模式下对存货业务管理的讨论和分析。

库存管理与存货核算的系统业务流程如图4-1所示。

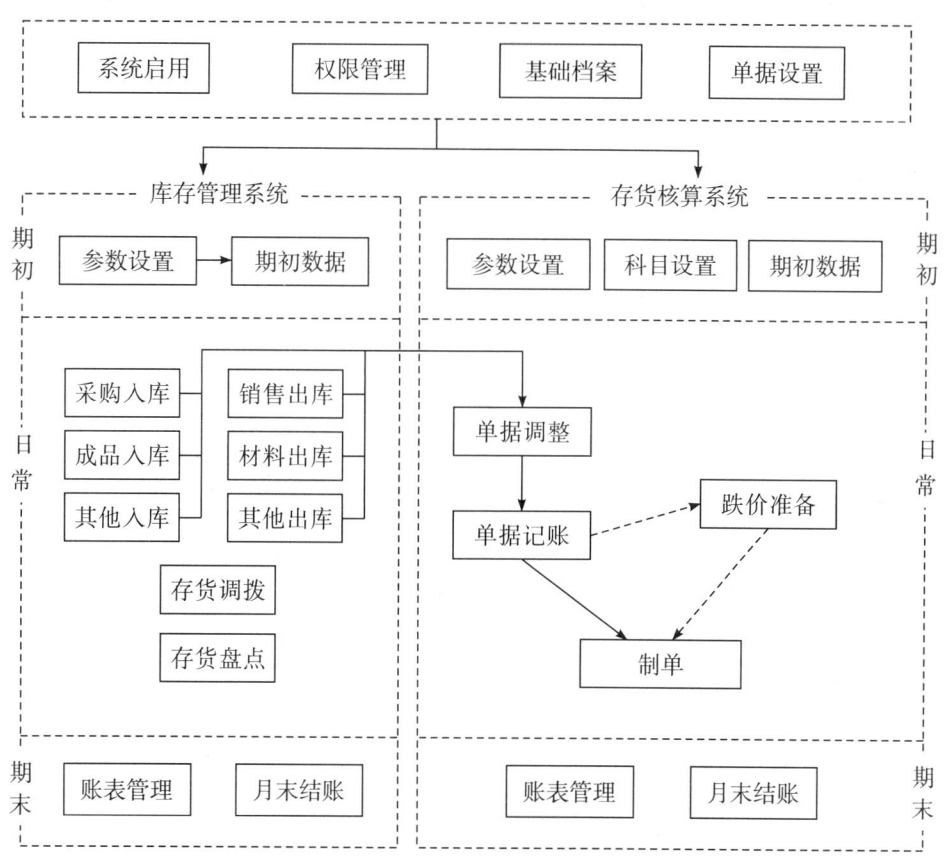

图4-1　库存管理与存货核算的系统业务流程图

库存管理与存货核算与其他系统的主要关系如图 4-2 所示。

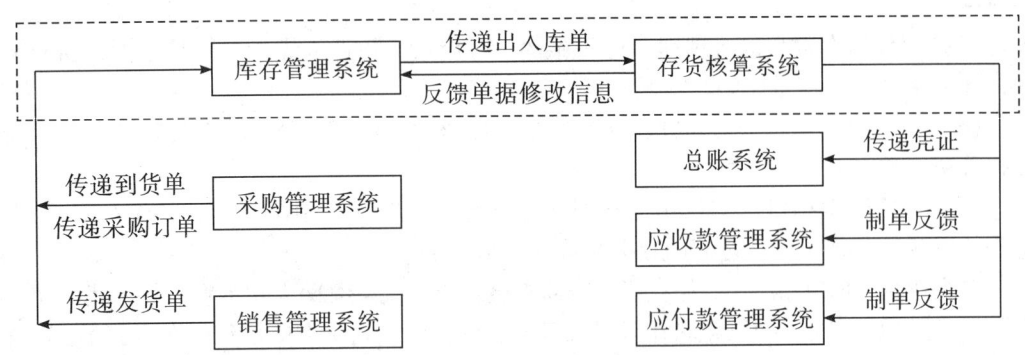

图 4-2 库存管理与存货核算及其他系统的主要关系图

库存管理系统与存货核算系统集成应用时，库存管理系统向存货系统提供各类出库单和入库单，存货核算系统可对销售管理系统提供的出库单和入库单进行单价和金额调整，对出库单和入库单进行记账，计算出入库成本，并据此生成记账凭证。

库存管理系统参照采购管理系统的订单或到货单生成采购入库单，并将采购入库信息反馈给采购管理系统。

库存管理系统参照销售管理系统的发货单生成出库单，并将销售出库信息反馈给销售管理系统。

存货核算系统向总账系统传递凭证，并可查询所生成的凭证。

存货核算系统对结算单制单，并将销售结算制单信息传递给应收款管理系统，将采购结算制单信息传递给应付款管理系统，避免应收、应付系统重复制单。

任务一 初始设置

活动一 基础档案设置

启用库存管理系统、存货核算系统，启用日期 2019 年 9 月 1 日。

企业要使用库存管理系统和存货核算系统，必须要对这两个子系统进行启用，才能激活库存与存货核算的各项功能。

任务分析及操作步骤

以账套主管 201 苏远的身份进入企业应用平台后,在基础设置主菜单中,双击"基本信息"菜单下的"系统启用",则进入系统启用的界面。进行库存管理系统和存货核算系统的启用。

活动二 库存管理系统参数设置

初次启用库存管理系统时,要对库存管理系统的系统参数进行设置。

任务引入

设置账套号为 108,名称为广东凯琪工业有限公司(以下简称"凯琪公司")账套的库存管理系统参数设置。销售出库单由库存管理系统生成,其他设置采用系统默认值。

知识链接

库存管理系统的参数设置包括通用设置、专用设置、预计可用量控制、预计可用量设置、其它设置 5 个选项卡。通用设置主要是对存货业务类型、业务模式、系统管理方式选择进行参数设置。专用设置是对业务控制标准、单据控制方式和系统预警条件等进行参数设置。预计可用量控制是对存货可用量的检查和管理参数进行设置。预计可用量设置是对系统检查存货可用量的检查条件设置。

任务分析及操作步骤

打开库存管理系统主界面双击"初始设置"菜单下的"选项",即可进入库存选项设置界面,选择相应的选项卡进行参数设置,参数设置完成后点击"确定"按钮。库存管理系统参数设置界面如图 4-3 所示。

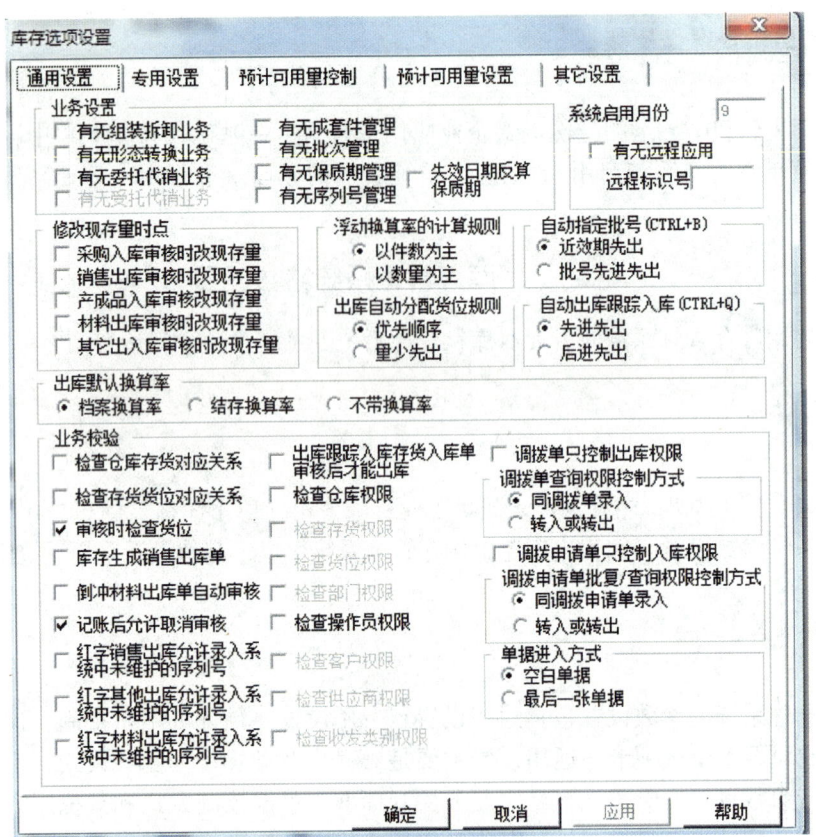

图 4-3　库存管理系统参数设置

【栏目解释】

◆库存生成销售出库单：打钩选择，系统默认为否，可随时修改，选项主要影响库存管理系统与销售管理系统集成使用的情况。不打钩时，销售管理系统的发货单、销售发票、零售日报、销售调拨单在审核/复核时，自动生成销售出库单；库存管理系统不可修改出库存货、出库数量，即一次发货一次全部出库。打钩时，库存管理系统参照销售管理系统的上述单据生成，不可手工填制单，但可以修改本次出库数量，即可以一次发货多次出库。

【注意事项】

（1）对库存管理档案的数据权限控制进行设置时，相关权限如果没有在"企业应用平台—设置—数据权限—数据权限控制设置"中进行设置，则相应的选项位置灰色，不可选择。

（2）库存管理系统、采购管理系统、销售管理系统、应付款管理系统、应收款管理系统集成使用时，在一个系统中改变参数设置，则其他4个系统中也同时更改。

活动三　存货核算系统参数设置

初次启用存货核算系统时，应设置其系统控制参数。

任务引入

设置账套 108 凯琪公司存货核算系统参数：进项税额转出科目为 22210103，其他设置采用系统默认值。

知识链接

存货核算系统的参数设置包括核算方式、控制方式和最高最低控制 3 个选项卡。核算方式主要是对存货成本的计价方式和方法进行参数设置。控制方式是对存货核算单据和核算科目等进行参数设置。最高最低控制对单价和差异率的最高和最低标准进行设置。

任务分析及操作步骤

在存货核算系统主界面双击"初始设置"菜单中"选项"下的"选项录入"，即可进入存货核算系统选项设置界面，选择相应的选项卡进行参数设置，参数设置完成后点击"确定"按钮。存货核算系统参数设置界面如图 4-4 所示。

图 4-4　存货核算系统参数设置

【栏目解释】

◆核算方式：初建账套时，用户可以选择按仓库核算、按部门核算、按存货核算。按仓库核算，则在仓库档案中按仓库设置计价方式，并且每个仓库单独核算出库成本；按部门核算，则在仓库档案中按部门设置计价方式，并且相同所属部门的各仓库统一核算出库成本；按存货核算，则按存货档案中设置的计价方式进行核算。

◆暂估方式：如果与采购系统或委外系统集成使用时，用户可以进行暂估业务，并且在此选择暂估入库存货成本的回冲方式，包括月初回冲、单到回冲、单到补差三种；月初回冲是指月初时系统自动生成红字回冲单，报销处理时，系统自动根据报销金额生成采购报销入库单；单到回冲是指报销处理时，系统自动生成红字回冲单，并生成采购报销入库单；单到补差是指报销处理时，系统自动生成一笔调整单，调整金额为实际金额与暂估金额的差额。

◆销售成本核算方式：销售出库成本确认标准，普通销售与出口销售共同使用该选项。当普通销售系统启动而出口管理系统没有启动，用户可选用销售发票或销售出库单记账，默认为销售出库单。当出口管理系统启动不管普通销售系统是否启动，选项为按销售出库单核算。

◆委托代销成本核算方式：委托代销记账单据的选择。选择按发出商品业务类型核算，则按发货单+发票记账。选择按普通销售方式核算，则按系统选项中的销售成本核算方式中选择的销售发票或销售出库单进行记账。

◆零成本出库选择：是指核算出库成本时，如果出现账中为零成本或负成本，造成出库成本不可计算时，出库成本的取值方式。

◆入库成本选择：是指对入库单据记明细账时，如果没有填写入库成本即入库成本为空时，入库成本的取值方式。

◆红字出库成本选择：是指对先进先出或后进先出方式核算的红字出库单据记明细账时，出库成本的取值方式。

◆有无成套件管理：成套件是指一种存货由其他几种存货组合而成；有成套件管理时，既可以统计单件的数量金额，也可以统计成套件的数量金额；无成套件管理时，只统计组合件的数量金额。

◆差异率计算包括本期暂估入库：选择此项，即本期暂估入库的存货也参与计算差异率。

◆期末处理登记差异账：期末生成差异结转单时，选取此项则登记差异账；不选则不登记差异账，期末无差异结转。

◆入库差异按超支（借方）、节约（贷方）登记：如果选择，则按超支入库差异记借方，节约入库差异记贷方；否则所有入库差异全部记借方。

◆进项税转出科目：手工输入或参照输入进项税转出科目。在采购结算制单时，如果在结算时发生非合理损耗及进项税转出，在根据结算单制单时，系统可以自动带出该科目。

◆凭证允许修改存货科目的金额/数量：选择允许修改，则存货核算生成的凭证，用户可修改存货类科目的金额、数量和外币金额。选择不允许修改，则存货核算生成的凭证，用户不可以修改存货类科目的金额、数量和外币金额。

注意事项

（1）"暂估方式"选项必须在存货核算系统与采购管理系统集成使用的情况下，才需设置。

（2）"销售成本核算方式"选项必须在存货核算系统和销售管理系统或出口管理系统集成使用的情况下，才需设置。

（3）"委托代销成本核算方式"选项必须在存货核算系统和销售管理系统并且在销售选项中选择有委托代销业务的情况下，才需设置。

（4）"控制科目是否分类"选项在应付系统启用后，在应付系统设置，存货核算选项中消失。

（5）"产品科目是否分类"选项在应付系统启用后，在应付系统设置，存货核算选项中消失。

（6）只有在用户选择了"全月平均/移动平均单价最高最低控制"时，才需设置"最大最小单价"。

（7）只有在用户选择了"最高最低差异率（/差价率）控制"时，才需设置"最大最小差异率"。

活动四　存货核算系统科目设置

任务引入

账套108凯琪公司存货核算系统科目设置，资料如表4-1、表4-2、表4-3、表4-4、表4-5所示。

（1）存货科目资料。

表4-1　存货科目表

仓库编码	仓库名称	存货分类编码	存货分类名称	存货科目编码	存货科目名称
1	原料仓	01	原材料	1403	原材料
2	成品仓	02	库存商品	1405	库存商品

（2）存货对方科目资料。

表4-2　存货对方科目表

收发类别编码	收发类别名称	存货分类编码	存货分类名称	对方科目编码	对方科目名称	暂估科目编码	暂估科目名称
11	采购入库	01	原材料	1401	物资采购	2202	应付账款
21	销售出库	02	库存商品	6401	主营业务成本		

(3) 税金科目资料。

表 4-3 税金科目表

存货编码	存货名称	科目编码	科目名称
01	原材料	22210101	进项税额

(4) 运费科目资料。

表 4-4 运费科目表

存货编码	存货名称	运费科目	科目名称	税金科目	科目名称
0103	运费	1403	原材料	22210101	进项税额

(5) 应付科目资料。

表 4-5 应付科目表

供应商编码	供应商名称	币种	科目代码	科目名称
001	万通公司	人民币	2202	应付账款
002	禅恒公司	人民币	2202	应付账款
003	金锦公司	人民币	2202	应付账款

存货核算科目设置用来设置在存货核算系统中生成凭证所需的各类科目。企业在制单之前应先在存货核算系统中将各类科目设置正确、完整，否则无法生成科目完整的凭证。

科目设置主要包括：存货科目、对方科目、税金科目、运费科目、结算科目、应付科目、非合理损耗科目等的设置。其中：存货科目用于设置本系统中生成凭证所需要的各种存货科目、差异科目、分期收款发出商品科目、委托代销科目。对方科目用于设置本系统中生成凭证所需要的存货对方科目（即收发类别）所对应的会计科目。税金科目用于设置本系统中采购结算生成凭证所需要的增值税科目。运费科目用于设置本系统中对采购业务制单时，生成凭证所需要的运费科目。结算科目用于设置本系统中对采购结算制单时，生成凭证所需要的结算科目。应付科目用于设置本系统中采购结算生成凭证所需要的应付科目。非合理损耗科目用于设置本系统中采购结算生成凭证所需要的非合理损耗科目。

(1) 在存货核算系统主界面双击"初始设置"菜单中"科目设置"下的"存货科目"，即可进入存货科目设置界面，单击"增加"按钮，输入相应内容，单击"保存"按钮完成设置。界面如图 4-5 所示。

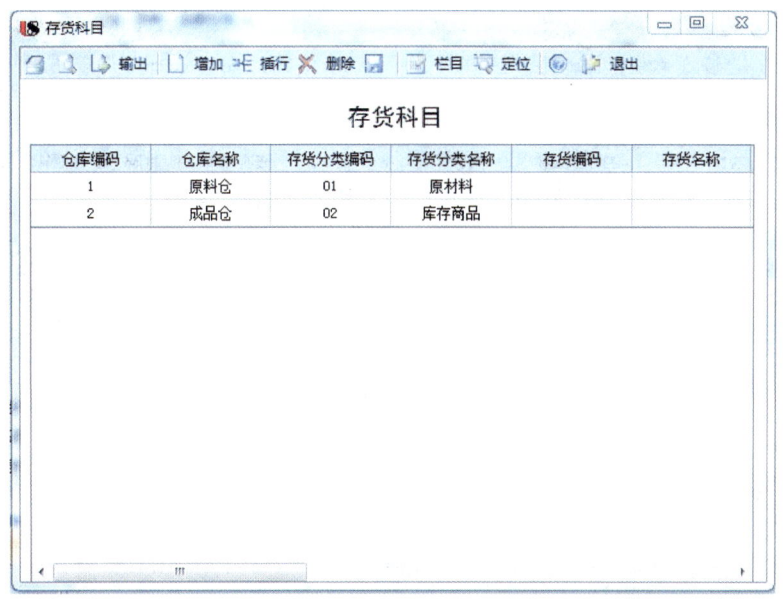

图 4-5　存货核算科目设置-1

（2）在存货核算系统主界面双击"初始设置"菜单中"科目设置"下的"对方科目"，即可进入对方科目设置界面，单击"增加"按钮，输入相应内容完成设置。界面如图 4-6 所示。

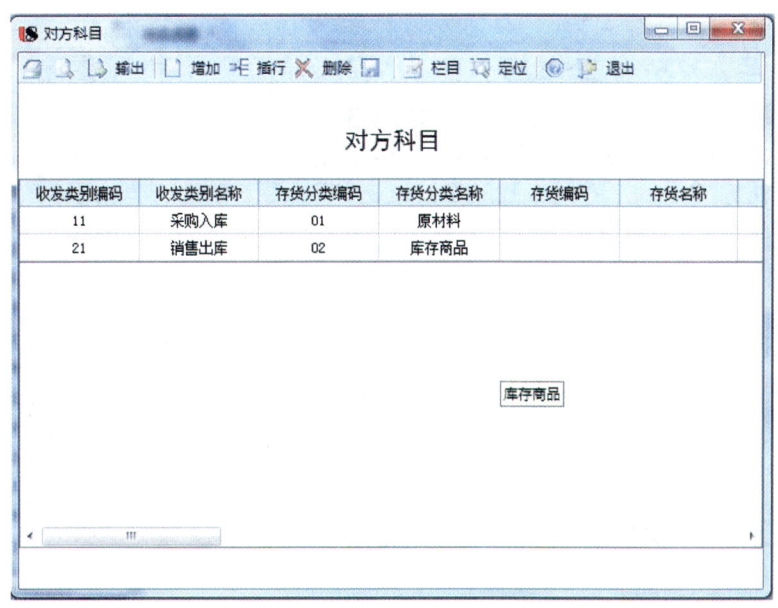

图 4-6　存货核算科目设置-2

（3）在存货核算系统主界面双击"初始设置"菜单中"科目设置"下的"税金科目"，即可进入税金科目设置界面，单击"增加"按钮，输入相应内容，单击"保存"按钮完成设置。界面如图 4-7 所示。

图4-7 存货核算科目设置-3

（4）在存货核算系统主界面双击"初始设置"菜单中"科目设置"下的"运费科目"，即可进入运费科目设置界面，单击"增加"按钮，输入相应内容，单击"保存"按钮完成设置。界面如图4-8所示。

图4-8 存货核算科目设置-4

（5）在存货核算系统主界面双击"初始设置"菜单中"科目设置"下的"应付科目"，即可进入应付科目设置界面，单击"增加"按钮，输入相应内容，单击"保存"按钮完成设置。界面如图4-9所示。

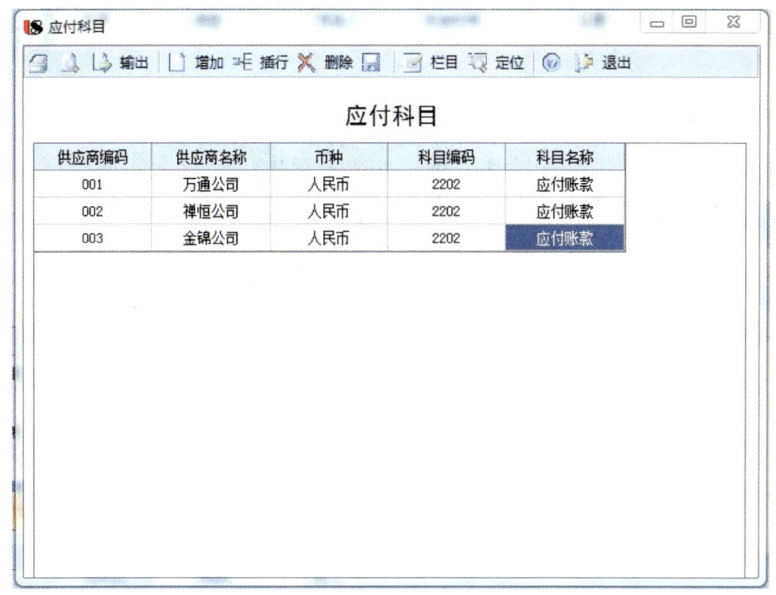

图 4-9 存货核算科目设置-5

注意事项

（1）设置科目后，在生成凭证时，系统能够根据各个业务类型将科目自动带出，如果未设置科目，则在生成凭证后，科目就需要手工输入。

（2）如果存货核算系统与总账系统集成使用时，系统应设置科目，以便于系统自动生成凭证。

（3）存货核算系统与采购管理系统集成使用时，才需对结算科目进行设置。

活动五　存货核算系统期初余额录入

任务引入

账套 108 凯琪公司存货期初数据，资料如表 4-6 所示。

表 4-6　存货期初数据

仓库名称	存货编码	存货名称	计量单位	数量	单价/元	金额/元
原料仓	0101	甲材料	吨	100	2 000	200 000
原料仓	0102	乙材料	箱	100	1 500	150 000
成品仓	0201	A 商品	台	100	4 000	400 000
成品仓	0202	B 商品	台	100	3 000	300 000

为了确保经济数据在各会计期间的连贯性,初次使用库存管理系统和存货核算系统,应录入与库存和存货核算相关的期初数据。如果系统中已经有上年的数据,在结转上年后,上年度采购数据会自动结转本年。库存管理系统和存货核算系统集成使用时,两个系统的期初应该分开录入,录入期初数据并无先后顺序,且库存的期初数据可与存货核算的期初数据不一致,系统提供两边互相取数和对账的功能。

存货核算期初数据处理包括存货期初数据录入和记账两项功能。存货期初数据包括期初余额和期初差异。期初余额是指各类存货的数量、单价、金额等期初信息。期初差异是指按计划价或售价核算时,期初存货实际成本与计划价或售价的差异金额。企业若有分期收款发出商品业务或委托代销发出商品业务,则还应录入发出商品期初余额,数据来源于销售管理系统,可通过"取数"按钮,从销售管理系统获取期初数据,所取数据除单价、金额外,其他不能修改和删除。

任务分析及操作步骤

存货核算期初数据录入。在存货核算系统主界面双击"初始设置"菜单中"期初数据"下的"期初余额",即可进入存货期初余额界面,选择存货存放的仓库,并单击"增加"按钮,输入相应内容,单击"记账"按钮完成设置。界面如图 4-10 所示。

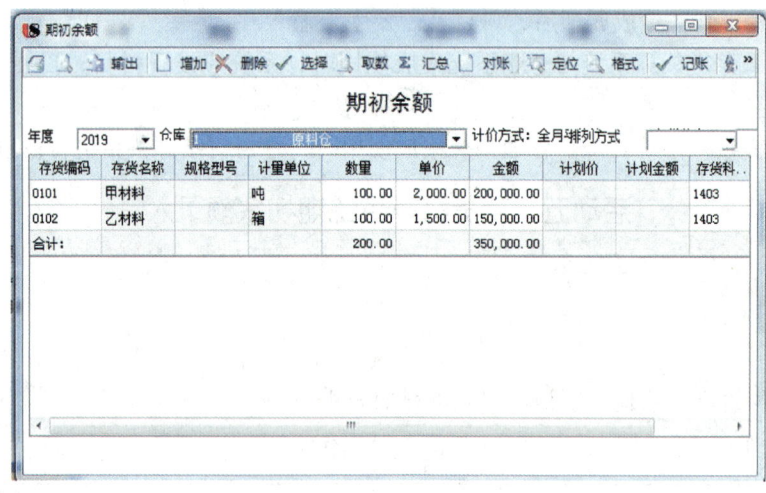

图 4-10 存货核算期初数据录入

【栏目解释】

◆仓库(部门):存货所存放的仓库及仓库管理部门。必须首先选择仓库或部门,再录入该仓库或部门的期初数据。

◆存货编码：存货标识代码，只能输入非劳务、非折扣、未封存的存货。
◆存货名称：存货的称谓，输入存货编码后自动生成。
◆数量：存货期初结存数量。数量必须与金额的方向一致。数量和金额不能同时为零。
◆单价：存货期初结存单价，必须大于等于零。
◆金额：存货期初结存金额，必须与数量方向一致。系统根据录入的数量和金额自动计算金额。
◆计划单价/售价、计划金额/售价金额：存货期初结存的计划单价或售价。系统自动计算显示，用户不能修改。
◆批号：批次管理的存货的批次号码，非批次管理的存货不能输入。
◆生产日期：保质期管理存货的生产日期；非保质期管理的存货不能输入。
◆保质期单位：保质期管理存货的保质期单位，系统自动带出，用户不可修改。
◆保质期：保质期管理存货的保质期，系统自动带出，用户不可修改。
◆失效日期：保质期管理的存货，才能输入失效日期。输入失效日期后，如果保质期不为空，系统会自动反算生产日期。
◆入库日期：个别计价的存货入库日期必须输入，否则可输可不输。

注意事项

（1）期初数据记账是针对所有期初数据进行记账操作。因此在进行期初数据记账前，必须确认所有期初数据（包括期初差异）全部录入完毕并且正确无误时，再进行期初记账。

（2）若结转上年数据后，存货期初数据是期初记账前的状态，用户可修改期初数据，期初记账后就不能修改了。

活动六　库存管理系统期初余额录入

任务引入

账套108凯琪公司存货核算系统的期初数据中取数生成库存管理期初数并审核。

知识链接

库存管理系统期初余额录入包括存货期初库存数据的录入和审核两项功能。存货期初库存数据包括期初结存和期初不合格品。期初结存是指各类库存存货的数量、单价、金额等期初信息。期初不合格品是指使用库存管理系统前发生的未处理的不合格品结存量，以不合格品记录单的形式录入。

 **任务分析及操作步骤**

在库存管理系统主界面双击"初始设置"菜单下的"期初数据",即可进入库存期初界面,在窗口右上方选择"仓库",单击"编辑"按钮和"取数"按钮,系统自动将存货核算期初数据录入进来,然后单击"保存"按钮和"审核"按钮完成设置。界面如图4-11所示。

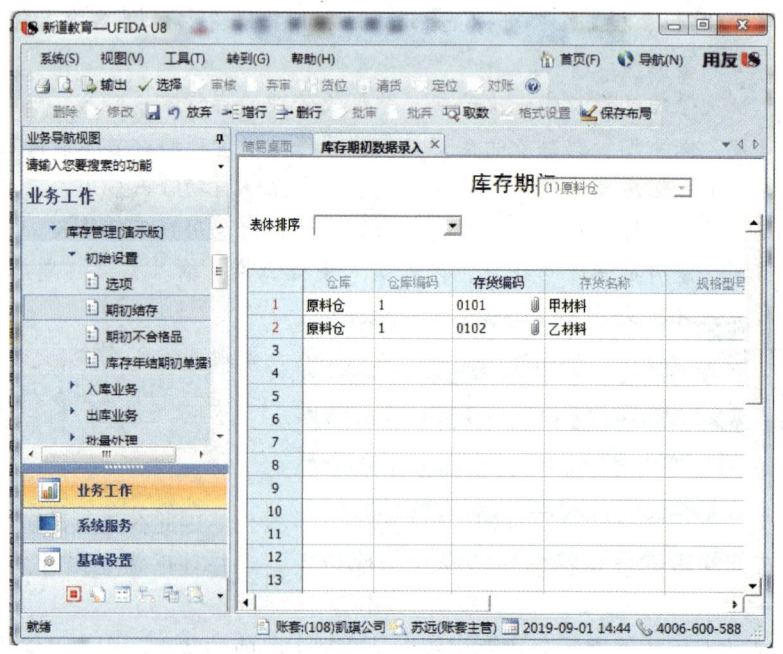

图4-11 库存期初余额数据录入

任务二 库存业务日常处理

活动一 入库业务处理

 **任务引入**

2019年9月16日,收到供应商万通公司供应的乙材料300箱(单价为1 600元),验收入原料库,并生成采购入库单。

知识链接

入库业务是仓库收到采购或生产的货物,仓库保管员验收货物的数量、质量、规格型号等，确认验收无误后入库。入库业务处理包括入库单的生成和审核。入库单包括采购入库单、产成品入库单和其他入库单等入库业务单据。

采购入库单是根据采购到货签收的实收数量填制的单据。对于工业企业，采购入库单一般指采购原材料验收入库时所填制的入库单据。对于商业企业，采购入库单一般指商品进货入库时所填制的入库单据。采购入库单按进出仓库方向分为：蓝字采购入库单、红字采购入库单（采购退货单）；按业务类型分为：普通采购入库单、受托代销入库单（商业）、委外加工入库单（工业）。

产成品入库单一般指产成品验收入库时所填制的入库单据。产成品入库单是工业企业入库单据的主要部分。只有工业企业才有产成品入库单，商业企业没有此单据。产成品一般在入库时无法确定产品的总成本和单位成本，所以在填制产成品入库单时，一般只有数量，没有单价和金额。

其他入库单是指除采购入库、产成品入库之外的其他入库业务，如调拨入库、盘盈入库、组装拆卸入库、形态转换入库等业务形成的入库单。其他入库单一般由系统根据其他业务单据自动生成，也可手工填制。

任务分析及操作步骤

在库存管理系统主界面双击"入库业务"菜单下的"采购入库单"，即可进入采购入库单界面，单击"增加"按钮，录入入库相关信息，然后单击"保存"按钮和"审核"按钮，生成采购入库单。界面如图 4-12 所示。

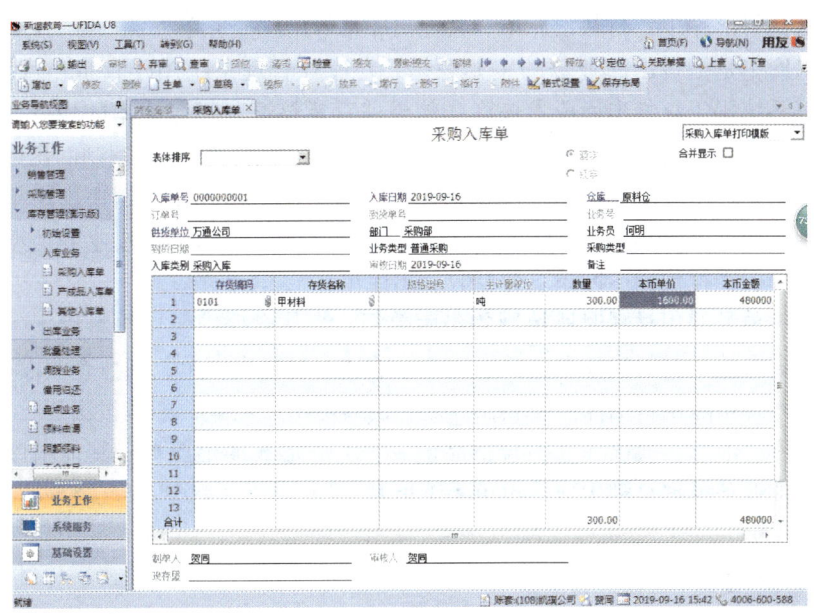

图 4-12 入库业务处理

（1）库存管理系统与采购管理系统集成使用时，则采购入库单可以拷贝采购管理系统中的采购订单或采购到货单生成。

（2）库存管理系统与存货核算系统集成使用时，库存管理系统生成的入库单，存货核算系统可以对入库单的单价和金额进行调整。

（3）红字入库单是入库单的逆向单据。发现已入库的货物因质量等因素要求退货或发现已审核的入库单数据有错误（多填数量等），则在入库单界面填写红字入库单进行退货或冲抵处理。

活动二　出库业务处理

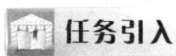

2019年9月20日，从成品仓发出销售给文江公司的A商品10台，商品已出库。

知识链接

出库业务是仓库保管员将货物发出业务。出库业务处理包括出库单的生成和审核。出库单包括销售出库单、材料出库单和其他出库单等出库业务单据。

销售出库单是销售出库业务的主要凭据，在库存管理系统用于存货出库数量核算，在存货核算系统用于存货出库成本核算（如果"存货核算"销售成本的核算选择依据销售出库单）。对于工业企业，销售出库单一般指产成品销售出库时所填制的出库单据。对于商业企业，销售出库单一般指商品销售出库时所填制的出库单。销售出库单按进出仓库方向分为：蓝字销售出库单、红字销售出库单（销售退货单）；按业务类型分为：普通销售出库单、委托代销出库单、分期收款出库单。

材料出库单是领用材料时所填制的出库单据，当从仓库中领用材料用于生产或委外加工时，就需要填制材料出库单。只有工业企业才有材料出库单，商业企业没有此单据。

其他出库单指除销售出库、材料出库之外的其他出库业务，如调拨出库、盘亏出库、组装拆卸出库、形态转换出库、不合格品记录等业务形成的出库单。其他出库单一般由系统根据其他业务单据自动生成，也可手工填制。

任务分析及操作步骤

在库存管理系统主界面双击"出库业务"菜单下的"销售出库单"，即可进入销售出库单界面，系统选项设置由销售发货单生成销售出库单，单击"末张"按钮，可看到销售出库单，单击"审核"按钮，界面如图4-13所示。

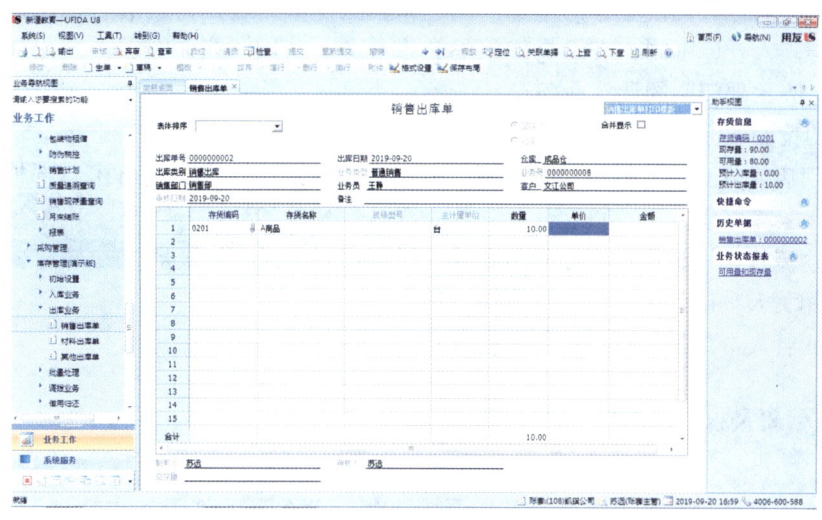

图 4-13　出库业务处理

注意事项

（1）库存管理系统与销售管理系统集成使用时，销售出库单可以拷贝销售管理系统中的销售发货单、销售发票等生成。若销售选项中选择"销售生成出库单"，则在先发货后开票业务中，销售发货单审核后系统自动生成销售出库单。

（2）库存管理系统与存货核算系统集成使用时，库存管理系统生成的出库单，存货核算系统可以对出库单的单价和金额进行调整。

（3）红字出库单是出库单的逆向单据。发现已入库的货物因质量等因素要求退货或发现已审核的出库单数据有错误（多填数量等），则在出库单界面填写红字入库单进行退货或冲抵处理。

活动三　库存调拨业务处理

任务引入

2019年9月21日为满足客户需要将B商品10台调拨调入原料仓，以备再加工。

知识链接

调拨业务是企业仓库、门店或分支机构提出要货申请，申请批复后，由库管人员执行企业内部的仓库间、仓库与门店或分支机构间的货物调拨。调拨业务处理包括调拨申请单、调拨单的录入和审核。调拨申请单用于录入门店或分支机构的要货情况或录入企业配货指令，仓库可以根据调拨申请分次调拨。调拨单是指用于仓库之间存货的转库业务或部门之间的存货调拨业务的单据。同一张调拨单如果转出部门和转入部门相同,但转出仓库与转入仓库不同,表示仓库间的转库业务。若同一张调拨单的转出部门和转入部门不同,表示部门间的调拨业务。

企业调拨业务流程如下:

(1)门店或分支机构提出要货申请,由总部录入到系统中;也可由总部根据新品上市情况录入配货指令。

(2)物流管理人员根据仓库的库存状况进行批复,录入批复量。

(3)相关人员确认无误后审核调拨申请单。

(4)库管人员根据调拨申请单进行调拨。

任务分析及操作步骤

(1)在库存管理系统主界面双击"调拨业务"菜单下的"调拨申请单",即可进入调拨申请单界面,单击"增加"按钮,录入出库相关信息,然后单击"批复"按钮、"保存"按钮和"审核"按钮,生成调拨申请单。界面如图4-14所示。

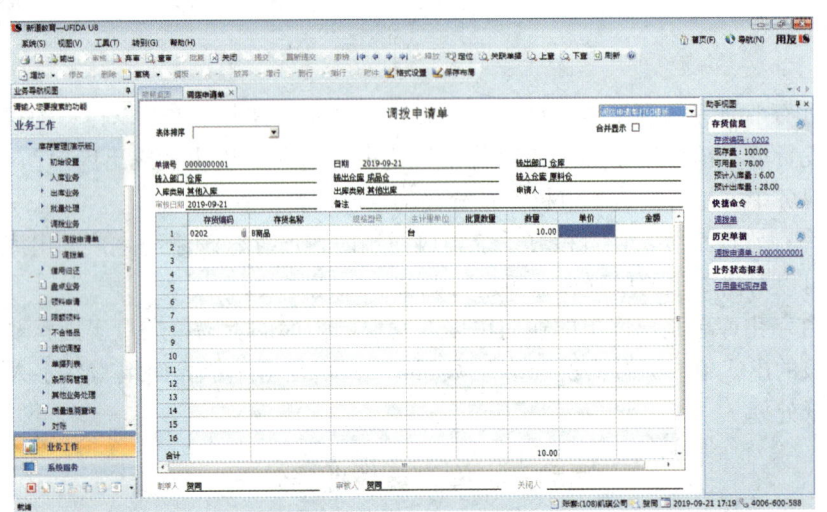

图4-14 调拨业务处理-1

(2)在库存管理系统主界面双击"调拨业务"菜单下的"调拨单",即可进入调拨单界面,单击"增加"按钮,点击"生单"—"调拨申请单",录入过滤条件,进入调拨申请单生单列表界面。界面如图4-15所示。

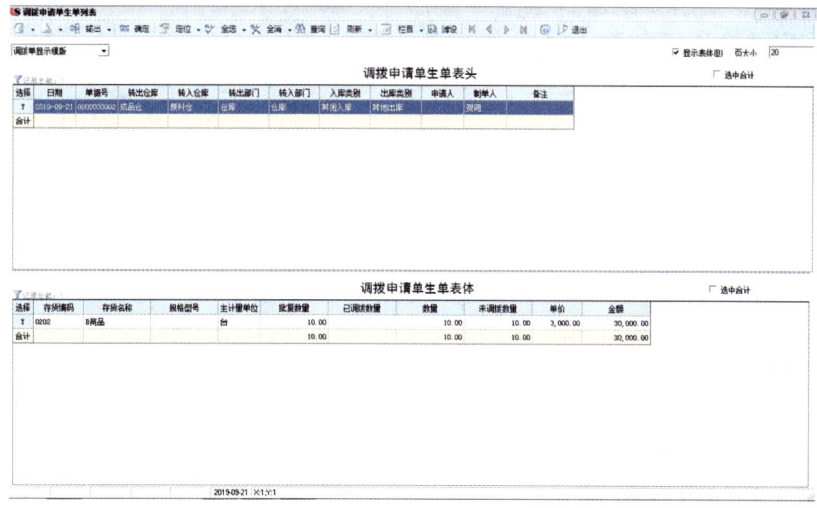

图 4 – 15　调拨业务处理 – 2

（3）在调拨申请单生单列表界面，选择对应的调拨申请单，并单击"OK"按钮，生成调拨单，然后，点击"保存"和"审核"按钮，完成调拨操作。界面如图 4 – 16 所示。

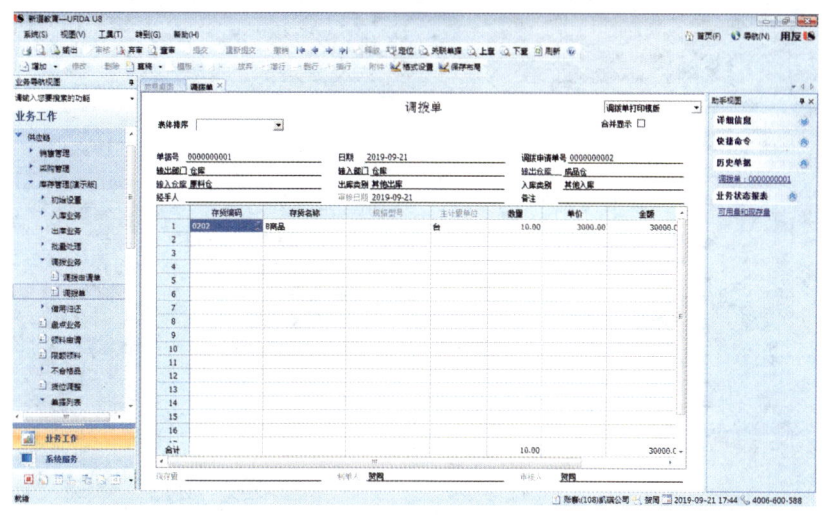

图 4 – 16　调拨业务处理 – 3

（4）在库存管理系统主界面双击"入库业务"菜单下的"其他入库单"，进入其他入库单界面，对调拨生成的其他入库单进行审核。界面如图 4 – 17 所示。

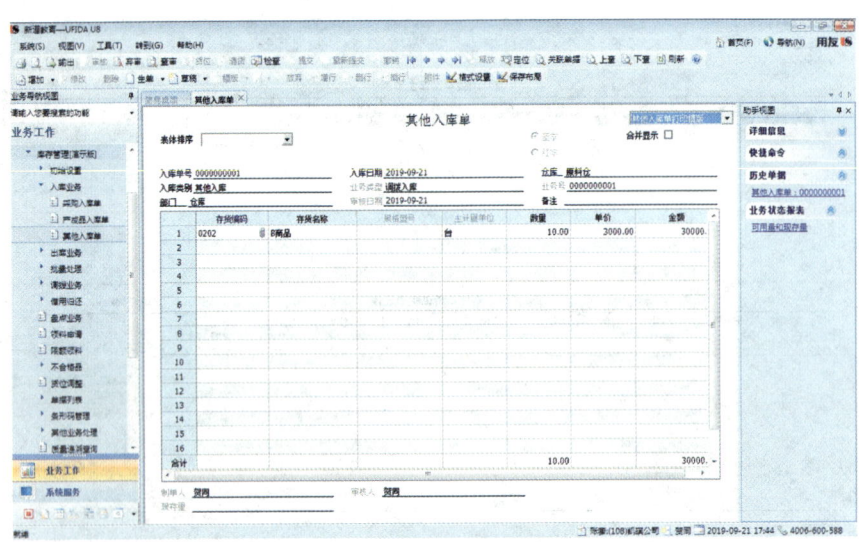

图 4-17 调拨业务处理-4

(5) 在库存管理系统主界面双击"出库业务"菜单下的"其他出库单",进入其他出库单界面,对调拨生成的其他出库单进行审核。界面如图 4-18 所示。

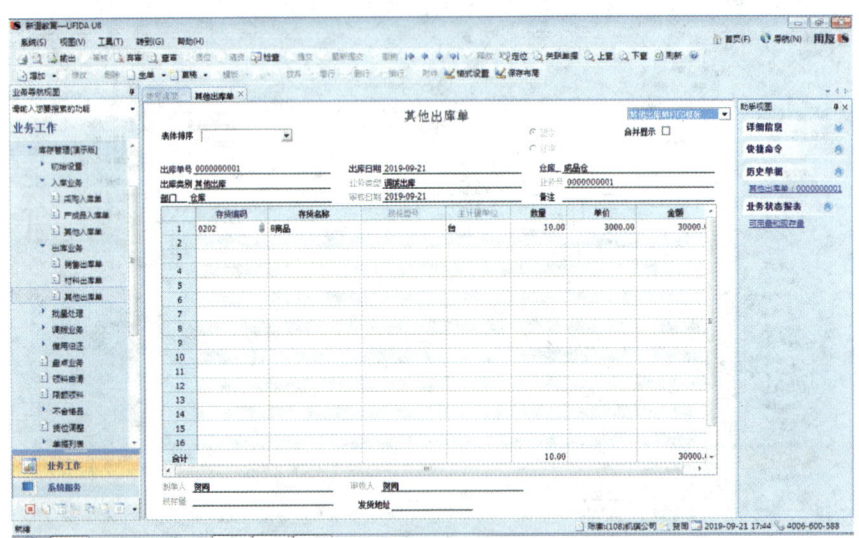

图 4-18 调拨业务处理-5

注意事项

(1) 调拨单可以手工增加,也可以参照生产订单、委外订单或调拨申请单填制。参照生成时,调拨单的表头应当增加"订单类型""订单号""调拨申请单号"项目。

(2) 同一调拨申请单可多次被调拨单参照,但每次只允许选择相同调拨申请单的记录。

(3) 参照调拨申请单生成调拨单，不允许增行（但可拆分记录行），允许删行。

(4) 参照调拨申请单生成调拨单后，调拨申请单会自动关闭。

活动四　库存盘点业务处理

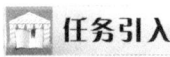

2019 年 9 月 25 日，凯琪公司对原料仓和成品仓的库存存货进行账面盘点。

盘点业务是指企业为了保证库存资产的安全和完整，做到账实相符，对存货进行定期或不定期的清查，查明存货盘盈、盘亏、损毁的数量以及造成的原因，据以编制存货盘点报告表，并按规定程序报有关部门审批。

库存管理系统提供多种盘点方式，如按仓库盘点、按批次盘点、按类别盘点、对保质期临近多少天的存货进行盘点等，还可以对各仓库或批次中的全部或部分存货进行盘点，盘盈、盘亏的结果自动生成其他出入库单。盘点还可以分为普通仓库盘点和倒冲仓库盘点。倒冲仓库盘点指对现场仓或委外仓进行盘点，盘点单审核后盈亏数分摊到生产订单或委外订单中生成材料出库单；普通仓库盘点审核后盈亏数生成其他出入库单。

企业盘点业务流程如下：

(1) 选择盘点类型，增加一张新的盘点表。

(2) 打印空盘点表，进行实物盘点，并将盘点的结果记录在盘点表的盘点数和原因中。

(3) 实物盘点完成后，根据盘点表，将盘点结果输入计算机的盘点表中。

(4) 打印盘点表，并将打印出的盘点报告按规定程序报经有关部门批准。

(5) 将经有关部门批准后的盘点表进行审核处理。

在库存管理系统主界面双击"盘点业务"，即可进入盘点表界面，单击"增加"按钮，选择需盘点的仓库，单击"盘库"按钮由系统自动盘点存货账面数量，盘点完成后，单击"保存"按钮和"审核"按钮，生成盘点单。界面如图 4 – 19 所示。

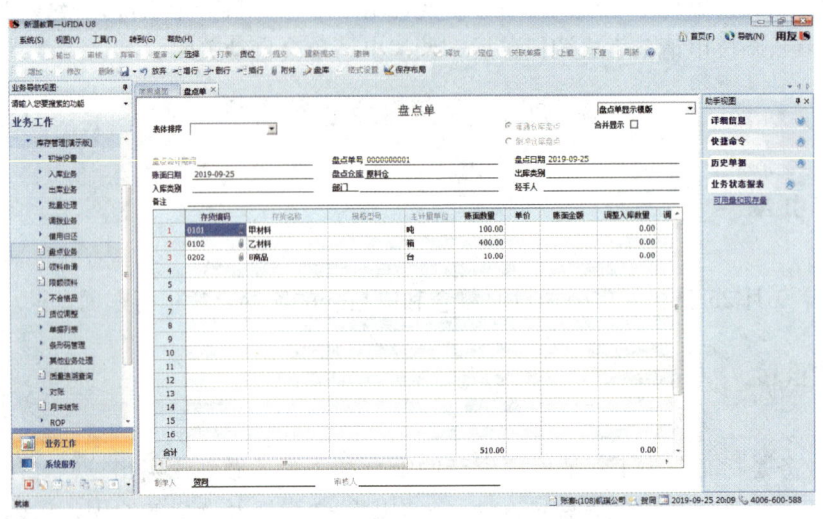

图4-19 盘点业务

注意事项

（1）盘点前应将所有已办理实物出入库的单据处理完毕，否则账面数量会不准确。

（2）盘点表中的账面日期必须早于盘点日期。

（3）上次盘点仓库的存货所在的盘点表未审核之前，不可再对此仓库此存货进行盘点，否则系统提示错误。

（4）对普通仓库盘点的盘点单审核时，如果出现盘盈或盘亏情况，根据盘点表系统生成其他出入库单。所有盘盈的存货生成一张其他入库单，业务类型为盘盈入库；所有盘亏的存货生成一张其他出库单，业务类型为盘亏出库。

任务三　存货核算日常处理

活动一　调整和暂估业务处理

任务引入

2019年9月22日，凯琪公司对该月21日调拨业务产生的其他入库单，录入B商品单位成本3 000元。

知识链接

除了只使用存货核算系统情况外，入库单和出库单都是由其他系统自动传递过来的。

存货系统可对其他系统传过来的出入库单据进行单价和金额调整。收发单据调整有两种方式：一是对其他系统传递过来的出入库单据直接调整；二是根据出入库单据填制相应的调整单进行调整。出入库单据的调整通常采取第一种方式，但遇上由于暂估入库后发生零出库业务所造成的出库成本不准确或库存数量为零而仍有库存金额的情况时，只能使用第二种方式进行调整。

任务分析及操作步骤

在存货核算系统主界面双击"日常业务"下的"其他入库单"，进入其他入库单界面，单击"修改"按钮，录入产品单价，然后单击"保存"按钮，完成入库单修改。界面如图4-20所示。

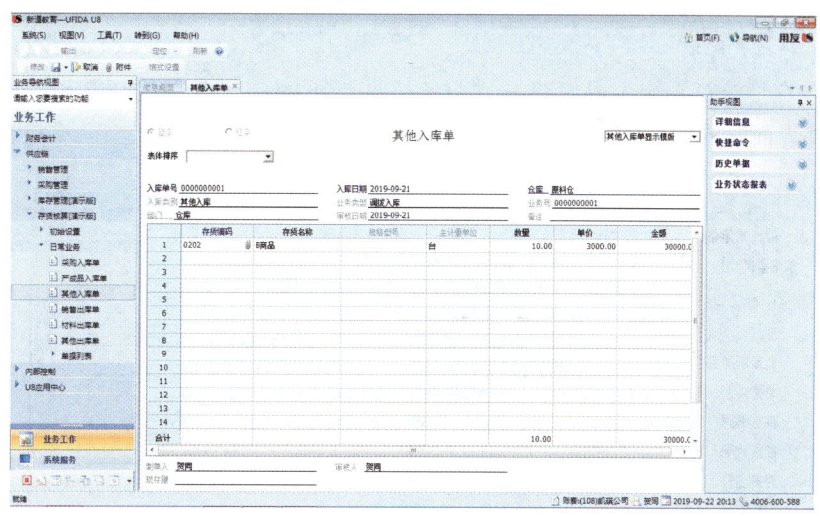

图4-20 单据调整

注意事项

（1）对采购入库单数量的修改只能在该单据填制的系统进行。
（2）当本月正在进行期末处理，或已期末处理后，不允许调整单据。

活动二 单据记账

任务引入

2019年9月30日，凯琪公司对该月所有出入库单据进行记账。

单据记账是以出入库单据为载体,登记存货相关明细账,包括正常单据记账、发出商品单据记账、直运销售记账和特殊单据记账。正常单据记账是指根据正常出入库单据登记存货明细账、差异明细账/差价明细账、受托代销商品明细账、受托代销商品差价账。发出商品单据记账是指销售系统启用并选择分期收款销售业务时,存货系统对分期收款发出商品业务单据进行核算。直运销售记账是指有销售系统启用并选择直运业务时,对直运销售进行核算。特殊单据记账是指对组装单、调拨单、形态转换单进行成本计算,记入存货明细账的功能。

(1) 在存货核算系统主界面双击"业务核算"下的"正常单据记账",进入正常单据记账条件界面。界面如图 4-21 所示。

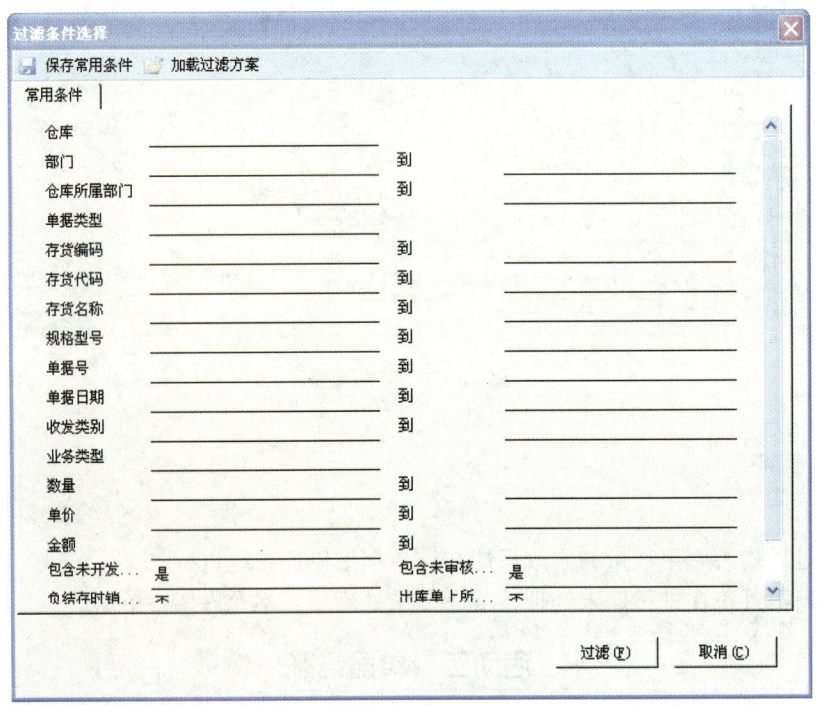

图 4-21 单据记账 -1

(2) 在正常单据记账条件界面,录入需记账单据的筛选条件,单击"过滤"按钮,进入正常单据记账界面。界面如图 4-22 所示。

项目四 库存管理与存货核算系统设置与处理

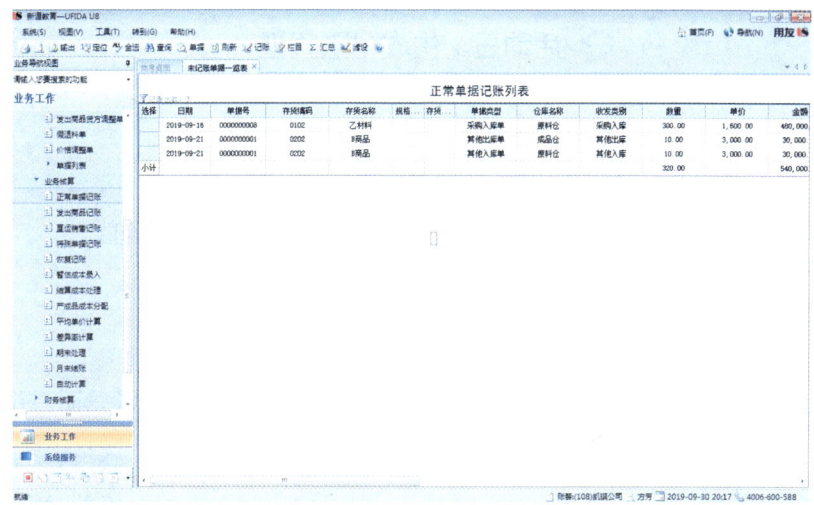

图 4-22 单据记账-2

（3）在正常单据记账界面，单击所要选择记账单据，再单击"记账"按钮，完成单据记账，出入库单据消失。界面如图 4-23 所示。

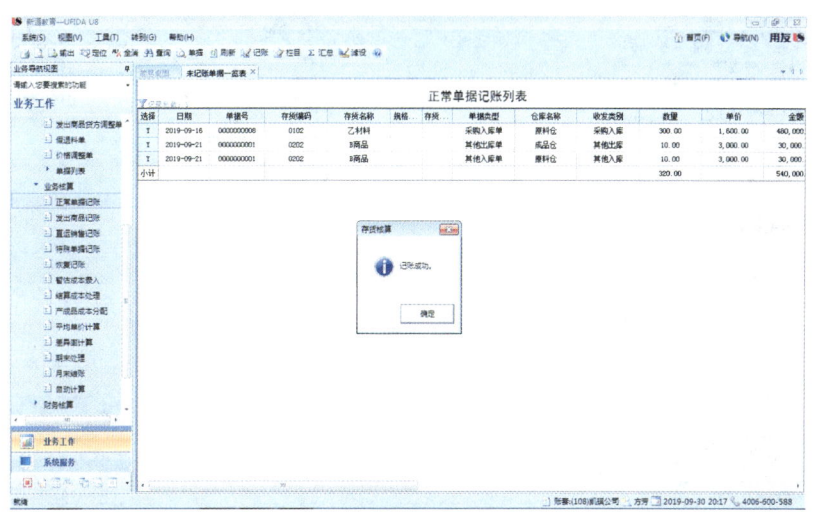

图 4-23 单据记账-3

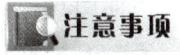

（1）调拨单可按特殊单据记账也可按正常单据记账，全月平均、计划价（或售价）核算的存货，按特殊单据记账时，调拨单生成的其他出入库单按存货上月的平均单价或差异率计算成本。按正常单据记账时，调拨单生成的其他出入库单按存货当月的平均单价或差异率计算成本。

（2）本月的单据如果不想记账，可以放在下个会计月进行记账，算作下个会计月的单据。

活动三　生成记账凭证

2019 年 9 月 30 日，凯琪公司对本月所有出入库业务填制记账凭证。

生成记账凭证是指根据完成业务核算的收付单据由系统生成记账凭证，并将记账凭证传递给总账记账，实现财务和业务一体化操作，包括凭证的生成、修改、查询等操作。

（1）在存货核算系统主界面双击"财务核算"下的"生成凭证"，进入凭证生成界面。界面如图 4-24 所示。

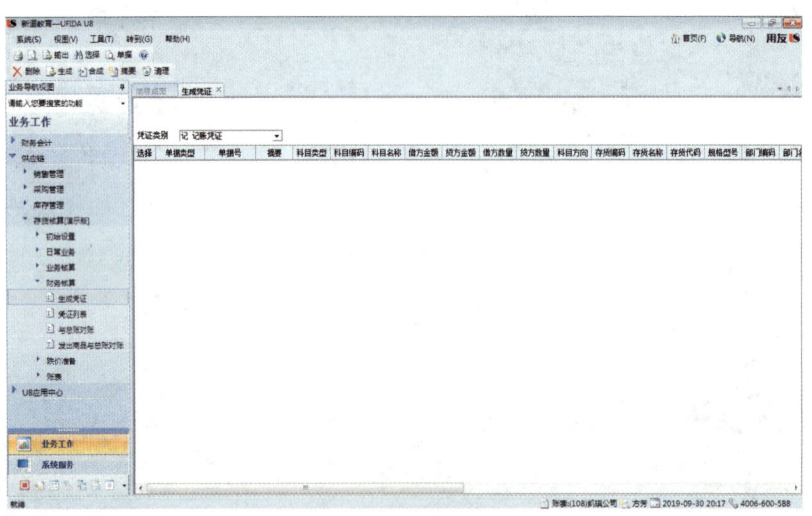

图 4-24　生成记账凭证-1

（2）在生成凭证界面，单击"选择"按钮，进入查询条件界面。界面如图 4-25 所示。

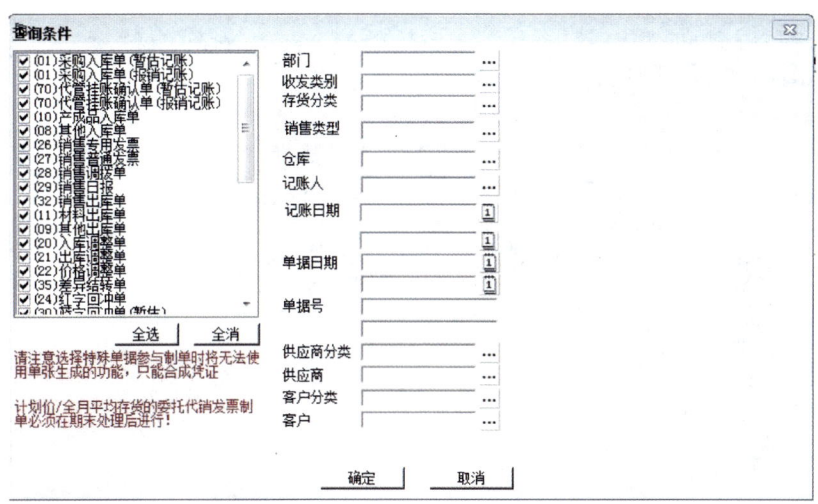

图 4-25 生成记账凭证-2

(3) 输入查询条件,并单击"确定"按钮,进入单据选择界面。界面如图 4-26 所示。

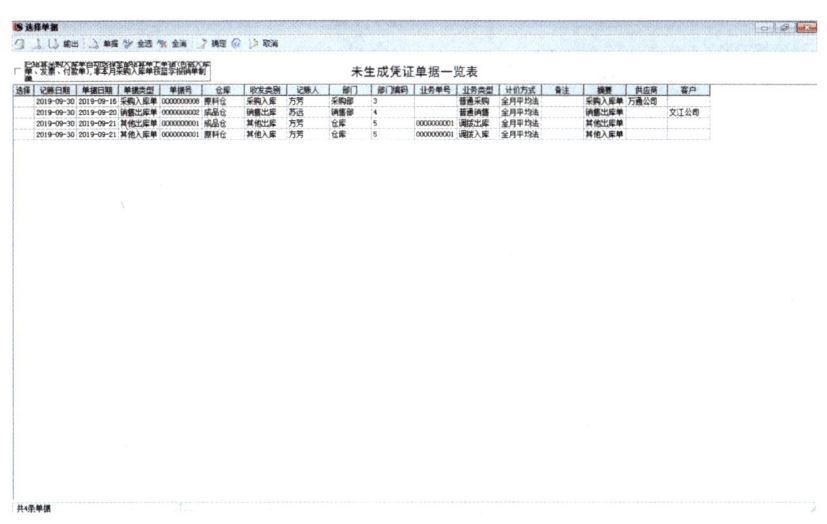

图 4-26 生成记账凭证-3

(4) 在单据选择界面,输入制单顺序号,并单击"确定"按钮,返回生成凭证界面并显示凭证信息。界面如图 4-27 所示。

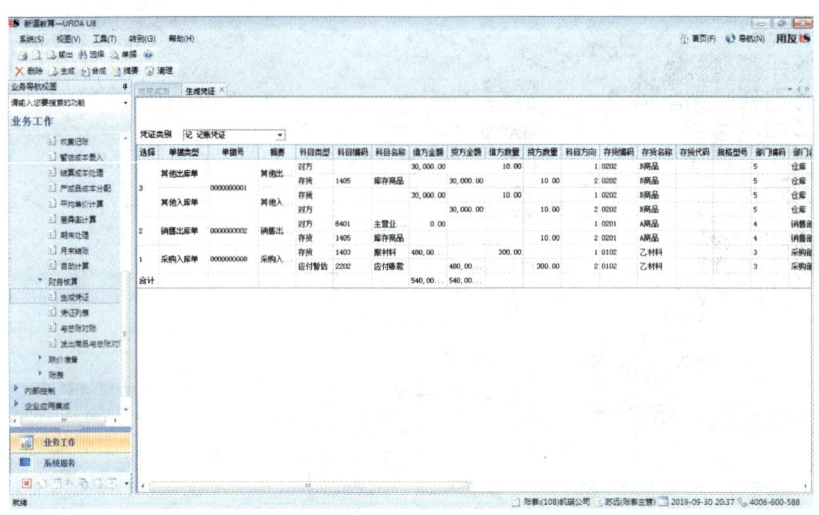

图 4-27 生成记账凭证-4

（5）在凭证生成界面，单击"生成"或"合成"按钮，进入填制凭证界面，单击"保存"按钮，生成凭证。界面如图 4-28 所示。

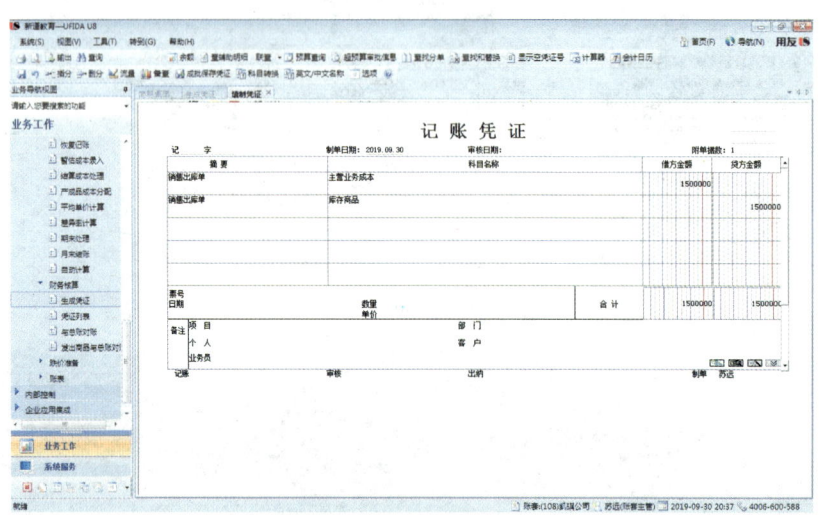

图 4-28 生成记账凭证-5

注意事项

（1）对同一调拨业务生成其他入库单和其他出库单，应当进行合并生单，以避免重复填写凭证。

（2）企业可修改凭证类别、凭证摘要、借方科目、贷方科目、金额，可以增加或删除借贷方记录，但应保证借贷方金额相平，并等于所选记录的金额。

（3）在存货核算系统主界面单击"财务核算"下的"凭证列表"，进入凭证列表界面，可以对本系统生成的凭证进行查询、修改和删除。

（4）生成凭证操作也可以在期末处理之前进行，但仅限于对有金额的入库单据生成凭证，对需要系统计算成本的单据，必须在期末处理完成后生成凭证。

任务四　库存和存货核算月末处理

活动一　月末对账

任务引入

2019 年 9 月 30 日，凯琪公司对库存管理系统和存货核算系统进行对账。

知识链接

月末对账即核对库存管理系统和存货核算系统是否一致、库存账与货位账是否一致。包括库存与存货对账，库存与货位账对账两项功能。只有在存货核算系统的对账月份没有压单的情况下，数据才可以核对上。

任务分析及操作步骤

（1）在库存管理系统主界面，单击"对账"下的"库存存货对账"，进入库存存货对账界面。界面如图 4-29 所示。

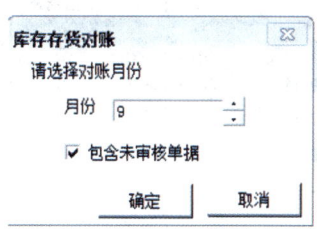

图 4-29　月末对账-1

（2）在库存存货对账界面，单击"确定"按钮，出现对账提示，完成对账。界面如图 4-30 所示。

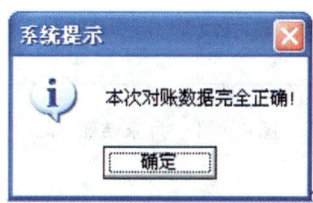

图 4-30　月末对账-2

对账时，选择包含未审核单据时，统计库存系统的出入库数量包括所有出入库单据；选择不包含未审核单据时，统计库存系统的出入库数据只包括已审核单据。

活动二 月末结账

任务引入

2019年9月30日，凯琪公司对库存管理系统和存货核算系统进行结账。

知识链接

月末结账是对库存管理系统的数据进行封存，以便开始下月的工作。存货核算系统与采购管理系统、销售管理系统和库存管理系统集成使用时，只有采购管理系统、销售管理系统和库存管理系统结账后，存货核算系统才能进行月末处理。

（1）在库存管理系统主界面，单击"月末结账"，进入结账处理界面，单击"结账"按钮，完成结账。界面如图4-31所示。

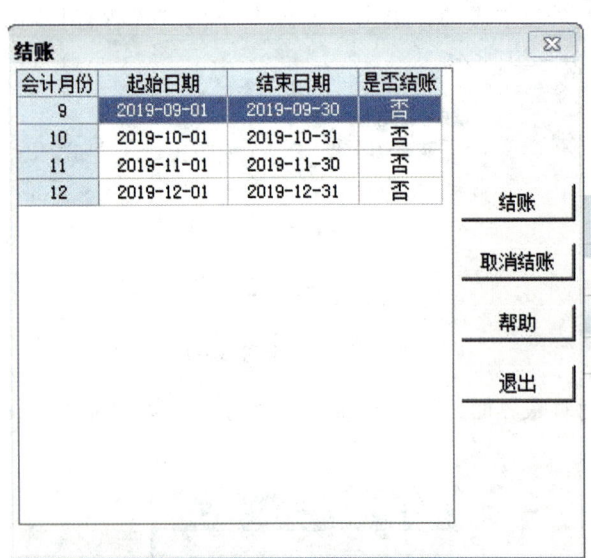

图4-31 月末结账-1

（2）在存货核算系统主界面，单击"业务核算"下的"月末结账"，进入月末结账界面。界面如图 4-32 所示。

图 4-32　月末结账-2

（3）在月末结账界面，单击"结账"按钮，完成结账。界面如图 4-33 所示。

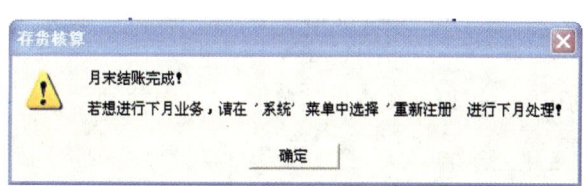

图 4-33　月末结账-3

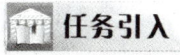

（1）系统结账功能为独享功能，即在系统结账前，应确定其他操作均已退出；在网络环境下，要确定本系统所有的网络用户退出了所有操作界面。
（2）月末结账后将不能再做当前会计月的业务，只能做下个会计月的日常业务。
（3）月末结账完成后，可以通过"取消结账"功能取消结账。

活动三　数据查询

任务引入

查询库存管理系统中的存货现存量。

知识链接

库存管理系统中可查询各类报表,包括以下六个方面。

(1) 我的报表:对系统所能提供的全部报表进行管理。

(2) 库存账:可以查询库存管理系统中的各种库存账,包括现存量、流水账。库存台账、代管账、委托代销备查簿、呆滞积压备查簿、供应商库存、入库跟踪表。

(3) 批次账:可以查询库存管理系统中的批次报表,包括批次台账、批次汇总表、保质期预警。

(4) 货位账:可以查询库存管理系统中的货位账表,包括货位卡片、货位汇总表。

(5) 统计表:可以查询库存管理系统中的各种统计表,包括库存展望、收发存汇总表、存货分布表、业务类型汇总表、限额领料汇总表、组装拆卸汇总表。

(6) 储备分析:可以查询库存管理系统中的各种储备分析报表,包括安全库存预警、超储存货查询、短缺存货查询、呆滞积压分析、库龄分析、缺料表。

任务分析及操作步骤

(1) 在库存管理系统主界面,点击"报表"中的"库存账"然后选择"现存量"执行查询,打开现存量条件过滤窗口。

(2) 录入相应的过滤条件,然后单击"过滤"按钮,系统列出所有符合条件的记录。

(3) 双击具体的记录,可以连接查询其单据。

注意事项

只有启用了批次管理才能进行批次账查询;同样,只有启用了货位管理才能进行货位账查询。

任务引入

查询存货核算系统中的收发存汇总表。

知识链接

存货核算系统中包括账簿、汇总表和分析表查询。

(1) 账簿:可以查询存货核算系统中的各种账簿,包括流水账、明细账、总账、计价辅助数据。

(2) 汇总表:可以查询存货核算系统中的各种汇总表,包括入库汇总表、出库汇总表、差异分摊表、收发存汇总表、暂估材料/商品余额表、发出商品汇总表。

(3) 分析表：可以查询存货核算系统中的各种分析表，包括存货周转率分析、ABC成本分析、库存资金占用规划、库存资金占用分析、入库成本分析。

任务分析及操作步骤

(1) 在存货核算系统主界面，双击"账表"中的"汇总表"然后选择"收发存汇总表"执行查询命令，打开收发存汇总表条件过滤窗口。在"查询条件选择"标签页中录入查询条件，在"汇总方式选择"标签页中录入汇总方式。

(2) 单击"确定"按钮，系统列出所有符合条件的记录。

【项目小结】

本项目从存货业务的核算和管理的需要出发分析了库存与存货核算系统的特点和工作任务。着重分析了库存与存货核算系统的基本特点和功能结构。通过对本项目的学习，学生应该掌握：系统期初设置、库存与存货核算业务处理和输出的基本设计和使用方法，工作内容和注意事项。特别要掌握与供应链有关的基础档案设置、出入库单的录入与审核、调拨业务处理、盘点业务处理、单据调整与记账、期末处理等库存与存货核算的相关操作。

【项目思考】

一、填空题

1. 库存管理系统是_____的一个子系统，存货核算系统是_____的一个子系统。
2. 入库单一般分为_____、_____和_____三种。
3. 出库单可以拷贝_____、_____和_____等单据生成。
4. 库存管理系统提供的盘点方式有：_____、_____和_____三种。
5. 存货核算系统的月末处理主要包括_____、_____和_____等功能。

二、单项选择题

1. 采购管理系统、库存管理系统和存货核算系统集成使用时，采购入库单是（　　）录入的。
   A. 采购管理系统　　　　　　　　B. 库存核算系统
   C. 存货核算系统　　　　　　　　D. 取决于子系统的选项设置
2. 库存管理系统和存货核算系统集成使用时，在存货核算系统中只能对库存管理系统生成的销售出库单的（　　）进行修改。
   A. 单据号　　　　　　　　　　　B. 存货的数量
   C. 存货的种类　　　　　　　　　D. 存货的单价和金额

3. 在存货核算系统中，不能根据（   ）生成记账凭证。
   A. 采购入库单   B. 销售出库单
   C. 其他出库单   D. 调拨单

4. 存货核算系统的暂估处理，必须要同时启用（   ）时才能进行。
   A. 采购管理系统   B. 销售管理系统
   C. 库存管理系统   D. 合同管理系统

5. 关于库存管理和存货核算月末对账说法正确的是（   ）。
   A. 对账必须一致
   B. 只有不存在压单的情况下，对账才会一致
   C. 对账无法一致
   D. 对账只有在所有供应链子系统集成使用时才会一致

三、简答题

1. 库存管理系统和存货核算系统的关系是什么？
2. 简述库存管理系统的盘点业务的处理流程。
3. 库存管理系统的调拨业务有几种类型，处理流程是怎样的？
4. 存货核算系统的期末处理是什么，与单据记账的关系如何？
5. 存货核算系统在生成凭证时，应注意哪些问题？

实训账套

实训一 系统初始化

(一) 新建账套

1. 建账资料

账套号:1+学号;账套名称和单位名称:广东华丰工业有限公司;单位简称:华丰公司;启用日期:2019年9月;行业性质:2007年新会计制度科目;账套主管:柳阳;按行业性质预置科目;存货分类核算,客户不分类,供应商不分类;其他设置采用系统默认。

建账完成后,设置会计科目编码方案:4-2-2-2-2;启用总账系统。

2. 操作员及权限

编码	用户	口令	权限
201	柳阳	空	账套主管
202	姚芳	空	公用目录设置、应付款管理系统、应收款管理系统、存货核算系统
203	李同	空	公用目录设置、公共单据、采购管理系统、销售管理系统、库存管理系统

注意:期初设置由柳阳操作完成。

(二) 基础档案设置

1. 部门档案

部门编码	部门名称	部门编码	部门名称
1	总经理办公室	2	财务部
3	采购部	4	销售部
5	仓库		

2. 人员档案

人员编码	人员姓名	行政部门	人员类别	性别
101	苏方	总经理办公室	在职人员	男
201	柳阳	财务部	在职人员	女
202	姚芳	财务部	在职人员	女
203	李同	财务部	在职人员	女
301	王明	采购部	在职人员、业务员	男
401	张静	销售部	在职人员、业务员	女
501	贺强	仓库	在职人员	男

3. 计量单位

单位组编码	计量单位组名称	计量单位组别	单位编码	单位名称
01	基本计量	无换算	01	吨
01	基本计量	无换算	02	件
01	基本计量	无换算	03	台

4. 存货分类

存货分类编码	存货分类名称
01	原材料
02	库存商品
03	应税劳务

5. 存货档案

存货编码	存货名称	主计量单位	存货分类	进项和销项税率	存货属性
01101	甲材料	吨	原材料	13%	外购、生产耗用
01102	乙材料	件	原材料	13%	外购、生产耗用
01103	运费	吨	原材料	9%	应税劳务
02101	A商品	台	库存商品	13%	自制、内销、外销
02102	B商品	台	库存商品	13%	自制、内销、外销

6. 会计科目

科目编码	科目名称	辅助核算	受控系统
1001	库存现金	日记账	

续上表

科目编码	科目名称	辅助核算	受控系统
1002	银行存款	日记账、银行账	
1122	应收账款	客户往来	应收系统
1123	预付账款	供应商往来	应付系统
2202	应付账款	供应商往来	应付系统
2203	预收账款	客户往来	应收系统
222101	应交增值税		
22210101	进项税额		
22210102	销项税额		
22210103	进项税额转出		

7. 凭证类别：记账凭证
8. 结算方式

结算方式编码	结算方式名称	是否票据管理
1	现金结算	否
2	支票结算	是
3	汇兑	否

实训报告

专业班级：　　　　姓名：　　　　学号：　　　　实训时间：

实训项目名称：系统初始化

实训过程：

实训问题及解决情况：

实训思考：
根据实训资料试分析哪些基础数据会在哪个供应链系统使用？

实训评价(供教师参考使用)

考评内容	系统初始化		
评价标准	内容	分值/分	得分/分
	实训认真、细致的态度和良好的责任意识	15	
	实训任务完成的及时性与完整性	20	
	实训结果的正确性与规范性	20	
	独立主动解决实训问题的意识与能力	15	
	实训报告完成的及时性与准确性	30	
	合计	100	

实训二 采购与应付款管理系统

(一)启用系统

(1)引入实训一备份数据,并在2019年9月1日启用采购管理系统和应付款管理系统。

(2)期初设置和期末处理由柳阳操作完成,采购管理日常处理由李同操作完成,应付款管理日常处理由姚芳操作完成。

(二)基础档案设置

1. 供应商档案

供应商编码	供应商简称	供应商属性	税号	开户银行	银行账号
001	远望公司	货物	123123123	工商银行	221133556612
002	江晓公司	货物	235235235	工商银行	221133556619
003	粤美货运	服务	356356356	工商银行	221133556691

2. 客户档案:

客户编码	客户简称	税号	开户银行	银行账号	是否默认值
001	兴业公司	10000012351339	中国银行莲花支行	332211551266	是
002	海涛公司	10000012351391	中国银行三水支行	332211661955	是
003	东江公司	10000012351353	中国银行乐东支行	332211665519	是

3. 本单位开户银行

编码：1；币种：人民币；银行账号：221133556601；开户银行：中国工商银行桑文支行；所属银行：中国工商银行。

4. 仓库档案

仓库编码	仓库名称	计价方式
1	原料仓	全月平均法
2	成品仓	全月平均法

5. 收发类别

类别编码	类别名称	收发标志
1	入库	收
11	采购入库	收
12	其他入库	收
2	出库	发
21	销售出库	发
22	其他出库	发

6. 采购类型

采购类型编码	采购类型名称	入库类别	是否默认值
01	普通采购	采购入库	是
02	接受投资	其他入库	否

7. 销售类型

销售类型编码	销售类型名称	出库类别	是否默认值
1	批发	销售出库	是
2	零售	销售出库	否
3	委托代销	其他出库	否

8. 发运方式

（1）路运；（2）海运；（3）航运。

9. 费用项目分类与设置

（1）费用项目分类：①代垫费用；②销售支出。

（2）费用项目：①运费（代垫费用）；②保险费（代垫费用）；③业务招待费（销售支出）。

（三）采购管理系统设置

1. 选项：系统默认值
2. 期初余额

（1）期初采购入库单：2019 年 8 月 26 日，收到远望公司发来的甲材料 10 吨，单价 2 000 元（不含税），已验收入库，采购发票尚未收到。

（2）期初采购专用发票：2019 年 8 月 29 日，向江晓公司购入乙材料 500 件，单价 60 元（不含税），价款 30 000 元，增值税 3 900 元，价税合计 33 900 元，材料未到企业。

（四）应付款管理系统设置

1. 选项：系统默认值
2. 初始设置

（1）基本科目设置：应付科目 2202，预付科目 1123，采购科目 1401，税金科目 22210101。

（2）结算科目设置：现金结算 1001，支票结算 1002，汇兑 1002。

3. 期初余额

期初采购专用发票：2019 年 8 月 29 日，向江晓公司购入乙材料 500 件，单价 60 元（不含税），价款 30 000 元，增值税 3 900 元，价税合计 33 900 元，材料未到企业。

（五）销售管理系统设置

1. 选项

启用委托代销业务，其他采用系统默认值。

2. 期初发货单

2019 年 8 月 29 日，销售部张静向兴业公司出售 A 商品 10 台，单价 5 000 元，由成品仓发货，但尚未开票。

（六）应收款管理系统设置

1. 选项

坏账处理方式：应收余额百分比法，默认值。

2. 初始设置

（1）基本科目设置：应收科目 1122，预收科目 2203，销售收入科目 6001，税金科目 22210102，代垫费用科目：1002。

（2）结算科目设置：现金结算 1001，支票结算 1002，汇兑 1002。

（3）账期内账龄区间设置：0～30，31～60，61～90，91 以上。

（4）坏账设置：坏账计提比例为 1%，坏账准备期初余额为 207，坏账准备科目为坏账准备，对方科目为资产减值损失。

3. 期初销售专用发票

2019 年 8 月 26 日，向海涛公司销售 B 产品 10 台，无税单价 5 000 元，增值税税率 13%，款未收。

（七）采购与应付、销售与应收日常业务

（1）9月2日，收到江晓公司发来乙材料500件，验收入原材料库，此采购业务由王明负责。

（2）9月2日，开出上月29日销售给兴业公司10台A商品的销售专用发票。

（3）9月3日，海涛公司向销售部询问：购买20台B商品的价格；华丰公司进行报价：含税单价4520元。

（4）9月3日，开出支票支付江晓公司货款，价税合计35 100元。

（5）9月5日，收到远望公司开出的采购专用发票，发票显示：甲材料10吨，单价2 000元，价款20 000元，税金2 600元，价税合计22 600元。

（6）9月5日，海涛公司要求订购B商品20台，按报价订货，要求当月10日发货。

（7）9月5日，对当日采购发票进行结算。

（8）9月6日，采购部向远望公司订购甲材料20吨，单价2 000元（不含税），计划到货日期9月16日。

（9）9月8日，开出支票支付远望公司货款，价税合计22 600元。

（10）9月8日，对当日付款进行应付款核销。

（11）9月9日，兴业公司订购A商品20台，协商价格5 000元／台，约定当月20日发货。

（12）9月10日，向海涛公司从成品仓发出B商品20台，另垫付运费500元，用支票支付。

（13）9月11日，向远望公司订购甲材料到货，并收到采购专用发票，当即开出支票支付全部货款45 200元。

（14）9月11日，对收到的甲材料验收入库。

（15）9月12日，收到兴业公司汇来的定金30 000元。

（16）9月15日，收到江晓公司发来乙材料1 000件，验收入原材料库。

（17）9月15日，根据10日的发货单，向海涛公司开具销售专用发票，海涛公司当即用支票支付货款及垫付运费。

（18）9月18日，与东江公司签订委托代销协议，委托其代销A商品10台，并从成品库发出商品。

（19）9月19日，收到江晓公司专用发票，乙材料1 000件，单价70元（不含税），价款70 000元，增值税9 100元，价税合计79 100元，另附粤美货运开具的运费发票一张，运费1 000元，增值税率9%，运费91%计入乙材料成本中。

（20）9月20日，根据9日的销售订单，向兴业公司从成品仓发出A商品20台。

（21）9月21日，根据20日销售发货单向兴业公司开具销售专用发票。

（22）9月23日，向远望公司订购甲材料10吨，单价2 100元（不含税），并开出支票预付货款10 000元，计划到货日期为9月30日。

（23）9月23日，收到兴业公司汇来货款83 000元。

（24）9月23日，办理兴业公司预收冲应收的手续。

（25）9月24日，发现15日验收入库的乙材料一部分存在质量问题，将存在质量问

题的200件退回给江晓公司。

(26) 9月25日，收到东江公司代销清单，本月销售A商品6台，结算价格5 000元。

(27) 9月27日，向远望公司订购甲材料10吨到货并验收入库。

(28) 9月27日，收到一张东江公司销售6台A商品代销款的支票。

(29) 9月28日，收到远望公司开出的专用发票：甲材料10吨，单价2 100元，税款2 730元，价税合计23 730元。

(30) 9月28日，计提坏账准备。

(31) 9月29日，以支票形式支付给远望公司13 730元货款，并将10 000元预付冲应付，然后对应付款进行核销。

（八）月末处理

(1) 对有关单据进行制单处理。
(2) 对采购管理系统和应付款管理系统、销售管理系统和应收款管理系统月末结账。
(3) 查询采购明细表、销售收入明细账、应付科目余额表和应收业务余额表。

实训报告

专业班级：　　　　姓名：　　　　学号：　　　　实训时间：

实训项目名称：采购与应付款管理系统
实训过程：

实训问题及解决情况：

实训思考：
1. 结合实训过程，请说明如何进行核销操作。
2. 结合实训过程，请列出应付款管理系统生成的记账凭证信息。

实训评价（供教师参考使用）

考评内容	采购与应付款管理系统		
评价标准	内容	分值/分	得分/分
	实训认真、细致的态度和良好的责任意识	15	
	实训任务完成的及时性与完整性	20	
	实训结果的正确性与规范性	20	
	独立主动解决实训问题的意识与能力	15	
	实训报告完成的及时性与准确性	30	
	合计	100	

实训三　库存管理与存货核算系统

（一）启用系统

（1）引入实训三备份数据，并在2019年10月1日启用库存管理系统和存货核算系统。

（2）期初设置和期末处理由柳阳操作完成，库存管理日常处理由李同操作完成，存货核算日常处理由姚芳操作完成。

（二）存货核算系统设置

1. 选项设置

进项税额转出科目为22210103，其他采用系统默认值。

2. 科目设置

（1）存货科目。

仓库编码	仓库名称	存货分类编码	存货分类名称	存货科目编码	存货科目名称
1	原料仓	01	原材料	1403	原材料
2	成品仓	02	库存商品	1405	库存商品

(2) 存货对方科目。

收发类别编码	收发类别名称	存货分类编码	存货分类名称	对方科目编码	对方科目名称	暂估科目编码	暂估科目名称
11	采购入库	01	原材料	1401	材料采购	2202	
21	销售出库	02	库存商品	6401	主营业务成本		

(3) 税金科目。

存货编码	存货名称	科目编码
01101	甲材料	22210101
01102	乙材料	22210101

(4) 运费科目。

存货编码	存货名称	运费科目	科目名称	税金科目	科目名称
01103	运费	1403	原材料	22210101	进项税额

(5) 应付科目。

供应商编码	供应商名称	币种	科目代码	科目名称
001	远望公司	人民币	2202	应付账款
002	江晓公司	人民币	2202	应付账款
003	粤美货运	人民币	2202	应付账款

3. 存货期初余额

仓库名称	存货编码	存货名称	计量单位	数量	单价	金额
原料仓	01101	甲材料	吨	50	2 000	100 000
原料仓	01102	乙材料	件	1 000	60	60 000
成品仓	02101	A 商品	台	100	3 800	380 000
成品仓	02102	B 商品	台	100	3 200	320 000

(三) 库存管理系统设置

1. 选项

普通存货可用量控制：允许超可用量出库；批次存货可用量控制：允许超可用量出库；其他采用系统默认值。

2. 期初数据

拷贝存货核算系统存货期初余额。

(四) 库存与存货日常业务

(1) 10 月 1 日，采购部向远望公司订购甲材料 30 吨，单价 2 000 元，计划到货日期

10月5日。

(2) 10月5日，收到远望公司发来的甲材料30吨，确认到货并验收入库。

(3) 10月5日，收到远望公司开具的采购发票，发票显示：甲材料30吨，单价2 000元，价款60 000元，税金7 800元，价税合计67 800元。

(4) 10月7日，支付远望公司材料款67 800元，用支票支付。

(5) 10月9日，生产领用乙材料300件，用于生产产品。

(6) 10月10日，海涛公司订购B商品10台，要求当月16日发货。

(7) 10月15日，按10日订单销售B商品10台给海涛公司，开出发货单。

(8) 10月15日，开出销售发票，发票显示：B商品单价（不含税）4 000元，数量10台，税额5 200元，价税合计45 200元。

(9) 10月16日，海涛公司将B商品10台从成品仓库提走。

(10) 10月18日，收到海涛公司的货款30 000元，余款海涛公司承诺下月支付。

(11) 10月25日，收到车间的完工A产品100台，单位成本4 000元，B产品100台，单位成本3 000元。

(12) 10月30日，对单据记账。

（五）月末处理

(1) 期末处理：对存货出入库成本期末处理。

(2) 生成凭证：对所有出入库单据进行制单处理。

(3) 月末结账：对启用的各子系统进行月末结账。

实训报告

专业班级：　　　　姓名：　　　　学号：　　　　实训时间：

实训项目名称：库存管理与存货核算系统
实训过程：

实训问题及解决情况：

实训思考：
1. 结合实训过程，请列出存货核算系统生成的记账凭证信息。
2. 当存货核算系统和采购管理系统、销售管理系统和库存管理系统集成使用时，各系统进行月末结账的顺序是怎样的？

实训评价（供教师参考使用）

考评内容	库存管理与存货核算系统		
评价标准	内容	分值/分	得分/分
	实训认真、细致的态度和良好的责任意识	15	
	实训任务完成的及时性与完整性	20	
	实训结果的正确性与规范性	20	
	独立主动解决实训问题的意识与能力	15	
	实训报告完成的及时性与准确性	30	
	合计	100	

附：企业会计信息化工作规范

第一章 总　则

第一条　为推动企业会计信息化，节约社会资源，提高会计软件和相关服务质量，规范信息化环境下的会计工作，根据《中华人民共和国会计法》《财政部关于全面推进我国会计信息化工作的指导意见》（财会〔2009〕6号），制定本规范。

第二条　本规范所称会计信息化，是指企业利用计算机、网络通信等现代信息技术手段开展会计核算，以及利用上述技术手段将会计核算与其他经营管理活动有机结合的过程。

本规范所称会计软件，是指企业使用的，专门用于会计核算、财务管理的计算机软件、软件系统或者其功能模块。会计软件具有以下功能：

（一）为会计核算、财务管理直接采集数据；

（二）生成会计凭证、账簿、报表等会计资料；

（三）对会计资料进行转换、输出、分析、利用。

本规范所称会计信息系统，是指由会计软件及其运行所依赖的软硬件环境组成的集合体。

第三条　企业（含代理记账机构，下同）开展会计信息化工作，软件供应商（含相关咨询服务机构，下同）提供会计软件和相关服务，适用本规范。

第四条　财政部主管全国企业会计信息化工作，主要职责包括：

（一）拟订企业会计信息化发展政策；

（二）起草、制定企业会计信息化技术标准；

（三）指导和监督企业开展会计信息化工作；

（四）规范会计软件功能。

第五条　县级以上地方人民政府财政部门管理本地区企业会计信息化工作，指导和监督本地区企业开展会计信息化工作。

第二章　会计软件和服务

第六条　会计软件应当保障企业按照国家统一会计准则制度开展会计核算，不得有违背国家统一会计准则制度的功能设计。

第七条　会计软件的界面应当使用中文并且提供对中文处理的支持，可以同时提供外国或者少数民族文字界面对照和处理支持。

第八条　会计软件应当提供符合国家统一会计准则制度的会计科目分类和编码功能。

第九条　会计软件应当提供符合国家统一会计准则制度的会计凭证、账簿和报表的显示和打印功能。

第十条　会计软件应当提供不可逆的记账功能，确保对同类已记账凭证的连续编号，不得提供对已记账凭证的删除和插入功能，不得提供对已记账凭证日期、金额、科目和操作人的修改功能。

第十一条 鼓励软件供应商在会计软件中集成可扩展商业报告语言（XBRL）功能，便于企业生成符合国家统一标准的 XBRL 财务报告。

第十二条 会计软件应当具有符合国家统一标准的数据接口，满足外部会计监督需要。

第十三条 会计软件应当具有会计资料归档功能，提供导出会计档案的接口，在会计档案存储格式、元数据采集、真实性与完整性保障方面，符合国家有关电子文件归档与电子档案管理的要求。

第十四条 会计软件应当记录生成用户操作日志，确保日志的安全、完整，提供按操作人员、操作时间和操作内容查询日志的功能，并能以简单易懂的形式输出。

第十五条 以远程访问、云计算等方式提供会计软件的供应商，应当在技术上保证客户会计资料的安全、完整。对于因供应商原因造成客户会计资料泄露、毁损的，客户可以要求供应商承担赔偿责任。

第十六条 客户以远程访问、云计算等方式使用会计软件生成的电子会计资料归客户所有。

软件供应商应当提供符合国家统一标准的数据接口供客户导出电子会计资料，不得以任何理由拒绝客户导出电子会计资料的请求。

第十七条 以远程访问、云计算等方式提供会计软件的供应商，应当做好本厂商不能维持服务情况下，保障企业电子会计资料安全以及企业会计工作持续进行的预案，并在相关服务合同中与客户就该预案做出约定。

第十八条 软件供应商应当努力提高会计软件相关服务质量，按照合同约定及时解决用户使用中的故障问题。

会计软件存在影响客户按照国家统一会计准则制度进行会计核算问题的，软件供应商应当为用户免费提供更正程序。

第十九条 鼓励软件供应商采用呼叫中心、在线客服等方式为用户提供实时技术支持。

第二十条 软件供应商应当就如何通过会计软件开展会计监督工作，提供专门教程和相关资料。

第三章 企业会计信息化

第二十一条 企业应当充分重视会计信息化工作，加强组织领导和人才培养，不断推进会计信息化在本企业的应用。

除本条第三款规定外，企业应当指定专门机构或者岗位负责会计信息化工作。

未设置会计机构和配备会计人员的企业，由其委托的代理记账机构开展会计信息化工作。

第二十二条 企业开展会计信息化工作，应当根据发展目标和实际需要，合理确定建设内容，避免投资浪费。

第二十三条 企业开展会计信息化工作，应当注重信息系统与经营环境的契合，通过信息化推动管理模式、组织架构、业务流程的优化与革新,建立健全适应信息化工作环境的制度体系。

第二十四条 大型企业、企业集团开展会计信息化工作,应当注重整体规划,统一技术标准、编码规则和系统参数,实现各系统的有机整合,消除信息孤岛。

第二十五条 企业配备的会计软件应当符合本规范第二章要求。

第二十六条 企业配备会计软件,应当根据自身技术力量以及业务需求,考虑软件功能、安全性、稳定性、响应速度、可扩展性等要求,合理选择购买、定制开发、购买与开发相结合等方式。

定制开发包括企业自行开发、委托外部单位开发、企业与外部单位联合开发。

第二十七条 企业通过委托外部单位开发、购买等方式配备会计软件,应当在有关合同中约定操作培训、软件升级、故障解决等服务事项,以及软件供应商对企业信息安全的责任。

第二十八条 企业应当促进会计信息系统与业务信息系统的一体化,通过业务的处理直接驱动会计记账,减少人工操作,提高业务数据与会计数据的一致性,实现企业内部信息资源共享。

第二十九条 企业应当根据实际情况,开展本企业信息系统与银行、供应商、客户等外部单位信息系统的互联,实现外部交易信息的集中自动处理。

第三十条 企业进行会计信息系统前端系统的建设和改造,应当安排负责会计信息化工作的专门机构或者岗位参与,充分考虑会计信息系统的数据需求。

第三十一条 企业应当遵循企业内部控制规范体系要求,加强对会计信息系统规划、设计、开发、运行、维护全过程的控制,将控制过程和控制规则融入会计信息系统,实现对违反控制规则情况的自动防范和监控,提高内部控制水平。

第三十二条 对于信息系统自动生成、且具有明晰审核规则的会计凭证,可以将审核规则嵌入会计软件,由计算机自动审核。未经自动审核的会计凭证,应当先经人工审核再进行后续处理。

第三十三条 处于会计核算信息化阶段的企业,应当结合自身情况,逐步实现资金管理、资产管理、预算控制、成本管理等财务管理信息化。

处于财务管理信息化阶段的企业,应当结合自身情况,逐步实现财务分析、全面预算管理、风险控制、绩效考核等决策支持信息化。

第三十四条 分公司、子公司数量多、分布广的大型企业、企业集团应当探索利用信息技术促进会计工作的集中,逐步建立财务共享服务中心。

实行会计工作集中的企业以及企业分支机构,应当为外部会计监督机构及时查询和调阅异地储存的会计资料提供必要条件。

第三十五条 外商投资企业使用的境外投资者指定的会计软件或者跨国企业集团统一部署的会计软件,应当符合本规范第二章要求。

第三十六条 企业会计信息系统数据服务器的部署应当符合国家有关规定。数据服务器部署在境外的,应当在境内保存会计资料备份,备份频率不得低于每月一次。境内备份的会计资料应当能够在境外服务器不能正常工作时,独立满足企业开展会计工作的需要以及外部会计监督的需要。

第三十七条 企业会计资料中对经济业务事项的描述应当使用中文，可以同时使用外国或者少数民族文字对照。

第三十八条 企业应当建立电子会计资料备份管理制度，确保会计资料的安全、完整和会计信息系统的持续、稳定运行。

第三十九条 企业不得在非涉密信息系统中存储、处理和传输涉及国家秘密，关系国家经济信息安全的电子会计资料；未经有关主管部门批准，不得将其携带、寄运或者传输至境外。

第四十条 企业内部生成的会计凭证、账簿和辅助性会计资料，同时满足下列条件的，可以不输出纸面资料：

（一）所记载的事项属于本企业重复发生的日常业务；

（二）由企业信息系统自动生成；

（三）可及时在企业信息系统中以人类可读形式查询和输出；

（四）企业信息系统具有防止相关数据被篡改的有效机制；

（五）企业对相关数据建立了电子备份制度，能有效防范自然灾害、意外事故和人为破坏的影响；

（六）企业对电子和纸面会计资料建立了完善的索引体系。

第四十一条 企业获得的需要外部单位或者个人证明的原始凭证和其他会计资料，同时满足下列条件的，可以不输出纸面资料：

（一）会计资料附有外部单位或者个人的、符合《中华人民共和国电子签名法》的可靠的电子签名；

（二）电子签名经符合《中华人民共和国电子签名法》的第三方认证；

（三）满足第四十条第（一）项、第（三）项、第（五）项和第（六）项规定的条件。

第四十二条 企业会计资料的归档管理，遵循国家有关会计档案管理的规定。

第四十三条 实施企业会计准则通用分类标准的企业，应当按照有关要求向财政部报送 XBRL 财务报告。

第四章 监 督

第四十四条 企业使用会计软件不符合本规范要求的，由财政部门责令限期改正。限期不改的，财政部门应当予以公示，并将有关情况通报同级相关部门或其派出机构。

第四十五条 财政部采取组织同行评议，向用户企业征求意见等方式对软件供应商提供的会计软件遵循本规范的情况进行检查。

省、自治区、直辖市人民政府财政部门发现会计软件不符合本规范规定的，应当将有关情况报财政部。

任何单位和个人发现会计软件不符合本规范要求的，有权向所在地省、自治区、直辖市人民政府财政部门反映，财政部门应当根据反映开展调查，并按本条第二款规定处理。

第四十六条 软件供应商提供的会计软件不符合本规范要求的，财政部可以约谈该供应商主要负责人，责令限期改正。限期内未改正的，由财政部予以公示，并将有关情况通报相关部门。

第五章 附 则

第四十七条 省、自治区、直辖市人民政府财政部门可以根据本规范制定本地区具体实施办法。

第四十八条 自本规范施行之日起,《会计核算软件基本功能规范》(财会字〔1994〕27号)、《会计电算化工作规范》(财会字〔1996〕17号)不适用于企业及其会计软件。

第四十九条 本规范自 2014 年 1 月 6 日起施行,1994 年 6 月 30 日财政部发布的《商品化会计核算软件评审规则》(财会字〔1994〕27号)、《会计电算化管理办法》(财会字〔1994〕27号)同时废止。

参 考 文 献

［1］张凯. 会计电算化［M］. 2版. 北京：经济科学出版社，2013.

［2］张凯，李典. ERP供应链管理系统［M］. 广州：广东高等教育出版社，2016.

［3］牛永芹，刘大斌，曹芳林. ERP供应链管理系统［M］. 北京：高等教育出版社，2015.

［4］徐盛秋，罗瑞雪，严琳. 会计电算化实务（供应链篇）［M］. 大连：东北财经大学出版社，2013.

［5］赵建新，宋郁，周宏. 新编用友ERP供应链管理系统试验教程［M］. 北京：清华大学出版社，2009.

［6］张琳，李静宜，贺永强. ERP供应链管理实务［M］. 北京：清华大学出版社，2011.

［7］关于印发《企业会计信息化工作规范》的通知［DB］. http://kjs.mof.gov.cn/zhengwuxinxi/zhengcefabu/201312/t20131216_1025312.html，2013.